Donald H. Calloway, MIC

Weihe an den hl. Josef

Donald H. Calloway, MIC

Weihe
an den hl. Josef

Die Wunder unseres
geistlichen Vaters

Aus dem Amerikanischen von
Therese Baca und Mechtild Neiske

MARIAN PRESS
STOCKBRIDGE MA 01263

† IMPRIMATUR †
Most Rev. Jeffrey Monforton, DD
Bischof von Steubenville, Ohio
22. Oktober 2019

5. Auflage 2026
Fe-Medienverlags GmbH
Hauptstraße 22, D-88353 Kißlegg
www.fe-medien.de

ISBN 978-3-86357-307-2

Umschlaggestaltung und Satz: Manuel Kimmerle
Druck: Pustet, Regensburg

Printed in EU

An die vielen Menschen, die gebetet haben,
dass dieses Buch Früchte tragen würde.

Ihre Gebete und Opfer
haben es möglich gemacht!

Danke sehr!

Die Verehrung des hl. Josef ist eine der edelsten Gnaden, die Gott einer Seele geben kann, denn es ist gleichbedeutend damit, die gesamte Schatzkammer der Gnaden unseres Herrn zu enthüllen. Wenn Gott eine Seele zu größeren Höhen erheben möchte, verbindet Er sie mit dem hl. Josef, indem Er ihr eine große Liebe für den guten Heiligen schenkt.[1]

– Hl. Pierre Julian Eymard

INHALTSVERZEICHNIS

TEIL III
Gebete zum Hl. Josef

ANHÄNGE

EINLEITUNG

> Ich habe ihn [den hl. Josef] nicht gut genug verstanden, aber das wird sich ändern.[2]
>
> – Hl. Johannes vom Kreuz

Im 16. Jahrhundert gab der hl. Johannes vom Kreuz, einer der größten Mystiker der Kirche, demütig zu, dass ihm ein angemessenes Verständnis der Größe des hl. Josef fehlte. Inspiriert von der enormen Liebe, die seine Glaubensgefährtin, die hl. Teresa von Ávila, zum hl. Josef hatte, beschloss der hl. Johannes vom Kreuz, den großen Heiligen besser kennen und lieben zu lernen.

Was ist mit euch? Kennt ihr den hl. Josef? Habt ihr das Gefühl, dass ihr seine Größe und seine Liebe für euch versteht? Nun, meine Freunde, macht euch bereit! *Die Weihe an den hl. Josef* wird die Wunder des hl. Josef enthüllen wie nie zuvor!

Jetzt ist die Zeit des hl. Josef!

Es ist eine kühne Behauptung, wie ich zugebe. Ich bin jedoch der festen Überzeugung, dass der Herr in unserer Zeit unsere Herzen, Familien, Pfarreien, Diözesen und die Kirche in erheblichem Maße zum hl. Josef hinlenken möchte. Dieses Wirken des Heiligen Geistes im Leben der Kirche hat seit sehr langer Zeit an Dynamik gewonnen.

Versteht mich nicht falsch: Der hl. Josef hat immer einen besonderen Platz im Herzen der Christen eingenommen. Im Laufe der Jahrhunderte haben Heilige, Päpste, Mystiker, Gelehrte und Laien die Größe des hl. Josef gleichermaßen gelobt und gepriesen. Im 16. Jahrhundert benutzte der Heilige Geist die hl. Teresa von Ávila, um das Bewusstsein für den hl. Josef in der Kirche zu stärken. Schon vor der hl. Teresa betonten Heilige wie der hl. Bernhard von Clairvaux, der hl. Bernhardin von Siena und der hl. Laurentius von Brindisi nachdrücklich die Größe des hl. Josef.

In jüngerer Zeit haben der sel. Guillaume-Joseph Chaminade, der hl. Pierre Julian Eymard, die sel. Petra vom hl. Josef und der hl. André Bessette die Verehrung des hl. Josef im Leben des Volkes Gottes hervorgehoben. In der Tat begann der hl. André Bessette mit dem Bau der weltweit größten Kirche, die dem hl. Josef geweiht ist – dem St. Joseph-Oratorium in Montreal, Kanada. Der hl. José Manyanet, ein Priester im Spanien des 19. Jahrhunderts, förderte leidenschaftlich die Verehrung des hl. Josef und der Heiligen Familie. Er prophezeite, dass bald eine „Zeit des hl. Josef" im Leben der Kirche eintreten würde. Er schrieb:

> Ich glaube, dass die wahre Zeit des hl. Josef noch nicht gekommen ist: Nach zweitausend Jahren haben wir erst jetzt begonnen, etwas von dem Geheimnis zu erblicken, in das er eingetaucht ist.[3]

Nun, meine Freunde, wisst ihr was? Jetzt ist die Zeit des hl. Josef! Wie kann ich das mit solcher Überzeugung sagen? Sehr einfach: Gott hat uns klare Hinweise gegeben, dass Sein Volk dem hl. Josef mehr Aufmerksamkeit schenken soll – deutlichere Hinweise als in jeder früheren Ära in der Geschichte der Kirche. Im Jahr 1961 drückte es Papst Johannes XXIII. sehr unverblümt aus. Er schrieb:

> Im Kult der hl. Kirche erhielt Jesus, das Mensch gewordene Wort Gottes, sofort Seine unmittelbare Anbetung als Glanz der Substanz Seines Vaters, die in der Herrlichkeit der Heiligen ausstrahlte. Maria, Seine Gebärerin, stand Ihm seit den frühesten Jahrhunderten nahe und wurde in den Darstellungen der Katakomben und Basiliken als „Heilige Maria, Mutter Gottes" fromm verehrt. Josef hingegen bleibt, abgesehen vom gelegentlichen Aufblitzen seiner wiederkehrenden Gestalt hier und da in den Schriften der Väter, jahrhundertelang in seiner charakteristischen Verborgenheit, fast als ausschmückende Figur im Lebensbild des Erretters. Und es dauerte einige Zeit, bis seine Vereh-

> rung von den Augen in die Herzen der Gläubigen eindrang und daraus die besonderen Formen des Gebets und der vertrauensvollen Hingabe entsprangen. Dies waren die inbrünstigen Freuden, die den Ausflüssen der Moderne vorbehalten waren.[4]

Was der Stellvertreter Christi klar gesagt hat, ist, dass *jetzt* die Zeit des hl. Josef ist. Wir leben in der Neuzeit, in der die Kirche eine noch nie dagewesene Ära der Verehrung des hl. Josef erlebt. Nach Aussage des hl. Papstes Johannes XXIII. wünscht Gott, dass die Verehrung des hl. Josef in unserer Zeit in Form von besonderen Gebeten der „vertrauensvollen Hingabe" aufsteigt. Dies bedeutet insbesondere eines: *Es ist Zeit für die vollkommene Weihe an den hl. Josef!*

Lasst mich weiter erklären, wie Gott die Kirche zu diesem Moment geführt hat.

Im Jahr 2018 veröffentlichte ich eine tägliche Andacht zum hl. Josef mit dem Titel *St. Josef Gems – Daily Wisdom on Our Spiritual Father* (in Deutsch: Edelsteine des hl. Josef – Tägliche Weisheit über unseren geistlichen Vater). In der Einleitung präsentierte ich eine Liste bemerkenswerter Ereignisse – göttliche Indikatoren, wenn ihr so wollt –, die in den letzten 150 Jahren stattgefunden haben und welche die zunehmende Bedeutung des hl. Josef im Leben der Kirche belegen. Sie zeigen deutlich, dass wir in einer noch nie dagewesenen Zeit des hl. Josef leben. Hier ist die Liste:

1868 Der sel. Jean-Josef Lataste, OP, schreibt einen Brief an den sel. Papst Pius IX. und bittet ihn, den hl. Josef zum „Schutzpatron der katholischen Kirche" zu erklären.

1870 Der sel. Papst Pius IX. erklärt den hl. Josef zum „Schutzpatron der katholischen Kirche".

1871 Gründung der Missionsgemeinschaft vom hl. Joseph von Mill Hill durch A. Kardinal Vaughan

1873 Gründung der Oblaten des hl. Josef durch den hl. Leonardo Murialdo

1878 Gründung der Kongregation der Oblaten des hl. Joseph durch den hl. Joseph Marello

1879 Erscheinungen in Knock, Irland. Der hl. Josef erscheint mit der sel. Jungfrau Maria, dem hl. Apostel Johannes und Jesus (er erscheint als das Lamm Gottes).

1889 Papst Leo XIII. schreibt *Quamquam Pluries,* eine Enzyklika über den hl. Josef.

1895 Die sel. Petra vom hl. Joseph beginnt mit dem Bau eines Heiligtums für den hl. Josef in Barcelona, Spanien. Es wird 1901 eingeweiht. Bei ihrer Seligsprechung 1994 nennt Papst Johannes Paul II. die sel. Petra die „Apostolin des hl. Josef des 19. Jahrhunderts".

1904 Der hl. André Bessette baut ein Oratorium, das dem hl. Josef in Montreal, Kanada, geweiht ist. Es wurde erweitert und zur Basilika minor erhoben und schließlich 1967 fertiggestellt. Heute ist es als St. Josephs-Oratorium bekannt und wird von vielen als das herausragende internationale Zentrum der Verehrung des hl. Josef angesehen.

1908 Der hl. Luigi Guanella beginnt mit dem Bau einer Kirche, die dem hl. Josef in Rom geweiht ist. Sie wurde 1912 fertiggestellt und zur Basilika minor erhoben.

1909 Der hl. Papst Pius X. approbiert den liturgischen Gebrauch der Litanei zum hl. Josef.

1914 Der hl. Luigi Guanella gründet die Bruderschaft vom Tod des hl. Josef.

1917 Erscheinungen von Fatima, Portugal. Während der letzten Erscheinung am 13. Oktober erscheint der hl. Josef, der das Jesuskind hält und die Welt segnet.

1921 Papst Benedikt XV. fügt den Satz „Gepriesen sei der hl. Josef, ihr reinster Bräutigam" in die Lobpreisungen ein.

1947 Die spanischen „Unbeschuhten Karmeliten" gründen *Estudios Josefinos,* die erste theologische Zeitschrift, die dem hl. Josef gewidmet war.

1950er Die angeblichen Erscheinungen „U.L.F. von Amerika", die Sr. Mary Ephrem gegeben wurden, betonen eine erneute Verehrung des hl. Josef und der hl. Josef selbst spricht mit der Visionärin über diese Verehrung.

1955 Der ehrw. Papst Pius XII. führt den Gedenktag „Hl. Josef der Arbeiter" ein, der auf den 1. Mai festgesetzt wird.

1962 Der hl. Papst Johannes XXIII. fügt den Namen des hl. Josef in den Kanon der Messe ein (I. Eucharistisches Hochgebet).

1989 Der hl. Papst Johannes Paul II. schreibt *Redemptoris Custos,* ein Apostolisches Schreiben über den hl. Josef.

2013 Papst Franziskus, der die Absichten des em. Papstes Benedikt XVI. wiederholt und erfüllt, fügt den Namen des hl. Josef in alle Eucharistischen Hochgebete ein. Er weiht auch den Vatikanstaat dem hl. Josef.

2020 Papst Franziskus ruft ein „Jahr des heiligen Josefs" für die katholische Kirche aus (8. Dez. 2020–8. Dez. 2021). Er veröffentlicht auch das Apostolische Schreiben *Patris Corde*, über den hl. Josef.

Wow! Wusstet ihr das alles? Die meisten Menschen sind sich dieser bemerkenswerten Ereignisse nicht bewusst. Ohne Übertreibung hat die Kirche in den letzten 150 Jahren mehr getan, um den hl. Josef zu fördern, als in den letzten 1800 Jahren des Christentums! Aber warum jetzt? Warum den hl. Josef?

Es gibt viele Gründe, aber ich glaube, es gibt zwei, die besonders wichtig sind.

Erstens brauchen wir die geistliche Vaterschaft des hl. Josef, um die Ehe und die Familie zu schützen. Ehe und Familie wurden immer angegriffen, aber in der heutigen Zeit haben die Angriffe außergewöhnliche Ausmaße erreicht. Viele Menschen wissen nicht mehr, was es bedeutet, ein Mann oder eine Frau zu sein, geschweige denn, was eine Ehe und eine Familie ausmacht. Viele Länder behaupten sogar, Ehe und Familie neu definiert zu haben. In diesen Fragen herrscht große Verwirrung, größere Verwirrung als in jeder früheren

Ära der Menschheitsgeschichte. Die Dienerin Gottes, Schw. Lucia dos Santos, die am längsten lebende Visionärin der Fatima-Erscheinungen, kannte den Ernst der Zeit und machte eine starke Aussage zu diesem Thema. Sie schrieb:

> Die letzte Schlacht zwischen dem Herrn und der Herrschaft Satans wird um die Ehe und die Familie geschlagen.[5]

Um Satans Täuschungen zu bekämpfen und zu überwinden, braucht die Kirche den hl. Josef. Sein Beispiel und sein Schutz sind der einzige Weg aus dem verwirrenden Durcheinander, in dem wir uns befinden. An wen könnten wir uns sonst wenden, der uns helfen kann, zu verstehen, worum es bei Ehe und Familie geht, wenn nicht an die Stütze der Familie und den Schrecken der bösen Geister?

Zweitens muss die ganze Welt neu evangelisiert werden, einschließlich der überwiegenden Mehrheit der getauften Christen. Der hl. Josef war der erste Missionar. Heute möchte er Jesus wieder zu den Nationen bringen. Viele Nationen und Kulturen, die zuvor Christen waren, sind von ihren christlichen Wurzeln abgefallen und befinden sich auf einem Weg der Selbstzerstörung. Länder, die einst nach jüdisch-christlichen Prinzipien gegründet waren, werden von Ideologien und Organisationen überrannt, die versuchen, der Gesellschaft alles Heilige zu entziehen. Ohne eine große Wende wird sich die Zivilisation selbst zerstören.

In einem Apostolischen Schreiben zum hl. Josef im Jahr 1989 erinnerte uns Johannes Paul II. an die Notwendigkeit, den hl. Josef für die Neuevangelisierung der Welt anzurufen. Er schrieb:

> Dieser Schutz [des hl. Josef] muss erfleht werden; die Kirche braucht ihn immer noch, nicht nur zur Verteidigung gegen die aufkommenden Gefahren, sondern auch und vor allem zur Stärkung ihrer erneuten Anstrengung für die Evangelisierung der Welt und für die Neuevangelisierung in jenen »Ländern und Nationen … in denen früher Religion und christliches Leben blühte … und die nun harte Proben durchmachen.[6]

Jetzt ist die Zeit, sich dem hl. Josef zu weihen! Gott sagt Seiner Kirche, dass wir den hl. Josef auf das Schlachtfeld bringen müssen, um Ehe und Familie zu verteidigen, die Moral zu erhöhen, verlorenen Boden wiederzugewinnen und Seelen für Jesus Christus zu gewinnen. Er ist der Schrecken der bösen Geister! Mit seiner kraftvollen geistlichen Vaterschaft, seiner unglaublichen Liebe zu seinen geistlichen Kindern und seiner ständigen Fürsprache, kann die Kirche als Licht für die Nationen, eine wunderschöne Stadt auf einem Berg, erneuert werden (siehe Mt 5,14–16)!

Was genau ist die Weihe an den hl. Josef? Mit anderen Worten, was bedeutet es für eine Person, dem hl. Josef geweiht zu sein? Nun, es bedeutet im Grunde, dass ihr anerkennt, dass er euer geistlicher Vater ist und dass ihr wie er sein sollt. Um das zu begreifen, vertraut ihr euch ganz seiner väterlichen Fürsorge an, damit er euch liebevoll helfen kann, seine Tugenden zu erlangen und heilig zu werden. Die vollkommene Weihe an den hl. Josef bedeutet, dass ihr euch eurem geistlichen Vater in einem feierlichen Akt des kindlichen Anvertrauens übergebt, damit er sich um euer geistliches Wohlergehen kümmern und euch zu Gott führen kann. Die Person, die sich dem hl. Josef weiht, möchte ihrem geistlichen Vater so nahe wie möglich sein, um ihm in Tugend und Heiligkeit ähnlich zu werden. Der hl. Josef wiederum wird denjenigen, der ihm geweiht ist, seine liebevolle Aufmerksamkeit, seinen Schutz und seine Führung geben.

Vielleicht hat sich jemand, der dies liest, bereits vollkommen der heiligen Jungfrau Maria geweiht und fragt sich, ob er sich dem hl. Josef weihen und ihm auch alles anvertrauen kann. Die Antwort ist ein klares „*Ja!*" Gott wünscht, dass alle Kinder der Liebe und Fürsorge einer Mutter und eines Vaters verpflichtet sind. Niemand kann Mitglied einer geistlichen Familie mit nur einem Elternteil sein. Maria ist eure geistliche Mutter und der hl. Josef ist euer geistlicher Vater. Die geistliche Vaterschaft des hl. Josef ist äußerst wichtig für euer geistliches Wachstum. Die vollkommene Weihe an Maria wird nicht durch die vollkommene Weihe an den hl. Josef gemindert. Maria möchte, dass ihr euch dem hl. Josef weiht! Alles, was ihr Jesus und Maria gegeben habt, kann auch dem hl. Josef gegeben werden. Seid beruhigt, die Herzen Jesu, Mariens und des hl. Josef sind eins.

„Wie geschieht nun die Weihe an den hl. Josef?“, fragt ihr euch. Um ehrlich zu sein, gibt es viele Möglichkeiten. Ein einfaches Gebet des Anvertrauens reicht aus. Wenn ihr jedoch die Größe eures geistlichen Vaters wirklich verstehen wollt, ist es am besten, ein gründliches Programm zur Vorbereitung und Weihe zu befolgen. Ein solches Programm sollte die Person, Privilegien, Titel und Tugenden des hl. Josef abdecken, insbesondere seine väterliche Liebe zu Gott, dem Sohn, und dem Rest der Menschheit. *Die Weihe an den hl. Josef* bietet ein umfassendes Programm zur Vorbereitung und Weihe an den hl. Josef für Einzelpersonen, Familien, Pfarreien und Diözesen. Ich hoffe, durch dieses Programm die erste weltweite Weihebewegung für den hl. Josef entfachen zu können!

Wie sieht das Programm aus? Wie ist die Methode? Nun, als ich darüber betete, wie ich diese Vorbereitung für die Weihe an den hl. Josef organisieren sollte, hielt ich es für das Beste, die bewährte 33-Tage Vorbereitungsmethode nachzuahmen, die der hl. Ludwig Maria Grignion von Montfort für seine Marienweihe angewendet hat. Warum das Rad neu erfinden? Die Methode der 33-tägigen Vorbereitung ist einfach, unkompliziert und ermöglicht es einer Person, das Thema recht gut zu behandeln. Die Vorbereitung des hl. Ludwig von Montfort fordert auch ein sehr wichtiges Element: das Gebet.

Wie das Programm der Marienweihe des hl. Ludwig, so besteht auch die Weihe an den hl. Josef aus drei Teilen.

TEIL I
33-tägige Vorbereitung

Bevor ihr mit der 33-Tage-Vorbereitung beginnt, müsst ihr ein Datum der Weihe (Tag 33) auswählen, das euch dann zu einem Anfangsdatum führt. Ihr könnt an jedem beliebigen Tag beginnen und enden, aber ich habe nach dieser Einführung eine Tabelle bereitgestellt, in der die mit dem hl. Josef verbundenen liturgischen Gedenktage aufgeführt sind. Persönlich denke ich, dass es am besten ist, ein Datum für eure Weihe zu wählen, das mit einem liturgischen Gedenktag des hl. Josef zusammenfällt. Es ist sehr wichtig, dass ihr euch daran erinnert, dass der Tag der Weihe Tag 33 ist.

Was den Inhalt der 33-tägigen Vorbereitung betrifft, so ist die Litanei zum hl. Josef die Vorlage für das Programm. Die Litanei zum hl. Josef ist ein kraftvolles Gebet und wird euch helfen, euren geistlichen Vater kennenzulernen und zu lieben. Die Litanei zum hl. Josef hebt viele Titel, Privilegien und heldenhafte Tugenden des hl. Josef hervor. An jedem Tag der 33-tägigen Vorbereitung (Tag 1 und Tag 2 sind die einzigen Ausnahmen) wird eine kurze Darstellung einer der Anrufungen aus der Litanei zum hl. Josef (in Teil I) vorgestellt, gefolgt von einer Lesung über den hl. Josef (ein Abschnitt aus Teil II), der mit dem Beten der Litanei zum hl. Josef (zu finden in Teil III) endet. Nach dieser Methode lernt ihr den hl. Josef besser kennen und ihn auf tiefere Weise zu lieben und ihr werdet vorbereitet sein für die vollkommene Weihe an euren geistlichen Vater. Die 33-tägige Vorbereitung dauert etwa 20 bis 30 Minuten pro Tag. Oh, und wenn ihr einen Tag verpasst, geratet nicht in Panik. Holt es einfach nach und setzt eure Vorbereitung fort. Ihr dürft das so machen!

TEIL II
Die Wunder unseres geistlichen Vaters

Teil II enthält den Inhalt für die an jedem Tag der 33-tägigen Vorbereitung zugewiesenen Lektüre. Die meisten Lesungen sind kurz. Zehn davon sind etwas länger, aber keine Sorge. Keine von ihnen ist überfordernd. Vertraut mir: Durch diese Lesungen werdet ihr euch in den hl. Josef verlieben.

Ich habe Teil II als ein Buch innerhalb eines Buches entworfen. Dies bedeutet, dass Teil II für jeden Tag der 33-tägigen Vorbereitung verwendet werden soll, aber es kann auch als eigenes Buch, außerhalb der 33-tägigen Vorbereitung, gelesen werden.

Lasst mich erklären, warum ich es so eingerichtet habe.

Höchstwahrscheinlich wird die Mehrheit der Personen, die die Weihe an den hl. Josef anstreben, direkt in die 33-tägige Vorbereitung gehen. Es mag jedoch einige Leute geben, die das Buch bekommen, aber noch nicht bereit sind, sich dem hl. Josef zu weihen. Einige Menschen haben vielleicht das Gefühl, dass sie den hl. Josef besser kennenlernen möchten, bevor sie sich auf eine einmonatige Vorbereitung für die Weihe an einen Heiligen festlegen, von dem sie nicht viel wissen. Diese Personen können Teil I (die 33-tägige Vorbereitung) überspringen und einfach Teil II als eigenes Buch lesen. Ihr solltet jedoch wissen, dass ihr, wenn ihr Teil II lesen möchtet, ohne die 33-Tage-Vorbereitung durchzuführen, die zugewiesenen Abschnitte aus Teil II erneut lesen müsst, wenn ihr euch für die 33-Tage-Vorbereitung entscheidet. (Die festgelegte tägliche Lesung aus Teil II folgt einer anderen Reihenfolge, als wenn ihr dies mit der 33-tägigen Vorbereitung in Teil I tut.)

Also, warum heißt Teil II *Die Wunder unseres geistlichen Vaters*? Ich könnte euch eine lange Antwort geben, aber ich lasse mir vom hl. Josemaría Escrivá einen Hinweis geben. Er sagt:

> Der hl. Josef hat mehr als jeder andere zuvor oder seither von Jesus gelernt, wachsam zu sein, um Gottes Wunder zu erkennen.[7]

Unser Gott ist ein Gott der Wunder! Eines Seiner größten Wunder ist der hl. Josef. Die Wunder eures geistlichen Vaters werden euch offenbart wie nie zuvor. Natürlich gibt es viele Wunder, die mit dem hl. Josef verbunden sind, aber als ich für dieses Buch recherchierte und es schrieb, entdeckte ich, dass es 10 Wunder des hl. Josef gibt, die wirklich herausragen. Wenn ihr eure Aufmerksamkeit auf diese 10 Wunder richtet, erhaltet ihr ein umfassenderes Bild davon, wer der hl. Josef ist und warum ihr ihn zutiefst lieben solltet.

TEIL III
Gebete zum hl. Josef

Teil III eurer Vorbereitung auf die Weihe an den hl. Josef ist äußerst wichtig. Es geht um Gebet. Eure Vorbereitung auf die Weihe an den hl. Josef *muss* Gebet beinhalten. Tägliches Gebet. Ohne tägliches Gebet würde eure Vorbereitung auf die Weihe an den hl. Josef nur Informationen über den hl. Josef vermitteln und euch nicht helfen, eine kindliche Beziehung zum hl. Josef aufzubauen, aber es ist sehr wichtig, dass ihr euch auch in ihn verliebt. Das tägliche Gebet zum hl. Josef wird euch helfen, eine liebevolle Beziehung zu eurem geistlichen Vater aufzubauen. Aus diesem Grund erschließt das Buch nicht nur die Litanei zum hl. Josef in seinem theologischen Reichtum, sondern führt euch auch zum täglichen Gebet der Litanei. Am Ende der 33 Tage werdet ihr merken, dass ihr die Litanei zum hl. Josef auswendig gelernt habt!

Teil III enthält mehrere Weiheakte an den hl. Josef sowie viele andere Gebete zu eurem geistlichen Vater. Am Tag eurer Weihe könnt ihr den Weiheakt wählen, der euch am besten gefällt. Ihr könnt auch euer eigenes Weihegebet zusammenstellen, wenn ihr möchtet. Wenn ihr die Vorbereitung und Weihe als Gruppe durchführt, schlage ich vor, dass ihr alle gemeinsam als Gruppe das gleiche Weihegebet betet. In diesem Abschnitt findet ihr auch das Gebet „Veni, Sancte Spiritus“ (Komm, Heiliger Geist).

Am Ende des Buches findet ihr im Anhang A die Anweisungen „Wie man die 33-tägige Vorbereitung und Weihe als Gruppe durchführt“. Alles, was ihr für die wöchentlichen Gruppentreffen tun müsst, auch die Fragen für Diskussionen für jedes Treffen, steht dort zur Verfügung. Die Gruppenvorbereitung und die Weihe sind perfekt für Pfarreien und Gebetsgruppen erstellt. Alles, was eure Gruppe für die Vorbereitung und Weihe benötigt, ist in einem Buch enthalten. (Jede Person muss jedoch ein eigenes Buch haben.)

Die Weihe an den hl. Josef endet mit einer Meditation für den Gedenktag des hl. Josefs vom sel. Guillaume-Joseph Chaminade; mit einem wunderbaren Artikel von Fr. Reginald Garrigou-Lagrange, OP, und mit einer Liste von Kirchen und Heiligtümern, die dem hl. Josef auf der ganzen Welt geweiht sind.

Meine lieben Freunde, ihr begebt euch auf eine Reise, die euer Leben verändern wird. Dem hl. Josef nahe zu sein, ist eine besondere Gnade Gottes. Wenn ihr euch diese 33-tägige Vorbereitung und Weihe an den hl. Josef vornehmt, werdet ihr wirklich gesegnet sein. Zu seiner Zeit stellte der hl. Maximilian Kolbe die Frage: „Wer bist du, O Unbefleckte Empfängnis?" Er versuchte, durch seine Predigten, seine Schreiben und dem Apostolat der Marienweihe eine Antwort auf diese Frage zu geben. Heute stellen viele Menschen eine ähnliche Frage an den hl. Josef: „Wer bist du, hl. Josef?" *Die Weihe an den hl. Josef* wird diese Frage beantworten und der Kirche ein neues Verständnis und eine neue Wertschätzung des großen hl. Josef bieten.

Jetzt ist die Zeit für die Weihe an den hl. Josef!

Rev. Donald H. Calloway, MIC, STL
Provinzvikar –Marianer von der Unbefleckten Empfängnis der allerseligsten Jungfrau Maria, Mutter der Barmherzigkeit Provinz

Weihe-Tabelle

Beginn der 33 Tage	Festtag	Weihetag
22. Dezember	Vermählung von Maria und Josef *	23. Januar
1. Januar	Darstellung des Herrn	2. Februar
15. Februar **	Gedenktag des hl. Josef	19. März
30. März	Josef der Arbeiter	1. Mai
11. April	U. L. F. von Fatima	13. Mai
20. Juli	U. L. F. von Knock	21. August
30. September	Allerheiligen	1. November
8. November	U. L. F. von Loretto	10. Dezember
November***	Fest der Hl. Familie	Dezember

* Mehr zu diesem Gedenktag s. unter Wunder 4.

** Jedes 4. Jahr hat der Februar 29 Tage, Beginn der Andacht ist dann der 16. Februar.

*** Das Fest der Heiligen Familie fällt in der Regel auf den ersten Sonntag nach Weihnachten. Wenn Weihnachten selbst auf einem Sonntag fällt, überprüft unbedingt, an welchem Tag die Bischöfe das Fest der Heiligen Familie festgesetzt haben, und beginnt 32 Tage vor dem Weihedatum (Tag 33) mit eurer Vorbereitung.

TEIL I
33-tägige Vorbereitung

TAG 1

Warum die Weihe an den hl. Josef?

Wenn Gott eine Seele zu größeren Höhen erheben möchte, verbindet Er sie mit dem hl. Josef, indem Er ihr eine starke Liebe für den guten Heiligen gibt.[8]

– Hl. Pierre Julian Eymard

Möchtet ihr im geistlichen Leben zu größeren Höhen aufsteigen? Die Weihe an den hl. Josef wird euch dorthin bringen.

Viele Christen haben sich der Jungfrau Maria geweiht, um enger mit Jesus verbunden zu sein. Ohne Zweifel ist die Weihe an Maria einer der besten Schritte, die ihr für euer geistliches Leben tun könnt. Das Wesen der Marienweihe besteht darin, euch zu helfen, „eine andere Maria" für Jesus zu werden, ein treuer, liebevoller und vertrauender Begleiter des Erlösers. Die Weihe an den hl. Josef macht etwas Ähnliches.

Die Weihe an den hl. Josef wird euch helfen, für Jesus und Maria „ein anderer Josef" zu werden. Das heißt, wenn ihr euch ganz dem hl. Josef anvertraut, werdet ihr ein treuer, liebevoller und vertrauensvoller Begleiter von Jesus und Maria!

Im Neuen Testament lesen wir, dass Jesus unter der wachsamen Fürsorge Seiner Eltern „heranwuchs und Seine Weisheit zunahm und Er bei Gott und den Menschen Gefallen fand" (Lk 2,52). Ein solches „zunehmen" kann auch euch zuteilwerden, wenn ihr euch der väterlichen Fürsorge des hl. Josef anvertraut. Der hl. Bernhard von Clairvaux erklärt, wie das geht. Er schreibt:

> Wer und was für ein Mensch dieser selige Josef war, kann man aus dem Namen erahnen, mit dem er es verdiente, so geehrt zu werden, dass man ihm Glauben schenkte und ihn Vater Gottes nannte, da ihm alle Gunst erwiesen wurde. Ihr könnt es aus seinem Namen selbst erahnen, der übersetzt „Vermehrer" bedeutet.[9]
>
> [eigentlich „Er fügt hinzu", „möge hinzufügen"; wegen der Erklärungen im nachfolgenden Text habe ich „vermehren" gewählt. (Anm. der deutschen Übersetzerin)]

Der hl. Josef ist der „Vermehrer". Er hat väterliche Liebe zu euch und die Kraft, die Gegenwart Gottes in eurem Leben zu vermehren und euch zu größeren Höhen im geistlichen Leben zu führen. Dieses Geheimnis des hl. Josef lag jahrhundertelang verborgen. Heilige, Mystiker und eine Handvoll Päpste wussten davon. Jetzt seid ihr an der Reihe, es zu entdecken.

Jetzt ist die Zeit des hl. Josef! Die Kirche und die Welt brauchen den hl. Josef dringend. Wir brauchen ihn, um uns zu helfen, zur Liebe Jesu zurückzukehren und ein Leben in der Tugend zu führen. Wir brauchen dringend auch den Schutz des hl. Josef. Die Familie – die Grundlage der Gesellschaft – wird angegriffen. Die Familie Gottes – die katholische Kirche – wird ebenfalls von der Welt, dem Fleischlichen, dem Teufel und einigen ihrer eigenen Kinder bösartig angegriffen. Wir brauchen den hl. Josef, um uns zu schützen. Er ist unser liebevoller und barmherziger geistlicher Vater, heilig, stark und bereit, zu helfen. Er ist für immer mit Jesus, Maria und Kirche verbunden. Er beschützte die Heilige Familie; Er wird auch euch beschützen, wenn ihr euch seinem väterlichen Herzen und seiner geistlichen Fürsorge anvertraut.

Der hl. Josef ist unser geistlicher Vater. Alle Kinder ähneln ihren Eltern. Ihr seid Kinder des hl. Josef. Ihr müsst ihm ähnlich werden, insbesondere indem ihr seine Tugenden und seine

Treue zu Jesus und Maria, nachahmt. Der hl. Josef spielt eine wichtige (Leben spendende) Rolle für euer geistliches Wachstum und Wohlbefinden. Dies ist das Kernstück der Weihe an den hl. Josef. Der sel. Guillaume-Joseph Chaminade erklärt es gut. Er sagt:

> Er [der hl. Josef] war kein passives Werkzeug im großen Werk unserer Erlösung; Er spielte eine sehr aktive Rolle und deshalb wurde er in die barmherzigen Ratschläge der menschgewordenen Weisheit aufgenommen.[10]

Die barmherzige Liebe Gottes hat euch den hl. Josef als geistlichen Vater gegeben. Seid ihr bereit, im geistlichen Leben zu diesen Höhen aufzusteigen? Seid ihr bereit, euch Jesus und Maria zu nähern, um eine Vermehrung eurer Tugend zu erfahren? Lasst uns zu Josef gehen!

> Wir werden uns dem hl. Josef weihen. Wir werden ihm alles zu Füßen legen, was wir sind und was wir haben.[11]
>
> – Hl. Pierre Julian Eymard

Betet das *Veni, Sancte Spiritus* (S. 355)*
Betet die Litanei zum hl. Josef (S. 331)

---

* Wenn die 33-tägige Vorbereitung von einer Gruppe durchgeführt wird, wurde das *Veni, Sancte Spiritus* bereits gebetet.

TAG 2

Die Litanei zum hl. Josef

> Da ich aus Erfahrung den erstaunlichen Einfluss des hl. Josef auf Gott kenne, möchte ich alle davon überzeugen, ihn mit besonderer Hingabe zu ehren. Ich habe immer gesehen, dass diejenigen, die ihn auf besondere Weise ehrten, Fortschritte in der Tugend machten, denn dieser himmlische Beschützer begünstigt auf eindrucksvolle Weise den geistlichen Fortschritt der Seelen, die sich ihm empfehlen.[12]
>
> – Hl. Teresa von Ávila

Ihr habt wahrscheinlich von Maximilian Kolbe gehört, dem heldenhaften Priester, der sein Leben für einen anderen Gefangenen im Konzentrationslager Auschwitz gab. Der hl. Maximilian war ein eifriger Förderer der Muttergottes und der Marienweihe. Er gründete 1917 die Militia Immaculatae, um die Weihe an die Muttergottes auf der ganzen Welt zu verbreiten. Aber habt ihr von P. Josef Kentenich gehört, einen anderen großen Förderer der Weihe an die Muttergottes?

Im Jahr 1941 wurde P. Kentenich von der Gestapo festgenommen und in Deutschland ins Gefängnis gesteckt. Aus medizinischen Gründen wollten die Nazis ihn nicht in ein Konzentrationslager schicken. Im Eifer für die Muttergottes beantragte P. Kentenich jedoch, in das Konzentrationslager Dachau gebracht zu werden. Er wollte sein Leiden für die Marianische Bewegung aufopfern, die er 1914 initiiert hatte, genannt Schönstatt. Er gründete die Schönstattbewegung, um den Menschen die Tugenden der Muttergottes zu lehren und die Welt durch die Marienweihe zu verändern. P. Kentenich verbrachte drei Jahre in Dachau.

P. Kentenichs Methode der Marienweihe ist als „Liebesbund" bekannt. Er glaubte, dass ein Liebesbund mit Maria die Welt verändern würde, indem er die Mitglieder der Schönstattbewegung in „Erscheinungen Mariens" verwandelte. Natürlich keine wörtlichen Erscheinungen; vielmehr, durch die Nachahmung der Tugenden Mariens würden die Mitglieder der Schönstattbewegung zu Spiegelbildern Mariens, zu „Erscheinungen" der Muttergottes in der Welt werden. Die Kirche und die Welt brauchen solche Erscheinungen!

Die Kirche und die Welt brauchen auch „Erscheinungen" des hl. Josef: Männer und Frauen, die die Tugenden des hl. Josef ausstrahlen, insbesondere seine treue Liebe als Ehemann und Vater. In einer Welt, die von Geschlechterideologie und Verwirrung über Ehe und Familie geplagt ist, sind Reflektionen über Maria und den hl. Josef dringend erforderlich. Die Weihe an den hl. Josef und die Nachahmung seiner Tugenden werden dies ermöglichen.

Die Litanei zum hl. Josef wird euch auf die vollkommene Weihe an euren geistlichen Vater vorbereiten und euch lehren, wie ihr seinen Tugenden entsprecht. Die Litanei reicht bis in das 16. Jahrhundert zurück und wurde von unzähligen Heiligen gebetet. Die Version, die ihr beten werdet, hat Papst Pius X. 1909 zugelassen und mit Ablässen versehen. Durch die Litanei zum hl. Josef lernt ihr die Tugenden und Wunder eures geistlichen Vaters kennen und werdet zu „Erscheinungen des hl. Josef" in der Welt werden.

> Ich nehme Zuflucht in deine Arme [hl. Josef], damit du mich auf dem Weg der Tugend führst.[13]
>
> – Hl. Clemens Maria Hofbauer

Der hl. Josef ist euer Vorbild darin, Jesus, Maria und die Seelen zu lieben. Vorbilder sollten nachgeahmt werden. Durch die Nachahmung der Tugenden des hl. Josef werdet ihr wie euer Vorbild und habt enorme Auswirkungen auf die Welt. Die Tugenden des hl. Josef werden zu euren Tugenden. Ihr sollt „ein anderer Josef“ werden.

> Seine [des hl. Josefs] herausragenden Tugenden machen seinen Verdienst aus und er wird unser Vorbild.[14]
>
> – Sel. Guillaume-Joseph Chaminade

> Der hl. Josef ist unser Führer und unser Vorbild. Weil unsere Berufung wie seine ist, müssen wir sein Leben nachahmen, seine Tugenden praktizieren und seinen Geist verinnerlichen.[15]
>
> – Hl. Pierre Julian Eymard

> Lasst uns vor allem Jesus lieben, lasst uns Maria als unsere Mutter lieben; aber was könnte uns dann davon abhalten, Josef zu lieben, der so eng mit Jesus und Maria verbunden war? Und wie könnten wir ihn besser ehren, als seine Tugenden nachzuahmen? Nun, was tat er in seinem ganzen Leben anderes, als Jesus zu betrachten, zu studieren und anzubeten, selbst inmitten seiner täglichen Arbeit? Schauen wir uns daher unser Vorbild an.[16]
>
> – Hl. Madeleine Sophie Barat

Betet die Litanei zum hl. Josef (S. 331)
Betet das *Memorare* zum hl. Josef (S. 343)

TAG 3

Gott Vater im Himmel, *erbarme Dich unser*

> Unser himmlischer Vater hat nur einen Heiligen gehabt, der Ihn auf Erden repräsentiert. Daher schenkte Er diesem bevorzugten Heiligen alles, was Er konnte, und stattete ihn mit allem aus, was er brauchte, um Sein würdiger Vertreter zu sein.[17]
>
> – Hl. Pierre Julian Eymard

Gott, der Vater, liebt euch. Er liebt euch so sehr, dass Er Seinen Sohn in die Welt gesandt hat, um euch zu retten. Aber euch zu retten, ist nicht alles, wozu der Vater Seinen Sohn für euch gesandt hat. Er sandte Seinen Sohn, um euch zu retten *und* euch zu Kindern Gottes zu machen. Durch Jesus könnt ihr eine kindliche Beziehung zu Gott, dem Vater, haben. Durch Jesus könnt ihr rufen: „Abba, Vater!"

Ein Kind Gottes zu sein, ist der Grund, warum ihr erschaffen wurdet; es ist genau der Zweck, warum ihr existiert. Und es gibt nur einen Weg zum Vater: Jesus Christus (s. Joh 14,6). Nur Jesus hat die Macht, euch zum Vater zu bringen. In Gottes barmherziger Liebe spielt der hl. Josef jedoch eine sehr wichtige Rolle für euer geistliches Wachstum und die Reise zum Vater.

Die Weihe an den hl. Josef vermehrt die Gegenwart des Vaters in eurem Leben. Wir lernen diese Wahrheit aus dem Leben Jesu selbst. Als der Himmlische Vater Seinen Sohn in die Welt sandte, um uns zu retten und uns zu Seinen Kindern zu machen, wählte Er einen Heiligen aus, der Ihn auf Erden repräsentiert: den hl. Josef. Jesus, der unter dem Dach des hl. Josef lebte und sein Sohn war, gab uns ein persönliches Beispiel für das völlige Vertrauen in den hl. Josef. Jesus liebte, gehorchte und ahmte Seinen irdischen Vater nach. Der hl. Josef ist der einzige Mann, den Jesus jemals Vater genannt hat. Jesus freute sich, als „Sohn Josefs" bekannt zu sein (s. Joh 6,42). Auch wir sollten uns als seine Kinder betrachten. Wenn Jesus, nach den Plänen des Vaters, den hl. Josef brauchte, wie viel mehr brauchen wir ihn auch!

DIE VATERSCHAFT DES HL. JOSEF VERMEHRTE DIE PRÄSENZ DES HIMMLISCHEN VATERS IM LEBEN JESU. Um es unmissverständlich auszudrücken, der hl. Josef ist nicht Gott. Er kann der göttlichen und ewigen Gemeinschaft, die zwischen Gott Vater und Gott Sohn existiert, nichts hinzufügen. Auch kann Josef die Fähigkeit Jesu, als göttliche Person die Gegenwart Seines Vaters ständig zu schauen, nicht verbessern. Vielmehr wurde der hl. Josef auserwählt, um an die Stelle des Himmlischen Vaters zu treten, *gemäß den Bedürfnissen der menschlichen Natur Jesu.*

Gott Vater hat keine menschliche Natur. Jedes Mal, wenn Jesus den hl. Josef sah, ihn sprechen hörte, ihn arbeiten sah oder seine keusche Liebe zu Maria erlebte, erfuhr die Menschheit Jesu ein vollkommenes Spiegelbild des Himmlischen Vaters.

> Gott entschied sich dafür, Josef zu Seinem greifbarsten Bild auf Erden zu machen, dem Verwahrer aller Rechte Seiner göttlichen Vaterschaft, dem Ehemann dieser edlen Jungfrau, die Herrin der Engel und Menschen ist.[18]
>
> – Hl. Guillaume-Joseph Chaminade

WAS DER HIMMLISCHE VATER FÜR JESUS GETAN HAT, MÖCHTE ER FÜR EUCH TUN. Gott Vater möchte, dass ihr euch der liebevollen väterlichen Fürsorge des hl. Josef anvertraut, ähnlich wie Gott die menschliche Natur Jesu dem hl. Josef anvertraute. Gott plante von Ewigkeit her diese Vertrauensstellungen, sowohl von Jesus an den hl. Josef als auch von den Mitgliedern der Kirche an den hl. Josef; sie wurden nicht willkürlich gemacht. Der hl. Josef ist der Schatten des Himmlischen Vaters. Er war das Bild und Spiegelbild des Vaters für Jesus. Gott Vater möchte, dass ihr den hl. Josef auch als euren geistlichen Vater annehmt. Jesus ist derjenige, in dem wir das Bild der Barmherzigkeit und Liebe Seines Himmlischen Vaters vollkommen sehen (wie Er sagt: „Wer mich gesehen hat, hat den Vater gesehen" [Joh 14,9]), aber Jesus will mit uns auch den teilen, der für Ihn das irdische Bild Seines Himmlischen Vaters war.

> Dieser heilige Mann [der hl. Josef] hatte eine so hohe Würde und Herrlichkeit, dass der Ewige Vater ihm am großzügigsten ein Bild seiner eigenen Vorrangstellung verlieh.[19]
>
> – Hl. Bernhardin von Siena

Lest „Unser geistlicher Vater" (S. 156).
Betet die Litanei zum hl. Josef (S. 331)

TAG 4

Gott Sohn, Erlöser der Welt, *erbarme Dich unser*

Das heilige Beispiel Jesu Christi, der auf Erden den hl. Josef so hoch ehrte und ihm während Seines Lebens gehorsam war, sollte ausreichen, um die Herzen aller mit Verehrung für den Heiligen zu entflammen.[20]

– Hl. Alfons von Liguori

Kennt ihr den Satz „Zu Jesus durch Maria"? Es ist ein wunderbarer Ausdruck der Ganzhingabe, die der hl. Ludwig von Montfort im frühen 18. Jahrhundert in seinem Goldenen Buch *„Die vollkommene Hingabe an Jesus durch Maria"* geprägt hat. Der hl. Ludwig lehrte, dass Maria der sicherste, leichteste und kürzeste Weg ist, zu Jesus zu gelangen. Um diese Botschaft in die Herzen der Menschen zu bringen, förderte der hl. Ludwig inbrünstig den Rosenkranz und die Marienweihe. Interessant ist jedoch, dass er in allen Schriften den hl. Josef nur einige Male erwähnt. Warum ist das so? Liebte er den hl. Josef nicht? Oh ja, der hl. Ludwig von Montfort liebte den hl. Josef sehr. Jeder Heilige liebt den hl. Josef. Der Grund, warum er keine bedeutende Lehre über den hl. Josef geschrieben hat, ist, dass die Kirche noch keine Theologie vom hl. Josef entwickelt hatte.

Das Verständnis für die Größe des hl. Josef begann erst Mitte des 19. Jahrhunderts, 100 Jahre nach dem Leben des hl. Ludwig Maria Grignion von Montfort, im Andachtsleben der Kirche zu gedeihen. Würde von Montfort heute in den Straßen Frankreichs predigen, würde man ihn höchstwahrscheinlich die Tugenden des hl. Josefs preisen hören. Er könnte sogar den hl. Josef zu seinem berühmten

Satz hinzufügen und sagen: *„Zu Jesus durch Maria und Josef!"* Jesus möchte, dass jeder Seine Mutter und Seinen Vater kennen *und* lieben lernt.

> Maria und Josef bilden das treueste Bild von Jesus; und aus diesem Grund kann ich den kürzesten Weg zur Heiligkeit so formulieren: „Für mich ist wie Jesus zu leben auch zu leben wie Maria und Josef."[21]
>
> – Ehrw. Francis Xavier Nguyễn Văn Thuận

Die beiden größten Heiligen im Christentum sind Maria und Josef. Die Weihe an den hl. Josef ergibt sich auf natürliche Weise aus der Taufweihe an Jesus Christus und der kindlichen Weihe an Maria. In der Tat ermöglicht die Weihe an den hl. Josef, unseren geistlichen Vater, dass wir jeder Person der Heiligen Familie geweiht werden!

In unserer Zeit werden Ehe und Familie angegriffen. Jesus und Maria möchten, dass ihr euch dem hl. Josef weiht, weil es keinen Vater oder Ehemann gibt, der mehr über die Heiligkeit von Ehe und Familie oder die von Vätern und Ehemännern geforderte aufopfernde Liebe weiß als der hl. Josef. Seine väterliche Sendung geht vom Himmel aus weiter. Er ist unser Hüter, liebevoller Beschützer und furchtloser Verteidiger. Er ist das Vorbild der heiligen Vaterschaft. Nach Christus ist der hl. Josef das Vorbild der heroischen Männlichkeit und der Verteidiger der Ehe, der Keuschheit und des Lebens selbst. Die Weihe an den hl. Josef ist der Schlüssel zur Überwindung der in unserer Zeit vorherrschenden anthropologischen Verwirrung. Unter der wachsamen, unerschütterlichen Liebe und Fürsorge des hl. Josef werden alle Ideologien und Götzenbilder zusammenbrechen und vor Jesus Christus fallen!

> Wie du dich (hl. Josef) gefreut hast, immer Gott selbst in deiner Nähe zu haben und zu sehen, wie die Götzenbilder der Ägypter vor Ihm zu Boden fallen![22]
>
> – Sel. Januarius Maria Sarnelli

Die Weihe an den hl. Josef wird eure Liebe zu Jesus vermehren! Das ganze Leben und die Sendung des hl. Josef zeigt auf Jesus. Der hl. Josef zeigt niemals auf sich. Seine Aufgabe ist es, alle zu Jesus zu führen, genau wie Maria es tut. Maria war prädestiniert, die Unbefleckte Mutter des Erlösers zu sein; der hl. Josef war prädestiniert, der irdische Vater des Erlösers und euer geistlicher Vater zu sein. Eurem geistlichen Vater wurden alle Gnaden gegeben, die notwendig waren, um seine Sendung zu erfüllen, eine Sendung, die die Stärkung eurer Beziehung zu Jesus beinhaltet.

> Josef trug Jesus zuerst nach Ägypten, dann nach Judäa und ebnete für uns den Weg der Apostel, die den Juden und den Heiden Seinen Namen predigten.[23]
>
> – Hl. Hilary von Poitiers

> Der hl. Josef war der Beschützer von Jesus und Maria. Er war natürlicherweise auch derjenige, der die Seelen eifrig vorgestellt hat, die sich ihnen nähern wollten.[24]
>
> – Sel. Jean Josef Lataste

Lest „Privilegien der Verehrung des hl. Josef" (S. 324)
Betet die Litanei zum hl. Josef (S. 331)

TAG 5

Gott, Heiliger Geist, *erbarme Dich unser*

Wie groß ist seine [des hl. Josefs] Vereinigung mit Gott, wie erhaben seine Gabe des Gebetes, wie wunderbar die Führung des Heiligen Geistes.[25]

– Sel. Guillaume-Joseph Chaminade

Der Heilige Geist möchte, dass ihr den hl. Josef kennt und liebt. Mit Ausnahme im Leben der Muttergottes war der Heilige Geist im Leben des hl. Josef aktiver als in jedem anderen Heiligen. Der irdische Vater Jesu tat niemals etwas ohne die Führung des Heiligen Geistes. Die Fügsamkeit des hl. Josef dem Heiligen Geist gegenüber ermöglichte es ihm, mit Gott zu kommunizieren, auch während er schlief!

Der hl. Josef möchte, dass ihr der Führung des Heiligen Geistes gegenüber fügsam seid, damit ihr auf den Wegen der Heiligkeit geführt werden könnt. Was ist überhaupt Heiligkeit? Ist sie ein unerreichbarer geistlicher Gipfel, auf den zu erreichen ihr niemals hoffen könnt? Nein, sie ist es nicht. Heiligkeit lebt in inniger, liebevoller Gemeinschaft mit Gott. Insbesondere bedeutet Heiligkeit, die beiden großen Gebote Gottes, Ihn und den Nächsten zu lieben, zu befolgen, Sünde zu vermeiden, ein Leben in den Tugenden zu führen und in der heiligmachenden Gnade zu bleiben. Nichts davon ist in eurem Leben möglich ohne den Heiligen Geist.

Wo immer der hl. Josef gegenwärtig ist, ist der Heilige Geist gegenwärtig. Und der hl. Josef würde euch sagen, dass es eine absolut notwendige Sache gibt, wenn ihr mit dem Heiligen Geist erfüllt werden möchtet: das Gebet. Ohne das Gebet werdet ihr nie in der Lage sein, mit Gott vertraut zu sein. Ohne das Gebet seid ihr nicht in der Lage, der Führung des Heiligen Geistes zu folgen.

Um heilig zu sein, müsst ihr den hl. Josef nachahmen. Ihr müsst ein flammendes Herz der Liebe zu Gott und zum Nächsten aufrecht halten, indem ihr euch für ein andächtiges inneres Leben entscheidet. Keine Panik, wenn ihr dies lest! Ihr müsst weder Mönch noch Nonne werden. Heiligkeit ist für alle. Unabhängig von eurer Berufung im Leben, wird Heiligkeit jedoch nur von denen erreicht, die beten und ein aktives inneres Leben führen, entflammt und aufrechterhalten durch die Sakramente, angetrieben durch das Gebet und ein Leben der Nächstenliebe.

Der hl. Josef ist für alle seine Kinder ein Vorbild des inneren Lebens. Der hl. Josef war kein Priester, aber er ist heiliger als alle Priester, einschließlich des Schutzpatrons der Priester, des hl. Johannes Vianney. Nach Jesus und Maria ist der hl. Josef der heiligste, am meisten betende und tugendhafteste Mensch, der je gelebt hat. Er vermied alles, was dem Heiligen Geist missfiel. Wie hat er das gemacht? Durch Gebet. Durch das Gebet übte der hl. Josef die Tugenden des Glaubens, der Hoffnung und der Nächstenliebe vollkommen aus sowie die Kardinaltugenden der Klugheit, Mäßigung, Gerechtigkeit und Tapferkeit.

> Bedenken wir, dass das gesamte Leben des hl. Josef innerlich und in Gott verborgen, der Welt so wenig bekannt war, dass ihn nur wenige heilige Schriftsteller an einigen Stellen erwähnen; und über seinen Tod gibt es keinen Anhaltspunkt. Sein Leben war ein Leben des Gebets, der stillen Arbeit und des ständigen Opfers und gleichzeitig ein Leben, das von der Pracht aller Tugenden leuchtete.[26]
>
> – Hl. Josef Sebastian Pelczar

Es hat niemals jemand anderen gegeben, der dem hl. Josef ähnlich war, und es wird niemals einen geben. Dennoch könnt ihr ein „anderer Josef" in der Welt werden. Ihr könnt eine „Erscheinung" des hl. Josef für andere werden. Wenn ihr die Hingabe im Gebet des hl. Josef und sein inneres Leben nachahmt, dann könnt ihr eurem geistlichen Vater ähnlich werden.

Die Weihe an den hl. Josef vermehrt den Heiligen Geist in eurem Leben. Durch die Weihe an den hl. Josef wird der Heilige Geist den hl. Josef in euch erkennen und außergewöhnliche Gnaden in eure Herzen, euren Verstand und eure Seele ausgießen. Ihr könnt Heilige sein! Bittet den Heiligen Geist, euch in einen „anderen Josef" zu verwandeln. Bittet den Heiligen Geist, euch mit ähnlichen Gnaden zu erfüllen, wie Er sie dem väterlichen Herzen des hl. Josef gegeben hat.

> Die für die Anregungen der göttlichen Liebe empfänglichsten Seelen sehen mit Recht in Josef ein leuchtendes Beispiel inneren Lebens.[27]
>
> – Hl. Johannes Paul II.

Lest „Gaben des Heiligen Geistes" (S. 226)
Betet die Litanei zum hl. Josef (S. 331)

TAG 6

Heiligste Dreifaltigkeit, ein einiger GOTT, *erbarme Dich unser*

> Er [der hl. Josef] ist das Oberhaupt der Heiligen Familie, der Vater der Dreifaltigkeit auf Erden, die der Heiligsten Dreifaltigkeit in der Höhe so sehr ähnelt.[28]
>
> – Hl. Pierre Julian Eymard

Die Heiligste Dreifaltigkeit ist eine Familie, eine heilige Familie. Sie möchte, dass ihr ein Mitglied Ihrer Familie seid. Um dies zu erreichen, hat Sie eine trinitarische Nachbildung auf der Erde errichtet – eine irdische Dreifaltigkeit. Die Dreifaltigkeit auf Erden besteht aus Jesus, Maria und Josef. In gewisser Weise ist sie die erste Kirche. Die Mitgliedschaft in dieser Familie bereitet euch auf die Mitgliedschaft in der ewigen Familie Gottes im Himmel vor.

Der hl. Josef ist der Vater der Dreifaltigkeit auf Erden. Viele Heilige haben die irdische Dreifaltigkeit (Jesus, Maria und Josef) mit der Himmlischen Dreifaltigkeit (Vater, Sohn und Heiliger Geist) verglichen. Der Vergleich hat verständlicherweise seine Grenzen. Maria und der hl. Josef sind nicht göttlich und der Heilige Geist ist keine Mutter. Trotzdem ist der Vergleich wichtig, weil er uns etwas über die trinitarische Familie Gottes lehrt. Der hl. Franz von Sales bietet uns einen großartigen Einblick in dieses Thema. Er schreibt:

> Es besteht überhaupt kein Zweifel daran, dass der hl. Josef mit allen Gaben und Gnaden ausgestattet war, die für seinen Auftrag erforderlich

> waren, welche der Ewige Vater ihm zukommen lassen wollte, über alle häuslichen und zeitlichen Belange unseres Herrn und die Führung seiner Familie, die nur aus drei Personen bestand und uns das Geheimnis der Allerheiligsten und Herrlichsten Dreifaltigkeit repräsentierte. Nicht, dass es hier einen wirklichen Vergleich gäbe, in der die Stellung unseres Herrn geschmälert würde, der eine der Personen der Allerheiligsten Dreifaltigkeit ist, denn die anderen waren nur Geschöpfe; dennoch können wir sagen, dass es eine Dreifaltigkeit auf Erden war, die in bestimmter Weise die Allerheiligste Dreifaltigkeit darstellt.[29]

Der hl. Franz von Sales lehrt uns in dieser Aussage eine sehr wichtige Wahrheit. Er artikuliert wunderschön, dass die Dreifaltigkeit von Nazaret (Jesus, Maria und Josef) die Himmlische Dreifaltigkeit (Vater, Sohn und Heiliger Geist) darstellt und daher nur aus drei Personen besteht. Mit anderen Worten, Jesus hatte keine biologischen Brüder und Schwestern. Das hat die katholische Kirche immer gelehrt. Aber die Kirche hat auch immer gelehrt, dass die Dreifaltigkeit im Himmel und die Dreifaltigkeit auf Erden wollen, dass ihr durch „Adoption" ein Mitglied Ihrer Familie seid!

Lasst uns das klarstellen: Ihr werdet niemals eine göttliche Person werden. Ihr und ich, wir sind nicht Gott und wir werden es niemals sein. Gott möchte uns jedoch durch geistliche Adoption in das Familienleben Seiner Dreieinigen Gottheit bringen. Dies geschieht, wenn wir getauft werden. Als Mitglieder des Mystischen Leibes Christi, der Kirche, werden wir zu Mitgliedern der Familie Gottes auf Erden, der Heiligen Familie. Die Mitgliedschaft in der Heiligen Familie auf Erden bereitet uns darauf vor, in die Heilige Familie im Himmel einzutreten.

WENN IHR EIN MITGLIED DER TRINITARISCHEN FAMILIE IM HIMMEL SEIN WOLLT, MÜSST IHR KINDER DES HL. JOSEF AUF DER ERDE SEIN. Der hl. Josef, euer geistlicher Vater, wird euch helfen, ein wahres Kind des Himmlischen Vaters zu werden. Der hl. Josef wird euch lehren, wie man liebt, betet, opfert und arbeitet. Er wird euch lehren, wie man den Willen Gottes tut. Der Weg zum Himmel ist mit Tugenden gepflastert und der hl. Josef wird euch das väterliche Beispiel für die Heiligkeit sein. Mit seiner heiligen Hilfe wird euer Heimgang zur Dreifaltigkeit im Himmel leicht sein. Die Mitgliedschaft in der Familie von Nazaret – die Annahme des hl. Josef als euren Vater, Maria als eure Mutter und Jesus als euren Bruder – ist der sicherste, leichteste und kürzeste Weg, ein Mitglied der trinitarischen Familie im Himmel zu werden.

> Was für eine Ehre war es für den hl. Josef, eine Verbindung mit der Familie des Himmlischen Vaters einzugehen und die dritte Person der geschaffenen Dreifaltigkeit zu werden.[30]
>
> – Sel. Guillaume-Joseph Chaminade

Lest das „St. Joseph-Oratorium“ (S. 133)
Betet die Litanei zum hl. Josef (S. 331)

TAG 7

Heilige Maria, *bitte für uns*

Alle Christen gehören dem hl. Josef, weil Jesus und Maria ihm gehörten.[31]

– Hl. Leonardo von Port Maurice

Ihr gehört zu Jesus. Er möchte, dass ihr in Tugend und Heiligkeit wachst – das heißt, in wahrer Liebe zu Gott und zum Nächsten. Um dies zu erreichen, müsst ihr Jesus nachahmen. Vornehmlich ist der beste Weg, Sein vollkommenes Anvertrauen an Maria und den hl. Josef nachzuahmen.

Jesus ist nicht beleidigt, wenn sich Menschen Maria und Josef anvertrauen. Wie könnte er auch? Er ist der Erste, der sich ihnen anvertraut hat! Er möchte mehr als jeder andere, dass wir Maria und den hl. Josef lieben. Er möchte, dass ihr sie liebt und ihnen ähnlich werdet.

Welcher Bruder wäre beleidigt, wenn seine jüngeren Geschwister ihre Mutter und ihren Vater verehren würden? Welcher Mann wäre verärgert, wenn eine andere Person ein Lied über seine Mutter schreiben oder Rosen zu ihren Füßen legen würde? Ebenso würde kein Sohn verärgert sein, wenn jemand die Tugenden seines Vaters lobte? Eine Person, die einen Vater ehrt, würde vom Sohn des Vaters keine Verurteilung erhalten. Im Gegenteil, eine solche Person würde vom Sohn Lob und enorme Gefälligkeiten erhalten. Genau dazu ist Jesus für diejenigen bereit, die Maria und den hl. Josef ehren. Jesus wird euch alles geben. Jesus ist bereit, euch alles zu geben!

Nun, wenn ein Sohn bereit ist, eine Person zu beschenken, die seine Mutter und seinen Vater ehrt, welche Art von Geschenken würde ein Ehemann der Person geben, die seine Frau ehrt? Wir müssen nur den hl. Josef betrachten, um dies herauszufinden. Der hl. Josef wird den Schatz des Himmels für diejenigen leeren, die Maria, seine Frau, ehren!

Der hl. Josef wird diejenigen großartig segnen, die Maria lieben und ehren. Die Jungfrau Maria ist die Frau des hl. Josef, seine Königin und die Freude seines Herzens. Sie war die einzige Frau, die jemals sein keusches Herz zufrieden stellen konnte. So wie Adam erst zufrieden war, als er sich in der Nähe einer ihm ähnlichen Kreatur (Eva) ausruhte, fand Josef erst Rast, als er Maria fand. Als er Marias Hand zur Ehe nahm, weihte er sich ihr und versprach, ihre Weiblichkeit, insbesondere ihre gesegnete Jungfräulichkeit, zu schützen. Er war ihr geliebter Versorger, Beschützer und Diener. Der hl. Josef wünscht sich aufrichtig, dass sie von allen geehrt und geliebt wird.

Der hl. Josef wird eure Liebe für die Jungfrau Maria vermehren. Der hl. Josef ist so verliebt in Maria, dass er möchte, dass jeder ihre Schönheit anerkennt. Welcher Ehemann würde das nicht für seine Frau wollen? Wünscht nicht jeder Ehemann, dass seine Frau von anderen geliebt und geehrt wird? Welcher Ehemann würde nicht alles in seiner Macht Stehende tun, um die Ehrfurcht vor seiner Braut zu erhöhen? Wenn ihr dem hl. Josef erlaubt, eure Liebe zu seiner Königin zu vermehren, wird er die Schätze des Himmels für euch leeren. Er hat Zugang zu allen Schätzen des Himmels!

Die Weihe an den hl. Josef macht euch zum Ritter der hl. Königin! Der hl. Josef weiß, dass es sich lohnt, für Maria zu leben, für sie zu kämpfen und für sie zu sterben. Sie ist die Königin des Himmelreichs. Für sie zu kämpfen, bedeutet, für den König zu kämpfen. Der hl. Josef, der tapferste Ritter, weiß, dass der sicherste, leichteste und kürzeste Weg zum König über die Königin führt. Seine Sendung ist es, den Seelen diese Wahrheit zu offenbaren.

Maria ihrerseits hat volles Vertrauen in die edle Liebe des hl. Josefs, ihres Ritters. Sie vertraut ihm vollkommen. Der hl. Josef wird euch beibringen, wie man auch ein Ritter der hl. Königin ist, damit ihr in der Lage seid, Herzen für das Himmelreich zu erobern.

> Ein Diener Mariens wird eine zärtliche Verehrung für den hl. Josef haben und sich durch seine fromme Ehrerbietung mit Respekt und Liebe bemühen, den Schutz dieses großen Heiligen zu verdienen.[32]
>
> – Sel. Guillaume-Joseph Chaminade

> O mein lieber Vater, hl. Josef, ich möchte dich mit der Liebe lieben, die Maria für dich hat.[33]
>
> – Sel. Bartolo Longo

Lest „Der geweihte Ritter“ (S. 184)
Betet die Litanei zum hl. Josef (S. 331)

TAG 8

Heiliger Josef, *bitte für uns*

Und so steht wie schon am Anfang des Alten auch an der Schwelle des Neuen Testamentes ein Ehepaar. Während aber Adam und Eva Quelle des Bösen waren, das die Welt überschwemmt hat, stellen Josef und Maria den Höhepunkt dar, von dem aus sich die Heiligkeit über die ganze Erde verbreitet. Der Heiland hat das Werk der Heilsrettung mit diesem jungfräulichen und heiligen Bund begonnen.[34]

– Hl. Papst Paul VI.

Die Ehe ist das Herzstück der Schöpfung und Erlösung. Wie der hl. Papst Paul VI. feststellt, waren Adam und Eva zu Beginn der Schöpfung anwesend (Altes Testament), und Josef und Maria waren zu Beginn der Neuschöpfung Gottes anwesend (Neues Testament). Jesus selbst spricht vom Himmelreich als Hochzeitsfest (s. Mt 22,2).

Die Aussage des hl. Papstes Paul VI. zu Beginn dieses Abschnitts ist unglaublich tiefgreifend. In gewisser Weise präsentiert er die Idee, dass der hl. Josef das Haupt der neuen Bundesfamilie ist, da Adam das Haupt der ersten Bundesfamilie war. Dies ist eine faszinierende Idee, die in theologischen Studien selten untersucht wurde. Wenn wir an das neue Haupt der menschlichen Familie (den neuen Adam) denken, denken wir normalerweise zu Recht an Jesus (s. 1 Kor 15,45). Jesus ist Gott; Er allein stellt die Menschheit wieder her. Dennoch war der hl. Josef als Haupt der Heiligen Familie das Haupt unseres Hauptes. Er ist der Vater unseres Erlösers, der Schutzpatron der katholischen Kirche und unser geistlicher Vater.

Der hl. Josef ist ein neuer Adam. Der hl. Josef ist nach Christus das neue Haupt der menschlichen Familie. Als solches sind wir verpflichtet, das vierte Gebot in seiner Hinsicht zu befolgen: „Ehre deinen Vater und deine Mutter" (Ex 20,12). Das Versäumnis, den hl. Josef zu lieben und zu ehren, ist eine Beleidigung Gott gegenüber. Tatsächlich ist die Vaterschaft des hl. Josef für uns so wichtig, dass unser geistliches Wachstum davon abhängt. Wenn Jesus selbst durch die Vaterschaft des hl. Josef an Weisheit und Wissen zugenommen hat, brauchen wir die Vaterschaft des hl. Josef, um die „festliche Kleidung" für den Eintritt zum Hochzeitsfest des Himmels zu erwerben (s. Mt 22,12).

Der hl. Josef hilft euch, zum Hochzeitsfest des Himmels zu gelangen. Da wir wissen, dass der hl. Josef uns liebt und wir ihn deshalb im Gegenzug lieben und ehren, können wir darauf vertrauen, dass er uns hilft, in den Himmel zu gelangen. Das Beste, was ein Vater für seine Kinder tun kann, ist, ihnen zu helfen, in den Himmel zu gelangen. Unser erster Vater (Adam) hat diese Möglichkeit für alle seine Kinder zerstört. Der Ungehorsam unseres ersten Vaters verursachte den Untergang der gesamten Schöpfung und hielt uns davon ab, in den Himmel zu kommen. Die Vaterschaft des hl. Josef hingegen erhebt uns und hilft uns, in den Himmel zu kommen. Er liebt uns, hilft uns, Heilige zu werden, und bringt uns auf den einzigen Weg, der uns in den Himmel führt: Jesus.

Der hl. Josef ist die Freude der Heiligen. Jeder Heilige liebt den hl. Josef. Es ist unmöglich, einen einzigen Heiligen zu finden, der den hl. Josef nicht liebte. Während sich die Verehrung des hl. Josef im Laufe der Zeit nur langsam entwickelte, gab es keinen Heiligen, der den hl. Josef nicht leiden konnte. Es ist unmöglich, wirkliche Liebe zu Gott und zum Nächsten in unserem Herzen zu haben – das heißt, heilig zu sein –, wenn ihr den Bräutigam Mariens und den irdischen Vater Jesu Christi verachtet. Um in den Himmel zu gelangen, ist es notwendig, euren geistlichen Vater in seiner unerschütterlichen Liebe zu ähneln. Er wird euch helfen, das entsprechende Gewand zu erwerben – Tugend und Heiligkeit –, die ihr benötigt, um am Hochzeitsfest des Himmels teilzunehmen!

> So steht es auch in der Schrift: Adam, der erste Mensch, wurde ein irdisches Lebewesen. Der letzte Adam wurde lebendig machender Geist. Aber zuerst kommt nicht das Überirdische; zuerst kommt das Irdische, dann das Überirdische. Der erste Mensch stammt von der Erde und ist Erde; der zweite Mensch stammt vom Himmel. Wie der von der Erde irdisch war, so sind es auch seine Nachfahren. Und wie der vom Himmel himmlisch ist, so sind es auch seine Nachfahren. Wie wir nach dem Bild des Irdischen gestaltet wurden, so werden wir auch nach dem Bild des Himmlischen gestaltet werden.
>
> – 1 Kor 15,45–49

Lest „Freude der Heiligen“ (S. 136)
Betet die Litanei zum hl. Josef (S. 331)

TAG 9

Du erhabener Spross Davids, *bitte für uns*

> Er [Gott] sorgte dafür, dass Josef aus der königlichen Familie geboren wurde; Er wollte, dass er auch mit irdischem Adel edel war. Das Blut Davids, Salomos und aller Könige Judas fließt in seinen Adern.[35]
>
> – Hl. Pierre Julian Eymard

In den Evangelien von Matthäus und Lukas erfahren wir, dass der hl. Josef aus der Linie der Davidischen Könige stammt. Die alttestamentlichen Propheten lehrten immer, dass der Messias aus der Davidischen Linie kommen würde. Maria, unsere geistliche Mutter, war höchstwahrscheinlich auch ein Nachkomme von König David, aber ihre Abstammung gibt im Neuen Testament keinen Aufschluss darüber. Matthäus und Lukas stellen die Linie Josefs heraus, weil die Davidische Abstammung des Messias durch die Linie des Vaters gezeigt werden musste. Deshalb betonen Matthäus und Lukas ausdrücklich, dass Jesus, obwohl er nicht der leibliche Sohn Josefs ist, vom Gesetz her sehr wohl der Sohn Josefs ist. Als solcher hat Jesus ein gesetzliches Recht, als ein Nachkomme von König David angesehen zu werden.

> [D]ie Vermählung von Josef und Maria ist eine sehr wichtige Episode. Josef stammte aus dem königlichen Geschlecht Davids und kraft seiner Vermählung mit Maria überträgt er dem Sohn der Jungfrau – dem

> Sohn Gottes – den rechtmäßigen Titel »Sohn Davids« und erfüllt so die Prophezeiungen.[36]
>
> – Papst Benedikt XVI.

Der hl. Josef war König der Heiligen Familie. Er war nicht der König von Nazaret, Israel oder Ähnliches. Da jeder Mann der König seines Hauses ist, war der hl. Josef der König seines Hauses. Ins Haus von Nazaret war der hl. Josef König, Maria war die Königin und Jesus war der Prinz, der auf das Königreich wartete, welches Sein Himmlischer Vater für Ihn vorbereitet hatte. Jesus ist klarerweise der König der Könige und Herr aller Herren, aber Gottes vorsehende Liebe wünscht, dass wir das Königtum des hl. Josef in der Heiligen Familie anerkennen. Jesus selbst gab uns ein Beispiel für die kindliche Liebe und Ehrfurcht, die wir dem hl. Josef, unserem geistlichen Vater, erweisen sollen.

Der hl. Josef ist ein erhabener Herr. Viele Heilige haben den hl. Josef oft liebevoll als ihren „Herrn" bezeichnet. Die hl. Teresa von Ávila bezeichnete den hl. Josef besonders gern als ihren Herrn. Mit diesem Begriff will kein Heiliger behaupten, der hl. Josef sei Gott. Der hl. Josef ist nicht Gott. Einige Heilige verwenden manchmal den Begriff „Herr", wenn sie sich aus Respekt an den hl. Josef wenden, wie dies bei Würdenträgern und Herrschern der Fall ist. Die Heiligen sind fromm und lieben es, ihre kindliche Beziehung zu Maria und dem hl. Josef in andächtiger Sprache auszudrücken. Maria heißt zum Beispiel Madonna. („Madonna" leitet sich vom lateinischen *mea domina* ab, was „Meine Dame" und das in der weiblichen Form „Herrin" bedeutet.)

> Da Gott dir gehorchen wollte [hl. Josef], erlaube mir, in deinem Dienst zu sein, dich zu ehren und dich als meinen Herrn und Meister zu lieben.[37]
>
> – Hl. Alfons von Liguori

> Die ganze Kirche sieht im heiligen Josef ihren Beschützer und Schirmherrn. Vieles ist im Verlauf der Jahrhunderte über ihn gesagt worden, man hat die verschiedenen Aspekte eines Lebens beleuchtet, das sich durch ungebrochene Treue gegenüber der ihm von Gott anvertrauten Aufgabe auszeichnet. Deshalb rufe ich ihn gern, schon seit vielen Jahren, mit einem besonders herzlichen Titel an: Unser Vater und Herr.[38]
>
> – Hl. Josemaria Escriva

Den hl. Josef als „Herrn" zu bezeichnen, hat auch biblische Grundlagen. Erinnert ihr euch an Josef im Alten Testament, den seine Brüder in die Sklaverei verkauft haben? Nun, Josefs Brüder nennen ihn am Ende ihren Herrn (s. Gen 44), als sie ihm wieder begegnen und er seine Familie vor der Hungersnot rettet. Für uns ist der hl. Josef mehr als ein Bruder; er ist unser erhabener geistlicher Vater. Er ist unser liebender geistlicher Vater und Herr.

> Erhabener hl. Josef, ich freue mich, dass Gott dich würdig befunden hat, diese herausragende Stellung einzunehmen, in der du als Vater Jesu denjenigen gesehen hast, der befiehlt, dass Himmel und Erde gehorchen und der sich deiner Autorität unterwarf.[39]
>
> – Hl. Alfons von Liguori

Lest „Sohn Davids" (S. 207)
Betet die Litanei zum hl. Josef (S. 331)

TAG 10

Du Licht der Patriarchen, *bitte für uns*

> Wie gerne nenne ich den hl. Josef Patriarch der Christen und der Auserwählten Gottes! Wie könnten wir ihm nicht den ehrwürdigen Titel geben ... vor allen ihm, der eine so große Rolle in den Geheimnissen unserer geistlichen Erneuerung spielte?[40]
>
> – Sel. Guillaume-Joseph Chaminade

Das Wort „Patriarch“ bedeutet Vater. Was alle Patriarchen des Alten Testaments vorausgesehen haben und alle christlichen Väter zum Nachdenken aufgerufen hat, ist das väterliche Licht Gottes, das durch die Vaterschaft des hl. Josef scheint. Nach Christus ist der hl. Josef der größte aller Patriarchen; er ist der größte aller Väter!

> Stell dir die Heiligkeit aller Patriarchen der alten Zeit vor, diese lange Reihe aufeinanderfolgender Generationen, die die geheimnisvolle Leiter Jakobs darstellt und in der Person des Sohnes Gottes gipfelt. Siehe, wie groß der Glaube Abrahams war, der Gehorsam Isaaks, der Mut Davids, die Weisheit Salomos. Nachdem du dir die höchste Meinung über die Heiligen gebildet hast, denke daran, dass Josef an der Spitze der Leiter steht, an der Spitze der Heiligen, der Könige, der Propheten, der Patriarchen, dass er treuer als Abraham und gehorsamer als Isaak ist, großherziger als David, weiser als Salomo, mit einem Wort, so außergewöhnlich in der Gnade, wie er nahe an der Quelle ist, an Jesus, der in seinen Armen schläft.[41]
>
> – Sel. Guillaume-Joseph Chaminade

Der hl. Josef ist ein Spiegelbild des Vaters des Lichts. Im Jakobusbrief lesen wir:

> Jede gute Gabe und jedes vollkommene Geschenk kommt von oben herab, vom Vater der Lichter, bei dem es keine Veränderung und keine Verfinsterung gibt.
>
> – Jak 1,17

Im Anfang schuf Gott die großen Lichter am Himmel: die Sonne, den Mond und die Sterne. Ohne Licht wäre die Schöpfung in der Finsternis. Im Neuen Testament errichtet der Vater eine neue Schöpfung in Christus. Durch Christus legt der Vater Sein Göttliches Leben, Seine Liebe und Sein Licht in unsere Herzen. Der hl. Josef und seine Vaterschaft spielen eine sehr wichtige Rolle im wunderbaren Plan Gottes. Der hl. Josef ist das vollkommene Spiegelbild des Vaters des Lichts und er hilft uns, das Licht Christi zu empfangen. Der hl. Josef ist ein Lichtträger. Er bringt Jesus, das wahre Licht der Welt, zu uns.

Der hl. Josef wird euch helfen, im Licht Gottes zu leben. Ihr seid Kinder des Lichts. Als Christen gibt Jesus euch einen Anteil an Seinem Licht. Er macht euch zum Licht der Welt (s. Mt 5,14–16).

> Ihr alle seid Söhne des Lichts und Söhne des Tages. Wir gehören nicht der Nacht und nicht der Finsternis.
>
> – 1 Thess 5, 5

> Denn einst wart ihr Finsternis, jetzt aber seid ihr Licht im Herrn. Lebt als Kinder des Lichts! Denn das Licht bringt lauter Güte, Gerechtigkeit und Wahrheit hervor.
>
> – Eph 5, 8–9

Das „Lumen Patriarchárum“ erschreckt Satan. In der lateinischen Version der Litanei zum hl. Josef erscheint der Titel „Licht der Patriarchen“ als *„Lumen Patriarchárum“*. Der Teufel hasst den hl. Josef und sein Licht. Satans anderer Name ist *Luzifer*, was „Lichtträger“ bedeutet. Luzifer verlor das Licht wegen seines Stolzes und Ungehorsams gegenüber Gott. Jetzt lebt Satan in ewiger Finsternis und verabscheut das Licht. Satan fürchtet euren geistlichen Vater, weil der hl. Josef ein demütiges Geschöpf aus Fleisch und Blut ist, das vollkommene Spiegelbild des Vaters des Lichts. Der hl. Josef ist ein wahrer und ewiger Lichtträger, ein Abbild Gottes des Vaters. Nach Jesus und Maria gibt es keinen Menschen, den Satan mehr verabscheut als den hl. Josef. Bleibt in seiner Nähe und geht im Licht!

> Ich möchte noch eine besondere Ermahnung an die Familienväter richten, da ja der hl. Josef ihr Vorbild ist. Er kann sie das Geheimnis ihrer eigenen Vaterschaft lehren, er, der für den Menschensohn Fürsorge getragen hat.[42]
>
> – Papst Benedikt XVI.

Lest „Ite ad Ioseph! (S. 167)
Betet die Litanei zum hl. Josef (S. 331)

TAG 11

Du Bräutigam der Muttergottes, *bitte für uns*

Wie sehr muss er [der hl. Josef] gebetet haben, um seine Unbefleckte Frau kennenzulernen und immer mehr zu lieben.[43]

– Sel. Gabriele Allegra

Es gab noch nie einen Mann, der mehr in eine Frau verliebt war als der hl. Josef in Maria. Welche Würde und Heiligkeit waren für den hl. Josef Voraussetzung, um der Bräutigam Mariens zu sein! In ihrem weiblichen Herzen wusste Maria, dass sie in der Manneskraft des hl. Josef sicher war. Er war ihr Ritter und Krieger. Jede Frau wünscht sich einen solchen Ehemann – einen Gentleman, einen Beschützer und einen guten Vater.

Frauen verdienen Männer, die stark und beschützend sind, aber auch sanft, liebevoll und vertrauenswürdig. Jede Frau möchte Sicherheit in den Armen eines Mannes finden, der bereit ist, sein Leben für sie hinzugeben. Die Kirche und die Welt brauchen Männer wie den hl. Josef. Er ist der vorbildliche Ehemann.

Der hl. Josef war Marias Gemahl. Auch jeder Familienvater sieht sich in das Geheimnis der Frau durch seine eigene Ehefrau eingeweiht. Liebe Familienväter, achtet und liebt eure Frau wie der hl. Josef und führt eure Kinder durch Liebe und eure aufmerksame Gegenwart zu Gott, wo sie sein müssen.[44]

– Papst Benedikt XVI.

Jedes katholische Herz möchte Hirten wie den hl. Josef, genauso Priester und Bischöfe – geistliche Väter –, die Gentlemen sind, ritterliche Krieger, Beschützer und Verteidiger. Katholiken erwarten von ihren Priestern und Bischöfen, dass sie gebetserfüllt, vertrauenswürdig, sanft, mitfühlend und tugendhaft sind. Die Braut Christi, die Kirche, verdient es, Leiter zu haben, die bereit sind, die Wölfe aus Liebe zur Herde abzuwehren, geistliche Drachen zu töten und die Wahrheit mit Leidenschaft, christlicher Nächstenliebe und Eifer zu predigen. Der hl. Josef ist das Vorbild aller Vaterschaft. Ohne auf das Vorbild des hl. Josef zu schauen, wird kein Ehemann, Vater oder Priester jemals vollständig verstehen, was es bedeutet, ein opferbereiter Mann, ein liebevoller Ehemann und Vater und ein wahrhaft männlicher Heiliger zu sein.

Der hl. Josef ist der vorbildlichste Ehemann und Vater. Die Berufung aller Menschen ist es, im Dienst derer zu stehen, die ihrer Liebe und Fürsorge anvertraut sind. Viele Männer haben dies heute vergessen, aber der hl. Josef wird ihnen helfen, sie daran zu erinnern. Er wird den Männern helfen, wieder heilig und ritterlich zu sein. Alle Männer entdecken im hl. Josef ein Beispiel für Stärke, Treue, Heldentum und Tugend. Wenn Männer – Ehemänner, Väter, Priester und Bischöfe – dem Beispiel des hl. Josef folgen, werden die Familien liebevoll und sicher sein, die Ehemänner werden heilig sein, die Priester werden Drachentöter sein und die Bischöfe werden wieder Hirten der Seelen und Säulen der Wahrheit sein.

Der hl. Josef ist ein Vorbild für alle Männer. Echte Männer sind wahre Gentlemen im Dienst am anderen. Echte Männer lieben. Echte Männer schützen Frauen und Kinder gegen jede und alle Gefahren. Echte Männer sind bereit, für ihre Frauen und Kinder zu sterben. Heilige Priester und Bischöfe sind bereit, für die Seelen, die ihnen anvertraut sind, zu leiden und zu sterben. Priester und Bischöfe dieses Kalibers haben keine Angst vor Spott, Verleumdung, Armut oder Inhaftierung. Männer wie der hl. Josef sind bereit, für das zu kämpfen, was sie lieben, was gut, wahr und schön ist. Mögen die Kirche und die Familien wieder mit solchen Männern erfüllt sein!

> Bei dir, heiliger Josef, suchen wir Zuflucht. Wir haben deine heiligste Braut um Hilfe angefleht und bitten nun vertrauensvoll um deinen väterlichen Schutz.[45]
>
> – Papst Leo XIII.

Gepriesen sei der hl. Josef, ihr reinster Bräutigam!

Lest „Junger Bräutigam Marias“ (S. 174)
Betet die Litanei zum hl. Josef (S. 331)

TAG 12

Du keuscher Beschützer der Jungfrau, *bitte für uns*

Es war notwendig, dass die göttliche Vorsehung sie [Maria] in die Fürsorge und Obhut eines absolut reinen Mannes gab.[46]

– Hl. Franz von Sales

Keuschheit ist eine Tugend. Eine sehr wichtige Tugend. Keusch zu sein bedeutet, Selbstbeherrschung zu haben, die Kontrolle über eure Leidenschaften und eure Sexualität zu haben. Im Gegensatz zu dem, was viele Leute denken, unterdrückt oder lehnt eine Person, die keusch lebt, die Schönheit der menschlichen Sexualität nicht ab. Im Gegenteil, Keuschheit bewahrt das menschliche Herz und den menschlichen Körper für echte Selbsthingabe. Alle Menschen, unabhängig von ihrer Berufung im Leben, sind zur Keuschheit berufen. Keuschheit ist die Tugend, die uns daran hindert, Sklaven unserer Leidenschaften zu sein und uns wie unvernünftige Tiere zu verhalten.

Der Zölibat hingegen ist eine besondere Form der Keuschheit. Gott beruft einige Männer und Frauen zum Zölibat um des Himmelreichs willen. Der hl. Josef war sowohl keusch als auch zölibatär. Er wurde von Gott berufen, sich mit einer Jungfrau zu vermählen, die Gott in ihrem Geist, ihrem Leib und ihrer Seele geweiht ist. Der hl. Josef war der keusche Beschützer der Jungfrau.

Der hl. Josef und Maria lebten in einer als „Josefsehe" bezeichneten Verbindung. Sie waren wahrhaft Mann und Frau, aber sie hatten nie sexuelle Beziehungen. Ihre Berufung war es, im Herzen, im Verstand und in der Seele vereint sein, aber niemals im Leib. Beide waren sie Gott geweiht und opferten ein natürliches Gut für ein größeres Gut: die Errettung der Seelen.

Der hl. Josef ist von Herzen rein. Keusch sein heißt, von Herzen rein sein. Wenn das Herz eines Menschen nicht rein ist, kann er Gott nicht schauen. Das Herz des hl. Josef ist außergewöhnlich rein. Der hl. Josef schaute jahrzehntelang auf das Antlitz Gottes in der Person seines Sohnes. Dichter haben oft gesagt, dass die Augen das Fenster der Seele sind. Wenn dies wahr ist, muss der hl. Josef die keuschesten und reinsten Augen von allen Ehemännern gehabt haben, die jemals gelebt haben. Seine Augen und sein Herz waren von reiner Absicht, keusch und von feuriger Liebe zu Jesus und Maria geprägt.

Der moderne Mensch ist durch Unreinheit geblendet worden. Die Welt fördert voreheliche Beziehungen, Zusammenleben, Empfängnisverhütung und viele andere unmoralische Praktiken. Keuschheit ist heute eine vergessene Tugend. Sogar verheiratete Paare leben mit der Idee, dass sie frei sind, mit dem Körper ihres Ehepartners zu tun, was sie wollen. Dies ist jedoch nicht wahr. Keuschheit ist auch in der Ehe erforderlich, damit Paare einander wahrhaft lieben, ihre Würde behalten und gegenseitigen Respekt bewahren können.

Euer geistlicher Vater ist ein Gentleman. Der hl. Josef ist der erste christliche Gentleman; er ist neben Jesus das beste Beispiel männlicher Keuschheit. Er war mit der schönsten Frau der Welt verheiratet und behandelte sie mit Respekt, Würde und Ehrfurcht. Wenn die Männer heute so wie der hl. Josef wären – Beschützer und Verteidiger der Schönheit, anstatt Benutzer und Missbraucher des weiblichen Geheimnisses –, was wäre das für eine andere Welt?

Gott möchte, dass alle Männer wie der hl. Josef sind. Er ist der *erste* keusche Beschützer der Jungfrau. Die meisten Männer werden zur Ehe berufen, während einige zum geweihten Zölibat berufen werden. Beide Berufungen sind notwendig. Ohne Ehe gibt es keine Kinder. Ohne Priester gibt es keine Sakramente. Verheiratete Männer müssen in der Ehe keusch sein; Priester und Bischöfe müssen wie der hl. Josef in ihrer keuschen Liebe zur jungfräulichen Kirche sein – Hüter, Verteidiger und Beschützer der ihnen anvertrauten Schönheit, nicht Benutzer und Missbraucher der heiligen Geheimnisse.

> Josef, der Gerechte, wird zum Verwalter der Geheimnisse Gottes ernannt, zum *paterfamilias* und zum Hüter des Heiligtums, das Maria, die Braut und der Logos in ihm ist. Er [Josef] wird so zum Bild des Bischofs, mit dem die Braut verlobt ist; sie steht ihm nicht zur Verfügung, sondern unter seinem Schutz.[47]
>
> – Papst Benedikt XVI.

Lest „Fest der hl. Brautleute“ (S. 188)
Betet die Litanei zum hl. Josef (S. 331)

TAG 13

Du Nährvater des Sohnes Gottes, *bitte für uns*

Die Position des hl. Josef als Ehemann und Nährvater zeugt von der Würde der Vaterschaft.[48]

– Ehrw. Josef Mindszenty

Christen verwenden viele Begriffe, um die Vaterschaft des hl. Josef zu beschreiben. Er wird der rechtliche, mutmaßliche, geistliche, jungfräuliche Vater und Nährvater Jesu genannt. Obwohl keiner dieser Titel im Neuen Testament zu finden ist, sind sie alle berechtigt, die Vaterschaft des hl. Josef zu beschreiben. Von diesen Titeln ist „Nährvater" der häufigste. Der Grund, dass dieses der gewöhnlichste Titel ist, geht auf die altjüdische Tradition zurück, bei der die Namensgebung eines Kindes die rechtliche Verantwortung des Vaters begründete.

> Obwohl du [hl. Josef] für die Empfängnis und Geburt [des Kindes] nicht notwendig bist, wirst du dennoch für [Seinen] Lebensunterhalt notwendig sein; und deine erste Sorge wird Seinen Namen betreffen.[49]
>
> – Hl. Albert der Große

Die rechtliche Verantwortung des hl. Josef, dem Kind Christus einen Namen zu geben, wurde von Gott gegeben, als der Engel dem hl. Josef offenbarte, dass er keine Angst haben sollte, Maria – und das Kind in ihrem Leib – in sein Haus und unter seine Obhut zu nehmen. Die Rolle des hl. Josef, dem Erlöser einen Namen zu geben, ist äußerst wichtig. Es soll der Welt bekunden, dass der hl. Josef der rechtmäßige Vater Jesu ist.

> Die Würde des hl. Josef entspringt seinem Privileg, der rechtmäßige Vater des menschgewordenen Sohnes Gottes zu sein. Hier ist also ein Mann, den der Sohn Gottes Vater nennt, dem Er dient und dem Er gehorcht und vor dem Er für einen väterlichen Segen kniet.[50]
>
> – Hl. Pierre Julian Eymard

Die Rolle des hl. Josef als „Nährvater" Jesu könnte als etwas rein Vertragliches daherkommen; aber die lateinische Sprache gibt uns einen tieferen Einblick in die Rolle des hl. Josef. In lateinischer Sprache lautet der Titel, der dem hl. Josef zufällt, um seine Rolle als Nährvater zu bezeichnen, *Filii Dei Nutricie*. Wörtlich bedeutet es, „Ernährer des Sohnes Gottes". Wie man sehen kann, ist der Titel Nährvater eine sehr gute Übersetzung aus dem lateinischen Original. Es ist zwar gültig, den hl. Josef den Nährvater Jesu zu nennen, aber es muss betont werden, dass die Vaterschaft des hl. Josef mehr als eine rechtliche Vaterschaft war; die Vaterschaft des hl. Josef war eine ehrfürchtige, liebevolle, treue und ewige Vaterschaft.

Die geistliche Vaterschaft des hl. Josef ist für immer. Die liebevolle Beziehung zwischen einem geistlichen Vater und einem Kind bleibt für immer bestehen. Mit anderen Worten: Jesus ist weiterhin der Sohn Josefs im Himmel. Im Paradies übt der hl. Josef keine „rechtliche" Vaterschaft mehr über Jesus aus, aber sein Verhältnis von Liebe, Zuneigung und Treue zu Jesus sowie zum mystischen Leib Jesu bleibt bestehen. Im Gegensatz zur Ehe, in der die Beziehung nicht bis in die Ewigkeit bestehen bleibt (s. Mt 22,30), bleibt die geistliche Vaterschaft des hl. Josef über Christus und Seinen mystischen Leib für immer bestehen.

Geistliche Vaterschaft bleibt, so wie geistliche Mutterschaft, für immer besteht. Wäre dies nicht der Fall, müsste die Kirche aufhören, Jesus als „Sohn Josefs" anzurufen. Die Kirche müsste auch aufhören, Maria, die im Himmel ist, als unsere geistliche Mutter anzurufen.

Der hl. Josef wird immer euer geistlicher Vater sein. Was für Jesus gilt, gilt für euch. Der hl. Josef ist für immer euer geistlicher Vater. Während er sich auf Erden um Jesus kümmerte, wird sich der hl. Josef auf eurer irdischen Pilgerreise um euch kümmern. Er ist euer liebevoller Versorger, Erzieher und Beschützer. Wenn euer Leben auf Erden vorüber ist, wird der hl. Josef weiterhin euer Vater sein, nicht auf irdischer, sondern auf geistlicher Ebene. Im Himmel werdet ihr für immer als Kind des hl. Josef bekannt sein.

> Niemand wird jemals würdig sein können, Josef zu preisen, den Du, der einzig eingeborene Sohn des ewigen Vaters, als Deinen Nährvater bestimmt hast![51]
>
> – Hl. Ephrem der Syrer

Lest „Jungfräulicher Vater Jesu“ (S. 191)
Betet die Litanei zum hl. Josef (S. 331)

TAG 14

Du sorgsamer Verteidiger Christi, *bitte für uns*

> Jene, die ihn [den hl. Josef] verehren, beschützt und begleitet er auf ihrem irdischen Weg, so wie er den zum Mann heranwachsenden Jesus beschützt und begleitet hat.[52]
>
> – Hl. Josemaría Escrivá de Balaguer

Von dem Moment an, als der Engel dem hl. Josef offenbarte, dass er der Vater des Messias sein sollte, bis zu seinem letzten Atemzug in den Armen von Jesus und Maria, verteidigte der hl. Josef Jesus sorgsam.

Der hl. Josef beschützte seinen Sohn immer gegen jede Gefahr, die ihm drohte. Der hl. Josef war ein pflichtbewusster Beschützer, der alles für Jesus und Seine Sicherheit tat, Ihn verteidigte und sich für Ihn aufopferte. In gleicher Weise schützte der hl. Josef seine Frau Maria. Er beschützte seinen Sohn und seine Frau als liebender Vater und treuer Ehemann.

In einigen Übersetzungen der Litanei zum hl. Josef wird der Titel „Sorgsamer Verteidiger Christi" (im lateinischen *Christi Defénsor Sédule*) als „Eifriger Verteidiger Christi" oder „Wachsamer Verteidiger Christi" angegeben. Beides sind akzeptable Übersetzungen und haben ähnliche Bedeutungen – nämlich, dass der hl. Josef Jesus verteidigte. Als Kind des hl. Josef dürft ihr sehr zuversichtlich sein, dass euer geistlicher Vater auch euch sorgsam verteidigen möchte.

Der hl. Josef verteidigt euch sorgsam. Die väterliche Sendung des hl. Josef ist noch nicht beendet. Die Arbeit eines Vaters endet nicht, bevor seine Kinder nicht sicher zu Hause sind. Im Himmel braucht der hl. Josef nicht länger über Jesus zu wachen und Ihn beschützen. Ihr seid jedoch noch nicht im Himmel. Ihr braucht den Schutz des hl. Josef. Euer geistlicher Vater weiß, was für eure Seele schädlich ist, und er möchte auf euch aufpassen und euch helfen, sicher nach Hause zu kommen. Der hl. Josef wird euch niemals verlassen. Eure Aufgabe ist es, euch seiner fleißigen Fürsorge anzuvertrauen und niemals zurückzublicken.

> Unser Schicksal liegt in den Händen von Josef. Josef, der Hüter seines Herrn und der Bräutigam seiner Königin, Josef, der Nährvater Jesu und das Haupt der Heiligen Familie, hat sich in seiner Güte herabgelassen, uns als seine Kinder anzunehmen, und erlaubt uns, ihn Vater zu nennen.[53]
>
> – Sel. Guillaume-Joseph Chaminade

Mit dem hl. Josef an eurer Seite habt ihr nichts zu befürchten. Wovor kann man sich bei einem so eifrigen Verteidiger wie eurem Vater, der euch liebt, fürchten? Der hl. Josef hielt den Schöpfer des Universums in seinen Händen. Der hl. Josef speiste den Schöpfer des Himmels. In seiner Rolle als irdischer Vater Jesu befahl der hl. Josef liebevoll dem Sohn Gottes, dem Himmel und Erde gehorchen. Vor dem die Hölle zittert!

> Josefs Name wird während unseres gesamten Lebens ein Name des Schutzes sein.[54]
>
> – Sel. Guillaume-Joseph Chaminade

> Als Christen sollten wir den hl. Josef ehren; ihm für seinen Schutz danken; mit Inbrunst und Vertrauen zu ihm beten; danach streben, in unserem Verhalten die Tugenden nachzuahmen, die er mit so viel Perfektion praktizierte.[55]
>
> – Ehrw. Nelson Baker

Der hl. Josef wird euren Eifer für Christus vermehren. Als euer Vater und Vorbild wird der hl. Josef euch beibringen, wie man Christus sorgsam verteidigt. Wenn ihr treue Jünger Jesu Christi seid, werdet ihr von der Welt kritisiert, gehasst, verspottet und verhöhnt – oftmals von eurer eigenen Familie und euren Freunden. Euer Leiden wird groß sein, aber euer Zeugnis für die Wahrheit – euer Zeugnis für Jesus – wird größer sein. Der hl. Josef wird euch helfen, ein eifriger Zeuge für die Wahrheit Jesu Christi zu sein.

Eure Verteidigung Christi sollte grossartig sein. Ihr solltet euch immer bemühen, die Person und den Namen Jesu Christi gegen alle Gotteslästerungen, Beleidigungen und Sakrilegen zu verteidigen. Ihr solltet die Kirche sowie ihre Lehren und Sakramente vor allen Bezichtigungen, Häresien und Unwahrheiten schützen. Die Kirche zu verteidigen bedeutet, Christus zu verteidigen. Ihr solltet eurem geistlichen Vater ähneln und immer bereit sein, euch für die Liebe zur Wahrheit zu opfern. Wie der hl. Josef könnt auch ihr viele Seelen zu Jesus bringen.

> Wie glücklich und gesegnet sind die, die du, hl. Josef, liebst und die du unter deinen Schutz nimmst![56]
>
> – Sel. Guillaume-Joseph Chaminade

Lest „Retter des Retters" (S. 234)
Betet die Litanei zum hl. Josef (S. 331)

TAG 15

Du Haupt der Heiligen Familie, *bitte für uns*

Jesus und Maria beugten sich nicht nur unter den Willen Josefs, weil er das Haupt der Heiligen Familie war, sondern sie übergaben ihm ebenso liebevoll ihr Herz.[57]

– Hl. Pierre Julian Eymard

Heute ist es verpönt, einen Mann als „Haupt" der Familie zu bezeichnen. Gott macht sich jedoch keine Sorgen um politische Korrektheit. Er gründete die Familie und bestimmte, dass Väter das Haupt ihrer Familien sein sollten. Nun, das bedeutet nicht, dass Männer besser sind als Frauen. Die bedeutendste menschliche Person, die je gelebt hat, war kein Mann, sondern eine Frau – Maria, die Muttergottes. (Jesus ist eine gottmenschliche Person.) Jesus und Maria freuten sich beide über die Leiterschaft des hl. Josef in ihrem Haus.

Warum fühlen sich heute viele Menschen von einer solchen Terminologie angegriffen? Leider ist das manchmal darauf zurückzuführen, dass eine Vaterfigur sie emotional, körperlich oder sexuell missbraucht hat. Ein solcher Missbrauch bricht das Herz Gottes. Die Krise in der Männlichkeit kann jedoch korrigiert werden, wenn Männer beginnen, den hl. Josef nachzuahmen. Sein väterliches Beispiel zeigt, dass Stärke, Autorität und Leiterschaft im Dienste anderer stehen sollen.

> So haben die Väter in Josef ein hervorragendes Vorbild väterlicher Fürsorge und Sorgfalt.[58]
>
> – Papst Leo XIII.

Ehemänner und Väter müssen den hl. Josef nachahmen. Familien auf der ganzen Welt könnten eine Revolution der Heiligkeit erleben, wenn Ehemänner den hl. Josef nachahmen würden. Wichtige Abschnitte im Neuen Testament würden nicht mehr als „überholt", sondern als Leben spendend angesehen werden.

> Einer ordne sich dem andern unter in der gemeinsamen Furcht Christi! Ihr Frauen euren Männern wie dem Herrn; denn der Mann ist das Haupt der Frau wie auch Christus das Haupt der Kirche ist. Er selbst ist der Retter des Leibes. Wie aber die Kirche sich Christus unterordnet, so sollen sich auch die Frauen in allem den Männern unterordnen. Ihr Männer, liebt eure Frauen, wie auch Christus die Kirche geliebt und sich für sie hingegeben hat, um sie zu heiligen, da er sie gereinigt hat durch das Wasserbad im Wort! So will er die Kirche herrlich vor sich hinstellen, ohne Flecken oder Falten oder andere Fehler; heilig soll sie sein und makellos. Darum sind die Männer verpflichtet, ihre Frauen so zu lieben wie ihren eigenen Leib. Wer seine Frau liebt, liebt sich selbst. Keiner hat je seinen eigenen Leib gehasst, sondern er nährt und pflegt ihn, wie auch Christus die Kirche. Denn wir sind Glieder seines Leibes. Darum wird der Mann Vater und Mutter verlassen und sich an seine Frau binden und die zwei werden ein Fleisch sein. Dies ist ein tiefes Geheimnis; ich beziehe es auf Christus und die Kirche. Indessen sollt auch ihr, jeder Einzelne, seine Frau lieben wie sich selbst, die Frau aber ehre ihren Mann.
>
> – Eph 5, 22–33

Macht den hl. Josef zum geistlichen Haupt eurer Familie. Besorgt euch eine Statue oder ein schönes Bild vom hl. Josef für euer Zuhause. Stellt es an einer herausragenden Stelle auf und ruft häufig als Familie die Fürsprache des hl. Josef an. Ihr werdet dann den Unterschied sehen, den der hl. Josef bewirkt.

> Liebe Brüder und Schwestern, Ehegatten und Eltern, das Sakrament, das euch miteinander vereint, verbindet euch in Christus! Es verbindet euch mit Christus! „Dies ist ein tiefes Geheimnis!" (*Eph 5,32*). Gott „hat euch seine Liebe geschenkt". Er kommt zu euch. Er ist unter euch gegenwärtig und nimmt Wohnung in euren Herzen, in euren Familien und in euren Häusern! Das wusste der hl. Josef sehr genau. Deshalb zögerte er nicht, sich und seine Familie Gott anzuvertrauen. Durch diese Hingabe erfüllte er seine Sendung, die ihm von Gott im Hinblick auf Maria und ihren Sohn aufgetragen war, bis zum Letzten. Ermutigt durch das Beispiel und den Schutz des hl. Josef, sollt ihr ein ständiges Zeugnis der Hingabe und der Hochherzigkeit geben.[59]
>
> – Hl. Johannes Paul II.

Lest „Das Heilige Haus von Loreto" (S. 263)
Betet die Litanei zum hl. Josef (S. 331)

TAG 16

Josef, ausgezeichnet durch Gerechtigkeit, *bitte für uns*

> Mit Recht wurde er [der hl. Josef] der Gerechte genannt, das lebendige Beispiel jener christlichen Gerechtigkeit, die im sozialen Leben herrschen soll.[60]
>
> – Papst Pius XI.

Was bedeutet es, den hl. Josef einen gerechten Mann zu nennen? Der hl. Josemaría Escrivá bietet uns eine großartige Antwort. Er erklärt:

> Josef war wirklich ein gewöhnlicher Mensch, auf den Gott vertraut hat, um Großes zu wirken. Er verstand es, sich in jeder Situation seines Lebens so zu verhalten, wie Gott es erwartete. Deshalb preist die Heilige Schrift Josef als einen Gerechten (vgl. Mt 1,19). Und im hebräischen Sprachgebrauch bedeutet „gerecht" so viel wie fromm, untadelhafter Diener Gottes, Erfüller des göttlichen Willens (vgl. Gen 7,1; 18,23–32; Ez 18,5ff.; Spr 12,10) oder auch gut und hilfsbereit gegenüber dem Nächsten (vgl. Tob 7,5; 9, 9). Mit einem Wort: gerecht ist jener, der Gott liebt und diese Liebe auch zeigt, indem er die Gebote erfüllt und sein ganzes Leben in den Dienst an den Mitmenschen, seinen Brüdern, stellt.[61]

Was ist mit euch? Seid ihr gerecht? Liebt ihr Gott, haltet ihr Seine Gebote und handelt mit Ehre und Nächstenliebe gegenüber eurem Nächsten?

Der hl. Josef vermehrt in euch die Tugend der Gerechtigkeit. Theologen definieren die Tugend der Gerechtigkeit als „das zu geben, was einem anderen gebührt". Zum Beispiel in unserer Beziehung zu Gott schulden wir es Ihm, für unsere Existenz dankbar zu sein und Ihn für Seine Güte zu preisen. Wir handeln Gott gegenüber gerecht, wenn wir Ihm gebührend das geben, dass wir Ihn anbeten, dies insbesondere durch unsere Teilnahme an der hl. Messe an Sonn- und Feiertagen, wo es Pflicht ist. Wenn wir dies nicht tun, lieben wir Gott nicht. Wir handeln Gott gegenüber nicht gerecht; wir geben Ihm nicht, was Ihm gebührt.

Für den hl. Josef bedeutete ein gerechter Mann sein, dass er die Gesetze der jüdischen Religion befolgte. Dies erforderte, dass er dreimal im Jahr nach Jerusalem reiste – weit weg von Nazaret – und an verschiedenen Ritualen und Zeremonien teilnahm. Ihr hingegen wohnt höchstwahrscheinlich nicht weit von einer katholischen Kirche entfernt. Wenn ihr nicht eine Stunde pro Woche damit verbringen könnt, Gott zu danken und Ihn anzubeten, liebt ihr Gott nicht oder gebt Gott nicht, was Ihm gebührt. Dann seid ihr nicht gerecht.

Bei der hl. Messe geht es nicht um den Priester, das Volk oder den Chor. Es geht darum, Liebe für Liebe zu geben und Gott zu geben, was Ihm gebührt. Ja, Priester sollten gut predigen, liturgische Musik sollte heilig und inspirierend sein und es ist immer angenehm, bekannte Gesichter bei der hl. Messe zu sehen. Selbst wenn ihr den Priester wenig erbaulich findet, die Musik eine Ablenkung und die Gemeinde geistlich tot ist, müsst ihr daran denken, dass es nicht um diese Dinge geht – es geht darum, dass wir gerecht und liebevoll gegenüber Gott handeln. Es gibt keinen besseren Weg, um Gott zu sagen: „Ich liebe Dich", Gott zu danken und Ihn dann durch das hl. Opfer der Messe anzubeten. „Eucharistie" bedeutet „Danksagung."

Es ist nicht allein Gott, dem wir aus Liebe gerecht gegenüber handeln sollen. Ihr müsst auch anderen geben, was ihnen gebührt. Tut ihr das? Liebt, verehrt und achtet ihr Maria, eure geistliche Mutter? Liebt, verehrt und achtet ihr den hl. Josef, euren geistlichen Vater? Behandelt ihr Familienmitglieder mit Liebe, Respekt und Würde?

Was ist mit euren Nachbarn, Mitarbeitern und allen anderen, mit denen ihr täglich zu tun habt? Wenn ihr Arbeitgeber seid, bietet ihr einen gerechten Lohn an? Denkt an die goldene Regel: „Und wie ihr wollt, dass euch die Menschen tun sollen, das tut auch ihr ihnen!" (Lk 6,31). Euer geistlicher Vater hat allen gegenüber gerecht und liebevoll gehandelt; ihr solltet das auch tun!

> Möchtest du wissen, warum Josef gerecht genannt wird? Weil er alle Tugenden vollkommen besaß.[62]
>
> – Hl. Maximus von Turin

> Das Evangelium beschreibt den hl. Josef als einen gerechten Mann. Kein größeres Lob der Tugend und keine höhere Anerkennung an Verdienst konnte auf einen Mann angewendet werden.[63]
>
> – Hl. Papst Paul VI.

Lest „Gerechter und ehrfürchtiger Mann" (S. 210).
Betet die Litanei zum hl. Josef (S. 331)

TAG 17

Josef, leuchtend in heiliger Reinheit, *bitte für uns*

> Wer kann jemals verstehen, wie groß [der hl. Josef] in dieser Tugend der Jungfräulichkeit sein musste, der vom Ewigen Vater dazu bestimmt war, der Beschützer oder vielmehr der Gefährte der Jungfräulichkeit Marias zu sein?[64]
>
> – Hl. Franz von Sales

In der Lauretanischen Litanei wird Maria „Keusche Mutter" genannt. In der Litanei zum hl. Josef wird unser geistlicher Vater „leuchtend in heiliger Reinheit" genannt. Keine anderen Heiligen können als am meisten keusch, gerecht, weise, mutig, gehorsam, treu bezeichnet werden oder besäßen andere höhere Tugenden. Maria und der hl. Josef teilen diese gemeinsamen überragenden Eigenschaften, weil ihre Herzen als Ehemann und Ehefrau eins sind.

„Denn wo euer Schatz ist, da ist auch euer Herz" (Lk 12,34). Der hl. Josef hat drei Schätze: Jesus, Maria und dich. Nichts verzehrt das Herz des hl. Josef, außer diese drei Schätze. Das Herz des hl. Josef ist das Herz eines liebenden Vaters und ihr habt Zugang zu seinem Herzen. Das reine Herz des hl. Josef ist euer Zuhause.

Wenn wir im Katholizismus von Andacht zu den Herzen Jesu und Mariens sprechen, beziehen wir uns im Wesentlichen auf die Andacht zu den Personen Jesu und Mariens. Wir lieben die Heiligen und Unbefleckten Herzen – und stellen sie oft in der Kunst dar – weil wir die Personen Jesu und Mariens lieben. Während die Andacht zu den Herzen Jesu und Mariens in der Kirche etabliert ist – jede hat liturgische Gedenktage –, hat sich die Andacht zum Herzen des hl. Josef in der Kirche nicht vollständig entwickelt. Vielleicht wird es eines Tages ein liturgisches Fest geben, das das Herz des hl. Josef ehrt, aber nur Gott kennt die Zukunft. Ob das geschieht oder nicht, alle Kinder wünschen sich einen Vater, dessen Herz (Person) stark, beschützend und sanft ist. Der hl. Josef hat ein solches Herz. Er hat das Herz eines Vaters, eines Königs, eines Kriegers und das eines keuschen Gentlemans. Sein keusches Herz schlägt mit Liebe für euch.

Der hl. Josef wird euch helfen, ein reines Herz zu haben. Die Lust ist heute das vorherrschende Laster in den Herzen der Menschen. Die Welt ist voller unmoralischer und lustvoller Handlungen. Diese Handlungen beleidigen Gott sehr, ruinieren Familien und schreien zum Himmel nach Gerechtigkeit. Hat nicht U.L.F von Fatima die sel. Jacinta gewarnt, dass viele Seelen wegen der Sünden des Fleisches zugrunde gehen?

Im Kampf um die Reinheit müsste sich jeder am hl. Josef orientieren. Wenn ein Mann – oder eine Frau – mit Lust zu kämpfen hat, muss er sich an den hl. Josef wenden. Wenn Versuchungen gegen die Reinheit euren Verstand, euer Herz und eure Seele zerschlagen, rennt zu eurem geistlichen Vater. Klammert euch an den hl. Josef! Euer geistlicher Vater ist in der Lage, die Tugend der Reinheit in euren Herzen zu vermehren und euch zu wahrer, tugendhafter Liebe zu Gott und zum Nächsten zu führen. Ihr werdet siegreich gegenüber der Lust sein und über die Sünde triumphieren, wenn ihr unter dem väterlichen Mantel des hl. Josef Zuflucht sucht. Das Gebet ist schwierig, wenn ihr von Versuchungen gegen die Reinheit angegriffen werdet, aber Josef wird für euch kämpfen, wenn ihr nur seinen heiligen Namen anruft.

Insbesondere Männer müssen das reine Herz des hl. Josef nachahmen. Die Welt braucht Männer, die ihre Frauen lieben, so wie der hl. Josef Maria liebte. Wenn Männer ihre Frauen als heiligen Tempel verehren, werden Familien erneuert, Drachen werden erschlagen und die Übel unserer Zeit, die die Würde des Menschen angreifen, werden überwunden werden. Die Nachahmung des hl. Josef wird eine Revolution der Heiligkeit auf der Erde verbreiten.

> Dann scheint es Uns [dem Papst] höchst angebracht, dass die Christenheit es sich zur Gewohnheit mache, zugleich mit der jungfräulichen Gottesmutter auch den heiligen Josef, ihren keuschen Gemahl, mit großer Andacht und mit kindlichem Vertrauen anzurufen. Gestützt auf gute Gründe, halten Wir dafür, dass diese Verehrung der allerseligsten Jungfrau selber erwünscht und sehr genehm ist.[65]
>
> – Papst Leo XIII.

Lest „Santo Anello“ (S. 203)
Betet die Litanei zum hl. Josef (S. 331)

TAG 18

Josef, Vorbild der Klugheit, *bitte für uns*

> Welche Klugheit war erforderlich, um einen Gott zu einem Kind zu erziehen, das ihm dreißig Jahre lang gehorchen wollte![66]
>
> – Sel. Guillaume-Joseph Chaminade

Was ist Klugheit? In der heutigen Zeit betrachten viele Menschen sie als Mangel oder Schwäche. Wenn eine Person in moralischen Angelegenheiten vorsichtig oder umsichtig ist, wird sie oft als prüde bezeichnet. Klugheit ist jedoch eine Tugend – eine äußerst wichtige Tugend.

Der Katechismus der Katholischen Kirche bietet eine präzise Definition von Klugheit. Er sagt aus:

> Die Klugheit ist jene Tugend, welche die praktische Vernunft bereit macht, in jeder Lage unser wahres Gut zu erfassen und die richtigen Mittel zu wählen, um es zu erlangen … Sie hat nichts mit Schüchternheit oder Ängstlichkeit, mit Doppelzüngigkeit oder Verstellung zu tun. Man nennt sie „auriga virtutum" [Lenkerin der Tugenden]; sie steuert die anderen Tugenden, indem sie ihnen Regel und Maß gibt.[67]

Der hl. Thomas von Aquin lehrte, dass Klugheit die „Gebärerin aller Tugenden" ist. Ihre Aufgabe ist es, die anderen Kardinaltugenden (herausragenden) hervorzubringen: Mäßigung, Gerechtigkeit und Tapferkeit. Ohne Klugheit wird eine Person entweder zu nachsichtig oder zu hart sein. Klugheit dient als Leitfaden und „Wagenlenker“ und hilft der Seele, fehlerhafte Extreme zu vermeiden.

KLUGHEIT IST DIE TUGEND DER KÖNIGE UND HERRSCHER. Ohne Klugheit kann kein Herrscher Mäßigung, Gerechtigkeit und Tapferkeit ausüben. Der hl. Josef, König der Heiligen Familie und unser geistlicher Vater, ist (nach Jesus) der klügste aller Menschen. In jeder Lebenssituation ist er ein Vorbild der Klugheit. Er betete und wartete auf den Herrn, der ihm die Geheimnisse der Schwangerschaft seiner Braut enthüllte. Er erzog den Gottmenschen und die Klugheit bestimmte in jeder Situation seine Handlungen.

> Die Klugheit des hl. Josef war eine übernatürliche Klugheit.[68]
>
> – Sel. Guillaume-Joseph Chaminade

Übernatürliche Klugheit unterscheidet sich von menschlicher Klugheit. Menschliche Klugheit führt eine Person dazu, Schwierigkeiten, Leiden und Bedrängnis zu vermeiden. Übernatürliche Klugheit hingegen versucht nicht, Leiden zu vermeiden. Übernatürliche Klugheit umfasst das Kreuz aus Liebe und strebt immer nach dem höheren Gut. Durch Gottes Gnade war die Klugheit des hl. Josef übernatürlich und heldenhaft. Bevor die Weisheit des Kreuzes der Welt offenbart wurde, nahm der hl. Josef bereitwillig und freiwillig das Leiden zum Wohl anderer an. Bevor das Geheimnis des miterlösenden Leidens den Seelen enthüllt wurde, lebte es der hl. Josef aus Liebe.

DER HL. JOSEF WIRD IN EUCH DIE TUGEND DER KLUGHEIT VERMEHREN. Der hl. Josef wird euch helfen, übernatürliche Klugheit zu üben. In jeder Situation wird er euch lehren, Klugheit als euren Wagenlenker zuzulassen, und euch anleiten, immer das zu tun, was für die Liebe zu Gott und zum Nächsten richtig ist, egal, wie viel ihr dafür leiden müsst.

Der hl. Josef lehrt uns, dass Klugheit korrektes Wissen über Dinge ist, die getan werden müssen oder, im weiteren Sinne, das Wissen über Dinge, die erledigt werden sollten, und über Dinge, die vermieden werden sollten.[69]

– Ehrw. Diener Gottes John A. Hardon

Ein Mann mit menschlicher Klugheit würde niemals aus dem Schlaf aufstehen und mit seiner Ehefrau und seinem Kind nach Ägypten fliehen, als Antwort auf einen Traum. Ein Mann mit menschlicher Klugheit würde schnell jeden Mann zurechtweisen, der seiner Frau mitteilte, dass ihre Seele ein Schwert durchdringen würde und sein Sohn ein Zeichen sein würde, dem widersprochen wird. Aber der hl. Josef ist kein gewöhnlicher Mensch. Durch die Kraft des Heiligen Geistes ist er ein Mann von übernatürlicher Klugheit. Er denkt nach, betet, erkennt und handelt. Klugheit ist sein Wagenlenker. Mit dem hl. Josef wird die Tugend der übernatürlichen Klugheit auch euer Wagenlenker sein.

Als Meister, der er [der hl. Josef] ist, bleibt er immer der kluge und treue Diener. Der hl. Josef, aus der Familie der Könige von Juda, führt ein armes und verborgenes Leben. Weil er dazu bestimmt war, gleichsam Statthalter und Vater eines schwachen und demütigen Gottes zu werden, war es angemessen, dass er ihm ähnelte.[70]

– Sel. Guillaume-Joseph Chaminade

Lest „Die Sieben Schmerzen und Sieben Freuden“ (S. 231)
Betet die Litanei zum hl. Josef (S. 331)

TAG 19

Josef, Mann voll Starkmut, *bitte für uns*

Er war so vollkommen tot für die Welt und im Fleisch, dass er nichts als die Dinge des Himmels begehrte.[71]

– Hl. Birgitta von Schweden

Der hl. Josef wünschte nichts als die Dinge des Himmels. Er lebte ganz aus Liebe zu Jesus Christus und ist nach Maria der treueste Jünger Jesu. Der hl. Josef ist der Vater Jesu, aber er ist auch ein Jünger Jesu. Es braucht Mut, ein treuer Jünger Jesu zu sein. Viele sind bereit, Jesus nachzufolgen, wenn es angenehm ist, aber wenige sind bereit, Jesus nachzufolgen, wenn es schwierig und sorgenvoll wird. Der hl. Josef war immer treu, immer mutig.

In verschiedenen Übersetzungen der Litanei zum hl. Josef wird der Titel „voll Starkmut" manchmal mit „voll Tapferkeit" oder „voll Stärke" wiedergegeben. Die drei Titel haben dieselbe wesentliche Bedeutung: Der hl. Josef war mutig und furchtlos. Er fürchtete nichts anderes, als Gott zu beleidigen, und war enorm tapfer in seinem Schutz für Jesus und Maria. Tapferkeit ist eine Kardinaltugend, die den Willen stärkt und einem Menschen Mut und eine feste Entschlossenheit gibt, Gottes Willen zu tun, selbst inmitten großen Leidens.

Der hl. Josef ist ein Mann voll Starkmut. Das Wurzelwort des englischen Wortes für Mut [courage] ist „cour", was „Herz" bedeutet. Mutig zu sein heißt, das Gute mehr zu lieben als das Böse und das Leiden nicht zu fürchten. Der mutige Mann ist inmitten von

Prüfungen gutmütig, kühn und tapfer. Dass der hl. Josef mutig war, kann niemand leugnen. Der hl. Josef brauchte Mut, um seine Familie in feindliches Gebiet (Ägypten) zu bringen. Er wusste, dass er seine Frau und sein Kind möglicherweise gegen körperliche Übergriffe verteidigen musste, und er war bereit, dies zu tun. Kein Mann, der sich leicht einschüchtern lässt, würde sich auf eine solche Reise begeben. Der hl. Josef lässt sich von niemandem einschüchtern.

Der hl. Josef wird euch helfen, starkmütig zu sein. Um ein Heiliger zu sein, müsst ihr mutig sein. Wenn ihr den hl. Josef nachahmt, werdet ihr nicht zögern, feindliches Gebiet zu betreten oder euch einem geistlichen Kampf zu unterziehen. Ägypten war ein Land, welches für Diebe, heidnische Rituale, Götzenbilder und Zauberei berüchtigt war. Der hl. Josef fürchtete niemanden, weil Gott mit ihm war. Euer geistlicher Vater ist ein Mann mit brennender Liebe für Gott! „Ist Gott für uns, wer ist dann gegen uns?" (Röm 8,31).

Der hl. Josef wird die Tugend der Tapferkeit in euch vermehren. Erinnert ihr euch an die Schriftstelle, als Jesus seinen Jüngern auf dem Wasser entgegenkam? Die Jünger hatten Angst und Jesus musste sie beruhigen, indem Er sagte: „Habt Vertrauen, ich bin es; fürchtet euch nicht!" (Mt 14,27). Was ist mit euch? Wovor habt ihr Angst? Eure Arbeit zu verlieren? Euren guten Ruf und Eure weltlichen Ehren zu verlieren? Der hl. Josef opferte alles aus Liebe zu Jesus und Maria. Euer geistlicher Vater war ein armer Mann und hatte kein Ansehen in der Welt. Doch die bösen Geister und die Hexer Ägyptens hatten Angst vor dem mutigen Herzen des hl. Josef.

Jesus selbst lernte den Mut am Beispiel des hl. Josef. Jesus war Zeuge des Mutes seines Vaters in Ägypten, Nazaret, Jerusalem und den vielen anderen Orten, wohin sie zusammen reisten. Der hl. Josef gab seinem Sohn ein Beispiel für männliche Liebe, Starkmut, Stärke und Tapferkeit. Mit dem hl. Josef als eurem geistlichen Vater habt auch ihr nichts zu befürchten. Unser Herr selbst wies Seine Jünger unmittelbar vor Seinem Leiden und Tod an, männlichen Starkmut zu üben, und sagte zu ihnen: „In der Welt seid ihr in Bedrängnis; aber habt Mut: Ich habe die Welt besiegt" (Joh 16,33). Richtet die Augen auf das himmlische Jerusalem und schaut niemals zurück!

> Oh Josef, jungfräulicher Vater Jesu, du reinster Bräutigam der Jungfrau Maria, bitte täglich für uns beim Sohn Gottes, damit wir, ausgerüstet mit den Waffen Seiner Gnade, kämpfen, wie wir es im Leben sollten, und von Ihm gekrönt werden im Tod.[72]
>
> –Hl. Bernhardin von Siena

Lest „Alte Männer gehen nicht nach Ägypten" (S. 172)
Betet die Litanei zum hl. Josef (S. 331)

TAG 20

Josef, Beispiel des Gehorsams, *bitte für uns*

> Wenn ihr den Gehorsam des hl. Josef kennenlernen wollt, betrachtet, wie er nachts auf die Stimme des Engels aufstand und ohne Rücksicht auf Hunger, Nöte oder Kälte nach Ägypten ging, wo er bis zur nächsten Weisung Gottes ein hartes Leben führte.[73]
>
> – Hl. Josef Sebastian Pelzcar

Gehorsam ist eine missverstandene Tugend. Viele Menschen sind der Meinung, dass der Gehorsam gegenüber der Autorität ihre Freiheit einschränkt und sie dazu verpflichtet, ihre Rechte an andere abzugeben. Das ist nicht der Fall. In der Tat ist der Gehorsam gegenüber Gesetzen ein Teil des menschlichen Alltags. Ein Verkehrsschild zum Beispiel nimmt einem Menschen nicht die Freiheit. Verkehrszeichen und andere legitime Gesetze sollen dem Menschen wahre Freiheit und Glück geben. Man kann beim Autofahren Stoppschilder missachten, aber der Gehorsam und das Beachten der Verkehrsregeln ermöglicht es uns und anderen, ihre Ziele sicher zu erreichen.

Naturgesetz und göttliches Gesetz hemmen die Freiheit nicht. In Gottes Plan besteht der Zweck dieser Gesetze darin, uns zu helfen, unser endgültiges Ziel zu erreichen: den Himmel. Diejenigen, die der Vernunft und den göttlichen Geboten nicht gehorchen, werden psychisch, anthropologisch und geistlich frustriert sein und das Risiko eingehen, niemals in den Himmel zu kommen.

Der hl. Josef ist ein Vorbild des Gehorsams. Gehorsam erfordert Vertrauen. Das mangelnde Vertrauen unserer ersten Eltern (Adam und Eva) hat dazu geführt, dass die ganze Menschheit in Sünde gefallen ist. Im Garten Eden wurden unsere ersten Eltern von der Schlange dazu gebracht, Gott nicht zu gehorchen. Der Teufel ließ Zweifel an der Vertrauenswürdigkeit Gottes aufkommen. „Hat Gott wirklich gesagt: Ihr dürft von keinem Baum des Gartens essen?" (Gen 3,1). Unsere neuen Eltern, Maria und der hl. Josef, vertrauten Gott und waren bereit, für ihren Gehorsam gegenüber Gott zu leiden. Maria und Josef waren sich sicher, dass Gott ihr Bestes wollte.

> Warum war der hl. Matthäus so bedacht darin, Josefs Vertrauen in die von Gottes Botschafter erhaltenen Worte niederzuschreiben, wenn nicht dazu, uns einzuladen, dasselbe liebevolle Vertrauen nachzuahmen?[74]
>
> – Papst Benedikt XVI.

Der hl. Josef wird die Tugend des Gehorsams in euch vermehren. Ihr kennt wahrscheinlich die himmlischen Visionen, die der hl. Faustyna gegeben wurden, die die Botschaft und Andacht zur Göttlichen Barmherzigkeit beinhalten. Wusstet ihr, dass die hl. Faustyna auch Visionen vom hl. Josef hatte? Die hl. Faustyna liebte den hl. Josef sehr und wandte sich häufig wegen seiner mächtigen Fürsprache an ihn, um ihn zu bitten, ihr zu helfen, den Willen Gottes zu tun und ihrer Sendung treu zu bleiben, die Verehrung der Barmherzigkeit Gottes zu verbreiten. Mithilfe des hl. Josef konnte die hl. Faustyna ihre Sendung erfüllen und ihren Vorgesetzten gehorsam sein, selbst wenn sie zu einer psychologischen Untersuchung geschickt wurde!

Die Tugend des Gehorsams gilt jedoch nicht nur für Nonnen und Priester. Jeder muss sowohl dem natürlichen als auch dem göttlichen Gesetz gehorchen. Das Befolgen der Zehn Gebote und der Lehren der katholischen Kirche, die treue Teilnahme an der hl. Messe an Sonn- und Feiertagen und zur Beichte gehen, wenn man in Sünde fällt, sind alles Möglichkeiten, um zu zeigen, dass man Gott vertraut und Ihm gehorcht.

Jeder muss Gott vertrauen und auch dem Naturgesetz gehorchen. Die Person, die die Ehe als Institution zwischen einem Mann und einer Frau verteidigt, gehorcht dem Naturgesetz. Die Ungeborenen im Mutterleib zu schützen, indem ihr Amtsträger wählt, die kompromisslos für das Leben sind, ist auch ein Zeichen dafür, dem Naturgesetz zu gehorchen. Sich dem Unsinn der Geschlechterideologie zu widersetzen, ist eine weitere Möglichkeit, dem Naturgesetz zu gehorchen. Wenn ihr verspottet, gedemütigt werdet und für euer Vertrauen und euren Gehorsam gegenüber den göttlichen und natürlichen Gesetzen leiden müsst, seid ihr nicht weit vom Himmelreich entfernt.

> Josef, der dem Geist gehorsam war, fand eben in ihm aufs Neue die Quelle der Liebe.[75]
>
> – Hl. Johannes Paul II.

Lest „Schlafender hl. Josef“ (S. 287)
Betet die Litanei zum hl. Josef (S. 331)

TAG 21

Josef, Vorbild der Treue, *bitte für uns*

Die Kirche bewundert die Einfachheit und Tiefe seines [des hl. Josef] Glaubens.[76]

– Hl. Johannes Paul II.

Der ehrw. Fulton J. Sheen sprach von drei Ringen in der Ehe: dem Verlobungsring, dem Ehering und dem Ring des Leidens. Jene, die verheiratet sind, wissen, dass dies wahr ist. Die Ehe ist nicht einfach. Sie beginnt mit einer Hochzeitsreise und wird mit vielen Schwierigkeiten, Widerständen und Prüfungen begleitet sein. Damit eine Ehe funktioniert, sind gegenseitige Liebe, Opferbereitschaft und Treue notwendig.

Die Beziehung eines Christen zu Gott ist eine geistliche Ehe. Sie erfordert auch gegenseitige Liebe, Opferbereitschaft und Treue. Jene, die sich geistlich für Gott einsetzen, müssen in guten und in schlechten Zeiten, in Gesundheit und Krankheit, in Reichtum und in Armut treu sein. Der hl. Josef war seiner Braut und Gott immer treu.

Der hl. Josef ist ein Vorbild des Glaubens. Der Glaube ist eine der drei göttlichen Tugenden (Glaube, Hoffnung und Liebe). Aber was genau ist Glaube? Wie wird er definiert? Der Brief an die Hebräer gibt uns eine gute Erklärung. Darin heißt es: „Glaube aber ist: Grundlage dessen, was man erhofft, ein Zutagetreten von Tatsachen, die man nicht sieht“ (Hebr 11,1). Der christliche Glaube erkennt an, wer Jesus ist, hält an Seiner Lehre fest und vertraut auf Seine Verheißungen.

> Josef war zutiefst fromm; er betete viel für das Kommen des Messias.[77]
>
> – Sel. Anna Katharina Emmerick

Ein Christ ist dazu berufen, an Jesus zu glauben *und* Ihm zu vertrauen. Es reicht nicht aus, anzuerkennen, wer Jesus ist. Dämonen erkennen an, wer Jesus ist (siehe Mt 8,29; Mk 5,7; Lk 8,28), aber sie lieben oder vertrauen Ihm nicht. Der hl. Josef hingegen ist ein Vorbild des Glaubens *und* des Vertrauens. Er weiß, wer Jesus ist und vertraut auf Ihn. Der hl. Josef hielt an den Worten Jesu fest, auch wenn sein Verstand und seine Sinne nicht vollständig verstehen konnten, was Jesus meinte. Der hl. Josef übte einen aktiven, vertrauensvollen und eifrigen Glauben aus.

Der hl. Josef zweifelte nie an der Göttlichkeit Jesu oder Seiner Macht, das Böse zu besiegen. Für die Welt sah Jesus aus wie ein gewöhnliches Kind, aber der hl. Josef wusste, dass Er Gott war. Er verehrte unseren Herrn in der Wiege, im Haus in Nazaret, im Tempel in Jerusalem und als erwachsener Mann in seiner Werkstatt. Der hl. Josef war sich immer bewusst, dass er, als er Jesus sah, den Allmächtigen Gott schaute.

Der hl. Josef war Jesus in guten wie in schlechten Zeiten treu (bei der Geburt Jesu in Betlehem und als Jesus im Tempel in Jerusalem verloren ging). Der hl. Josef war Jesus in Gesundheit und Krankheit treu (er lehrte Jesus, ein guter Zimmermann zu sein und starb in den Armen Jesu). Der hl. Josef war Jesus in Reichtum und Armut treu (als Jesus von den Weisen Gold dargebracht wurde und als es für den Lebensunterhalt in Ägypten zur Neige ging und sie in Armut lebten).

Der hl. Josef wird euren Glauben vermehren. Heute ist es nicht einfach, Jesus treu zu sein. Die Welt möchte nicht, dass ihr Jesus vertraut, auf Seine Verheißungen hofft oder Ihn liebt. Wenn ihr nach den Lehren Jesu lebt, werdet ihr von der Welt und vielleicht sogar von eurer Familie und euren Freunden verspottet und verhöhnt. Solltet ihr Ausgrenzung und Isolation aus Liebe zu Jesus ertragen, Er ist es wert. Solltet ihr aus Liebe zur Wahrheit einen finanziellen Verlust erleiden, wird Gott euch belohnen. Wenn ihr aufgrund eurer Haltung gegen Abtreibung, homosexuelle „Ehe" und Empfängnisverhütung lächerlich gemacht, verleumdet werdet und üble Nachrede in Kauf nehmen müsst, wird euer Lohn im Himmel groß sein.

Ahmt den Glauben und das liebevolle Vertrauen des hl. Josef nach. Seid standhaft, vertrauensvoll und unerschrocken in eurem Glauben.

> Es ist genau der unerschrockene Glaube des heiligen Josef, den die Kirche heute braucht, um sich mutig der dringenden Aufgabe der Neuevangelisierung zu widmen.[78]
>
> – Hl. Johannes Paul II.

Lest „Anbeter Christi" (S. 252)
Betet die Litanei zum hl. Josef (S. 331)

TAG 22

Du Spiegel der Geduld, *bitte für uns*

> Diese Blume Israels [der hl. Josef] hatte den Glauben Abrahams, die Frömmigkeit seines Vorfahren David, die Weisheit der Propheten, eine Geduld, die heldenhafter war als die von Hiob und Tobias und einen Eifer für den Ruhm Gottes, der größer war als der des Elija.[79]
>
> – Sel. Gabriele Allegra

Geduld ist eine Tugend, die vielen Menschen schwerfällt zu praktizieren. Friedlich und ruhig zu bleiben kann eine große Herausforderung sein, wenn ihr euch in einer Situation befindet, die völlig außerhalb eurer Kontrolle liegt. In der Tat gibt es unzählige Dinge im Leben, die eure Geduld auf die Probe stellen.

In der heutigen Zeit haben die Fortschritte in der Technologie fast alles im Leben dazu gebracht, Dinge mit einem „Klick" zu bewältigen. Unsere Mahlzeiten, Unterhaltung, Musik und Kontakte stehen uns sofort zur Verfügung. Mit dieser Fähigkeit kann es sehr schwierig sein, zu warten und die Tugend der Geduld zu erlangen. Wenn ihr jedoch wie der hl. Josef sein wollt, müsst ihr Geduld lernen.

> [S]elig alle, die auf Ihn warten.
>
> – Jesaja 30,18

Der hl. Josef ist ein Vorbild für Geduld. Für den hl. Josef war das Leben nicht einfach. Seine Sendung erforderte viel Warten.

Falls der hl. Josef Maria nicht auf ihrer Reise zu Elisabets Haus begleitet hatte, musste er drei lange Monate warten, um seine Braut wiederzusehen. Als der hl. Josef bemerkte, dass seine Braut schwanger war, musste er warten, bis der Herr offenbarte, was er als Reaktion auf die wundersame Schwangerschaft tun sollte. Solche Geduldsproben müssen für den hl. Josef äußerst herausfordernd gewesen sein. Der hl. Josef nutzte sie als Gelegenheit, um in Geduld und Heiligkeit zu wachsen. Er hat jede Gelegenheit gemeistert.

Der hl. Josef zeigte in Ägypten heldenhafte Geduld. Seine Braut und sein neugeborenes Kind in ein Land mit einer anderen Sprache, Kultur, Religion und Währung zu bringen, musste sein Herz mit Angst erfüllt haben. Es war nicht einfach, in Ägypten Arbeit zu finden und seiner Familie Nahrung und Unterkunft zu bieten. Welcher Ehemann und Vater wäre in einer solchen Situation nicht in ständiger Angst? Er hatte keine Ahnung, wie lange er in Ägypten bleiben musste. In jeder Situation war der hl. Josef jedoch immer friedvoll, freundlich, ruhig und der göttlichen Vorsehung preisgegeben.

Geduld bedeutet nicht, dass eine Person frei von den Ängsten des Lebens ist. Als Maria und Josef in Jerusalem Jesus verloren hatten, wird uns gesagt, dass sie drei Tage lang mit großer Sorge nach ihrem geliebten Sohn gesucht haben (siehe Lk 2,48). Sie waren sehr besorgt, hatten aber grenzenloses Vertrauen in die göttliche Vorsehung.

DER HL. JOSEF WIRD EURE GEDULD VERMEHREN. Auch ihr werdet viele Prüfungen im Leben erfahren, Prüfungen, die eure Liebe und Geduld auf die Probe stellen. Ob es euch gefällt oder nicht, eure Geduld wird auf die Probe gestellt. Es wird kaum ein Tag vergehen, an dem ihr nicht die Gelegenheit habt, Geduld zu üben. Gott erlaubt solche Prüfungen, weil Er möchte, dass ihr in euren Tugenden wachst.

Ein konkreter Bereich in eurem Leben, in dem ihr die Tugend der Geduld üben könnt, ist da, wo ihr anderen gegenüber barmherzig sein könnt, insbesondere wenn ihr deren Fehler kennt. Der hl.

Josef lebte mit zwei vollkommenen Menschen zusammen, aber er begegnete häufig unangenehmen und schwierigen Menschen: Arbeitgebern, Mitarbeitern, Steuereintreibern, Politikern usw. Auch ihr werdet unangenehme Menschen in eurem Alltag erleben. Ahmt in solchen Fällen die Geduld des hl. Josef nach. Bittet Gott um die Gnade, euren Nächsten zu lieben. Seid freundlich, friedlich und barmherzig.

Bietet am Arbeitsplatz Vergebung für Angriffe auf euch an. Seid auf der Autobahn geduldig und höflich. Seid mit schwierigen Familienmitgliedern und Freunden freundlich und barmherzig. Geduld und Barmherzigkeit üben bringt immer Gutes hervor. Die liebevoll geduldige und barmherzige Person ist immer siegreich, in diesem und / oder im nächsten Leben!

> Er [der hl. Josef] war auch in schwierigen Situationen immer unerschütterlich. Lasst uns nach diesem erhabenen Beispiel vorgehen und lasst uns lernen, in allen Umständen unseres Lebens friedlich und ruhig zu bleiben.[80]
>
> – Hl. Giuseppe Marello

Lest „Der römische Kanon“ (S. 147)
Betet die Litanei zum hl. Josef (S. 331)

TAG 23

Du Freund der Armut, *bitte für uns*

Wahrlich, ich bezweifle nicht, dass die Engel, die sich wunderten und anbeteten, in unzähliger Menge in diese arme Werkstatt kamen, um die Demut dessen zu bewundern, der dieses liebe und göttliche Kind beschützte und an seinem Schreinerhandwerk arbeitete, um den Sohn und die Mutter zu unterstützen, die seiner Fürsorge anvertraut waren.[81]

– Hl. Franz von Sales

Der hl. Josef war in den Augen der Welt anspruchslos. Er hatte keinen weltlichen Ehrgeiz oder den Wunsch nach Anerkennung.

Im Laufe der Jahrhunderte haben sich die Menschen oft gefragt, wie die finanzielle Situation der Hl. Familie war oder wie ihre Lebensbedingungen waren. Um diese Frage zu beantworten, müssen wir nichts weiter tun, als in das Neue Testament zu schauen. Die Hl. Familie war arm. Sehr arm.

Der hl. Josef war vor den Augen der Welt so niedrig und arm, dass die Weisen, die den Stall in Betlehem betraten, seine Anwesenheit nicht einmal bemerkten (s. Mt 2,11). Als die Heilige Familie zum Tempel in Jerusalem kam, um das jüdische Reinigungsritual für Mütter nach der Geburt zu vollziehen, konnte Josef es sich nicht einmal leisten, ein Lamm für ein Brandopfer zu kaufen (s. Lev 12,6–7). Lämmer waren teuer. Der hl. Josef konnte nur die Gabe eines armen Mannes anbieten, d. h. zwei Turteltauben oder zwei junge Tauben (s. Lev 12,8).

Die Heilige Familie lebte von der göttlichen Vorsehung. Hätte das Jesuskind nicht von den Weisen in Betlehem Gold, Weihrauch und Myrrhe erhalten (Mt 2,11), hätte der hl. Josef wahrscheinlich kein Geld gehabt, um Lebensmittel und andere Notwendigkeiten für seine Familie zu kaufen, als sie nach Ägypten reisten. Als sie von Nazaret nach Betlehem abgereist waren, zur Erfüllung ihrer Pflicht wegen der Volkszählung, hatten sie nicht viele Dinge mitgebracht, weil sie erwarteten, nach Nazaret zurückzukehren. Die Gaben der Weisen waren Gottes vorsehender Weg, sich um die Hl. Familie zu kümmern. Jahre später, nach ihrer Rückkehr von Ägypten nach Nazaret, lebte die Hl. Familie fast dreißig Jahre lang in einem einfachen und kleinen Haus in Nazaret.

„Selig, die arm sind vor Gott; denn ihnen gehört das Himmelreich" (Mt 5,3). Habt ihr euch jemals gefragt, was das eigentlich bedeutet? Sagt Jesus, dass Armut wunderbar ist? Nein, das sagt Er nicht. Was Er sagt ist, dass diejenigen, die von den Dingen der Welt losgelöst sind, nicht weit vom Himmelreich entfernt sind. Wenn ein Mensch von den Dingen dieser Welt losgelöst ist, wird Armut als Tugend verstanden. Die Person, die von materiellen Dingen losgelöst ist, ist wirklich gesegnet im Geist und reich in den Augen Gottes. Dies erklärt, warum der hl. Josef „Freund der Armut" genannt wird. Er verließ sich bei all seinen Bedürfnissen auf die göttliche Vorsehung.

Der hl. Josef wird euch helfen, arm vor Gott zu sein. Der hl. Josef wird euch beibringen, wie ihr euch von materiellen Dingen lösen und euch der göttlichen Vorsehung überlassen könnt. Ihr werdet niemals wahres Glück in materiellen Gütern finden. Diejenigen, die zulassen, dass ihre Beziehung zu Gott davon abhängt, ob sie weltliche Dinge haben, sind zum Unglücklichsein bestimmt. Die Person, die vor Gott arm ist, kann dagegen verkünden: „Der HERR hat gegeben, der HERR hat genommen; gelobt sei der Name des HERRN" (Ijob 1,21).

Das Schweigen des hl. Josef beweist seine Größe und die Armut vor Gott. Jeder rühmt sich gerne seiner Leistungen und lässt andere seine Arbeit anerkennen. Der hl. Josef sah jedoch nie die Ergebnisse seiner harten Arbeit und seines Opfers. Er vertraute darauf, dass Gott gute Früchte aus seiner Arbeit und seinem jahrelangen Dienst für Jesus und Maria bringen würde. Und Gott tat es – mehr als der hl. Josef sich jemals hätte vorstellen können. Er war arm in der Welt, aber reich im Himmelreich.

> Er [der hl. Josef] lebte zufrieden in seiner Armut.[82]
>
> – Hl. Bonaventura

> Jesus, Maria, Josef, meine Allerliebsten, möge ich leben, leiden und sterben für euch![83]
>
> – Hl. Papst Johannes XXIII.

Lest „Ewige Anbetung“ (S. 250)
Betet die Litanei zum hl. Josef (S. 331)

TAG 24

Du Vorbild der Arbeiter, *bitte für uns*

> Dank seiner Werkbank, an welcher er sein Handwerk zusammen mit Jesus ausübte, brachte Josef die menschliche Arbeit in die Nähe des Geheimnisses der Erlösung.[84]
>
> – Hl. Johannes Paul II.

Der Teufel hasst einen ehrlichen und fleißigen Arbeiter. Zu Beginn der Menschheitsgeschichte startete die böse Schlange ihren Angriff auf die menschliche Familie am Arbeitsplatz – das heißt, im Garten, den Gott Adam und Eva gegeben hatte, um ihn zu pflegen und zu bewahren. Luzifer hasst Arbeit. Er verachtet besonders die Tatsache, dass Gott sich aus Liebe demütigte und ein Mann wurde, der sich selbst handwerklich betätigte. Jesus verbrachte viele Jahre in der Werkstatt des hl. Josef und arbeitete fleißig. Es war die Vorbereitung für die Rückkehr in die ursprüngliche Werkstatt des Mannes – in einen Garten; speziell in den Garten von Getsemani – und in die Erfüllung der Arbeit unserer Erlösung.

Jesus ist Gott. Zusammen mit dem Vater und dem Heiligen Geist schuf Er Himmel und Erde. Die Fähigkeit unseres Herrn, etwas zu erschaffen, übertrifft alles, was wir uns vorstellen können. Als Er Fleisch wurde, heiligte Jesus menschliche Arbeit und erhob sie auf eine Ebene von der Größe, die es vor Seiner Menschwerdung nicht gab. Obwohl göttlich, demütigte sich Gott, wurde ein Mann und arbeitete wie ein Mann. In Seiner Menschlichkeit lernte Er, wie man als Mann arbeitet, indem Er das Beispiel Seines irdischen Vaters, des hl. Josef, nachahmte.

Der hl. Josef ist der vorbildliche Arbeiter. Wenn der hl. Josef dem Gottmenschen das Arbeiten beigebracht hat, ist er mehr als fähig, auch uns als Vorbild zu dienen. Harte Arbeit kommt der Person, der Familie und der Gesellschaft zugute.

> Er [der hl. Josef] gehört dem arbeitenden Stande an und hat die Last der Armut erfahren für sich und für die Heilige Familie, deren wachsames und liebevolles Haupt er war.[85]
>
> – Papst Pius XI.

Arbeit ist nicht immer einfach und angenehm. Einen harten Arbeitstag zu verbringen, kann Körper, Geist und Seele belasten. Manchmal kann Arbeit geradezu belastend sein. Als Zimmermann wusste Jesus das aus erster Hand. Er bietet allen Trost an, die ihren Lebensunterhalt im Schweiße ihres Angesichts verdienen.

> Kommt alle zu mir, die ihr mühselig und beladen seid! Ich will euch erquicken. Nehmt mein Joch auf euch und lernt von mir; denn ich bin gütig und von Herzen demütig; und ihr werdet Ruhe finden für eure Seele. Denn mein Joch ist sanft und meine Last ist leicht.
>
> – Mt 11,28–30

Der hl. Josef wird euch beibringen, wie man ein fleißiger Arbeiter wird. Unser Herr wollte viele Jahre lang Handwerksarbeit leisten, bevor Er Seine öffentliche Sendung antrat. Warum hat Er das getan? Er tat es, weil Er die Arbeit heiligen und uns lehren wollte, dass Arbeit für Gott ehrenhaft und wohlgefällig ist. Weder Jesus noch der hl. Josef waren jedoch Workaholics. Workaholics nützen sich selbst, der Familie oder der Gesellschaft aber nichts. Gott freut sich nicht über einen Workaholic.

Jesus lernte die richtige Arbeitshaltung in Seinem Leben durch das liebevolle Beispiel des hl. Josef. Der hl. Josef nahm sich Zeit für Gott, Familie, Erholung und Ruhe. Der hl. Josef entwickelte diese

Aspekte des menschlichen Lebens für Jesus. Der hl. Josef wird auch euch diese wichtigen Lektionen beibringen.

Der hl. Josef dient auch als vorbildlicher Arbeiter zur Nachahmung für die, die sich für die Errettung der Seelen einsetzen, insbesondere für die Diakone, Priester, Bischöfe und Ordensleute. Geweihte Seelen sollen fleißig und treu in Gottes Weinberg arbeiten. Auch diese Arbeit kann schwierig und mühsam sein. Priester, Diakone und geweihte Ordensleute sind Menschen; sie brauchen Ruhe und Erholung wie alle anderen auch. In seltenen Fällen gibt Gott einer Person außergewöhnliche Gnaden, um heldenhaft Buße, Fasten und Demütigungen auf sich zu nehmen. Gott wünscht sich jedoch niemals, dass Seine Arbeiter vor lauter Erschöpfung ausbrennen. Er möchte, dass sie sich an Gebirgsbächen, Wäldern und Sonnenuntergängen erfreuen. Er möchte Priester und Ordensleute, die wie der hl. Josef sind: liebevoll, betend, fleißig und die keine Angst haben, sich auszuruhen.

Bitten wir den hl. Josef um standhafte Berufungen für unseren Herrn.[86]
– Hl. Pierre Julian Eymard

Lest „Hl. Josef der Arbeiter" (S. 311)
Betet die Litanei zum hl. Josef (S. 331)

TAG 25

Du Zierde des häuslichen Lebens, *bitte für uns*

Josef liebte Jesus, wie ein Vater seinen Sohn liebt, und zeigte seine Liebe, indem er ihm das Beste gab, das er hatte.[87]

– Hl. Josémaría Escrivá

Im 16. Jahrhundert half die hl. Teresa von Ávila bei der Reform des weiblichen Zweigs des Karmeliterordens. Sie hatte eine enorme Verehrung für den hl. Josef und benannte die Mehrheit ihrer reformierten Klöster nach ihm. Um die Klöster (und die Schwestern in ihnen) zu schützen, vergrub sie Medaillen des hl. Josef um die neuen Niederlassungen als Zeichen dafür, dass die Karmeliten Gott und dem hl. Josef gehörten. Im 20. Jahrhundert tat der hl. André Bessette etwas Ähnliches.

Der hl. André wollte in Montreal, Kanada, ein Heiligtum errichten, das dem hl. Josef geweiht sein sollte. Er fand den perfekten Ort und platzierte Medaillen vom hl. Josef um das Grundstück, um ihn zu bitten, das Grundstück zu segnen und es zu erhalten. Es ist überflüssig zu betonen, dass er es erhalten hat!

Der hl. Josef möchte euer Zuhause segnen. Wenn ihr den hl. Josef liebevoll in eurem Haus aufnehmt, euch auf seine Fürsprache beruft und ihn in frommen Andachten ehrt, wird er euer häusliches Leben sehr segnen. Wo immer der hl. Josef anwesend ist, sind auch Jesus und Maria anwesend.

Der hl. Josef möchte in eurem Haus wohnen und in eurem Familienleben präsent sein. Selbst wenn ihr umzieht, will er mit euch gehen. Wenn ich vom Umzug spreche, möchte ich noch etwas über eine Praxis sagen, die mich beunruhigt: Ihr müsst keine Statue des hl. Josef vergraben, um euer Haus zu verkaufen. Das Vergraben einer Statue des hl. Josef, um ein Haus zu verkaufen, ist ein modernes Ritual geworden. Die hl. Teresa von Ávila und der hl. André Bessette haben niemals Statuen vom hl. Josef vergraben. Statuen sind im Gegensatz zu Medaillen nicht zum Vergraben gedacht. Statuen stellen eine Person dar und sollen *über der Erde* verehrt und nicht im Boden vergraben werden. Stellt eine Statue vom hl. Josef in euer Haus und betet häufig zum hl. Josef für eure häuslichen Bedürfnisse, einschließlich des Verkaufs eures Hauses. Veregrabt keine Statue des hl. Josef in eurem Garten.

> Ihr seid das Licht der Welt. Eine Stadt, die auf einem Berg liegt, kann nicht verborgen bleiben. Man zündet auch nicht eine Leuchte an und stellt sie unter den Scheffel, sondern auf den Leuchter; dann leuchtet sie allen im Haus.
>
> – Mt 5,14–15

Was auch immer ihr tut, vergrabt niemals eine Statue des hl. Josef „verkehrt herum“, mit dem Kopf nach unten. Menschen praktizieren diese bizarre Praxis manchmal als eine Form der geistlichen Bestechung und versprechen, die Statue des hl. Josef nur dann in die richtige Position zu bringen, wenn ihr Haus verkauft wird. Eine solche Praxis ist vergleichbar mit der Behandlung einer Statue des hl. Josef als Talisman oder Glücksbringer. Der hl. Josef ist euer geistlicher Vater, kein Schmuckstück. Es ist nicht nötig, eine Statue von ihm zu vergraben. Redet mit ihm; er hört euch!

Der hl. Josef liebt das häusliche Leben. Der hl. Josef ist der Heilige der verborgenen Jahre Jesu. Diese Realität ist unglaublich erwägenswert. Denkt an euer Leben bei euch in eurem Elternhaus: Familienausflüge, Geburtstage, religiöse Feiern, zusammen spielen, Singen usw. Höchstwahrscheinlich lebtet ihr nur etwa 20 Jahre im

Haus eurer Eltern. Unser Herr lebte jedoch 30 Jahre mit Maria und dem hl. Josef. Die Liebe, Intimität und Vertrautheit, die Jesus, Maria und der hl. Josef teilten, ist erstaunlich! Der hl. Josef kannte die Art der Schritte Jesu, wie es sich anhörte, wenn er ging. Er kannte das Geräusch von Jesu Niesen, Lachen und der Stimme, die sich zum Lied erhob. Er kannte Seine Angewohnheiten, die Morgenroutine, die Haltung, das Lächeln, das Gähnen und das Lieblingsessen und -getränk Jesu. Dies sind wertvolle Erinnerungen, die tief im Herzen und Verstand des hl. Josef verborgen liegen.

> Jesus und Maria selbst gehorchen und huldigen Josef, denn sie verehren das, was die Hand Gottes in ihm festgelegt hat, nämlich die Vollmacht des Bräutigams und die Vollmacht des Vaters.[88]
>
> – Papst Pius XI.

Lest „Die Werkstatt des hl. Josef" (S. 248)
Betet die Litanei zum hl. Josef (S. 331)

TAG 26

Du Beschützer der Jungfrauen, *bitte für uns*

Ich bat auch den hl. Josef, über mich zu wachen. Von Kindheit an hegte ich eine Verehrung für ihn, die eins war mit meiner Liebe zur seligsten Jungfrau. Täglich sprach ich das Gebet: „O heiliger Josef, Vater und Beschützer der Jungfrauen". So trat ich ohne Furcht meine weite Reise an, ich war wohl behütet, deshalb schien es mir unmöglich, Angst zu haben.[89]

– Hl. Thérèse von Lisieux

Der hl. Josef hat eine besondere Liebe für die, die durch religiöse Gelübde Gott geweiht sind. Natürlich liebt er alle, aber er hat einen besonderen Platz in seinem Herzen für Jungfrauen. Der hl. Josef ist selbst jungfräulich und kennt aus erster Hand das Ausmaß der Intimität, das eine Jungfrau mit Gott haben kann. Der hl. Josef lebte 30 Jahre lang mit den beiden größten jungfräulichen Personen, die jemals diesen Planeten zierten: Jesus und Maria. Jungfräulichkeit ist ein Schatz. Sie ist ein Schatz, den der hl. Josef bewacht und von dem er möchte, dass andere darüber etwas wissen.

ERINNERT EUCH AN DEN HL. JOSEF! Viele Menschen kennen das *Memorare*-Gebet (in Deutsch „Gedenke") zur Jungfrau Maria. Was viele Menschen nicht kennen, ist das *Gedenke* an den hl. Josef. Es ist fast identisch mit dem *Gedenke* an Maria. Das *Gedenke* an den hl. Josef lautet wie folgt:

> Gedenke, o reinster Bräutigam der Jungfrau Maria, o mein mildreichster Beschützer, hl. Josef, dass es niemals ist gehört worden ist, dass jemand deinen Schutz angerufen und dich um Hilfe angefleht habe, ohne getröstet worden zu sein. Mit diesem Vertrauen komme ich, um mich dir vorzustellen, und empfehle mich dir mit aller Inbrunst an. Ach, verschmähe doch meine Bitten nicht, du Pflegevater des Heilandes, sondern nimm sie gnädig auf. Amen.

Der Orden der hl. Faustyna, die Kongregation der Schwestern der Muttergottes der Barmherzigkeit, beten jeden Tag das *Gedenke* an den hl. Josef. Die hl. Faustyna selbst hatte eine enorme Verehrung für den hl. Josef und bat täglich um seine Fürsprache für ihre Berufung und Sendung. Sie schrieb:

> Der heilige Josef verlangte, ich solle mich ununterbrochen zu ihm hingezogen fühlen. Er sagte mir selbst, dass ich täglich drei Gebete [drei Vaterunser, Gegrüßet seist du, Maria und Ehre sei dem Vater] und einmal das „Gedenke" [zum hl. Josef] beten solle. Er schaute voller Güte und gab mir zu erkennen, wie sehr er das Werk [der Barmherzigkeit] befürwortet. Er versprach mir seine besondere Hilfe und Obhut. Jeden Tag verrichte ich die von ihm geforderten Gebete und ich spüre seinen besonderen Schutz.[90]

Der hl. Josef wird euch helfen, ein Hüter der Jungfräulichkeit und Reinheit zu sein. Wenn ihr eine tägliche Liebesbeziehung mit dem hl. Josef pflegt, werden eure Augen, eure Absichten, eure Herzen und eure Beziehungen Gott wohlgefällig und frei von allem sein, was gegen die Reinheit verstößt. Wenn ihr euren Weg mit dem hl. Josef geht, werdet ihr immer weniger Freude an schmutzigen und perversen Filmen haben. Solche „Unterhaltung" werden eure Seelen abweisen. Musik, die schlecht ist, Frauen erniedrigt und Gott beleidigt, wird euch nicht mehr ansprechen. Dies bedeutet nicht, dass ihr nur christliche Musik hören oder christliche

Filme ansehen müsst, sondern dass ihr das Licht von der Finsternis unterscheiden könnt.

Jeder wird versucht sein, gegen die Reinheit zu sündigen – einige mehr, andere weniger. Im hl. Josef habt ihr einen Hüter und Beschützer. Wendet euch in Zeiten der Versuchung an ihn und ihr werdet in der Unschuld und Reinheit wachsen. Bittet häufig um seine Fürsprache, eure Herzen rein und keusch zu halten.

> Dabei nahm ich mir den heiligen Josef zu meinem Anwalt und Herrn und empfahl mich ihm sehr. Ich sah deutlich, wie dieser mein Vater und Herr mich nicht nur aus dieser Not, sondern auch aus anderen, noch größeren, bei denen mein Ansehen und mein Seelenheil auf dem Spiel standen, auf bessere Weise rettete, als ich von ihm zu erbitten vermocht hätte. Mir fällt nichts ein, worum ich ihn bislang gebeten und was er mir zu gewähren unterlassen hätte. Es ist zum Staunen, welch große Gnaden mir Gott durch diesen glückseligen Heiligen geschenkt und wie er mich aus Gefahren für Leib und Seele gerettet hat.[91]
>
> – Hl. Teresa von Ávila

> Ich bitte den großen hl. Josef, dem ich sehr vertraue, mir zu Hilfe zu kommen.[92]
>
> – Hl. Elisabeth der Dreifaltigkeit

Lest „Eine wundersame Treppe in New Mexico“ (S. 273)
Betet die Litanei zum hl. Josef (S. 331)

TAG 27

Du Stütze der Familien, *bitte für uns*

> Besonders Menschen des inneren Betens sollten ihm immer zugetan sein, denn ich weiß nicht, wie man an die Königin der Engel denken kann in der Zeit, in der sie mit dem Jesuskind so viel durchlitten hat, ohne dem heiligen Josef für das Gute zu danken, mit dem er ihnen geholfen hat.[93]
>
> – Hl. Teresa von Ávila

Jesus, Maria und der hl. Josef lieben Familien. Ihre drei Herzen sind sehr besorgt darüber, was heute mit Familien passiert. Familien fallen auseinander.

Der moderne Mensch hat sich von Gott distanziert und versucht, neu zu definieren, was es bedeutet, eine Familie zu sein. Infolgedessen sind die Scheidungsraten auf einem Höchststand; die Mehrheit der verheirateten Paare verwendet Verhütungsmittel; Abtreibung ist rechtlich legal; und es wird gesellschaftlich akzeptiert, dass Kinder von zwei Vätern oder zwei Müttern aufgezogen werden. Die Familie steht am Rande eines großen Abgrunds.

> Auf die Zersetzung der Familien scheinen in unseren Tagen leider verschiedene Programme ausgerichtet zu sein, die von sehr einflussreichen Medien unterstützt werden. Es scheint bisweilen so zu sein, dass unter allen Umständen versucht wird, Situationen, die tatsächlich „irregulär" sind, als „regulär" und anziehend darzustellen, indem man ihnen den äußeren Anschein eines verlockenden Zaubers verleiht; sie widersprechen tatsächlich der „Wahrheit und der Liebe", die die gegenseitige Be-

ziehung zwischen Männern und Frauen inspirieren und leiten sollen, und sind daher Anlass für Spannungen und Trennungen in den Familien mit schwerwiegenden Folgen, besonders für die Kinder. Das moralische Gewissen wird verdunkelt; was wahr, gut und schön ist, wird entstellt, und die Freiheit wird in Wirklichkeit von einer regelrechten Knechtschaft verdrängt.[94]

– Hl. Johannes Paul II.

Der hl. Johannes Paul II. spricht es absolut richtig aus. Gott hat die Familie als eine Schule der Liebe gegründet, etwas Schönes, Entzückendes und Leben spendendes und der Teufel und seine Agenten wollen sie zerstören. Wie werden wir jemals die Situation wenden? Wie können wir zur ursprünglichen Ordnung zurückkehren? Der einzige Weg besteht darin, die Heilige Familie als Vorbild und Entwurf der Familie zu erheben. Wenn die Heilige Familie in der Gesellschaft geehrt wird, werden wir wieder die Heiligkeit der Mutterschaft, das Heldentum der Vaterschaft und den Segen der Kinder kennen.

Der hl. Josef möchte die Stütze eurer Familie sein. Eine Stütze ist ein Fundament. Damit euer Zuhause auf einem festen Fundament steht und unerschütterlich ist, braucht eure Familie den hl. Josef. Er wird eurer Familie beibringen, wie wichtig Gebet, gegenseitiger Respekt, Reinheit, Ehrlichkeit, Vergebung, Liebe sind und vor allem, Gott über alle Dinge zu stellen.

Der hl. Josef liebt die Familie! Der hl. Josef, die Stütze der Familie, lehrt uns, wie wichtig Mutterschaft, Vaterschaft und Kinder sind. Er ist der Heilige der Kindheit und der verborgenen Jahre Jesu. Er lehrt den modernen Menschen, dass die einzig wahre Definition einer Familie darin besteht, dass sie aus einer Mutter, einem Vater und Kindern besteht. Der Begriff einer „modernen Familie“ ist eine Täuschung des Teufels. Die Neudefinition von Ehe und Familie führt zum Zusammenbruch von Gesellschaft, Kultur, Moral und wahren Familienwerten.

In der Person des hl. Josef können Männer lernen, was es bedeutet, ein Ehemann und ein Vater zu sein. Sie müssen sich für Frauen, Kinder und das Gemeinwohl aufopfern. Es ist für Männer eine Ehre, sich für andere aufzuopfern. Männlichkeit und Vaterschaft werden durch Liebe, Opferbereitschaft und Treue zu denen vervollkommnet, die ihrer Fürsorge anvertraut sind. Die Ausübung einer solchen Männlichkeit besteht darin, dass Ehemänner und Väter zu Stützen der Zivilisation und tatsächlich heilig werden. Eine Welt voller Männer, wie der hl. Josef einer war, wird eine Erneuerung der sozialen und moralischen Ordnung erfahren.

> Ich sah, wie Jesus Seinen Eltern auf jede erdenkliche Weise half, auch auf der Straße und wo immer sich die Gelegenheit bot, fröhlich, eifrig und verbindlich allen zu helfen. Er unterstützte Seinen Nährvater in seinem Beruf und widmete sich dem Gebet und der Kontemplation. Er war ein Vorbild für alle Kinder von Nazaret.[95]
>
> – Sel. Anna Katharina Emmerick

Lest „Schweigsamer Zeuge“ (S. 275)
Betet die Litanei zum hl. Josef (S. 331)

TAG 28

Du Trost der Betrübten, *bitte für uns*

Nichts wird ihm [dem hl. Josef] verweigert, weder von Unserer Lieben Frau noch von seinem herrlichen Sohn.[96]

– Hl. Franz von Sales

Die Betrübten zu trösten, ist ein Werk der Barmherzigkeit. Die Kirche hat sieben geistliche Werke der Barmherzigkeit und sieben leibliche Werke der Barmherzigkeit. Die Werke der Barmherzigkeit helfen uns, fromme Nachfolger Jesu Christi zu sein, indem wir anderen dienen; sie helfen uns, wie der hl. Josef zu sein.

Sieben leibliche Werke der Barmherzigkeit

- Hungrige speisen
- Durstigen zu trinken geben
- Nackte bekleiden
- Fremde beherbergen
- Gefangene besuchen
- Kranke besuchen
- Tote bestatten

Sieben geistliche Werke der Barmherzigkeit

- Unwissende lehren
- für Lebende und Verstorbene beten
- Sünder zurechtweisen
- Zweifelnde beraten
- Trauernde trösten
- Lästige geduldig ertragen
- Beleidigern gerne verzeihen

Der lateinische Titel *Solatium Miserorum* wird allgemein als „Trost der Betrübten" übersetzt, kann aber auch als „Trost der Elenden" oder „Trost der im Elend Lebenden" bezeichnet werden. Elend zu erleben oder sich elend zu fühlen, ist nicht angenehm. Die Realität ist jedoch, dass wir alle elendige Momente im Leben haben werden. Diese Welt ist ein Tal der Tränen und jeder wird leiden. Daran führt kein Weg vorbei. Ob es sich um finanzielle Probleme, Eheprobleme, psychische Probleme, Schwierigkeiten in Beziehungen, den Verlust geliebter Menschen oder tausend andere Leiden handelt, wir alle werden im Leben Elend erleben. Es ist gut, jemanden zu haben, an den wir uns in solchen Zeiten wenden können, um Trost und Zuspruch zu finden.

DER HL. JOSEF WIRD EUCH IN SCHWIERIGEN ZEITEN TRÖSTEN. Das Leben ist voller Sorgen. Geliebte werden sterben, Kinder rebellieren manchmal und das Älterwerden wird schließlich eure Jugend besiegen und euch Beschwerden und Unbeweglichkeit bringen. Gleichgültig, was das Leben bringt, der hl. Josef wird immer euer Zuspruch, euer Trost und eure Zuflucht sein, er kennt die Nöte des Lebens gut. Er ist ein freundlicher und liebevoller Vater. Er tröstet jeden, der in Zeiten der Bedrängnis zu ihm kommt. Seine Vaterschaft ist anders als jede andere.

> Empfehlen wir uns unserem guten Vater, dem hl. Josef, an, welcher der Patriarch der besorgten Menschen ist, da er selbst durch so viele Schwierigkeiten gegangen ist.[97]
>
> – Hl. Giuseppe Marello

Ein liebender Vater gibt seinen Kindern Trost, besonders wenn sie in Schwierigkeiten sind. Die Weisheit und Gegenwart eines Vaters sind beruhigend und Leben spendend. Zu wissen, dass ihr in schwierigen Zeiten zu eurem Vater gehen könnt, gibt euch die Sicherheit, dass alles in Ordnung sein wird, auch wenn eure Welt auseinanderzufallen droht. Leider haben viele Menschen diese Art von Liebe noch nie von einem Vater erfahren. Viele Menschen sind heute mit emotional missbrauchenden, distanzierten und wenig tugendhaften Vätern aufgewachsen. Dies lässt eine große Anzahl von Menschen große Ängste und Furcht im Leben erfahren sowie ein enormes Gefühl der Unsicherheit.

Gott möchte, dass ihr in der Vaterschaft des hl. Josef ausruht. Der hl. Josef wird euch niemals aufgeben. Unabhängig von eurer Erfahrung mit der Vaterschaft, wird der hl. Josef immer für euch da sein. Er ist euer geistlicher Vater und er liebt euch. Er wird euch niemals verletzen. Er würde sein Leben millionenfach für euch hingeben.

Wenn das Leben euch herunterzieht, lauft zu eurem geistlichen Vater. Schüttet ihm euer Herz aus. Erzählt ihm eure Probleme. Er ist der liebste der Väter. Er ist immer für euch da, immer aufmerksam, immer verständnisvoll.

> Wenn euch Mutlosigkeit überkommt, denkt an den Glauben Josefs; wenn euch Angst befällt, denkt an die Hoffnung Josefs, jenes Nachkommens des Abraham, der gegen alle Hoffnung hoffte; wenn euch Wut oder Hass packt, denkt an die Liebe Josefs, der als erster Mensch das menschliche Antlitz Gottes in der Person des vom Heiligen Geist im Schoß der Jungfrau Maria empfangenen Kindes erblickte. Lasst uns Christus loben und dafür danken, dass er uns so nahegekommen ist und uns Josef als Beispiel und Vorbild der Liebe zu ihm geschenkt hat.[98]
>
> – Papst Benedikt XVI.

Lest „Die Bruderschaft vom Tod des heiligen Josef“ (S. 308)
Betet die Litanei zum hl. Josef (S. 331)

TAG 29

Du Hoffnung der Kranken, *bitte für uns*

Nachdem die Liturgie erwähnt hat, dass „Josefs aufmerksamer Obhut die Anfänge unserer Erlösung“ anvertraut worden sind, heißt es erläuternd: „Gott hat ihn als treuen und klugen Diener an die Spitze seiner Familie gestellt, damit er als Vater seinen eingeborenen Sohn behüte“ und somit ist er wirklich ein „Verwalter der Erlösung“.[99]

– Hl. Johannes Paul II.

Gott hat viele Menschen auf die Fürsprache des hl. Josef geheilt, wie zum Beispiel die hl. Teresa von Ávila. Sie erzählte den Menschen oft, dass sie so schrecklich krank war, dass sie sich für halb tot hielt, aber nachdem sie zum hl. Josef gebetet hatte, erlebte sie eine wundersame Heilung.

Die hl. Thérèse von Lisieux wäre im Kindesalter gestorben, wenn nicht die Fürsprache des hl. Josef gewesen wäre. Die hll. Eltern der hl. Thérèse, Louis und Zélie Martín, verehrten den hl. Josef sehr. Sie benannten zwei ihrer Kinder nach dem hl. Josef, aber leider starben beide Kinder bei der Geburt. Als Zélie wieder schwanger war, glaubte sie, das Kind in ihrem Mutterleib sei ein Junge, und sie plante, das Kind Josef zu nennen. Nach der Geburt wurde jedoch festgestellt, dass das Baby ein Mädchen war, und es wurde beschlossen, dass es Thérèse heißen sollte.

Kurz nach der Geburt wurde Thérèse todkrank. Niemand kannte die Ursache der Krankheit. Ihre Mutter, die bereits den Tod mehrerer anderer Kinder erlebt hatte, war sehr traurig, gab sich aber dem heiligen Willen Gottes hin. Aus Angst, dass die kleine Thérèse sterben würde, kniete Zélie vor einer Statue des hl. Josef in ihrem Schlafzimmer nieder und bat den Heiligen, ihre Tochter zu heilen. Wie durch ein Wunder wurde Thérèse gesund! Thérèses Mutter schrieb einen Bericht darüber nieder, was mit ihrer kleinen Thérèse geschehen war. Sie schrieb:

> Ich ging in mein Zimmer (die Kleine war im ersten Stock mit einer Amme), ich kniete zu Füßen des hl. Josef und ich bat ihn um die Gnade der Heilung für die Kleine, während ich mich Gottes Willen hingab. Ich weine nicht oft, aber ich weinte, als ich betete. Ich wusste nicht, ob ich nach unten gehen sollte. Am Ende entschied ich mich hinunterzugehen; und was habe ich gesehen? Das Baby saugte kräftig. Es ließ erst um 13 Uhr los. Es spuckte ein bisschen aus und fiel zurück, als wäre es tot bei ihrer Amme. Wir waren zu fünft um sie herum. Jeder war fassungslos. Es gab einen Arbeiter, der weinte; ich fühlte, wie mein Blut kalt wurde. Das Baby hatte keinen sichtbaren Atem. Es war nicht möglich, uns über das Baby zu beugen, um ein Lebenszeichen zu entdecken, weil wir nichts sehen konnten. Aber es war so ruhig, so friedlich, dass ich Gott dafür dankte, dass sie so sanft gestorben war. Dann verging eine Viertelstunde und meine kleine Thérèse öffnete die Augen und fing an zu lächeln.[100]

Der hl. Josef schenkt Hoffnung in Zeiten von Krankheit. Wenn ihr selbst krank seid oder einen Kranken kennt, geht zum hl. Josef. Jesus möchte, dass ihr zu eurem geistlichen Vater geht und ihn um Gesundheit und Heilung bittet. Es liegt an Gott, ob eine körperliche Heilung geschenkt wird oder nicht, aber es schadet euch nichts, zu fragen, wie es die hl. Zélie für ihre kleine Thérèse getan hat.

Wenn ihr oder ein Mensch, der euch nahesteht, geheilt wird, vergesst nicht, dass ihr im Leben immer noch leiden werdet. Die hl. Thérèse wurde als Kind geheilt, aber sie litt unter vielen anderen Beschwerden und erlag schließlich früh in ihrem Leben einer schweren Krankheit. Auch Lazarus, den Jesus von den Toten auferweckt hatte, starb erneut. Unabhängig davon, ob ihr eine körperliche Heilung erlebt habt oder nicht, schenkt euch der hl. Josef immer Hoffnung, einmal im Himmel ein Leben ohne Krankheit zu genießen. Der hl. Josef wird euch helfen, der göttlichen Vorsehung in euch Raum zu geben.

> Lasst uns, wie der hl. Josef, jeden Tag nach den Plänen der Vorsehung leben und tun, was Gott unterbreitet.[101]
>
> – Hl. Giuseppe Marello

Lest „Votivmessen" (S. 291)
Betet die Litanei zum hl. Josef (S. 331)

TAG 30

Du Schutzpatron der Sterbenden, *bitte für uns*

> Der Name Josef wird unser Schutz an allen Tagen unseres Lebens sein, vor allem aber im Augenblick des Todes.[102]
>
> – Sel. Guillaume-Joseph Chaminade

Der hl. Josef starb einen heiligen und glückseligen Tod. Er starb, als er Jesus ansah und in den Armen Mariens ruhte. Welchen großartigeren Tod könnte ein Mensch haben? Gott hat den hl. Josef zum Schutzpatron der Sterbenden ernannt, weil Er möchte, dass wir einen heiligen und glückseligen Tod haben, ähnlich dem des hl. Josef.

Der Tod ist ein Teil des Lebens, aber kein einfacher Teil des Lebens. Loslassen und sich von Familie und Freunden verabschieden ist nicht einfach. In vielen Klöstern gibt es Schilder mit der Aufschrift *„Memento Mori"* („Sei dir deiner Sterblichkeit bewusst"). Das Zeichen soll nicht krankmachend wirken, sondern der Erinnerung dienen, dass unser Leben auf Erden zu Ende gehen wird und wir auf den Tod vorbereitet sein müssen.

Wir müssen auf den Tod vorbereitet sein, weil Satan immer versucht, eine Seele zur Verzweiflung zu bringen und sich in der Stunde des Todes von unserem liebenden Gott abzuwenden. Man braucht nur einen Priester fragen: Er wird euch sagen, dass in der Stunde des Todes ein geistlicher Kampf um eine Seele stattfindet. Aus diesem Grund brauchen wir die Fürsprache unseres geistlichen Vaters, um uns zu stärken, zu beschützen und uns mit Vertrauen auf Gottes Liebe und Barmherzigkeit zu füllen.

> Jesus gewährte ihm (dem hl. Josef) das besondere Privileg, die Sterbenden vor den Fallen Luzifers zu schützen, so wie er auch Jesus vor den Plänen des Herodes gerettet hatte.[103]
>
> – Hl. Alfons von Liguori

DER HL. JOSEF IST EUER PERSÖNLICHER SCHUTZPATRON. Der hl. Josef ist jedermanns persönlicher Schutzpatron, weil jeder sterben wird. Keiner von uns wird für immer hier sein. Ihr habt einen liebevollen geistlichen Vater, der euch helfen kann, euch auf den Tod vorzubereiten. Auf seinem Sterbebett musste sich der hl. Josef selbst Sorgen um die Zukunft seiner Frau und seines Sohnes gemacht haben. Würden sie leiden? Würden sie von anderen grausam behandelt werden? Würde ihre Zukunft eine glückliche sein? Dennoch hatte der hl. Josef grenzenloses Vertrauen in Gottes Liebe und Barmherzigkeit. Er starb im Vertrauen auf die göttliche Vorsehung, voller Zuversicht, dass Gott sich um seine Frau und seinen Sohn kümmern würde. Mit dem hl. Josef in eurem Leben, müsst auch ihr keine Angst vor dem Tod haben. Wenn eure Zeit gekommen ist, wird der hl. Josef euch helfen, eines glückseligen und heiligen Todes zu sterben.

> Die Kirche ermutigt uns, uns auf die Stunde des Todes vorzubereiten („Von einem plötzlichen Tode erlöse uns, o Herr!": Allerheiligenlitanei), die Gottesmutter zu bitten, „in der Stunde unseres Todes" für uns einzutreten (Gebet „Ave-Maria") und uns dem hl. Josef, dem Schutzpatron der Sterbenden, anzuvertrauen.[104]
>
> – Katechismus der Katholischen Kirche

Der *Katechismus* sagt uns, dass wir uns „dem hl. Josef anvertrauen" sollten, um uns auf den Tod vorzubereiten. Mit anderen Worten: Weiht euch dem hl. Josef! Um einen unglückseligen Tod zu verhindern – einen Tod, der uns ohne die letzten Sakramente unvorbereitet einholt –, bereitet euch jetzt darauf vor, indem ihr euch dem hl. Josef weiht und ein heiliges Leben führt. Indem ihr euch dem hl.

Josef vollkommen übergebt, wird der Tod euch nicht unvorbereitet treffen. Heute sind viele Menschen nicht auf den Tod vorbereitet. Sie betrachten die Begrenztheit ihres Lebens nicht, so als wären sie unsterblich und stehen gleichgültig dem Tod gegenüber. Die Endgültigkeit des Todes wird für solche Menschen eine Qual sein.

Was euch betrifft, lebt ein frommes Leben in Einheit mit der Kirche. Bleibt in einem Zustand heiligmachender Gnade. Geht häufig zur hl. Beichte und zur hl. Kommunion. Gebt alles dem hl. Josef!

> Er (ein Diener des hl. Josef) wird ihn um die Gnade in der Sterbestunde bitten, wie er es selbst getan hat, mit dem Kuss Jesu und in den Armen Mariens zu sterben.[105]
>
> – Sel. Guillaume-Joseph Chaminade

> Glücklich bist du, wenn dein Tod die Hilfe des hl. Josef hat. Dann, egal ob Flammen dich verschlingen oder Wasser dich überwältigen oder Krankheit dich tötet, werden die Gebete des hl. Josef einen alles schützenden Verteidigungsmantel um dich hüllen.[106]
>
> – Ehrw. Nelson Baker

Lest „Schutzpatron eines glückseligen Todes" (S. 295)
Betet die Litanei zum hl. Josef (S. 331)

TAG 31

Du Schrecken der bösen Geister, *bitte für uns*

> Jesus, Maria und Josef folgten ihrem Weg durch viele Städte Ägyptens und vertrieben die Dämonen nicht nur aus den Götzenbildern, sondern auch aus vielen von ihnen besessenen Leibern und heilten viele, die schwer und gefährlich krank waren.[107]
>
> – Ehrw. María von Ágreda

Böse Geister fürchten Jesus. Böse Geister fürchten Maria. Wusstet ihr, dass böse Geister auch den hl. Josef fürchten? Es ist wahr. Böse Geister haben absolut Angst vor dem hl. Josef.

Böse Geister haben Angst vor dem hl. Josef, weil er allein der Bräutigam der Immaculata und der Vater Jesu Christi ist. Der hl. Josef ist der Zugang zu Jesus und Maria. Alles, was ihn berührt, wird zur Reliquie. Er rettete den Erlöser vor Herodes, verbrachte Jahrzehnte in Anbetung, übte väterliche Autorität über Jesus aus und ermöglichte es Jesus und Maria, ihr Opfer auf Golgota darzubringen. In der Person des hl. Josef haben böse Geister viel zu befürchten. Er ist mächtig!

Der hl. Josef ist ein Drachentöter! Der Titel „Schrecken der bösen Geister" ist der außergewöhnlichste Titel des hl. Josef. Es ist ein furchterregender und gebieterischer Titel. Es ist der Titel eines Kriegers. Die Lilie, die der hl. Josef in der Hand hält, ist eine mächtige geistliche Waffe, ein Schwert der Reinheit. Es hat die Kraft, Feuer speiende Drachen (böse Geister) zu durchbohren und jede Form von Schmutz und Finsternis zu besiegen. Die Lilie, die er führt, ist eine Bedrohung für alle schmutzigen Kräfte Satans.

Dämonen haben Angst vor der bloßen Erwähnung des Namens des hl. Josef. Sie fürchten alles vom hl. Josef. „Wie verschreckt sind sie?", fragt ihr. Nun, erschrocken genug, dass sie Angst haben, wenn er schläft! Wenn der hl. Josef schlummert, spricht er zu Gott! Es ist egal, ob sein Geist und sein Körper ruhen. Der Geist des hl. Josef ist immer aufmerksam und bereit, Jesus, Maria und die Seelen zu beschützen, zu verteidigen und für sie zu kämpfen. Wenn der hl. Josef aus dem Schlaf aufsteht, wissen die bösen Geister, dass er sofort den Willen Gottes tun und ihre bösen Absichten blockieren wird. Ob der hl. Josef wach ist oder schläft, die Hölle zittert vor dem Vater und König der Heiligen Familie.

Der hl. Josef ist ein schweigsamer Mann, aber er ist kein schüchterner Mann. Ein Blick seiner Augen lässt die Hölle in die Flucht schlagen. Ein Wort aus seinem Mund gebietet den Mächten der Finsternis, wie eine Axt, die durch einen Wald fährt! Wie kann sich jemand gegen euch stellen, wenn der Schrecken der bösen Geister euch beschützt?

Der hl. Josef wird euch vor Satan und seinen bösen Geistern beschützen. Satan ist kein Mythos; genauso wie böse Geister und Dämonen. Die Welt betrachtet diese Kreaturen als Märchen und Legenden, aber sie sind real. Wir befinden uns in einem geistlichen Kampf. Satan und seine bösen Geister durchstreifen die Welt, um euch zu holen.

Der Apostel Petrus stellt die folgende Beschreibung des Teufels und der höllischen Bedrohung so dar:

> Seid nüchtern, seid wachsam! Euer Widersacher, der Teufel, geht wie ein brüllender Löwe umher und sucht, wen er verschlingen kann. Leistet ihm Widerstand in der Kraft des Glaubens! Wisst, dass eure Brüder und Schwestern in der Welt die gleichen Leiden ertragen.
>
> – 1 Petrus 5,8–9

Um den Teufel zu besiegen, braucht man Jesus, Maria, den hl. Josef und die Lehren und Sakramente der katholischen Kirche. Jeder Christ braucht die Wahrheit und die starke geistliche Vaterschaft des hl. Josef.

Ihr seid Kinder des hl. Josef. Es spielt keine Rolle, ob du 6 Jahre oder 60 Jahre alt bist. Jesus selbst bezeichnete erwachsene Männer an den Ufern Galiläas als Kinder (s. Joh 21,5). Jesus ist Gott und Er hat den hl. Josef zu eurem liebenden geistlichen Vater ernannt. In Zeiten von Angst, Unterdrückung, Lebensgefahr und extremer Versuchung lauft zu eurem geistlichen Vater. Er wird für euch kämpfen. Der Schrecken der bösen Geister ist bereit, Drachen für euch zu töten!

> Hl. Josef, mögest du und deine makellose Braut mir im letzten Kampf helfen.[108]
>
> – Hl. Johannes Nepomuk Neumann

Lest „Schrecken der bösen Geister" (S. 313)
Betet die Litanei zum hl. Josef (S. 331)

TAG 32

Du Schutzpatron der heiligen Kirche, *bitte für uns*

> Die Kirche beruft sich auf den hl. Josef als ihren Schutzpatron und Beschützer durch ihr unerschütterliches Vertrauen, dass derjenige, dem Christus die Fürsorge und den Schutz seiner eigenen gebrechlichen menschlichen Kindheit anvertrauen wollte, weiterhin vom Himmel aus seine Schutzaufgaben erfüllen wird, um die zu führen und zu verteidigen, die den Mystischen Leib Christi bilden, der immer schwach ist, immer angegriffen wird, immer in Gefahr ist.[109]
>
> – Hl. Papst Paul VI.

Die Kirche braucht den Schutz des hl. Josef. Nach dem Plan der Vorsehung hatte die Kirche seinen Schutz immer nötig, aber heute braucht sie ihn mehr denn je. Die Kirche wird von jenen außerhalb (Satan und die Welt) und von jenen innerhalb (viele ihrer eigenen Kinder) angegriffen. Leider muss die Kirche auch vor denen, die von der herrschenden Kirchenlehre abweichen und geistlich schwachen Priestern und Bischöfen geschützt werden.

Kann man das glauben? Nun, am 29. Juni 1972 stellte der hl. Papst Paul VI. die Behauptung auf, dass „der Rauch Satans in die Kirche eingedrungen ist". Er hatte recht. Die Kirche ist durcheinander. Der Rauch Satans hat sogar die höchsten Ebenen der Kirche durchdrungen. Die einzige Möglichkeit, den Rauch zu beseitigen und die Kirche wieder schön zu machen, besteht darin, Buße zu tun und zur Ordnung zurückzukehren. Es geht nicht anders.

Jesus hat niemals versprochen, dass jeder in der Kirche heilig sein würde. Das Unkraut und der Weizen wachsen zusammen. Die Kirche ist in ihrem Wesen heilig, weil sie die Braut Christi ist, aber es gibt viele einzelne Mitglieder der Kirche, die nicht heilig sind und die Schönheit der Braut Christi durch ihre sündigen und kriminellen Handlungen verunstalten. Zu Gottes Zeiten werden Unkraut und Weizen getrennt. Unsere Aufgabe ist es, in der Nähe des hl. Josef zu bleiben. Auf diese Weise werden wir Weizen sein, nicht Unkraut.

> Um als demütige Mitarbeiter des göttlichen Plans in unserem Leben treu zu sein, brauchen wir neben dem Schutz der Jungfrau Maria auch den des hl. Josef, des mächtigsten Fürsprechers.[110]
>
> – Hl. Papst Johannes XXIII.

DER HL. JOSEF SCHÜTZT DIE KIRCHE. Die Tage, in denen wir leben, sind voller Skandale, Verwirrung und Spaltung. Es ist nicht leicht, treu, eifrig und hoffnungsvoll zu bleiben. Wir haben jedoch Grund zur Hoffnung. Gott wird uns niemals verlassen. Der hl. Josef wird uns auch niemals verlassen. Er weiß, was in der Kirche vor sich geht, und er möchte es korrigieren.

> Der hl. Josef ist immer der Chorleiter, der die Lieder anstimmt, aber manchmal erlaubt er ein paar falsche Noten.[111]
>
> – Hl. Giuseppe Marello

In der heutigen Kirche gibt es viele „falsche Noten“. Verlasst jedoch nicht das sinkende Schiff! Zu Seiner Zeit wird der Himmlische Vater Einhalt gebieten. Wir werden die Herrlichkeit der Kirche sehen. Alles ist in den Händen der göttlichen Vorsehung. Vertrauen!

In einer Zeit der Verfolgung der Kirche in Mexiko bittet der sel. P. Michael Pro Juárez SJ den hl. Josef um Hilfe. Seine erste hl. Messe hielt er an einem Altar des hl. Josef. Er gab später sein Leben als Märtyrer vor einem Exekutionskommando, das Kruzifix in der einen Hand, den Rosenkranz in der anderen und den hl. Josef in seinem Herzen. Der sel. Miguel bietet tröstende Worte für die schwierigen Zeiten, in denen wir leben. Er erklärt:

> Die Pracht der Auferstehung (der Kirche) ist bereits auf dem Weg, denn jetzt ist die Finsternis der Passion (der Kirche) auf ihrem Höhepunkt.[112]

Haltet an Jesus, Maria und dem hl. Josef fest. Sie sind bei uns. Vertraut auf die göttliche Vorsehung.

> Lamm Gottes, Du nimmst hinweg die Sünden der Welt,
> *verschone uns, o Herr.*
>
> Lamm Gottes, Du nimmst hinweg die Sünden der Welt,
> *erhöre uns, o Herr.*
>
> Lamm Gottes, Du nimmst hinweg die Sünden der Welt,
> *erbarme dich unser, o Herr.*

Lest „Schutzpatron der katholischen Kirche“ (S. 152)
Betet die Litanei zum hl. Josef (S. 331)

TAG 33

Er hat ihn zum Herrn Seines Hauses bestellt *und zum Verwalter Seines ganzen Besitzes*

> Wie Gott den Patriarchen Josef, den Sohn Jakobs, zum Herrscher über ganz Ägypten stellte, um dem Volk das für das Leben notwendige Getreide sicherzustellen, so wählte der Ewige, als die Zeit erfüllt war, da Er Seinen Eingeborenen auf die Erde senden wollte, um die Welt zu erlösen, einen anderen Josef, für den der erste das Vorbild ist. Er machte ihn zum Herrn und Fürsten Seines Hauses und Seiner Güter; Er vertraute seiner Fürsorge die reichsten Schätze an.[113]
>
> – Sel. Papst Pius IX.

Unser geistlicher Vater, der hl. Josef, ist Herr, Haupt und Hüter der Schätze des Himmels! Viele Heilige glauben, dass Jesus in Seiner Predigt auf die Größe des hl. Josef Bezug genommen hat. Es geschah, als die Mutter von Jakobus und Johannes Jesus fragte, ob ihre Söhne in Seinem Königreich neben Ihm sitzen könnten. Der Text lautet wie folgt:

> Damals kam die Frau des Zebedäus mit ihren Söhnen zu Jesus, fiel vor ihm nieder und bat ihn um etwas. Er fragte sie: Was willst du? Sie antwortete: Versprich, dass meine beiden Söhne in deinem Reich rechts und links neben dir sitzen dürfen! Jesus erwiderte: Ihr wisst nicht, um was ihr bittet. Könnt ihr den Kelch trinken, den ich trinken werde? Sie sagten zu ihm: Wir können es. Da antwortete er ihnen: Meinen Kelch

werdet ihr trinken; doch den Platz zu meiner Rechten und zu meiner Linken habe nicht ich zu vergeben; dort werden die sitzen, für die es mein Vater bestimmt hat. Als die zehn anderen Jünger das hörten, wurden sie sehr ärgerlich über die beiden Brüder. Da rief Jesus sie zu sich und sagte: Ihr wisst, dass die Herrscher ihre Völker unterdrücken und die Großen ihre Vollmacht gegen sie gebrauchen. Bei euch soll es nicht so sein, sondern wer bei euch groß sein will, der soll euer Diener sein, und wer bei euch der Erste sein will, soll euer Sklave sein. Wie der Menschensohn nicht gekommen ist, um sich dienen zu lassen, sondern um zu dienen und sein Leben hinzugeben als Lösegeld für viele.

– Mt 28,20–28

Was können wir mit der Aussage Jesu machen? Welche Personen hält der Vater bereit, die neben Jesus im Himmel sitzen? Offensichtlich sitzt Maria, die Mutter Jesu, auf der rechten Seite Jesu. Sie ist die Königinmutter in Gottes Reich. Was ist mit der anderen Seite? Wem ist dieser Platz vorbehalten? Es hätte Sinn, dass er dem hl. Josef vorbehalten ist. Es ist angemessen, dass Gott den hl. Josef auf die linke Seite Jesu setzt, weil kein Heiliger größer ist als der Vater Jesu Christi!

Es ist ein ungeheures Vergehen gegen einen Vater, ihn in Armut zu lassen, während der Sohn im Überfluss lebt. Wer könnte sich vorstellen, dass der Sohn Gottes, der alle Reichtümer besitzt, Josef vergessen würde, den Er als Seinen Vater liebte und schätzte? Er (Jesus) muss keine Mühe gescheut haben, ihn zu bereichern.[114]

– Sel. Guillaume-Joseph Chaminade

Der hl. Josef sitzt zur Linken Jesu im Himmelreich und verteilt alle Schätze des Himmels.

Die Verehrung des hl. Josef ist eine der entscheidenden Gnaden, die Gott einer Seele geben kann, denn es ist gleichbedeutend mit der Enthüllung der gesamten Schatzkammer der Gnaden unseres Herrn.[115]

– Hl. Pierre Julian Eymard

Der hl. Josef ist unser Vermehrer. Lasst ihn eure Vertrautheit mit Jesus und Maria vermehren.

Josef ist ein kraftvoller Fürsprecher. Wir müssen ihm treu ergeben sein; wir müssen ihn ehren und uns ihm weihen. Auf diese Weise werden wir Jesus und Maria sehr gefallen, die es als für sich selbst betrachten, was für den hl. Josef getan wird.[116]

– Hl. Pierre Julian Eymard

Wir wissen nicht genau, wie viel wir ihm [dem hl. Josef] zu verdanken haben. Es ist das Geheimnis, das uns erst am großen Tag offenbart wird; aber lasst uns nicht bezweifeln, dass der, dem Gott die Sorge für Sein Haus anvertraut hat, uns besondere Gefälligkeiten zuteilwerden ließ, was unseren aufrichtigen Dank hervorruft.[117]

– Ehrw. D. G. Nelson Baker

Betet die Litanei zum hl. Josef (S. 331)
Lest „Tag der Weihe“ (S. 128)

TAG DER WEIHE

O Gott, der Du in Deiner liebevollen Vorsehung den sel. Josef zum Bräutigam Deiner heiligsten Mutter erwählt hast, gib uns die Gnade, ihn als unseren Fürsprecher im Himmel zu haben, den wir auf Erden als unseren Beschützer verehren. Der Du lebst und regierst in Ewigkeit. Amen.

Ihr habt es geschafft! Heute werdet ihr euch ganz dem hl. Josef weihen.

Ein umfassendes Programm zur Weihe an den hl. Josef ist seit Langem in Vorbereitung. Es dauerte Jahrhunderte, bis sich die Geheimwaffe der Weihe an den hl. Josef entwickelt hat. Sie ist jetzt offenbart und ihr wurdet von Gott auserwählt, um die Empfänger eines überwältigenden Segens im geistlichen Leben zu sein. Ihr wurdet zu diesem Zeitpunkt in der Geschichte auserwählt, um Teil der *Weihe an den hl. Josef* zu sein. Wisst ihr, wie gesegnet ihr seid?

In früheren Zeiten hätten sich die Heiligen über eine umfassende Methode zur Vorbereitung und Weihe an den hl. Josef gefreut. Sie besaßen heiliges Fingerspitzengefühl, das die Größe und die Wunder des hl. Josef erahnte, und jeder versuchte auf seine Weise, ihn zu ehren und ihn mit kindlicher Hingabe zu lieben. Aber ihr werdet zu den Ersten in der Geschichte der Kirche gehören, die in einer gigantischen Ära der Weihe an den hl. Josef leben. Es ist die Ära des hl. Josef!

Die Heiligste Dreifaltigkeit möchte, dass der hl. Josef bekannter und mehr geliebt wird. Ihr wurdet eingeladen, die Tugenden und die Heiligkeit des reinen Herzens des hl. Josef nachzuahmen. Mit dem hl. Josef an eurer Seite werden Tugend und Heiligkeit sich in eurem Leben vermehren. In dem väterlichen Mantel des hl. Josef werdet ihr vor geistlichem Schaden geschützt. Fürchtet nichts, meine Freunde. Euer geistlicher Vater ist der Vater Jesu, der Bräutigam der Muttergottes und der Schrecken der bösen Geister!

> Wer den Vater ehrt, sühnt Sünden ... In Tat und Wort ehre deinen Vater, damit sein Segen über dich kommt!
>
> – Sir 3,3.8

Für den Rest eures Lebens liebt, vertraut und ehrt den hl. Josef. Geht zu ihm in Zeiten des Überflusses und der Armut, in guten und in schlechten Zeiten. Er wird euer Beschützer, eure Stärke und eure Gewissheit sein, dass ihr nicht verloren geht. Wenn ihr müde seid, geht zu Josef. Wenn ihr Angst bekommt, geht zu Josef. Wenn ihr allein seid, traurig oder in Versuchung seid, lauft zum hl. Josef! Er wird niemals weit von euch entfernt sein. Er wird eure Stimme hören und eure schnelle Verteidigung sein. Als furchtloser Krieger wird euer geistlicher Vater an eure Seite eilen und euch beschützen.

> Gott verlangt viel von dir, aber er wird dich großzügig auf dieser Erde bevorzugen und dich erhöhen, wenn du nur den hl. Josef in seinen Tugenden nachahmen willst.[118]
>
> – Hl. Josef Sebastian Pelczar

Vergesst niemals, was ihr in diesen Tagen der Vorbereitung gelernt habt. Erneuert eure Weihe häufig. Bemüht euch, dem liebenden Herzen eures geistlichen Vaters zu gefallen. Vermeidet Sünde und lebt als treue Glieder der Kirche. Sollten die Skandale anhalten, behaltet eure Blicke auf Jesus, Maria und den hl. Josef gerichtet. Sie werden euch niemals enttäuschen. Sie werden euch niemals verlassen. Sie werden euch immer lieben und bei euch sein.

> Ich habe zu unserem Herrn gebetet, dass Er mir den hl. Josef zum Vater geben möge, wie Er mir Maria zur Mutter gegeben hat; damit Er diese Verehrung, dieses Vertrauen, diese kindliche Liebe eines Schützlings,

eines Verehrers des hl. Josef in mein Herz legt. Ich vertraue darauf, dass der gute Meister meine Gebete erhört hat, denn jetzt fühle ich eine größere Verehrung dieses großen Heiligen und bin voller Zuversicht und Hoffnung.[119]

– Hl. Pierre Julian Eymard

Betet einen der Weiheakte an den hl. Josef (S. 335–340).

TEIL II

Die Wunder unseres geistlichen Vaters

WUNDER 1

Freude der Heiligen

Ich sah, wie sich der Himmel öffnete und der hl. Josef auf einem prächtigen Thron saß. Ich fühlte mich wunderbar betroffen, als jedes Mal, wenn sein Name erwähnt wurde, alle Heiligen eine tiefe Verneigung vor ihm machten und durch die Gelassenheit und Süße ihres Aussehens zeigten, dass sie sich wegen seiner hohen Würde mit ihm freuten.[120]

– Hl. Gertrud die Große

Das St.-Josephs-Oratorium

Ich habe nur meine große Verehrung zum hl. Josef. Das ist es, was mich führt und mir volles Vertrauen gibt.[121]

– Hl. André Bessette

Heilige sind Helden. Jeder Held verdient einen Ehrenplatz. Dies gilt insbesondere für den hl. Josef. Er ist der größte Heilige, der größte Held. Um ihn zu ehren, verdient er eine Basilika!

Die Realität ist, dass es auf der ganzen Welt viele Heiligtümer gibt, die dem hl. Josef geweiht sind (s. im Nachtrag I eine Liste). Es gibt jedoch eines, das sich von allen anderen hervorhebt: das St.-Josephs-Oratorium in Montréal, Kanada. Das St.-Josephs-Oratorium ist eine Basilika und gilt als das herausragende internationale Zentrum der Verehrung des hl. Josef.

Das St.-Josephs-Oratorium wurde vom hl. André Bessette gegründet. Dieser unglaubliche Heilige wurde 1845 in der Nähe von Montréal geboren. Sein Geburtsname war Alfred und seine Eltern waren fromme Katholiken; er war das achte von zwölf Kindern. Jahre später, als er in das Ordensleben eintrat, nahm er den Namen André an.

Alfreds Vater war von Beruf Waldarbeiter. Tragischerweise starb sein Vater, nachdem ein Baum auf ihn gefallen war, als der kleine Alfred erst 9 Jahre alt war. Drei Jahre später starb Alfreds Mutter an Tuberkulose, sodass Alfred im Alter von zwölf Jahren ein Waise wurde. Alfred verlor in einem so frühen Alter sowohl seinen Vater als auch seine Mutter, er entwickelte aber eine starke Verehrung zum hl. Josef und vertraute sein Leben ganz ihm an. Alfred war nie gesund und erhielt auch nie eine gute Ausbildung. Als junger Mann zog er wegen seiner Arbeit in die USA und verbrachte einige Zeit in Connecticut, wo er in mehreren Textilfabriken arbeitete.

Nach einiger Zeit trat Alfred in die Kongregation vom Heiligen Kreuz ein und wurde ein Laienbruder; er wurde nie Priester. Aufgrund seiner mangelnden Ausbildung erhielt Bruder André die niedere Aufgabe eines Pförtners (Türhüter) in einer von seiner Ordensgemeinschaft in Quebec geführten Hochschule. Er hatte über 40 Jahre diesen Posten inne. Er war ein so bescheidener Mann, dass er sich oft als „kleiner Hund des hl. Josef" bezeichnete. Gott hatte jedoch große Pläne für ihn.

Obwohl Bruder André ein bescheidener Pförtner war, wurde er schnell in ganz Kanada als sehr heiliger und frommer Mann bekannt. Er verbrachte unzählige Stunden damit, mit den Leuten zu beten, die zur Tür kamen, um ihn zu sehen. Er bot allen ein Andachtsöl an, welches er neben einer Statue des hl. Josef aus der Lampe sammelte und empfahl ihnen, alle ihre Bedürfnisse dem hl. Josef zu bringen. Durch die Fürsprache von Bruder André sind unzählige Wunder geschehen, aber er schrieb die Wunder immer der liebevollen Fürsprache des hl. Josef zu.

Bruder André wurde häufig wegen seiner einfachen Liebe, seiner Frömmigkeit und seiner Verehrung zum hl. Josef verspottet und lächerlich gemacht. Leider drückten sogar Mitglieder der Kirche ihre Verachtung gegen ihn aus, insbesondere wegen der Aufmerksamkeit, die er jedem Kranken schenkte, der ihn besuchte. Viele Mitglieder der

Kirche wurden eifersüchtig auf Bruder André, weil viele ihn als Heiligen betrachteten. Im Durchschnitt erhielt Bruder André mehr als 80.000 Briefe pro Jahr von Menschen, die ihn um Gebet baten. Die Briefe waren so zahlreich, dass er vier Helfer benötigte, die ihn bei den Postangelegenheiten unterstützten. Die in seiner Korrespondenz enthaltene Weisheit war immer klar und deutlich: Geh zu Josef!

> Wenn du den hl. Josef anrufst, musst du nicht viel sprechen. Du weißt, dass dein Vater im Himmel weiß, was du brauchst; nun, Sein Freund, der hl. Josef, auch. Sage ihm: „Wenn du an meiner Stelle wärst, hl. Josef, was würdest du tun?“[122]
>
> – Hl. André Bessette

Als Dank für all die Wunder, die auf die Fürsprache des hl. Josef geschehen, wollte Bruder André zu Ehren des hl. Josef ein Heiligtum errichten. Er erhielt von seinen Ordensoberen die Erlaubnis für das Projekt und mit Hilfe anderer wurde 1904 eine kleine Kapelle errichtet, die dem hl. Josef gewidmet war. 1924 begann der Bau der Basilika an der Stelle, an der er seine kleine Kapelle 1904 gebaut hatte. Die Basilika wurde 1967 fertiggestellt und weltweit als das St.-Josephs-Oratorium bekannt, das größte Heiligtum der Welt, das dem hl. Josef gewidmet ist.

Leider hat der hl. André die Fertigstellung der Basilika nicht mehr erlebt. Er starb 1937 im Alter von 91 Jahren. Für seine Bemühungen, die Verehrung des hl. Josef zu verbreiten, ist er weltweit als der größte „Apostel des hl. Josef“ im 20. Jahrhundert bekannt. Er wurde so geliebt und respektiert, dass mehr als 1 Millionen Menschen an seinem offenen Sarg vorbeikamen, bevor seine Beerdigungsmesse gefeiert wurde. 1982 wurde er von Johannes Paul II. selig- und 2010 von Papst Benedikt XVI. heiliggesprochen. Im römischen Generalkalender wird der Gedenktag des hl. André am 6. Januar, dem Tag seines Todes, gefeiert. In Kanada wird sein Fest am 7. Januar gefeiert, weil das Dreikönigsfest immer am 6. Januar gefeiert wird und Hochfeste den Vorrang haben.

Heute besuchen jährlich mehr als 2 Millionen Menschen das St.-Josephs-Oratorium. Menschen aus aller Welt pilgern zum St.-Josephs-Oratorium und bitten die hll. Josef und André Bessette auf ihre Fürsprache um besondere Gnaden. Ob sie um Gesundheit, Hilfe in schwierigen Ehen, die Bekehrung ihrer eigenwilligen Kinder oder andere Angelegenheiten, die ihnen auf dem Herzen liegen, bitten, alle, die die Basilika besuchen, finden im hl. Josef Frieden, Hoffnung und Trost.

Die sterblichen Überreste des hl. André sind in der Basilika aufbewahrt und ein besonderes Reliquiar enthält sein Herz. 1984 reiste der hl. Johannes Paul II. als Pilger während eines päpstlichen Besuches in Kanada zum St.-Josephs-Oratorium. Vor dem Grab des hl. André schüttete der hl. Papst sein Herz vor den hll. André und Josef aus. Hier ein Abschnitt aus dem schönen Gebet vom hl. Johannes Paul II., das er bei dieser Gelegenheit sprach:

> Seliger [Heiliger] Bruder André Bessette, Pförtner der Hochschule und Verwalter des St.-Josephs-Oratoriums, gib allen Hoffnung, die weiterhin deine Hilfe suchen. Lehre sie das Vertrauen in die Tugend des Gebetes und ebenso den Weg der Bekehrung und zu den Sakramenten. Möge Gott durch dich, hl. André, und durch den hl. Josef weiterhin Seinen Segen ausschütten. Amen.[123]

Freude der Heiligen

> Mit Ausnahme unserer liebenden Mutter steht der hl. Josef über allen Heiligen.[124]
>
> – Hl. Maximilian Kolbe

Der hl. Josef ist ein einzigartiger Heiliger. Er wird als der Mann geehrt und geliebt, der Jesus am nächsten steht. Seine Tugenden und seine Heiligkeit sind außergewöhnlich.

Viele Kirchenväter – zum Beispiel der hl. Hieronymus und der hl. Augustinus – lobten den hl. Josef als Beispiel für die Liebe, die Demut und die Hingabe an Jesus und Maria. Der hl. Gregor von Nazianz betrachtete den hl. Josef als so heilig, dass er ihn den leuchtendsten aller Heiligen nannte. Er schrieb:

> Der Allmächtige hat sich zentriert im hl. Josef, wie in einer Sonne von unvergleichlichem Glanz, dem kombinierten Licht und der Pracht aller anderen Heiligen.[125]

Die Aussage des hl. Gregor von Nazianz ist mutig. Als Kirchenlehrer hat seine Lehre einen andauernden Wert. Behauptet er, dass die Heiligkeit des hl. Josef sogar die der Muttergottes übertrifft? Nein, das sagt er nicht. Es gibt jedoch etwas sehr Wichtiges, das man aus dem erhabenen Lob des hl. Gregor auf den hl. Josef lernen kann.

Lasst es mich erklären.

Seit Beginn des Christentums erkannten alle Nachfolger Jesu die unvergleichliche Heiligkeit Mariens, der Mutter Jesu, an. Es war jedoch selten, dass jemand in der frühen Kirche Maria als Heilige bezeichnete. „Warum ist das so?", wundert ihr euch. Nun, die frühen Christen betrachteten Maria als so heilig, dass sie ihr eine einzigartige Kategorie von Heiligkeit gaben. Ihre Person und ihre Privilegien sind so groß, dass sie den Titel „Allerheiligste Gottesmutter" erhielt. Noch heute ist es äußerst selten, dass ein Katholik die Jungfrau Maria als „heilig" bezeichnet. Wenn dieser Titel von Katholiken verwendet wird, wird er im Allgemeinen für ein Gebäude oder eine Institution verwendet, die zu Ehren der Jungfrau Maria benannt wurde. Zum Beispiel werden viele Kirchen, Schulen und Krankenhäuser „Heilige Maria" [ist eher im englischen Sprachgebrauch so] genannt. Im alltäglichen Sprachgebrauch ist es jedoch fast ungewöhnlich, dass ein Katholik die Jungfrau Maria als „hl. Maria" bezeichnet. Wenn ein Katholik sie „hl. Maria" nennt, ist es sehr wahrscheinlich, dass diese Person von einer der vielen protestantischen Konfessionen zum Katholizismus konvertiert ist.

Dies hilft uns zu verstehen, warum sich Heilige im Laufe der Geschichte auf den hl. Josef als den größten aller Heiligen beziehen; die Jungfrau Maria gehört nämlich zu einer ganz anderen Kategorie. Im Reich Gottes ist Maria die Höchste aller Geschöpfe, aber der hl. Josef ist allen anderen Heiligen überlegen. Bitte beachtet diese Unterscheidung, wenn ihr den Rest des Buches durcharbeitet. Manchmal scheint es, als würden Heilige, Selige und Päpste in ihren Aussagen behaupten, der hl. Josef sei heiliger als Maria. Denkt daran – er ist es nicht.

Okay. Also, die frühe Kirche verstand den hl. Josef als die heiligste menschliche Person nach Maria, aber was ist mit der Aussage, die Jesus selbst über die Größe des hl. Johannes des Täufers machte? Erinnert ihr euch daran? Im Lukasevangelium sagt Jesus: „Ich sage euch: Unter den von einer Frau Geborenen gibt es keinen größeren als Johannes [den Täufer] …" (Lk 7,28). Sagt Jesus nicht, dass Johannes der Täufer größer ist als der hl. Josef?

In Wirklichkeit ist es das überhaupt nicht, was Jesus sagt. Im 16. Jahrhundert bot der hl. Laurentius von Brindisi eine genaue und gut durchdachte Antwort auf genau diese Frage. Er schrieb:

> Obwohl er von den Generationen her nicht Sein [Jesu] Vater war, war er [der hl. Josef] Sein Vater in Seiner Erziehung, Seiner Fürsorge und der Zuneigung Seines Herzens. Es scheint mir daher, dass Josef eindeutig der heiligste aller Heiligen ist, heiliger als die Patriarchen, als die Propheten, als die Apostel, als alle anderen Heiligen. Der Einwand, den der Herr über Johannes den Täufer sagte, kann nicht erhoben werden: Unter den von einer Frau Geborenen gibt es keinen größeren als Johannes der Täufer (Lk 7,28; s. auch Mt 11,11). So wie dies nicht so verstanden werden kann, dass Johannes jemals heiliger ist als Christus oder die hl. Jungfrau, so kann es auch nicht in Bezug auf den hl. Josef, den Bräutigam der Jungfrau Maria und den Vater Christi, verstanden werden, weil so wie Ehemann und Ehefrau ein Fleisch sind, so waren auch Josef und Maria ein Herz, eine Seele, ein Geist. Und so, wie in der ersten Ehe, in der Gott Eva geschaffen hat, um wie Adam zu sein, so hat Er in die-

ser zweiten Ehe Josef der hl. Jungfrau in Heiligkeit und Gerechtigkeit gleichgemacht.[126]

Die Argumentation vom hl. Laurentius ist theologisch brillant und fehlerfrei. Schließlich wurden Jesus und Maria selbst von einer Frau geboren. Jesus kann unmöglich behaupten, dass Johannes der Täufer größer ist als der Sohn Gottes und Seine Unbefleckte Mutter!

Um besser zu verstehen, warum Jesus nicht sagt, dass Johannes der Täufer größer ist als der hl. Josef, ist es wichtig, die gesamte Aussage Jesu im Lukasevangelium anzuschauen. Sie lautet: „Ich sage euch: Unter den von einer Frau Geborenen gibt es keinen größeren als Johannes [den Täufer]; *doch der Kleinste im Reich Gottes ist größer als er*" (Lk 7,28, Hervorhebung hinzugefügt). Wenn ihr die gesamte Passage lest, erkennt ihr, dass Jesus diese Aussage macht, *bevor der Neue Bund geschlossen wird*.

Der hl. Johannes der Täufer ist die größte alttestamentliche Figur, weil er der Freund des Bräutigams ist. Er ist der größte der Menschen, nicht weil er der heiligste Mann ist, der je gelebt hat, sondern weil er der „Freund" bei der Hochzeit des Messias ist (s. Joh 3,29). Er ist der größte Mann des Alten Bundes, nicht des Neuen Bundes.

Wer ist die wichtigere Person bei der Hochzeit, der Freund oder die Braut? Die Antwort liegt auf der Hand. Die Braut ist die Größte. Was Jesus sagt, ist, dass jeder, selbst die geringste Person im Himmelreich (d.h. diejenigen, die die Hochzeit des Lammes feiern), Braut Gottes ist und daher größer ist als der Freund bei der Hochzeit. Im Himmel wird sogar die geringste Person für größer gehalten als Johannes der Täufer auf Erden, weil sie auf ewig bräutlich mit Gott verbunden ist.

Ein anderer Weg, die Vorrangstellung des hl. Josef gegenüber allen Heiligen, einschließlich des hl. Johannes des Täufers, verständlich zu machen ist die Anerkennung der höchsten Würde der Vaterschaft des hl. Josef. So groß Johannes der Täufer auch ist, er war nicht der Vater Jesu Christi. Vaterschaft hat Rechte und Privilegien, um ihre Pflichten und Verantwortlichkeiten zu erfüllen, und die väterliche Sendung des hl. Josef erforderte größere Gnaden als die, die jeder andere Heilige jemals erhalten hat.

> In jedem Königreich leben nicht nur der König und die Königin, die im Königreich wie die Sonne und der Mond leuchten, sondern auch die Fürsten, Herzöge, Verwalter usw. des Königreichs und insbesondere die Eltern und Blutsverwandten des Königs, deren Glanz wie die Sterne am Himmel sind und von den guten und treuen Untertanen des Königs geehrt werden. Also, meine Freunde, die Vernunft verlangt sicherlich, dass im Reich Christi nicht nur Christus und die hl. Jungfrau hochgeschätzt werden, sondern auch die Heiligen und insbesondere dieser sel. Mann, Josef, der der Vater Christi und Bräutigam der heiligsten Jungfrau ist und der von Christus selbst als Seinem Vater und von der heiligsten Jungfrau als ihrem Ehemann in höchster Ehre gehalten wird.[127]
>
> – Hl. Laurentius von Brindisi

Der hl. Laurentius ist ein bemerkenswerter Verteidiger für den hl. Josef! Übrigens ist der hl. Laurentius auch ein Kirchenlehrer.

In derselben Predigt zeigt der hl. Laurentius einen weiteren Grund, warum der erhabene Platz des hl. Josef im Himmelreich größer ist als der jedes anderen Heiligen:

> Wenn Christus zur Rechten Seines Vaters in der Herrlichkeit des Paradieses sitzt, über allen Chören der Engel, weil Er der Erste aller Vorherbestimmten und der Heiligste der Heiligen auf dieser Welt ist und wenn die hl. Jungfrau aus gutem Grund von ihrer eigenen Heiligkeit den zweiten Platz nach Christus einnimmt, weil auch sie, aufgrund der Vorherbestimmung von Ewigkeit her durch Gnade, in der Zeit an zweiter Stelle steht, scheint es mir, dass Josef den dritten Platz nach Christus in der ewigen Vorherbestimmung und durch Gnade in der Zeit einnimmt, also durch die gleiche Argumentation bekleidet er auch den dritten Platz in der Herrlichkeit des Paradieses.[128]

Der hl. Josef ist der größte Heilige im Himmelreich, weil Gott ihn für diese Position vorherbestimmt hat. Diese Realität sollte unsere Herzen äußerst freudig stimmen!

> Freut euch, fromme Diener des hl. Josef, denn ihr seid dem Paradies nahe; die Leiter, die dorthin führt, hat nur drei Stufen: Jesus, Maria, Josef.[129]
>
> – Hl. Leonardo von Port Maurice

> Wer weiß nicht, dass der hl. Josef nach der Gottesmutter von allen Heiligen derjenige ist, der Gott am liebsten ist?[130]
>
> – Hl. Alfons von Liguori

Der erhabene Status, den die Kirchenlehrer dem hl. Josef verliehen haben, hat zu einer besonderen Art geführt, die Liebe und Ehrfurcht gegenüber dem hl. Josef zu beschreiben. Die folgenden Unterscheidungen wurden von Theologen erstellt und sind sehr hilfreich, um die Ehrfurcht gegenüber Gott und Seinen Heiligen zu verstehen.

latria (Anbetung) – Gott
hyperdulia (Hochverehrung) – Maria
protodulia (Erstverehrung) – hl. Josef
dulia (Verehrung) – alle anderen Heiligen

An erster einzigartiger Stelle steht Gott über allen anderen. Er allein ist der Anbetung würdig. Im Griechischen ist das Wort für Anbetung *latria*. Nur Gott ist der *latria* (Anbetung) würdig. Die Jungfrau Maria, unter Gott, aber über allen anderen (einschließlich der höchsten Engelschöre), erhält eine besondere Form der Verehrung, deren griechischer Name *hyperdulia* ist, was „Hochverehrung" bedeutet. Der hl. Josef, unter Maria, aber vor allen anderen Heiligen erhält eine Form der Verehrung, deren griechischer Name *protodulia* ist, was „Erstverehrung" unter allen anderen Heiligen bedeutet. Danach folgen alle anderen Heiligen. Wir erkennen ihre Heiligkeit an und ehren sie mit einer Art Verehrung, deren griechischer Name *dulia* ist, was „Verehrung" bedeutet.

Eine Heilige, die den hl. Josef auf außergewöhnliche Weise liebte und verehrte, ist die hl. Teresa von Ávila, eine weitere Kirchenlehrerin. In ihrer Autobiografie erzählt die hl. Teresa die Geschichte, wie sie auf die Fürsprache des hl. Josef von einer schweren Krankheit geheilt wurde. Ihre wundersame Heilung führte sie dazu, eifrig die Verehrung des hl. Josef zu verbreiten. Sie war so überzeugt von der Macht und Wirksamkeit der Fürsprache des hl. Josef, dass sie die Menschen herausforderte, die Verehrung des hl. Josef auf die Probe zu stellen. Die hl. Teresa von Ávila war eine mutige Frau! Folgendes schrieb sie in ihrer Autobiografie:

> Am liebsten möchte ich alle überreden, diesen glorreichen Heiligen zu verehren, weil ich so oft die Erfahrung gemacht habe, wie viel Gutes er von Gott erlangt. Es ist zum Staunen, welch große Gnaden mir Gott durch diesen glückseligen Heiligen geschenkt und wie er mich aus Gefahren für Leib und Seele errettet hat. Anderen Heiligen scheint der Herr die Gnade verliehen zu haben, in einer bestimmten Notlage zu helfen, mit diesem großen Heiligen aber habe ich die Erfahrung gemacht, dass er in allen Nöten hilft. Damit möchte uns der Herr zu verstehen geben, dass Er nun so, wie Er dem hl. Josef auf Erden unterstellt war, im Himmel tut, worum dieser Ihn bittet – da dieser als Sein Pflegevater Ihm gegenüber Vaterstelle vertrat, konnte er Ihm ja Aufträge erteilen. Diese Erfahrung haben auch noch manch andere gemacht, denen ich geraten hatte, sich ihm zu empfehlen, und es sind sogar viele, die ihn neuerdings verehren, weil sie erfahren, wie wahr das ist. Nur bitte ich den, der mir nicht glauben sollte, es Gottes wegen auszuprobieren, dann wird er selbst erfahren, wie viel Gutes es bringt, sich diesem glorreichen Patriarchen zu empfehlen und ihn zu verehren.[131]

Viele Menschen haben die Herausforderung zur Verehrung des hl. Josef von der hl. Teresa angenommen. Ihr Vertrauen zum hl. Josef beruht auch auf festen theologischen Grundlagen. Einige Jahrhunderte vor der hl. Teresa nannte der hl. Thomas von Aquin, ein weiterer Kirchenlehrer und allgemein als der größte Theologe in der Geschichte der Kirche anerkannt, die mächtige Fürsprache des hl. Josef unbegrenzt! Er schrieb:

> Es gibt viele Heilige, denen Gott die Kraft gegeben hat, uns in den Notwendigkeiten des Lebens zu helfen, aber die Kraft, die dem hl. Josef gegeben wird, ist unbegrenzt: Sie erstreckt sich auf alle unsere Bedürfnisse und alle, die ihn mit Zuversicht anrufen, werden mit Sicherheit erhört.[132]

Um ehrlich zu sein, es gibt unendlich viele hl. Männer und Frauen, die die Größe des hl. Josef gepriesen haben. Alle Heiligen erfreuen sich an ihm. Es wäre unmöglich, alle Heiligen aufzulisten, die ihn liebten und ihn verehrten, aber es gibt einige wenige, die wirklich auffallen:

Hl. Bernhardin von Siena
Hl. Laurentius von Brindisi
Hl. Teresa von Ávila
Hl. Franz von Sales
Ehrw. D. G. Maria von Ágreda
Hl. Alfons von Liguori
Sel. Guillaume-Joseph Chaminade
Sel. Maria Repetto
Hl. Pierre Julian Eymard
Sel. Jean-Josef Lataste
Hl. Leonardo Murialdo
Hl. Luigi Guanella
Sel. Anna Katharina Emmerick
Hl. Giuseppe Marello
Sel. Maria Teresa vom hl. Josef
Sel. Petra vom hl. Josef
Hl. André Bessette
Ehrw. Fulton J. Sheen

Hl. Josémaría Escrivá
Sel. Gabriele Allegra

Ihr kennt vielleicht einige der Namen auf der Liste, aber ich wette, es gibt einige, von denen ihr noch nie etwas gehört habt. Keine Sorge: In diesem Buch erfahrt ihr mehr über viele davon. Sie sind Meister der Verehrung des hl. Josef!

Heilige, Selige und Mystiker sind nicht die Einzigen, die den hl. Josef geliebt und sich an ihm erfreut haben. Viele Päpste haben auch die Größe des hl. Josef gelobt:

Sel. Papst Pius IX.
Papst Leo XIII.
Papst Benedikt XV.
Ehrw. D. G. Papst Pius XII.
Hl. Papst Johannes XXIII.
Hl. Johannes Paul II.

Die Liste der Päpste ist erheblich kürzer als die Liste der Heiligen, nicht wahr? Der Grund dafür ist, dass die päpstliche Förderung des hl. Josef, obwohl sie nicht ganz neu war, Jahrhunderte brauchte, um sich zu entwickeln. Es dauerte sehr lange, bis die Führung der Kirche die Größe des hl. Josef vollständig erkannte und die Größe in offiziellen Dokumenten verkündete. Nichtsdestotrotz, als das Papsttum anfing, den hl. Josef zu fördern, hat seine Verehrung wirklich Fahrt aufgenommen! Nach dem sel. Papst Pius IX. gab es keinen einzigen Papst, der die Größe und einzigartige Heiligkeit des hl. Josef nicht gelobt hätte.

Wusstet ihr, dass Papst Leo XIII. lehrte, dass die Würde des hl. Josef so groß ist, dass sie als höher angesehen werden kann als die der Engel, selbst der höchsten Engelschöre? Er schrieb:

> Allerdings ist die Würde der Muttergottes so erhaben, dass etwas Größeres undenkbar ist. Der heilige Josef war jedoch durch das Band der

> Ehe eng mit der allerseligsten Jungfrau vereint. Ihm war es vergönnt, mehr als irgendjemand sonst – darüber besteht kein Zweifel – dieser überragenden Würde nahezukommen, die Maria als Gottesmutter hoch über alle anderen Geschöpfe hinaushebt. Denn die Ehe ist die innigste Verbindung und Lebensgemeinschaft zweier Menschen und hat naturgemäß die Gütergemeinschaft zwischen den beiden Gatten zur Folge. Als daher Gott den heiligen Josef zum Gemahl der Jungfrau Maria bestimmte, gab er ihr nicht nur einen Lebensgefährten, einen Zeugen ihrer Jungfräulichkeit und einen Beschützer ihrer Ehre, sondern Er hat ihn ganz gewiss auch, entsprechend dem eigentlichen Wesen der Ehe, an der hohen Würde seiner Gattin teilnehmen lassen.[133]

Gewaltig! Die theologische Aussage von Papst Leo XIII. ist eine der mächtigsten, die jemals über den hl. Josef gemacht wurde. Dein geistlicher Vater ist höher als die Engel!

In der katholischen Theologie wurde immer gelehrt, dass die Liebe der Jungfrau Maria zu Gott und damit ihre Würde und Nähe zu Gott, die aller anderen geschaffenen Wesen, einschließlich der Engel, übertraf. Ihre Zusammenarbeit mit Gott ist einzigartig, weil sie materiell (physisch) an der Menschwerdung der Zweiten Person der Heiligsten Dreifaltigkeit mitgewirkt hat. Jahrhundertelang dachte man, dass nach Marias großer Würde die neun Chöre der Engel, aufgrund ihrer Rolle und Sendung als Diener und Helfer des heiligen Willens Gottes, Gott näher waren als alle anderen Geschöpfe. Als sich jedoch die Theologie des hl. Josef im Leben der Kirche entwickelte und an Bedeutung gewonnen hatte, ist klar geworden, dass es eine andere menschliche Person gibt, die über allen Chören der Engel steht: der hl. Josef.

> O Gott, die Herrlichkeit Josefs ist nur Dir und Deinen Engeln bekannt. Menschen sind es nicht wert, das zu wissen. Dieser bewundernswerte Heilige ist höher als die himmlischen Geister.[134]
>
> – Sel. Bartolo Longo

> Die Würde des hl. Josef ist so groß, dass keine größer sein kann.[135]
>
> – Hl. George Preca

Der hl. Josef hat eine Würde und Nähe zu Gott, die die aller hll. Engel übertrifft. Engel sind Gott nahe, weil sie Diener Seines Willens sind; der hl. Josef ist Gott nahe, weil er der Vater Jesu ist! Die kooperative Rolle des hl. Josef bei der Erlösung erforderte größere Gnaden, als jemals ein Engel empfangen hat. Obwohl der hl. Josef nicht der leibliche Vater Jesu ist (und daher nicht jemand, der auf die gleiche Weise wie Maria bei der Menschwerdung mitgewirkt hat), hat er dennoch moralisch bei der Menschwerdung mitgewirkt, indem er den Gottmenschen mit vollkommener väterlicher Liebe erzogen hat. Maria war keine unverheiratete Mutter, als sie den Erlöser der Welt in ihrem Leib empfing. Sie war mit dem hl. Josef verheiratet. Die Menschwerdung fand innerhalb der Ehe des hl. Josef mit Maria statt. Die Rolle des hl. Josef war von Ewigkeit her geplant, noch bevor die Engel erschaffen wurden.

Außerdem hat Jesus niemals einen Engel „Vater" genannt. Kein Engel, egal, wie erhaben, hat jemals den Gottmenschen erzogen. Gott gehorcht keinen Engeln. Der hl. Josef hingegen bildete nicht nur Jesus aus, sondern hatte auch das Privileg, den Gottmenschen in seiner Rolle als Vater des Messias zu befehligen. Diese väterliche Liebe, Würde und Autorität sind dem hl. Josef vorbehalten. Es ist eine so wundersame Würde, dass Gott den hl. Josef zum geistlichen Vater der gesamten Menschheit und zum Schutzpatron der katholischen Kirche gemacht hat. Kein Engel hat eine solche Würde, unabhängig von seiner Stellung in den himmlischen Chören.

Die überragende Würde der Vaterschaft des hl. Josef ist der Grund, warum Papst Pius XI. erklärte, dass die Fürsprache des hl. Josef vor Gott „allmächtig" sei. Er schrieb:

> Die Fürsprache des hl. Josef ist die des Ehemanns, des vermeintlichen Vaters, des Hauptes der Familie von Nazaret, die sich aus ihm selbst, Maria und Jesus zusammensetzte. Und da der hl. Josef wirklich das

> Haupt oder der Herr dieses Hauses war, kann seine Fürsprache nur allmächtig sein. Denn was konnten Jesus und Maria dem hl. Josef verweigern, der ihnen sein ganzes Leben lang ganz geweiht war und dem sie wirklich die Mittel ihrer irdischen Existenz schuldeten?[136]
>
> – Papst Pius XI.

Der hl. Josef ist die Freude der Heiligen und Päpste. Er sollte auch eure Freude sein.

> Alle Heiligen in der Herrlichkeit verdienen sicherlich Ehre und besonderen Respekt, aber es ist offensichtlich, dass der hl. Josef neben der Gottesmutter einen gerechten Titel für einen süßeren, intimeren und durchdringenden Platz in unseren Herzen besitzt, der nur ihm gehört.[137]
>
> – Hl. Papst Johannes XXIII.

> Der hl. Josef ist nach Maria der größte Heilige und der Liebste Jesu.[138]
>
> – Sel. Bartolo Longo

Der Römische Kanon

> … [D]er hl. Papst Johannes XXIII., der eine große Verehrung für den hl. Josef hegte, verfügte, dass in den römischen Messkanon als dem ewigen Erinnerungsbuch der Erlösung der Name des hl. Josef neben dem Mariens und vor den Namen der Apostel, der Päpste und der Märtyrer aufgenommen werde.[139]
>
> – Hl. Johannes Paul II.

Der Name des hl. Josef wurde in den römischen Kanon der hl. Messe eingefügt. Was bedeutet das? Ist der hl. Josef eine Waffe?

Nun ja, der hl. Josef ist eine äußerst mächtige Waffe für das Christentum, aber der hl. Johannes Paul II. bezieht sich auf den Römischen Kanon, nicht auf eine römische Kanone. „Was ist der Römische Kanon?“, fragt ihr euch. Der Römische Kanon ist das alte Eucharistische Hochgebet, das der Priester bei der hl. Messe verwendet. Jahrhundertelang gab es im Römischen Ritus nur ein Eucharistisches Hochgebet. Nach dem Zweiten Vatikanischen Konzil (1962–1965) begann die Kirche, vier Eucharistische Hochgebete zu verwenden, wobei das Eucharistische Hochgebet I den Namen „Römischer Kanon“ beibehielt. In den Römischen Kanon (Eucharistisches Hochgebet I) fügte der hl. Papst Johannes XXIII. den Namen des hl. Josef ein.

Um ehrlich zu sein, ist es kaum zu glauben, dass der Name des hl. Josef erst im 20. Jahrhundert in den Gebeten der Messe auftauchte. Der hl. Josef ist in der Tat der Spiegel der Geduld! Dennoch ist die Art und Weise, wie der Name des hl. Josef in die Messe aufgenommen wurde, sehr inspirierend.

Hier ist die Geschichte.

1958 wurde ein Bischof mit großer Verehrung zum hl. Josef zum Papst gewählt: Angelo Roncalli. Er liebte den hl. Josef so sehr, dass er darüber nachgedacht hatte, den päpstlichen Namen Josef (Papst Josef) anzunehmen. Aus Respekt vor seinem irdischen Vater entschloss er sich jedoch, den Namen Johannes anzunehmen. Da es bereits viele frühere Päpste namens Johannes gegeben hatte, wurde er als Johannes XXIII. bekannt.

1962 eröffnete Papst Johannes XXIII. das II. Vatikanische Konzil und vertraute das gesamte Bestreben dem hl. Josef an. Am 10. November 1962 bot ein Bischof namens Petar Cule auf einer der Tagungen des Rates den anderen Bischöfen eine Präsentation über den hl. Josef an. In seiner langen Präsentation forderte Bischof Cule, dass der Name Josef in den Kanon der Messe (den Römischen Kanon) aufgenommen wird. Leider war Bischof Cule nicht bekannt und aufgrund seiner langen, sich wiederholenden Präsentation sowie seiner Nervosität und seines Unvermögens, die Sätze gut zu formulieren, begannen viele der Kardinäle und Bischöfe bei der Präsentation zu murren und ihn für seine fromme und langweilige Rede zu verspotten. Irgendwann forderte der Moderator der Sitzung Bischof Cule auf, seine „beredte und heilige Predigt“ über den hl. Josef zu beenden. Die herabwürdigenden Worte des Wortführers brachten viele Kardinäle und Bischöfe zum Lachen, was dazu führte, dass Bischof Cule, körperlich gealtert, scheinbar besiegt auf seinen Platz zurückschlurfte.

Papst Johannes XXIII. hörte die Rede über eine geschlossene Fernsehanlage an. Er war nicht erfreut über die Behandlung von Bischof Cule. Papst Johannes XXIII. kannte Bischof Cule persönlich. Er wusste, dass Bischof Cule unter den Kommunisten in Jugoslawien sehr gelitten hatte. Bischof Cule war häufig auf grausame Weise von den Kommunisten verhört worden und sogar zu 11 Jahren Zwangsarbeit in einem Konzentrationslager in Jugoslawien verurteilt worden. Die Kommunisten versuchten sogar, den Bischof zu töten, indem sie ihn in einen Zug setzten, der zerstört werden sollte, um alle an Bord zu töten. Infolge des beabsichtigten Unfalls erlitt der Bischof Zertrümmerungen an seinen Hüften. Nachdem er endgültig aus den Konzentrationslagern entlassen worden war, litt der Bischof unter Angstzuständen und Nervosität, was es ihm schwer machte, zu sprechen, ohne sich zu wiederholen. Johannes XXIII. wusste, dass die Anwesenheit im Rat dem Bischof viel Mühe gekostet hatte und dass der gute Bischof dort sein wollte, um zu bezeugen, dass er auf die Fürsprache des hl. Josef vom Tod verschont geblieben war.

Die Rede von Bischof Cule über den hl. Josef brachte Papst Johannes XXIII. fast zum Weinen und ließ den Papst handeln. Am 13. November, drei Tage nachdem Bischof Cule seinen Vortrag über den hl. Josef gehalten hatte, verfügte Papst Johannes XXIII., dass der Name des hl. Josef in den Römischen Kanon der hl. Messe aufgenommen werden sollte! Das Dekret trat am 8. Dezember 1962 in Kraft.

Heute erscheint der Name des hl. Josef in allen vier Eucharistischen Hochgebeten. Dies geschah während der Pontifikate von Benedikt XVI. und Franziskus. Papst Benedikt XVI. wollte den Namen des hl. Josef in die anderen drei Eucharistischen Hochgebete einfügen, konnte dies jedoch vor seiner Abdankung als Papst am 28. Februar 2013 nicht mehr vollziehen. Papst Franziskus erfüllte die Absichten von Papst Benedikt XVI.; Am 1. Mai 2013 hat er offiziell den Namen des hl. Josef in alle Eucharistischen Hochgebete aufgenommen.

Wenn ihr das nächste Mal einer hl. Messe beiwohnt, hört aufmerksam auf den Priester, wenn er die Eucharistischen Hochgebete betet. Hört, um den Namen eures geistlichen Vaters zu vernehmen.

> In Gemeinschaft mit der ganzen Kirche gedenken wir Deiner Heiligen: Wir ehren vor allem Maria, die glorreiche, allzeit jungfräuliche Mutter unseres Herrn und Gottes Jesus Christus. Wir ehren ihren Bräutigam, den heiligen Josef …
>
> – Eucharistisches Hochgebet I (Der Römische Kanon)

> Vater, erbarme dich über uns alle, damit uns das ewige Leben zuteil wird, in der Gemeinschaft mit der seligen Jungfrau und Gottesmutter Maria, dem seligen Josef, ihrem Bräutigam …
>
> – Eucharistisches Hochgebet II

> Er mache uns auf immer zu einer Gabe, die dir wohlgefällt, damit wir das verheißene Erbe erlangen mit deinen Auserwählten, mit der allerseligsten Jungfrau und Gottesmutter Maria, mit dem seligen Josef, ihrem Bräutigam …
>
> – Eucharistisches Hochgebet III

> Gütiger Vater, gedenke, dass wir deine Kinder sind, und schenke uns allen das Erbe des Himmels in Gemeinschaft mit der seligen Jungfrau und Gottesmutter Maria, dem seligen Josef, ihrem Bräutigam …
>
> – Eucharistisches Hochgebet IV

Als Papst Johannes XXIII. die erste Sitzung des Zweiten Vatikanischen Konzils abschloss und ankündigte, dass der Name des hl. Josef in den Kanon der Messe aufgenommen werden würde, rief mich ein sehr wichtiger Kirchenmann an und sagte: „Herzlichen Glückwunsch! Höre auf die Ankündigung des Papstes. Ich dachte sofort an dich und wie glücklich du sein würdest." Und in der Tat war ich glücklich, denn in dieser Konzilsversammlung, die die ganze Kirche repräsentierte, die im Heiligen Geist zusammengeführt wurde, wurde der große übernatürliche Wert des Lebens des hl. Josef verkündet.[140]

– Hl. Josemaría Escrivá

WUNDER 2

Unser geistlicher Vater

Sei guter Dinge unter dem väterlichen Mantel des hl. Josef, einem Ort der sichersten Zuflucht in Prüfungen und Schwierigkeiten.[141]

– Hl. Giuseppe Marello

Schutzpatron der katholischen Kirche

Er [der hl. Josef] war das Oberhaupt des göttlichen Haushalts auf Erden mit sozusagen väterlicher Autorität; Er hat die Kirche seiner Loyalität und seinem Schutz anvertraut. Ein solcher Mensch besitzt eine so überragende Würde, dass es keine Auszeichnung gibt, die ihm nicht geschuldet werden sollte.[142]

– Papst Leo XIII.

Wisst ihr, dass die Wurzel des Wortes „Patron" *Pater* („Vater") ist? Durch die Bemühungen eines eifrigen Dominikanerpaters wurde der hl. Josef 1870 vom sel. Papst Pius IX. zum Schutzpatron der katholischen Kirche ernannt.

Hier ist die Geschichte:

Der Dominikanerpater ist der sel. Jean-Joseph Lataste (1832–1869). Der sel. Jean-Joseph verehrte den hl. Josef sehr. Vor dem Eintritt bei den Dominikanern glaubte Jean-Joseph, dass seine Berufung in der Ehe läge. Verlobt, um zu heiraten, war er mit seiner Entscheidung nicht im Frieden und erkannte, dass Gott ihn stattdessen rief, Dominikanerpater zu werden. Nach vielen Jahren des Studiums wurde er zum Priester geweiht und bald war er als sehr frommer Priester bekannt, der eine tiefe Verehrung für die Muttergottes von Lourdes, die hl. Maria Magdalena und den hl. Josef hatte. Er liebte die Botschaft von Lourdes so sehr, dass er nach Lourdes reiste, um persönlich mit der hl. Bernadette Soubirous zu sprechen. Er hatte auch eine große Verehrung für die hl. Maria Magdalena. Infolgedessen diente er als Priester in einem Frauengefängnis und gründete später eine neue Dominikanische Gemeinschaft für Frauen, die aus dem Gefängnis entlassen worden waren, die Dominikanerinnen von Bethanien. Es war jedoch die große Liebe des sel. Jean-Joseph für den hl. Josef, die den Stellvertreter Christi dazu inspirierte, den hl. Josef zum Schutzpatron für die Kirche auszurufen.

Damals war der sel. Papst Pius IX., der Papst, der dafür verantwortlich war, das Glaubensdogma der „Unbefleckten Empfängnis Mariens" zu verkünden. Menschen aus aller Welt, darunter viele Bischöfe, hatten dem Papst geschrieben und ihn gebeten, diese marianische Lehre als Dogma zu verkünden. Nach viel Gebet, theologischer Forschung und Recherchen erkannte der sel. Papst Pius IX., dass ein solches Dogma beides war, wahr und gottgefällig, und er stimmte der Bitte zu. Die Erklärung erfolgte am 8. Dezember 1854.

Der sel. Papst Pius IX. verehrte auch den hl. Josef sehr und hatte jahrelang Briefe von Priestern, Bischöfen und Laien erhalten, in denen er gebeten wurde, den hl. Josef zum Schutzpatron der Kirche zu erklären. Der sel. Papst Pius IX. wollte, dass der hl. Josef bekannter und beliebter wird und war von diesen Bitten sehr inspiriert, fühlte sich jedoch unsicher. War es der richtige Zeitpunkt für eine solche Proklamation? Würde es Christus und Seiner Kirche gut dienen? Das sollte sich ändern, als er einen Brief von einem eifrigen Dominikanerpater erhielt.

Wie viele andere hatte auch P. Jean-Joseph Lataste einen Brief an den Papst geschrieben, indem er ihn aufforderte, den hl. Josef zum Schutzpatron der Kirche zu erklären. Der Brief von Jean-Joseph wurde dem Papst 1868 gegeben. Der Dominikaner war so überzeugt, dass Gott diese Verkündigung zum Wohl der Kirche wollte, dass er dem Papst sagte, er habe Gott versprochen, sein Leben als Opfer darzubringen, um das Patronat des hl. Josef für die gesamte Kirche herbeizuführen. Der Papst war sehr bewegt von Jean-Josephs Petition und überzeugt, dass Gott durch den eifrigen Dominikaner zu ihm sprach.

> Dieser gute Ordensmann [Jean-Joseph Lataste] bietet das Opfer seines Lebens an, um zu erreichen, dass der hl. Josef zum Schutzpatron der Kirche erklärt wird. Pater Lataste's Wunsch wird in Kürze erfüllt. Wir haben mehr als fünfhundert Briefe erhalten, in denen Wir darum gebeten wurden, den hl. Josef zum Schutzpatron der Kirche zu erklären. Lataste ist der Einzige, der sein Leben angeboten hat.[143]
>
> – Sel. Papst Pius IX.

Um sein Versprechen Gott gegenüber zu erfüllen, übernahm der sel. Jean-Joseph viele Bußpraktiken und heldenhafte Abtötungen, alles für die Absicht, den hl. Josef vom Papst zum Schutzpatron der Kirche eingesetzt zu sehen. Jean-Joseph starb 1869 im Alter von 36 Jahren. Unglaublich, aber ein Jahr später, am 8. Dezember 1870 (dem Hochfest der Unbefleckten Empfängnis), proklamierte der sel. Papst Pius IX. den hl. Josef als Schutzpatron der Kirche.

> An diesem 8. Dezember 1870 war es dieses kurze, aber liebenswerte und bewundernswerte Dekret des Urbi et Orbi [der Stadt und dem Erdkreis], das zur ewigen Erinnerung der Sache wirklich würdig ist und den Nachfolgern von Pius IX. einen Vorrat an reichen und schönen Inspirationen eröffnet hat.[144]
>
> – Hl. Papst Johannes XXIII.

Das offizielle Dekret, das den hl. Josef zum Schutzpatron der Kirche erklärt, lautet:

> Wie Gott den Patriarchen Josef, den Sohn Jakobs, zum Herrscher über ganz Ägypten stellte, um dem Volk das für das Leben notwendige Getreide sicherzustellen, so wählte der Ewige, als die Zeit erfüllt war, da Er

Seinen Eingeborenen auf die Erde senden wollte, um die Welt zu erlösen, einen anderen Josef, für den der erste das Vorbild ist; Er machte ihn zum Herrn und Fürsten Seines Hauses und Seiner Güter; Er vertraute Seiner Fürsorge die reichsten Schätze an.

In der Tat vermählte sich Josef mit der unbefleckten Jungfrau Maria, von der durch die Kraft des Heiligen Geistes Jesus Christus geboren wurde, der in den Augen aller als Sohn Josefs gelten wollte und sich würdigte, ihm untertan zu sein.

Denjenigen, den so viele Propheten und Könige sehen wollten, sah Josef nicht nur, sondern unterhielt sich mit Ihm, er schloss Ihn mit väterlicher Zärtlichkeit in die Arme, er überhäufte Ihn mit Küssen; mit eifersüchtiger Sorge und unvergleichlicher Fürsorge nährte er denjenigen, den die Gläubigen als das Brot des ewigen Lebens essen sollten.

Aufgrund dieser erhabenen Würde, die Gott Seinem treuesten Diener verlieh, hat die Kirche immer den heiligen Josef hoch erhoben und geehrt mit einem besonderen Kult, allerdings niedriger als der, den sie der Muttergottes erweist; stets hat sie in kritischen Augenblicken seine Hilfe angerufen.

Und jetzt also, wenn in diesen schwierigsten Zeiten die Kirche von allen Seiten von Feinden attackiert und von Katastrophen heimgesucht wird, die so schwerwiegend sind, dass gottlose Männer behaupten, die Tore der Hölle hätten sich endlich gegen sie geöffnet, haben die Hochwürden der ganzen katholischen Welt dem Papst ihre Bitten und die vieler Gläubiger vorgelegt, die sich ihrer Bitte angeschlossen und gebeten haben, dass er den heiligen Josef zum Schutzpatron der Kirche einsetzen möge. Und diesmal wurden ihr Gebet und ihr Wunsch beim Heiligen Ökumenischen Konzil des Vatikans ernsthaft erneuert.

Dementsprechend hat es jetzt unserem Heiligen Vater, Papst Pius IX., gefallen, sich selbst und alle Gläubigen der mächtigsten Schirmherrschaft des Patriarchen, des hl. Josef, anzuvertrauen. Er hat sich entschieden, dem Wunsch der Hochwürden stattzugeben und hat ihn [den hl. Josef] feierlich zum Patron der katholischen Kirche erklärt.

Er hat außerdem angeordnet, dass eine diesbezügliche Erklärung, durch das vorliegende Dekret der Heiligen Ritenkongregation verkündet wird. An diesem Tag [8. Dezember 1870], welcher der Unbefleckten Jungfrau Muttergottes gegeben ist, der „keuschesten Braut Josefs".[145]

Unser geistlicher Vater

> In Anlehnung an das Evangelium haben schon die Kirchenväter der ersten Jahrhunderte hervorgehoben, dass der hl. Josef so, wie er für Maria liebevoll Sorge trug und sich voll Freude und Eifer der Erziehung Jesu Christi widmete, Seinen mystischen Leib, die Kirche, deren Gestalt und Vorbild die heilige Jungfrau ist, hütet und beschützt.[146]
>
> – Hl. Johannes Paul II.

Habt ihr jemals an den hl. Josef als Vater gedacht? Ist euch jemals in den Sinn gekommen, dass Jesus möchte, dass ihr den hl. Josef als euren liebenden geistlichen Vater habt? Die Kirche hat Maria immer als geistliche Mutter der Kirche verstanden, aber sie hat die geistliche Vaterschaft des hl. Josef in Bezug auf die Kirche nicht immer verstanden. Um das zu verstehen, müssen wir uns ansehen, wie die Kirche die Vaterschaft des hl. Josef Jesus gegenüber verstanden und diese gelehrt hat.

In den ersten Jahrhunderten des Christentums gab es Menschen in der Kirche, auch Kirchenväter, die sich nicht sicher waren, ob der hl. Josef wirklich der Vater Jesu genannt werden könne. Ungeachtet der Tatsache, dass die Heilige Schrift den hl. Josef eindeutig den Vater Jesu nennt (siehe Lk 2,33.48), waren viele frühe Christen der Meinung, dass der hl. Josef in keiner Weise als der Vater Jesu bezeichnet werden könne. Sie waren bei einem solchen Titel vorsichtig, weil sie nicht wollten, dass die Leute dachten, der hl. Josef sei der biologische Vater Jesu. Insbesondere wollten sie den Glauben an die Jungfräulichkeit Mariens in keiner Weise beeinträchtigen. Erst als der hl. Augustinus im vierten Jahrhundert predigte, wurde die Vaterschaft des hl. Josef von der Kirche klar erläutert. In einer seiner Predigten erklärt der hl. Augustinus, dass der hl. Josef, obwohl er nicht der leibliche Vater Jesu war, dennoch ein echter Vater Jesu ist, weil er eine Vaterschaft gegenüber Jesus ausübte, die maßgebend, liebevoll und treu war. Nachdem der hl. Augustinus die Frage der Vaterschaft des hl. Josef ausgeführt hatte, wurde sie nie wieder infrage gestellt. Und weil der hl. Josef wirklich der Vater des Hauptes des mystischen Leibes Christi ist, ist er notwendigerweise der Vater der übrigen Glieder des Leibes Christi. Das Verständnis des Patronats und der Vaterschaft des hl. Josef über die Kirche fand langsam Eingang in die Schriften der Heiligen und Mystiker.

Aus der Heiligen Schrift wissen wir, dass der hl. Josef als Vater über Jesus wachte und ihn beschützte. Aus der Tradition wissen wir, dass der hl. Josef den geistlichen Leib Christi, die Kirche, als geistlicher Vater der Kirche bewacht und beschützt. Aber was bedeutet das für euch persönlich? Nun, ihr seid ein Glied der Kirche. Will Jesus nicht, dass der hl. Josef mit der gleichen väterlichen Liebe, Autorität, Zuneigung und Treue über euch wacht, die er gegenüber Jesus ausgeübt hat? Die Antwort ist „Ja!"

Im 19. Jahrhundert befahl Jesus selbst der Dienerin Gottes, Schw. Marie-Marthe Chambon, ausdrücklich, den hl. Josef „Vater" zu nennen. Diese heilige Ordensschwester erhielt außergewöhnliche Gnaden von Jesus, Maria und dem hl. Josef und ist als „Apostelin der heiligen Wunden" bekannt. Jesus sagte Schw. Marie-Marthe Folgendes:

> Du sollst den hl. Josef deinen Vater nennen, denn ich habe ihm den Titel und die Güte eines Vaters verliehen.[147]

Durch die Taufe wurdet ihr Kinder Gottes und Mitglieder der Familie Gottes. Jesus ist euer Herr, Retter und Bruder. Der Sohn Gottes wurde aus einem ganz bestimmten Grund euer Bruder: Er möchte, dass ihr an Seiner kindlichen Beziehung zum Himmlischen Vater teilhabt. Dies ist eine grundlegende christliche Wahrheit. Es ist auch eine Wahrheit, die uns hilft, die geistliche Vaterschaft zu verstehen, die der hl. Josef euch gegenüber ausübt.

Hier folgt, was ich meine:

Wenn Jesus euer Bruder ist, werden Seine Eltern eure Eltern. Natürlich nicht physisch, sondern geistlich. Insbesondere wird die Mutter Jesu eure Mutter. Jesu Vater wird euer Vater. Wenn Maria eure Mutter und Jesus euer Bruder ist, muss der hl. Josef euer Vater sein. Jener Mann, der mit eurer Mutter verheiratet ist, ist euer Vater. Noch einmal, die kindliche Beziehung, die ihr zum hl. Josef habt, ist nicht biologisch; sie war auch für Jesus nicht biologisch. Dies bedeutet jedoch nicht, dass die Vaterschaft des hl. Josef nicht real ist. Die geistliche Vaterschaft des hl. Josef ist sehr real. Wäre geistliche Vaterschaft nicht real, wäre es bedeutungslos, den Himmlischen Vater *Jesu* als *euren* Himmlischen Vater zu bezeichnen.

Um die geistliche Vaterschaft des hl. Josef besser zu verstehen, wenden wir uns an den hl. Josemaría Escrivá, der eine freimütige Bemerkung macht:

> Die Bezeichnung Nährvater, die man gelegentlich für Josef braucht, hat etwas Unbefriedigendes, da man meinen könnte, die Beziehungen zwischen Josef und Jesus seien kühl und äußerlich gewesen. Freilich lehrt uns der Glaube, dass Josef dem Fleische nach nicht der Vater Jesu war, aber es gibt nicht nur diese Vaterschaft.[148]

Nun, es ist nichts Falsches daran, den hl. Josef den Nährvater Jesu zu nennen. Immerhin ist „Nährvater" einer der offiziellen Titel, die in der Litanei zum hl. Josef verwendet werden. Der hl. Josemaría wusste das und akzeptierte es. Trotzdem hat er völlig recht, dass die biologische Vaterschaft nicht die einzige Art der Vaterschaft ist.

Mit absoluter Sicherheit können wir behaupten, dass Jesus als Baby das erste Mal, als Er zum hl. Josef aufblickte und mit ihm sprach, nicht „Nährvater" ausrief! Nein, das göttliche Kind wird freudig (auf Aramäisch) „Vater!" oder sogar „Papa!" gerufen haben. Auch hier ist nichts falsch an dem Begriff Nährvater, aber es muss anerkannt werden, dass das Neue Testament den hl. Josef nie als „Nährvater" Jesu bezeichnet.

Hier ein konkretes Beispiel: Einmal hatten Maria und der hl. Josef das Jesuskind drei Tage lang verloren. Jesu Eltern suchten ihn ängstlich, und als sie Ihn endlich fanden, sagte Seine Mutter zu Ihm: „Siehe, dein Vater und ich haben dich mit Schmerzen gesucht" (Lk 2,48). Maria sagte nicht zu Jesus: „Dein Nährvater und ich haben dich gesucht." Die Vaterschaft des hl. Josef war mehr als eine gesetzliche Vormundschaft. Seine väterliche Beziehung zu Jesus war persönlich, maßvoll, liebevoll, moralisch und herzlich. Dies ist die Art von Vaterschaft, die der hl. Josef auch euch gegenüber haben möchte.

Der hl. Josef ist der beste Vater. Seine geistliche Vaterschaft war von Ewigkeit her geplant.

> Es gibt nur eine Vaterschaft, jene von Gott dem Vater, dem einen Schöpfer der Welt, von allem, was sichtbar und unsichtbar ist. Dem Menschen, der nach dem Bilde Gottes geschaffen wurde, wurde jedoch ein Anteil an der einen Vaterschaft Gottes gewährt (vgl. Eph 3,15). Der hl. Josef ist ein bemerkenswerter Fall, da er ein Vater ist, der keine Vaterschaft dem Fleisch nach hat. Er ist nicht der leibliche Vater Jesu, dessen Vater allein Gott ist, und dennoch lebt er seine Vaterschaft voll und ganz. Vater sein heißt vor allem, im Dienst des Lebens und des Wachstums zu stehen. In diesem Sinne gab der hl. Josef den Beweis großer Hingabe.[149]
>
> – Papst Benedikt XVI.

Vielleicht, fragt ihr euch: „Warum brauchte Jesus überhaupt die Vaterschaft des hl. Josef, da Gott der Vater Jesu ist?" Das ist eine gute Frage. Im Wesentlichen brauchte Jesus den hl. Josef als Vater, weil die menschliche Natur Jesu dies erforderte. Als der Sohn Gottes Mensch wurde, stellte Er sich den anthropologischen (menschlichen) Anforderungen, einen menschlichen Vater zu brauchen, der Ihn liebt, ernährt, erzieht, eine Wohnung bietet, kleidet und beschützt. Jesus, das menschgewordene Wort, ist kein reines Geistwesen. Er ist der Gottmensch. Er hat eine göttliche und eine menschliche Natur.

In Seiner menschlichen Natur hatte Jesus physische, emotionale und psychische Bedürfnisse. Gott, der Vater, hat keinen Leib, keine Gefühle oder Leidenschaften, weil Er nie wie Sein Sohn Mensch wurde. Der Himmlische Vater kann Seinen menschgewordenen Sohn nicht leiblich berühren, mit Ihm gehen oder Ihn umarmen. Deshalb vertraute Gott, der Vater, Seinen Sohn der wachsamen, liebevollen Fürsorge eines menschlichen Vaters an. Der hl. Josef steht an der Stelle des Himmlischen Vaters. Ihm wurde anvertraut, sich um die menschliche Natur, das Wachstum und die Entwicklung Jesu zu kümmern. Durch die Vaterschaft des hl. Josef wuchs Jesus zur Fülle Seiner Männlichkeit.

> Jesus wuchs heran und nahm zu „an Weisheit, Alter und Gnade" (vgl. Lk 2, 52), im Kreis der Heiligen Familie unter den Augen Josefs, der die hohe Aufgabe hatte, Jesus „aufzuziehen", das heißt Ihn zu ernähren, zu kleiden und im Gesetz und in einem Handwerk zu unterweisen, wie es den Pflichten, die dem Vater aufgetragen sind, entspricht.[150]
>
> – Hl. Johannes Paul II.

Die göttliche Natur Jesu brauchte nichts vom hl. Josef, aber die menschliche Natur Jesu erforderte die Vaterschaft des hl. Josef. Als der Sohn Gottes sich selbst erniedrigte und die menschliche Natur annahm, unterstellte Er sich den Gesetzen des menschlichen Wachstums und der menschlichen Entwicklung. Um zur Fülle Seines Mannesalters heranzuwachsen, brauchte Jesus eine Mutter, einen Vater und Zeit. Alle Kinder benötigen dies.

Der ehrw. Fulton Sheen bietet eine interessante Statistik zu diesem Thema. Er erklärt:

> Lasst diejenigen, die glauben, dass die Kirche Maria zu viel Aufmerksamkeit schenkt, die Tatsache beachten, dass unser Herr ihr selbst zehnmal so viel Seines Lebens gewidmet hat, wie Er Seinen Aposteln gegeben hat.[151]

Mit anderen Worten, die Apostel verbrachten drei Jahre mit Jesus, aber Maria verbrachte mehr als 30 Jahre mit Ihm! Warum ist das wichtig? Es ist wichtig, weil die menschliche Natur Jesu bestimmte Dinge von der mütterlichen Liebe und dem Beispiel Seiner Mutter lernen musste. Unser Erlöser ist kein Roboter oder Engel. In Seiner menschlichen Natur brauchte Er eine Mutter, die Ihn über das menschliche Leben unterrichtete. Aber Seine Mutter war nicht die Einzige, die Ihn unterrichtete. So wichtig, wie eine Mutter für die menschliche Entwicklung eines Kindes auch ist, sie kann einem Kind, besonders einem Jungen, nur beibringen, was eine Mutter kann. Jesus ist ein Junge. Als Junge brauchte Er einen Vater, der Ihm beibrachte, was es heißt, ein Mann zu werden. Jesus brauchte die Vaterschaft des hl. Josef als Vorbild der Männlichkeit, die Er nachahmen konnte. Nur ein Vater kann dies für seinen Sohn tun. Wie hat Jesus gelernt, als Mann opferbereit zu sein? Er war Zeuge des täglichen Beispiels Seines Vaters. Wo hat Jesus gelernt, wie ein Mann zu arbeiten? Er lernte es in der Tischlerei Seines Vaters. Wie hat Jesus gelernt, zu beten und das Benehmen eines Gentlemans anzunehmen? Jesus lernte all diese Dinge von Seinem Vater, dem hl. Josef.

Nach dem göttlichen Plan war ein irdischer, menschlicher Vater im Leben Jesu absolut notwendig. Ihr kennt das Sprichwort „Wie der Vater, so der Sohn“. Nun, es ist wahr. In Seiner Predigt sprach Jesus selbst von der beispielhaften Kraft eines guten Vaters. Im Johannesevangelium sagt Jesus: „Amen, amen, ich sage euch: Der Sohn kann nichts von sich aus tun, sondern nur, wenn er den Vater etwas tun sieht. Was nämlich der Vater tut, das tut in gleicher Weise der Sohn“ (Joh 5,19). Unser Herr sprach diese Worte in Bezug auf Seinen Himmlischen Vater, aber sie betreffen auch jene Aspekte der menschlichen Natur Jesu, die durch das Beispiel des hl. Josef geprägt wurden.

> Josef hat seine väterliche Aufgabe völlig erfüllt, in jeder Hinsicht. Sicher hat er Jesus zum Gebet erzogen, gemeinsam mit Maria. Insbesondere wird er Ihn mit in die Synagoge genommen haben, zum Sabbatgottesdienst, sowie nach Jerusalem, zu den großen Festen des Volkes Israel. Gemäß der jüdischen Tradition wird Josef das häusliche Gebet geleitet haben, sowohl im Alltag – am Morgen, am Abend, bei den Mahlzeiten – als auch an den wichtigsten religiösen Festen. So hat Jesus im Rhythmus der Tage, die Er in Nazaret zwischen dem bescheidenen Haus und Josefs Werkstatt verbracht hat, gelernt, Gebet und Arbeit abzuwechseln und auch die Mühen, um der Familie das nötige Brot zu verdienen, Gott als Opfer darzubringen.[152]
>
> – Papst Benedikt XVI.

Jesus verbrachte Jahrzehnte damit, die Tugenden eines Mannes von Seinem Vater zu lernen. Jesus wollte wie Sein Vater, der hl. Josef, sein. Jesus schätzte Seinen irdischen Vater so sehr, dass Er möchte, dass auch ihr Kinder des hl. Josef seid. Jesus möchte, dass ihr dem hl. Josef ähnelt.

Aber warum brauchen wir die Vaterschaft des hl. Josef, wenn wir bereits einen leiblichen Vater haben, der unsere Natur teilt und sich um uns kümmern soll? Gestattet mir, zu antworten, indem ich euch einige weitere Fragen stelle:

- Ist euer leiblicher Vater der Bräutigam der Muttergottes und der Vater Jesu Christi?
- Hat euer leiblicher Vater den höchsten Grad in jeder Tugend?
- Ist euer leiblicher Vater das Haupt der Heiligen Familie, der Schutzpatron der Kirche und der Schrecken der bösen Geister?

Jesus möchte, dass ihr die geistliche Vaterschaft des hl. Josef habt, denn es gibt keinen Mann, der in der Lage ist, euch wahre Vaterschaft vorzuleben, nur den hl. Josef. Seine liebevolle geistliche Vaterschaft hat die Kraft, euch den Herzen Jesu und Mariens sehr nahezubringen, eure Tugenden zu vermehren, euch vor Satan zu schützen und euch zu helfen, den Himmel zu erreichen.

Nachdem ich dies festgestellt habe, muss ich auch klarstellen, dass die geistliche Vaterschaft des hl. Josef nicht die Vaterschaft eures leiblichen Vaters ersetzen soll, so wie die geistliche Mutterschaft Mariens nicht die Stelle eurer leiblichen Mutter einnehmen soll. Die geistliche Abstammung von Josef und Maria soll das Zeugnis und die Liebe eurer irdischen Eltern ergänzen und euch helfen, im geistlichen Leben zu wachsen, insbesondere in Tugend und Heiligkeit.

Hoffentlich haben eure leiblichen Eltern ihr Bestes getan, um euch zu lieben, zu erziehen, zu ernähren, zu beschützen, zu kleiden, zu behüten und euch zu korrigieren. Wenn eure Eltern tugendhaft und heilig waren, solltet ihr euch als äußerst gesegnet betrachten. Leider haben heute viele Menschen diese Erfahrung nicht gemacht. Wir leben in einer gefallenen Welt und die Mehrheit der Menschen hat die Fehler und Unvollkommenheiten ihrer Eltern gesehen und erlebt. Mit dem hl. Josef und Maria als euren geistlichen Eltern seid ihr jedoch mit vollkommenen Eltern und Vorbildern gesegnet.

> Wir sind zweifellos Kinder Mariens und dies ist unsere Herrlichkeit und unser Trost. Wir sind aber auch Adoptivkinder des hl. Josef und dies ist kein geringer Grund für das Vertrauen, das wir in ihn haben.[153]
>
> – Sel. Guillaume-Joseph Chaminade

Jesus möchte, dass wir den hl. Josef als unseren geistlichen Vater annehmen. Dies gilt unabhängig davon, ob wir einen heiligen oder einen sündigen leiblichen Vater hatten. Der hl. Josef ist der größte, liebevollste und heiligste aller Väter. Er ist der Vater aller Christen und das vollkommene Vorbild ewiger Liebe.

> Er [der hl. Josef] ist der Vater aller Christen, da er der Verwalter des Samens der Gnade ist, der Christen zeugt. Wenn der hl. Josef unser Vater ist, lasst uns seine Handlungen nachahmen.[154]
>
> – Sel. Guillaume-Joseph Chaminade

Wenn die geistliche Vaterschaft des hl. Josef so wichtig ist, warum hat uns Jesus nicht vor 2000 Jahren auf die geistliche Vaterschaft des hl. Josef aufmerksam gemacht? Die einfache Antwort ist, weil es zu Verwirrung geführt hätte. Wenn Jesus mit Seinen Jüngern vom Vater sprach, wäre es für sie sehr verwirrend gewesen, wenn Er auch über die geistliche Vaterschaft des hl. Josef gesprochen hätte. Dies ist höchstwahrscheinlich der Grund, warum Jesus Seinen öffentlichen Dienst erst nach dem Tod des hl. Josef begann. Jesus möchte, dass Seine Jünger etwas über die Tugenden, Wunder und die geistliche Vaterschaft des hl. Josef erfahren, aber um Seiner Sendung willen musste Er die Offenbarung dieses Geheimnisses dem Heiligen Geist und der Kirche überlassen.

Dass Jesus nicht mit Seinen Jüngern über den hl. Josef sprach, sollte uns in keiner Weise zeigen, dass Jesus wenig an Seinen Vater dachte. Im Gegenteil, das Schweigen Jesu in Bezug auf den hl. Josef offenbart die außergewöhnliche Heiligkeit des hl. Josef. Jesus verstand den hl. Josef so gut, dass Er wusste, dass Sein Vater mehr als bereit sein würde, beiseitezutreten, damit Jesus dem Willen des Himmlischen Vaters Vorrang einräumen konnte. Aus Liebe zu Jesus war der hl. Josef mehr als bereit, von der Bildfläche zu verschwinden und als bedeutungslos zu erscheinen. Der hl. Josef wünscht sich nur eines: dass Jesus die Sendung erfüllt, zu der Er von Seinem Himmlischen Vater gesandt wurde. Für den hl. Josef ist es egal, ob er im Mittelpunkt steht. Jesus liebt dies am hl. Josef. Die Demut des hl. Josef ist ein Zeugnis seiner Größe!

Heute ist jedoch die Zeit gekommen, in der der Heilige Geist zum Wohle der Menschheit den Nationen die Tugenden, Wunder und die geistliche Vaterschaft des hl. Josef vollständig offenbaren möchte. Dieses große Geheimnis ist einer Zeit vorbehalten, in der die Kirche und die Welt es am dringendsten brauchen.

Jetzt ist die Zeit des hl. Josef!

In unseren Tagen möchte Jesus, dass die Kirche die geistliche Vaterschaft des hl. Josef kennt, liebt, ehrt und Zuflucht zu ihr sucht. Es gab noch nie in der Geschichte eine Zeit, in der Gottes Volk den hl. Josef mehr brauchte. Warum? Einfach ausgedrückt, die Mehrheit der Männer weiß oder versteht nicht mehr, was es bedeutet, ein Gentleman zu sein, geschweige denn, was es bedeutet, ein guter Vater zu sein. Kinder sind mit schlechten Beispielen der Vaterschaft aufgewachsen, wenn sie überhaupt mit einem Vater aufgewachsen sind. Empfängnisverhütung, Pornografie, Abtreibung, Verwirrung der Geschlechter, moralische Verkommenheit, leere Kirchen, moralisch korrupte Geistliche und kulturelles Chaos sind nur einige der Früchte einer Gesellschaft, der es an echten Männern und Vätern mangelt. Jesus möchte unsere Aufmerksamkeit auf die geistliche Vaterschaft des hl. Josef lenken, um diese Fehler zu korrigieren und wieder Ordnung in Kirche und Welt zu bringen.

Was können wir dann von der geistlichen Vaterschaft des hl. Josef erwarten? Was wird er für uns tun? Der hl. Josef liebt uns und so wird er freudig genau das tun, was ein leiblicher Vater für seine Kinder tut, nur auf geistlicher Ebene. Er wird uns geistlich nähren, beherbergen, kleiden, erziehen, behüten und zurechtweisen. Dies ist seine Rolle als Vater. Mit Ausnahme der Zurechtweisung hat der hl. Josef all diese Dinge für Jesus, unseren Bruder, getan. Natürlich hat der hl. Josef auch viele Jahre lang für alle leiblichen Bedürfnisse Jesu gesorgt.

> Wenn der hl. Josef mit Leib und Seele so engagiert war, diese kleine Familie in Nazaret zu beschützen und zu versorgen, glaubst du nicht, dass er jetzt im Himmel derselbe liebende Vater und Beschützer der ganzen Kirche ist, aller ihrer Glieder, wie er es als Haupt auf Erden war?[155]
>
> – Ehrw. D. G. Papst Pius XII.

> Aus der gleichen Tatsache, dass die heiligste Jungfrau die Mutter Jesu Christi ist, ist sie die Mutter aller Christen, die sie auf dem Kalvarienberg für die Erlösung in ihren höchsten Geburtswehen geboren hat: Jesus Christus ist in gewisser Weise der Erstgeborene der Christen, die durch Adoption und Erlösung Seine Brüder sind. Und aus denselben Gründen betrachtet der heilige Patriarch [hl. Josef] die Vielzahl der Christen, aus denen die Kirche besteht, als seiner Sorge anvertraut.[156]
>
> – Papst Leo XIII.

Als bester und liebevollster Vater steht der hl. Josef bereit, euch in der Sicherheit der Sakramente und der Lehren der katholischen Kirche zu beherbergen, euch mit Tugend zu bekleiden, euch im inneren Leben zu erziehen, euch unter seinem väterlichen Schutzmantel zu beschützen und euch zurechtzuweisen, wenn ihr in die Irre geht.

> Wenn jemand keinen Meister finden kann, der ihn das Beten lehrt, so soll er den herrlichen Heiligen [Josef] als seinen Meister nehmen und er wird nicht in die Irre gehen.[157]
>
> – Hl. Teresa von Ávila

Sich unter den väterlichen Schutzmantel des hl. Josef zu stellen, ist ein großer Segen im geistlichen Leben. In der Tradition der Karmeliten ist der Schutzmantel des hl. Josef ein sehr wichtiges Thema in künstlerischen Darstellungen des hl. Josef. Sein Schutzmantel ist ein Symbol für Sicherheit und väterlichen Schutz. Ähnlich wie Maria ihre Kinder unter ihrem Mantel birgt, schützt der hl. Josef seine Kinder liebevoll unter seinem väterlichen Schutzmantel. In der katholischen Andacht beten diejenigen, die den hl. Josef lieben, manchmal die Novene zum „Heiligen Schutzmantel“ (s. S. 351 oder [https://www.youtube.com/watch?v=PivbpgoYX-4]). Novenen dauern normalerweise 9 Tage, aber die Schutzmantelandacht besteht aus 30 Tagen Gebet zu Ehren der 30 Jahre, in denen der hl. Josef mit Jesus gelebt hat. Die Schutzmantelandacht gilt als eine der wirksamsten Novenen in der Schatzkammer der Kirche.

Stellt euch unter den väterlichen Schutzmantel des hl. Josef. Öffnet eure Herzen für die geistliche Vaterschaft des hl. Josef und erfahrt die Liebe des besten Vaters.

> Es ist natürlich und würdig, dass der sel. Josef, der sich um alle Bedürfnisse der Familie von Nazaret kümmerte und sie mit seinem Schutz umhüllte, jetzt die Kirche Jesu Christi mit dem Mantel seines himmlischen Patronats bedeckt und sie verteidigt.[158]
>
> – Papst Leo XIII.

> Ruhmreicher hl. Josef, Bräutigam der Jungfrau Maria, wir bitten dich durch das Herz Jesu Christi, gewähre uns deinen väterlichen Schutz.[159]
>
> – Hl. Franz von Sales

Ite ad Ioseph!

> Wenn du Christus nahe sein möchtest, wiederholen Wir heute noch einmal: „Geh zu Josef."[160]
>
> – Ehrw. D. G. Papst Pius XII.

Was ist die engste mögliche Verbindung, die ihr in diesem Leben mit Jesus haben könnt? Die Antwort ist einfach: Jesus in der hl. Kommunion zu empfangen. Es gibt keine größere Vertrautheit mit Jesus in diesem Leben, als wenn wir die hl. Eucharistie in der hl. Messe empfangen. Das Allerheiligste Sakrament ist der Leib, das Blut, die Seele und die Gottheit Jesu Christi.

Wusstet ihr, dass ihr ohne die irdische Vaterschaft des hl. Josef, das Brot des Lebens, Jesus, nicht empfangen könntet? Der hl. Josef erhielt die Aufgabe, das Heilige Brot für uns zu ernähren und zu schützen.

Lasst mich das erklären.

Ihr kennt wahrscheinlich die Geschichte im Buch Genesis über die Söhne Israels, die einen ihrer Brüder in die Sklaverei verkauft haben. Der Bruder, der in die Sklaverei verkauft wurde, hieß Josef. Josef wurde schließlich von seinen Besitzern nach Ägypten gebracht, weit weg von all seinen anderen Verwandten. Was die Söhne Jakobs ihrem Bruder angetan hatten, war schrecklich und beschämend. Aber Gott hatte einen Plan.

Unglaublicherweise nahm der Pharao, der König von Ägypten, Josef nach einigen Jahren in seine eigene Familie auf, sodass Josef als Sohn des Königs von Ägypten angesehen wurde. Josef erhielt große Autorität; der Pharao setzte ihn als Verwalter aller Getreidespeicher Ägyptens ein. Zu dieser Zeit galt Ägypten als Brotkorb der Welt und Josef hatte unglaubliche Arbeit geleistet, um einen Vorrat an Getreide anzulegen.

> So speicherte Josef Getreide in sehr großer Menge auf, wie Sand am Meer, bis man aufhören musste, es zu messen, weil man es nicht mehr messen konnte.
>
> – Genesis 41,49

Obwohl Josefs Brüder ihn in die Sklaverei verkauft hatten, hatte Gott wunderbare Pläne mit Josef. Nachdem Josef eine unermessliche Menge Getreide aufgespeichert hatte, brach in Ägypten und den umliegenden Gebieten eine schwere Hungersnot aus. Aufgrund der Nahrungsmittelknappheit wies der Pharao alle in Ägypten an: „Geht zu Josef! Tut, was er euch sagt!" (Gen 41,55). Die Hungersnot wurde so groß, dass Josefs eigene Brüder, die ihn in die Sklaverei verkauft hatten, auf der Suche nach Nahrung nach Ägypten reisten.

Als die Brüder den für die Getreidespeicher in Ägypten verantwortlichen Mann trafen, war so viel Zeit vergangen, dass sie nicht merkten, dass sie vor ihrem eigenen Bruder standen. Er war vor Jahren in die Sklaverei verkauft worden. Wie alle anderen betrachteten auch sie Josef als Mitglied des ägyptischen Königshauses und sprachen ihn daher als ihren Herrn an. Josef jedoch erkannte sie.

Um es kurz zu machen, Josef verbarg seine Identität, war aber voller Freundlichkeit und Barmherzigkeit gegenüber seinen Brüdern.

Er versorgte sie mit Getreide und füllte ihre Säcke, damit sie ihrem Vater Israel das Notwendige zum Überleben zurückbringen konnten. Schließlich offenbarte Josef ihnen seine Identität und gewährte seinen Brüdern Vergebung. Dank des Josef und seiner Rolle als Hüter des Getreides konnten unzählige Leben vor Hunger und Tod gerettet werden.

Die im Alten Testament erzählte Geschichte ist wahr und ein Vorausbild eines viel größeren Josef, der seinen Sohn, das Brot vom Himmel, in Ägypten in Sicherheit bringen würde. Der hl. Josef schützte die himmlische Nahrung, die die ganze Welt retten kann!

Der hl. Josef, unser geistlicher Vater, ist viel größer als der Josef des Alten Testaments. Unser Josef war der Beschützer des Brotes vom Himmel! Sein Wunsch im Himmel ist es, dass alle seine Kinder das Brot des Ewigen Lebens empfangen!

> Der frühere Josef [aus dem Alten Testament] war heilig, gerecht, fromm, keusch; aber dieser Josef übertrifft ihn bei Weitem an Heiligkeit und Vollkommenheit, wie die Sonne den Mond überstrahlt.[161]
>
> – Hl. Laurentius von Brindisi

Gott sandte den hl. Josef nach Ägypten, damit er aus Ägypten heraus das Brot des Lebens zu den Völkern bringen konnte. Der hl. Josef rettete unser Brot vor Herodes. Er beschützte und bewahrte es in Ägypten; und er wünscht sich jetzt, dass wir das Brot des Lebens bei der hl. Messe empfangen. Im Gegensatz zum Josef des Alten Testaments ist das himmlische Brot des hl. Josef „zahlreicher als der Sand am Meer". Dieses himmlische Brot kann alle Menschen ernähren und jede Seele sättigen.

> Der Pharao, der mächtige König von Ägypten, erhöhte Josef und machte ihn zum höchsten Fürsten in seinem Königreich, weil er sich darauf verstand, Getreide aufzuspeichern und das Volk seines gesam-

ten Königreichs rettete. So rettete und beschützte Josef Christus, der das lebendige Brot ist und der Welt ewiges Leben gibt.[162]

– Hl. Laurentius von Brindisi

Er [der hl. Josef] zog Ihn mit größter Sorgfalt auf, den die Gläubigen als das vom Himmel herabgekommene Brot empfangen sollten, um ewiges Leben zu erlangen.[163]

– Sel. Papst Pius IX.

Wenn du dir ein Bild von der Größe des hl. Josef machen willst, denke daran, dass er durch ein göttliches Privileg den Titel „Vater Jesu" verdient hat. Denke auch daran, dass sein eigener Name, „Josef", vermehren bedeutet. Behalte im Sinn, dass der große Patriarch Josef von seinen Brüdern nach Ägypten verkauft wurde, erkenne, dass unser Heiliger nicht nur seinen Namen, sondern noch mehr seine Macht, seine Unschuld und seine Heiligkeit geerbt hat. Wie der Patriarch Josef den Weizen nicht für sich selbst, sondern für das Volk in Zeiten der Hungersnot aufbewahrte, so hat Josef den himmlischen Auftrag erhalten, das lebendige Brot nicht nur für sich selbst, sondern für die ganze Welt zu bewahren.[164]

– Hl. Bernhard von Clairvaux

Ohne Josef hätten wir nicht das lebendige Brot der Eucharistie. Maria „knetete den Teig" in ihrem hl. Leib; der hl. Josef hat das Brot in Ägypten liebevoll aufbewahrt. Er bewacht und bewahrt weiterhin das Brot des Lebens, das in jedem Tabernakel auf der Welt aufbewahrt wird. Der hl. Josef ermöglicht es all seinen Kindern, das Brot des Ewigen Lebens zu empfangen.

[Der hl.] Josef ist immer noch beauftragt, das lebendige Brot zu hüten![165]

– Ehrw. D. G. Fulton J. Sheen

Heute gibt es eine weltweite geistliche und moralische Hungersnot auf der Erde. Seelen sterben aufgrund mangelnder geistlicher Nahrung. Herzen sind gebrochen; Ehen sind ruiniert; Leben werden zerstört; Kinder werden im Mutterleib ermordet; und die Wahrheit und ein gesunder Menschenverstand sind Mangelware. Die geistliche und moralische Hungersnot in der Welt verwüstet alle Nationen, indem sie Müll auf die Menschheit legt. Es gibt kein einziges Land mehr, das davon nicht betroffen ist. Was sollen wir tun? Zu wem können wir gehen, um Nahrung für unsere Seelen zu finden?

> Geht zu Josef! Tut, was er euch sagt!
>
> – Gen 41,55

WUNDER 3

Junger Bräutigam Marias

Ich stelle ihn [den hl. Josef] mir so vor: jung und stark, vielleicht etwas älter als Unsere Liebe Frau, aber doch im besten Mannesalter und voller Lebenskraft.[166]

– Hl. Josémaría Escrivá

Alte Männer gehen nicht nach Ägypten!

Wir fragen uns, warum das Evangelium den hl. Josef so wenig erwähnt. Aber ist nicht schon alles gesagt, wenn es uns lehrt, dass er der Bräutigam Mariens war?[167]

– Sel. Guillaume-Joseph Chaminade

1981 gründete Mutter Angelika das Eternal Word Television Network (EWTN). Ihr segensreiches Netzwerk ist ein äußerst erfolgreiches und fruchtbares katholisches Medienapostolat. Mutter Angelikas gesunder Menschenverstand, ihre einfache Weisheit und unerschütterliche Rechtgläubigkeit haben die Herzen und Gedanken von Millionen von Menschen auf der ganzen Welt unterwiesen. Mutter Angelika starb 2016, aber EWTN führt weiterhin viele Menschen zu Jesus Christus und zur katholischen Kirche.

Mutter Angelika liebte den hl. Josef. Einmal stellte ihr ein Anrufer während einer Livesendung eine Frage zum hl. Josef. Die Frage lautete ungefähr so: „Mutter Angelika, was denken Sie, war der hl. Josef alt oder jung?" Mutter Angelika antwortete mit ihrer witzigen Art: „Nun, mein Lieber, das ist eine gute Frage. Es gibt keine offizielle Lehre der Kirche darüber, ob der hl. Josef alt oder jung war, aber ich bevorzuge einen jungen Josef. Alles, was ich weiß, mein Liebling, ist, dass alte Männer nicht nach Ägypten gehen!"

Mutter Angelikas direkte Antwort ist sehr sinnvoll. Ein älterer Mann würde nicht nur nicht nach Ägypten gehen können, sondern ein alter Mann würde auch nicht von Nazaret nach Betlehem gehen können; Betlehem ist 80 Meilen [ca. 129 Kilometer, Anm. d. Übers.] von Nazaret entfernt und die Reise hätte ihn durch unwegsames Wüstengelände geführt.

Der hl. Josef musste viel laufen, um die Heilige Familie zu unterstützen. Nachdem der hl. Josef 80 Meilen von Nazaret nach Betlehem gelaufen war, wurde er von einem Engel angewiesen, das Kind und Seine Mutter nach Ägypten zu bringen. Dies erforderte, dass der hl. Josef seine Familie auf eine weitere sehr lange Reise mitnahm. Die Entfernung von Betlehem bis zur Grenze von Ägypten beträgt 40 Meilen [64,37 Kilometer, Anm. d. Übers.]. Kein Historiker glaubt, dass die Heilige Familie an der Grenze lebte. Vielmehr gingen sie viel weiter ins Landesinnere Ägyptens, wo sie die Möglichkeit einer Arbeit, Nahrung und den Anschein von Zivilisation vorfanden. Wir wissen nicht genau, wo sich Jesus, Maria und Josef in Ägypten niedergelassen haben, aber sie mussten weiter als bis zur Grenze gegangen sein.

Seid ihr schon einmal im Heiligen Land oder in Nordafrika gewesen? Dann wisst ihr vermutlich, dass das Gelände uneben, die Hitze intensiv und die Gefahren vielfältig sind. Nach Ägypten zu gehen, jahrelang dort zu sein, ohne jemanden zu kennen und zu versuchen, seinen Lebensunterhalt zu verdienen, ist nichts, was man mit einem alten Mann verbindet.

Und dann, nach vielen Jahren in Ägypten, erfuhr der hl. Josef durch den Engel, dass Herodes tot ist. Er musste nun wieder alles zusammenpacken und seine Familie von Ägypten zurück nach Nazaret bringen. Das sind mehr als hundertzwanzig Meilen! Die Entfernung von New York City nach Philadelphia beträgt 92 Meilen [ca. 148 Kilometer, Anm. d. Übers.]. Fügt weitere 30 Meilen [ca. 48 Kilometer, Anm. d. Übers] hinzu und das ist es, was der hl. Josef zu bewältigen hatte. Es gab keine Jersey Schnellstraße mit glatten Straßen und gemütlichen Rastplätzen auf dem Weg. Es ging bergauf und bergab und um Hügel herum.

Das endlose Gehen hörte auch nicht auf, als die Heilige Familie Nazaret erreichte. Als treue Juden mussten die Männer des Haushalts dreimal im Jahr nach Jerusalem reisen, um das Gesetz des Herrn zu erfüllen. „Dreimal im Jahr sollen alle deine Männer vor dem Antlitz des Herrn erscheinen, vor dem HERRN, Israels Gott" (Ex 34,23). Denken wir daran: Das sind 80 Meilen in eine Richtung. Das ist viel zu Fuß! Der hl. Josef konnte kein alter Mann sein, als er sich mit Maria vermählte. Ein alter Mann geht nicht nach Ägypten. Er läuft auch nicht dreimal im Jahr von Nazaret nach Jerusalem.

> Guter Vater [hl. Josef], ich danke dir, dass du meine Mutter Maria bewacht hast, als du auf Erden warst.[168]
>
> – Ehrw. D. G. Schw. Maria Martha Chambon

Junger Bräutigam Marias

> Den heiligen Josef, wie es üblich ist, als greisen Mann darzustellen – mag man damit auch in bester Absicht die immerwährende Jungfräulichkeit Mariens hervorheben wollen –, finde ich unglücklich. Ich stelle ihn mir so vor: jung und stark, vielleicht etwas älter als Unsere Liebe Frau, aber doch im besten Mannesalter und voller Lebenskraft.[169]
>
> – Hl. Josémaría Escrivá

Habt ihr jemals eine solche Aussage eines Heiligen über das Lebensalter des hl. Josef gelesen? Der hl. Josémaría hat gute Gründe zu behaupten, dass der hl. Josef ein junger Mann war, als er die Muttergottes heiratete. Josémaría ist nicht der Einzige, der so denkt.

Die katholische Kirche kennt keine formelle, offizielle Lehre über das Lebensalter des hl. Josef. Es steht euch frei zu glauben, dass der hl. Josef ein alter Mann war, als er Maria heiratete, wenn ihr so wollt. Ihr könnt auch glauben, dass er ein junger Mann war. Persönlich fällt es mir sehr schwer zu glauben, dass der hl. Josef ein alter Mann war. Die körperlichen Anforderungen seiner Sendung machen die Wahrscheinlichkeit, dass er ein alter Mann war, praktisch gleich null.

Wenn ihr die Titel betrachtet, die die Kirche dem hl. Josef in seiner Litanei gibt (sorgsamer Verteidiger Christi; keuscher Beschützer der Jungfrau; Beschützer der Jungfrauen; Vorbild der Arbeiter; Schrecken der bösen Geister usw.), gehen sie alle in die Richtung, den hl. Josef als jung und stark anzusehen. Diese Titel sind keine Beschreibungen eines alten Mannes. Kann ein alter Mann Jungfrauen beschützen? Kann ein alter Mann Arbeitern als Vorbild dienen? Es braucht Kraft, ein Beschützer zu sein; es braucht Gesundheit, um ein Arbeiter zu sein. Kann ein alter Mann diese Dinge tun? Wie Mutter Angelika sagte: „Alte Männer gehen nicht nach Ägypten!“ Alte Männer dienen auch nicht als Beschützer, deren Aufgabe Mobilität und Kraft erfordert. Nichts davon trifft auf alte Männer zu. Die Welt ist erfüllt von unzähligen heiligen, alten Männern, die tugendhaft, weise und heiligmäßig sind. Alte Männer sind jedoch nicht für ihre körperliche Fähigkeit bekannt, die Dinge zu tun, die der hl. Josef für die Heilige Familie tun musste.

Warum hat dann die überwiegende Mehrheit in der Kunst im Laufe der Jahrhunderte den hl. Josef als alten Mann dargestellt? Die beste Antwort auf diese Frage liefert der ehrw. D. G. Fulton J. Sheen. Er schreibt:

> War er [der hl. Josef] alt oder jung? Die meisten Statuen und Bilder, die man von ihm heute sieht, stellen ihn als alten Mann mit grauem Bart dar, der Maria und ihr Gelübde unter seinen Schutz nahm, mit demselben Abstand, mit dem ein Arzt ein kleines Mädchen im Säuglingssaal aufnehmen würde. Wir haben natürlich keinerlei historische Bewei-

se für das Alter Josefs. Einige apokryphe Berichte stellen ihn als alten Mann dar; vom 4. Jahrhundert an folgten die Kirchenväter ziemlich streng dieser Legende ...

Wenn man jedoch nach den Gründen sucht, warum die christliche Kunst Josef als gealtert hätte darstellen sollen, stellen wir fest, dass dies besser war, um die Jungfräulichkeit Mariens zu schützen. Irgendwie hatte sich die Annahme eingeschlichen, dass Senilität ein besserer Beschützer der Jungfräulichkeit war als die Jugend. So machte die Kunst Josef unbewusst zu einem keuschen und reinen Bräutigam, der eher durch sein Alter als durch seine Tugend rein war. Aber das ist so, als würde man annehmen, dass der beste Weg zu zeigen, dass ein Mann niemals stehlen würde, darin besteht, sich ihn ohne Hände vorzustellen ...

Aber noch mehr als das: Josef als alt darzustellen, erzeugt in uns das Bild eines Mannes, der nur noch wenig Lebensenergie hat. Er aber war ein Mann, der sich um Gottes Willen und Seine heiligen Zwecke zurückhielt. Josef nur deshalb rein erscheinen zu lassen, weil er vom Fleisch her alt war, ist, wie wenn man einen Gebirgsfluss bestaunt, welcher vollkommen ausgetrocknet ist. Die Kirche wird keinen Mann zum Priestertum weihen, der nicht über Lebenskraft verfügt. Die Kirche möchte Männer, die sich zähmen müssen und nicht die lahmen, welche keine Energie haben, stürmisch zu sein. Bei Gott soll es nicht anders sein.

Darüber hinaus ist es angemessen zu glauben, dass unser Herr für einen Nährvater jemanden bevorzugte, der ein Opfer gebracht hat, anstatt jemanden, der dazu gezwungen wurde. Hinzu kommt die historische Tatsache, dass die Juden eine unverhältnismäßige Ehe zwischen dem, was Shakespeare „Saures Alter, frohe Jugend“ nannte, missbilligten. Der Talmud erlaubt eine unverhältnismäßige Ehe nur für Witwen oder Witwer. Schließlich erscheint es kaum möglich, dass Gott eine junge Mutter, wahrscheinlich etwa 16 oder 17 Jahre alt, an einen alten Mann verheiratet hätte. Wenn Er es nicht verschmähte, Seine Mutter dem jungen Johannes am Fuße des Kreuzes zu geben, warum hätte Er ihr dann einen alten Mann an der Krippe geben sollen? Die Liebe einer Frau bestimmt immer die Art und Weise, wie ein Mann liebt: Sie ist die stille Erzieherin seiner männlichen Kräfte.

Da Maria ein sogenannter „virginizer", „Vermehrer der Jungfräulichkeit" [für das englische Wort „virginizer" gibt es keine Übersetzung ins Deutsche, deshalb habe ich diesen Ausdruck, bezogen auch auf den hl. Josef gewählt.] für junge Männer und Frauen ist, stellt sie die größte Inspiration für christliche Reinheit dar. Hat sie dann nicht logischerweise damit begonnen, den ersten Jugendlichen, den sie womöglich jemals getroffen hatte, zur Jungfräulichkeit zu inspirieren – Josef, den Gerechten? Nicht, indem sie seine Liebeskraft verminderte, sondern indem sie sie auf wunderbarste Art und Weise vermehrte, hatte sie ihren ersten „Sieg" und das noch dazu bei ihrem eigenen Bräutigam, der ein *Mann* war und nicht nur ein seniler Beschützer!

Josef war wahrscheinlich ein *junger* Mann, stark, männlich, athletisch, gut aussehend, keusch und diszipliniert. Anstatt ein Mann zu sein, der nicht fähig war, zu lieben, muss er vor Liebe in Flammen gestanden haben. So wie es der Gottesmutter sehr wenig Ehre machen würde, wenn sie ihr Gelübde der Jungfräulichkeit abgelegt hätte, nachdem sie eine alte Jungfer von 50 Jahren gewesen wäre, so hätte es auch einem Josef, der ihr Bräutigam wurde, weil er alt war, nicht viel Ehre gemacht. In jenen Tagen legten junge Mädchen wie Maria das Gelübde ab, Gott einzigartig zu lieben, ebenso wie junge Männer, von denen Josef einer war, der so herausragend war, dass er als „gerecht" bezeichnet wurde. Statt einer Trockenfrucht auf der Tafel des Königs, war er eher eine Blüte voller Verheißungen und Macht. Er war nicht am Abend seines Lebens, sondern am Morgen, schäumend vor Kraft und kontrollierter Leidenschaft. Maria und Josef brachten nicht nur ihre Jungfräulichkeitsgelübde zu ihrer Vermählung mit, sondern auch zwei Herzen mit größeren Liebesströmen, als sie jemals zuvor durch eine menschliche Brust geflossen waren.

Wie viel schöner erscheinen Maria und Josef, wenn wir in ihrem Leben sehen, was man als die erste göttliche Romanze bezeichnen könnte! Kein menschliches Herz wird von der Liebe des Alten zur Jugend bewegt; aber wer ist nicht bewegt von der Liebe zweier junger Menschen? Sowohl in Maria wie auch in Josef gab es Jugend, Schönheit und Verheißung. Gott liebt herabstürzende Stromschnellen und brüllende

> Wasserfälle, aber er liebt sie umso mehr, wenn sie nicht überlaufen und seine Blumen ertränken, sondern wenn sie genutzt und gezügelt werden, um eine Stadt zu erleuchten und den Durst eines Kindes zu stillen. In Josef und Maria finden wir nicht einen kontrollierten Wasserfall und einen ausgetrockneten See, sondern zwei junge Menschen, die, bevor sie die Schönheit des einen und die stattliche Kraft des anderen kannten, bereit waren, diese Dinge für Jesus aufzugeben. Diejenigen, die sich also über die Krippe des Jesusknaben gebeugt haben, sind nicht Greis und Jugend, sondern zwei junge Menschen, welche die Weihe der Schönheit einer Magd und die Ergebenheit der starken Anmut eines Mannes gelebt haben.[170]

Beeindruckend! Fulton Sheen ist brillant! Soweit ich weiß, hat keine andere Person in der gesamten Geschichte der Kirche ein überzeugenderes Argument für einen jungen hl. Josef formuliert als Fulton Sheen. Wie er so deutlich feststellt, haben Theologie und Kunst den hl. Josef nur als alten Mann dargestellt, um die Jungfräulichkeit Mariens zu schützen.

Nun, um fair zu sein, hat die Entscheidung, den hl. Josef als alten Mann darzustellen, sei es in Predigten, Schriften oder in der Kunst, dazu beigetragen, Marias Jungfräulichkeit und Reinheit zu schützen. Als ein extremes Beispiel stellt ein alter koptischer Text über das Leben des hl. Josef ihn als 91-Jährigen dar, als er sich mit Maria vermählte! Alle Historiker und Theologen erkennen jedoch an, dass die Quellen für die Darstellung des hl. Josef als alter Mann aus Apokryphen – d.h. nicht kanonischen – Dokumenten stammen. Wenn man sich für das Alter des hl. Josef auf apokryphe Schriften verlässt, führt das dazu, ihn als alten Mann darzustellen, was seine Tugend, seine Bedeutung und Größe bei den Christen mindert. Kein Wunder, dass so wenig Menschen im Laufe der Jahrhunderte auf den hl. Josef geachtet haben.

Wie drastisch wirkte sich diese Herangehensweise an den hl. Josef aus? Bis heute wird der hl. Josef selten in Seminaren über Christologie, Mariologie, Soteriologie oder Ekklesiologie aufgenommen.

Der Mann, der allgemein als der liebevollste, gerechteste, keuscheste, umsichtigste, mutigste, gehorsamste und treueste Mann, der jemals gelebt hat, anerkannt wird, wird nicht einmal im Unterricht über die theologischen oder moralischen Tugenden erwähnt. Das muss sich ändern! Gott sei Dank für die Weisheit und Einsicht von Menschen wie dem hl. Josémaría Escrivá, der Mutter Angelika und dem ehrw. Fulton Sheen. Die Kirche muss ihren Kindern ein Bild des hl. Josef präsentieren, das ihn stark, männlich und jung darstellt. Die ständigen Darstellungen von ihm als alten Mann hat unser Verständnis des größten Heiligen (außer Maria), der auf dieser Erde wandelte, stark verzerrt! Es ist Zeit, den hl. Josef zurückzugewinnen!

Versteht das jetzt nicht falsch. Der Herr liebt alte Männer. Gott liebt die Jahre harter Arbeit, des Dienstes, der selbstlosen Hingabe und der Opferliebe eines Mannes. Ruhige, gerechte und friedliche Gesellschaften ruhen auf den Fundamenten, die von alten Männern errichtet wurden. Doch diese Männer bauten die Grundlagen und Säulen der Zivilisation, als sie jung waren, nicht als sie alt waren. Ebenso wurden die prägenden Jahre Jesu Christi liebevoll von einem starken, jungen Vater namens Josef bestimmt. Es war dieser fleißige, fürsorgliche und tugendhafte Vater, der den Grundstein für das menschliche Wachstum und die Entwicklung Jesu Christi legte. Nun, während es keinen Zweifel daran gibt, dass ein alter Mann genauso heilig sein kann wie ein junger Mann, braucht es einen starken, jungen Vater, um einem Jungen beizubringen, wie man eine Axt schwingt, mit Holz arbeitet, Holz trägt, große Entfernungen zurücklegt und seinen Lebensunterhalt im Schweiße seines Angesichts zu verdienen.

> Wenn irdische Fürsten es für so wichtig halten, sorgfältig einen passenden Partner für ihre Kinder auszuwählen, denkst du dann, dass der Ewige Gott in Seiner allmächtigen Kraft und Weisheit aus Seiner Schöpfung nicht den vollkommensten lebenden Menschen auswählen würde

[den hl. Josef] als Beschützer Seines göttlichen und herrlichsten Sohnes, des Fürsten des Himmels und der Erde?[171]

– Hl. Franz von Sales

Der sel. Guillaume-Joseph Chaminade wiederholt eine ähnliche Idee, betrachtet jedoch die Männlichkeit des hl. Josef aus der Perspektive seiner Ehe mit der Muttergottes. Er schreibt:

> Wenn Gott dich mit der ehrenvollen Aufgabe beauftragt hätte, unter den Königen einen Ehemann für die Heilige Jungfrau zu wählen, hättest du ihr nicht den Weisesten der Welt gegeben? Und wenn Er dir befohlen hätte, einen der Heiligen auszuwählen, hättest du ihr nicht den größten Heiligen gegeben, der jemals die Erde betreten hat? Nun, denkst du, dass der Heilige Geist, der der Urheber dieser göttlichen Ehe ist, weniger darum bemüht ist, ihr einen Ehemann zu geben, der ihren Verdiensten entspricht?[172]
>
> – Sel. Guillaume-Joseph Chaminade

Das macht Sinn, nicht wahr? Sicher tut es das. Der hl. Josef war der liebevolle Ehemann von Maria, kein „pensionierter" Ehemann, der nicht zur Handarbeit und langen Fußmärschen in der Lage war. Der hl. Josef war in Nazaret bei allen als der Vater Jesu bekannt, nicht als der Großvater Jesu.

Als Vater Jesu war der hl. Josef ein eifriger Verteidiger und starker Beschützer seines geliebten Sohnes. Der hl. Josef opferte alles – einschließlich der Freuden der ehelichen Liebe – um seine Sendung als „Beschützer der Jungfrau" und „Verteidiger des Erlösers" zu erfüllen. Wenn Päpste und Heilige das Wort „Beschützer" in Bezug auf den hl. Josef verwenden, benutzen sie es übrigens nicht nur im rechtlichen Sinne. Sie benutzen es im schützenden, väterlichen und männlichen Sinne. Ein Beschützer ist jemand, der stark ist, nicht nur in Geist und Herz, sondern auch körperlich. Der hl. John Henry Newman sprach auf folgende Weise von der Obhut des hl. Josef:

> Er [der hl. Josef] war der Cherub, der aufgestellt wurde, das neue irdische Paradies vor dem Eindringen jedes Feindes zu schützen. [173]

Ein Mann, der ein Territorium vor dem Eindringen jedes Feindes schützen soll, muss ein körperlich starker Mann sein, kein alter Mann, der einen Stock benötigt. Wie ein mächtiger Cherub, der dem Schutz und Dienst der Königin der Engel geweiht ist, wurde dem hl. Josef die Aufgabe übertragen, den Tempel des Leibes Mariens und insbesondere ihre Jungfräulichkeit zu bewachen. Der Beschützer Mariens musste jung und stark sein, um seine Sendung erfolgreich zu erfüllen. Ein alter Mann hätte wahrscheinlich nicht die Kraft gehabt, eine junge Frau zu beschützen. Ein älterer Mann würde wahrscheinlich auch nicht die Ausdauer haben, die für die Erziehung eines kleinen Sohnes erforderlich ist.

Die Männlichkeit des hl. Josef war ein Schutzschild, ein Schutzmantel für die heilige Jungfrau. Kein Mensch oder Tier konnte der Jungfrau Schaden zufügen, weil der hl. Josef aufmerksam war und bereit, sie zu verteidigen, sogar bis zum Tod.

> Die Wolke im Alten Gesetz überschattete den Altar und ist ein Bild für die Ehe des hl. Josef mit der Heiligen Jungfrau. Darauf stellten die Priester die Bundeslade des HERRN an ihren Platz, ... dann erfüllte eine Wolke den Tempel, das Haus des HERRN; ... denn die Herrlichkeit des HERRN erfüllte das Haus Gottes (2 Chr 5). Die Ehe des hl. Josef ist ein heiliger Schleier, der das Geheimnis der Menschwerdung bedeckt. Jeder sieht, dass Maria eine Mutter ist, aber nur Josef weiß, dass sie eine Jungfrau ist.[174]
>
> – Sel. Guillaume-Joseph Chaminade

Als junger Ehemann und Vater lebte der hl. Josef als männliches Vorbild für seinen Sohn Jesus. Jeder Junge sollte in der Lage sein, auf seinen Vater zu schauen, um zu verstehen, was es bedeutet, ein Mann zu sein. Wenn der hl. Josef ein älterer Mann gewesen wäre, hätte Jesus dann in Seinem Vater jene körperliche Stärke oder wahre

Liebe beobachtet, die durch heldenhafte Keuschheit, harte Arbeit und körperliche Gesten der Frömmigkeit in die Praxis umgesetzt wurde, zum Beispiel, indem er kniete? Wenn der hl. Josef zwei- oder dreimal so alt wäre wie seine Frau, was hätte Jesus bei Seinem Vater beobachtet: Mittagsschläfchen und Vergesslichkeit? Nochmal: Am Alter ist nichts schlechtes. Älter werden ist Teil des menschlichen Lebens. Der hl. Josef selbst alterte im Laufe des Lebens, wie es allen Menschen geht. Aber würde Gott, der Vater, die Erziehung Seines Sohnes – des Löwen von Juda und des Königs der Könige – einem alten und gebrechlichen Mann anvertrauen? Wahrscheinlich nicht.

Was die Kirche und die Welt aus einer jüngeren Darstellung des hl. Josef lernen können – insbesondere in Theologie, Predigt, Literatur und Kunst –, ist, dass ein junger Mann keusch, heldenhaft und heilig sein kann. In der Tat hat die Kirche unzählige Beispiele junger Männer, die sich für das Himmelreich keusch und rein gehalten haben. Und der hl. Josef war der größte von allen. Der hl. Josémaría Escrivá sagt uns:

> Um die Tugend der Keuschheit zu leben, braucht man nicht zu warten, bis man alt geworden ist oder die Kräfte geschwunden sind. Die Reinheit wächst aus der Liebe und für eine reine Liebe sind die Kraft und die Freude der Jugend kein Hindernis. Jung war Josef an Herz und Leib, als er Maria zur Frau nahm, als er vom Geheimnis ihrer Gottesmutterschaft erfuhr, als er an ihrer Seite lebte und ihre Unversehrtheit achtete, die Gott der Welt als ein weiteres Zeichen Seines Kommens geben wollte. Wer eine solche Liebe nicht zu begreifen vermag, weiß sehr wenig von wahrer Liebe und gar nichts vom christlichen Sinn der Keuschheit.[175]

Meiner Meinung nach war der hl. Josef ein junger Ehemann, zärtlich und liebevoll gegenüber seiner Frau, aber immer keusch, bescheiden und rein. Maria liebte ihren Josef. Seine männliche Liebe zu ihr war stark und immer von Vernunft und Glauben beherrscht. Seine männlichen Kräfte, die sich immer in Zurückhaltung und am

Dienst im Willen Gottes orientierten, machten ihn zum tugendhaftesten Ehemann und Vater, der jemals auf der Erde gelebt hat. Keine Frau hatte jemals einen größeren Mann als den hl. Josef.

> Gott hätte dem hl. Josef nicht die heiligste Jungfrau zur Frau gegeben, wenn er nicht heilig und gerecht gewesen wäre. Welcher rechtschaffene Vater würde jemals seine geliebteste Tochter mit einem Mann verheiraten, der nicht moralisch und tadellos ist, je nach Rang und Zustand im Leben?[176]
>
> – Hl. Laurentius von Brindisi

Also, was könnt ihr von diesem Wunder des hl. Josef für euch gewinnen? Seid ihr verpflichtet zu glauben, dass der hl. Josef jung war? Nein, das seid ihr nicht. Aber ihr versteht, zumindest aufgrund der körperlichen Anforderungen, die seine Sendung unweigerlich an ihn gestellt hat, dass es sinnvoller ist, anzunehmen, dass der hl. Josef eher jung war als alt, als er die Muttergottes heiratete? Unabhängig davon, welche Vorstellung ihr vom hl. Josef bevorzugt, wisst, dass der hl. Josef euer liebevoller, starker und furchtloser geistlicher Vater ist. Dankt ihm für alles, was er aus selbstloser Liebe zu Jesus und unserer geistlichen Mutter, Maria, getan hat. Dankt ihm für alles, was er aus Liebe für euch tut.

> Ich danke dir, o heiliger Patriarch Josef, weil wir, die wir nicht einmal wissen, wie man Jesus und unsere Unbefleckte Mutter liebt, wissen und uns freuen, dass zumindest du sie so geliebt hast, wie sie es verdient hat, geliebt zu werden, die würdige und wahre Mutter Jesu.[177]
>
> – Sel. Gabriele Allegra

Der geweihte Ritter

> Der hl. Josef regt uns freundlich und beständig an, die Königin seines Herzens, die Unbefleckte Mutter Jesu, zu lieben, ihr zu dienen und sie nachzuahmen.[178]
>
> – Sel. Gabriele Allegra

Der hl. Josef ist der am meisten marianische von allen Heiligen. Seine Liebe zu Maria ist größer als die des hl. Bernhard von Clairvaux, des hl. Ludwig von Montfort, des hl. Alfons von Liguori, des hl. Maximilian Kolbe und des hl. Johannes Paul II. zusammen. Es gab nie einen größeren marianischen Heiligen als den hl. Josef und es wird nie einen geben.

Der hl. Josef ist das Vorbild für die vollkommene Hingabe an Maria. Lange vor Golgota, als Jesus Seinem Jünger befahl, Maria in sein Herz und sein Haus zu bringen (s. Joh 19,26–27), hatte der hl. Josef Maria bereits in sein Herz und in sein Haus aufgenommen. Sie ist sein Herz, sie ist sein Zuhause. Alles, was er tat, tat er für Jesus und Maria. Er lebte und starb für Jesus und Maria.

> Haben wir, wie Josef, keine Angst, Maria in unser Haus aufzunehmen.[179]
>
> – Papst Benedikt XVI.

Der hl. Josef ist der erste Mensch, der der Heiligen Jungfrau Maria vollkommen geweiht war. Wenn ihr die Muttergottes fragen würdet, wer die eine menschliche Person der gesamten Christenheit ist, die sie am meisten geliebt hat, die ihr am meisten ergeben war und ihr am treuesten gedient hat, würde sie zweifellos auf den hl. Josef verweisen. Er ist der Prototyp, der Entwurf und das Vorbild dafür, wie man ein Leben der vollkommenen Weihe an Maria führt.

Die verschiedenen Formen der Weihe an Maria, die von Heiligen durch die Jahrhunderte hindurch gefördert wurden – z. B. vom hl. Ludwig von Montfort, vom sel. Guillaume-Joseph Chaminade, vom hl. Maximilian Kolbe, vom Diener Gottes Josef Kentenich und anderen – finden alle ihre Erfüllung und Vollkommenheit in der Person des hl. Josef.

Die Vorbereitung auf die Marienweihe des hl. Ludwig von Montfort lehrt die Menschen, Sklaven Jesu und Mariens zu sein. Der sel. Guillaume-Joseph Chaminade lehrt die Menschen, als Ferse Mariens zu handeln und den Kopf Satans zu zertreten. Der Diener Gottes Josef Kentenich weist die Menschen an, eine „Erscheinung" Marias zu werden; und die Methode der Marienweihe des hl. Maximilian Kolbe lehrt die Menschen, Werkzeuge in der Hand Mariens zu sein. Alle diese Formen sind wunderbare Möglichkeiten, die eine grundlegende Dimension aller Marienweihen zu beschreiben: *Sei ein anderer Josef für Maria*.

Alle großen Marianischen Bewegungen (die Militia Immaculatae, die Schönstatt-Bewegung, die Legio Mariens, die ehemalige Blaue Armee [jetzt als Welt-Apostolat von Fatima bekannt] und viele andere) haben marianische Ritterlichkeit als Mittelpunkt. Ritterlich gegenüber Maria zu sein bedeutet, auf dem Weg der Heiligkeit zu sein. Eine ritterliche Person ist edel, wohlerzogen, mutig im Kampf und eine Zuflucht für die Schwachen. Der hl. Josef ist der ritterlichste aller Christen und er lehrt uns, dass alle, einschließlich Frauen und Kinder, geistliche Ritter der Königin des Himmels sein können. Er ist in der Tat der erste geweihte Ritter der Heiligen Königin.

Seit Jahrhunderten bezeichnen Christen die Jungfrau Maria als „Unsere Liebe Frau". Es ist ein Begriff, der die große Liebe, den Respekt, die Ehre und die Ehrfurcht anerkennt, die Maria geschuldet wird. Es ist ein Begriff, der Ritterlichkeit ausdrückt. Es sollte nicht überraschen, dass der hl. Josef der erste Mann ist, der von Maria als seiner Dame spricht. Maria ist die Dame des hl. Josef. Vor ihrem weiblichen Wunder und ihrer Schönheit verbeugt er sich in liebevoller Ehrfurcht. Seine Sendung ist es, dass alle Herzen sich in Liebe vor ihr beugen. Aus diesem Grund ist der hl. Josef der größte Ritter U. L. F.

Während des Mittelalters gab es viele Geschichten und Legenden von Rittern, die auf heldenhafter Suche nach dem Heiligen Gral, dem Kelch, der beim Letzten Abendmahl das Blut Jesu enthielt, weite Reisen unternahmen. Während des Zeitalters der Ritter trank niemand außer den Priestern das Blut Christi aus dem Kelch bei der hl. Messe. Aus diesem und vielen anderen Gründen erzählen uns die Geschichten, dass Ritter sich auf die Suche nach dem verlorenen Heiligen Gral machten, denn sie glaubten, dass sie ewiges Leben erhalten würden, wenn sie aus dem Kelch trinken würden. Ihre heldenhafte Suche war edel und gut gemeint, aber unnötig. Allen Katholiken im Zustand der Gnade, die den Leib Christi bei der hl. Messe empfangen haben, wird das ewige Leben versichert, auch wenn sie nicht aus dem Kelch trinken. Sie müssen aber im Stand der Gnade bleiben, die Zehn Gebote beachten und den Lehren der Kirche folgen. Die berühmte Gralssuche der mittelalterlichen Ritter war auch aus einem weiteren Grund unnötig. Alles, was sie tun mussten, um den wahren Kelch des Kostbaren Blutes unseres Herrn zu finden, war, auf den hl. Josef zu schauen, den ersten und größten Ritter U. L. F.! Er weiß, wo der lebendige Kelch zu finden ist, der das Leben spendende Blut Jesu Christi enthält. Der Heilige Gral, den der hl. Josef besitzt, ist nicht verloren gegangen. Der hl. Josef ist bereit, all seinen geistlichen Kindern diesen Kelch zu reichen.

Der hl. Josef lehrt seine Kinder, dass die Jungfrau Maria der Heilige Gral ist! Sie ist das, was jeder christliche Ritter sucht. Im Gegensatz zum Kelch, der beim Letzten Abendmahl verwendet wurde, ist dieses Gefäß nicht verloren gegangen. Maria, der Heilige Gral, ist leicht zu finden. Diejenigen, die sie finden, finden Jesus, weil diejenigen, die sie finden, den Katholizismus und seinen größten Schatz finden, Jesus, in der hl. Kommunion. Maria möchte alle Seelen zur hl. Messe führen, wo sie das Lamm Gottes empfangen und ewiges Leben erlangen können. Alle, die den hl. Josef nachahmen, werden Maria und das rettende Geheimnis der hl. Messe entdecken.

Maria, meine Mutter, Josef, mein Vater, gebt mir eure Augen, um Jesus zu betrachten; gebt mir eure Herzen und euren Geist, um Ihn zu verstehen und leidenschaftlich für Ihn zu sein.[180]

– Ehrw. Francis Xavier Nguyễn Văn Thuận

Vom Himmel aus setzt der hl. Josef seine Suche fort, alle Seelen durch Maria zu Jesus zu führen. Vom Himmel aus sucht er nach Seelen, die bereit sind, Ritter der Heiligen Königin zu sein. Er möchte liebevolle Verteidiger und heldenhafte Verfechter von Jesus, Maria und dem katholischen Glauben erziehen. Er möchte Männer, Frauen, Kinder, Priester und Ordensleute, die Maria dienen und andere in das Himmelreich führen. Heute werden tapfere Seelen gebraucht, Seelen wie Josef, die eifrig danach streben, andere zur Quelle des ewigen Lebens zu führen!

Zu Jesus durch Maria und den hl. Josef!

Er [der hl. Josef] bevorzugt immer mit besonderem Schutz jene Seelen, die unter dem Banner Mariens eingeschrieben sind![181]

– Hl. Maria Magdalena von Pazzi

Wenn die Heilige Jungfrau und der hl. Josef zusammen für uns eintreten, ist das sehr kraftvoll![182]

– Hl. André Bessette

Gewähre, dass wir nach deinem Beispiel, hl. Josef, unsere Augen auf unsere Mutter Maria richten, deine süßeste Braut.[183]

– Ehrw. D. G. Papst Pius XII.

WUNDER 4

Jungfräulicher Vater Jesu

Da nichts darüber bekannt ist, dass er [der hl. Josef] jemals eine andere Braut als die Jungfrau Maria hatte, ist es auch sicher, dass er sein ganzes Leben lang jungfräulich geblieben ist.[184]

– Hl. Hieronymus

Fest der heiligen Brautleute
(in Deutschland: Vermählung Mariä mit dem hl. Josef)

Kein Mann und keine Frau liebten sich jemals so sehr wie Josef und Maria.[185]

– Ehrw. D. G. Fulton J. Sheen

Wusstet ihr, dass es ein liturgischer Gedenktag gibt, das die Hochzeit von Maria und Josef feiert? Es wird „Vermählung Mariä mit dem hl. Josef“ genannt (manchmal auch als „Fest der Eheleute Maria und Josef“ bezeichnet).

Der Gedenktag „Vermählung Mariä mit dem hl. Josef“ hat eine lange Geschichte, die bis ins 15. Jahrhundert zurückreicht. Der traditionell für den Gedenktag festgelegte Tag ist der 23. Januar. In einigen Ländern wird der Gedenktag am 22. Januar oder 26. November gefeiert, aber diese Daten sind in der Regel Ausnahmen. Niemand weiß genau, warum der 23. Januar als Tag für das Fest gewählt wurde, aber wir erhalten einen faszinierenden Einblick zu diesem Datum in den mystischen Visionen der sel. Anna Katharina Emmerick (1774–1824).

In den Berichten, die wir über ihre Visionen haben, gibt die sel. Anna Katharina an, in die Vermählung von Maria und Josef versetzt worden und Zeuge der Zeremonie gewesen zu sein. Die sel. Anna Katharina beschreibt Details der Hochzeit und erwähnt ausdrücklich das Datum der Hochzeit. Sie schreibt:

> Die Trauung fand, glaube ich, am 23. Januar statt. Sie wurde in Jerusalem auf dem Berg Zion in einem Haus gefeiert, das für solche Feste genutzt wurde.[186]

Eine andere Mystikerin, die ehrw. Maria von Ágreda (1602–1667), gibt ebenfalls an, Visionen über das Leben von Maria und Josef gehabt zu haben. Sie schrieb ausführlich über ihre mystischen Erfahrungen und behauptet, auch bei der Hochzeit von Maria und Josef anwesend gewesen zu sein. Ihr Bericht über die Hochzeit enthält detaillierte Beschreibungen von Dingen wie dem Kleid Marias, der Pracht und Attraktivität des hl. Josef und der Freude aller Anwesenden. Die ehrw. Maria von Ágreda schrieb Folgendes über das, was sie bei der Hochzeit von Maria und dem hl. Josef miterlebt hat:

> Durch göttliches Eingreifen empfanden die beiden heiligsten und keuschesten Brautleute eine unvergleichliche Freude und einen unvergleichlichen Trost [an ihrem Hochzeitstag]. Die himmlische Prinzessin als eine, die die Herrin aller Tugenden ist, entsprach liebevoll den Wünschen des hl. Josef. Der Allerhöchste gab dem hl. Josef auch neue Reinheit und vollkommene Kontrolle über seine natürlichen Neigungen, damit er seiner Ehefrau, Maria, dienen konnte.[187]

Warum kennen nicht mehr Menschen den liturgischen Gedenktag der Vermählung Mariä mit dem hl. Josef? Nun, leider steht der Gedenktag nicht im römischen Generalkalender der Kirche. [1725 hat Papst Benedikt XIII. das Fest für die Gesamtkirche am 23. Januar als regionalen Brauch erlaubt. Im Zuge der Liturgiereform nach dem II. Vatikanischen Konzil wurde es aus dem liturgischen Kalender gestrichen. Anm. der Übersetzerin.] Es wird nur in wenigen Heiligtümern gefeiert, die dem hl. Josef weiht sind (zum Beispiel im St.

Josephs-Oratorium in Montreal, Kanada), in einigen Diözesen, in denen der örtliche Bischof dies genehmigt hat, und in mehreren Gemeinschaften, die dem hl. Josef geweiht sind. Eine bemerkenswerte Ordensgemeinschaft sind die Oblaten des hl. Joseph. Gegründet 1878 in Asti, Italien, durch den hl. Joseph Marello, sind die Oblaten des hl. Joseph eine wunderbare männliche Ordensgemeinschaft, die der Kirche dient und das Fest der Vermählung Mariä mit dem hl. Josef am 23. Januar feiern. Ihr Gründer war ein sehr heiliger Bischof, der eine große Liebe und Verehrung zum hl. Josef hatte. Er wurde 2001 von Johannes Paul II. heiliggesprochen.

Interessanterweise unterbreitete Johannes Paul II. der Welt im Jahr 2002 auch die Lichtreichen Geheimnisse des Rosenkranzes. Die Lichtreichen Geheimnisse wurden tatsächlich 1957 vom hl. George Preca von Malta erstellt. Johannes Paul II. bot sie der Gesamtkirche an, um uns dabei zu helfen, uns wichtige Wahrheiten des Christentums in Erinnerung zu rufen, die heute angegriffen werden. Das zweite Lichtreiche Geheimnis ist das Hochzeitsfest in Kana. Wenn wir über dieses Geheimnis meditieren, werden wir daran erinnert, dass eine Ehe zwischen einem Mann und einer Frau geschlossen wird.

Da diese beständige Wahrheit heute so heiß umstritten ist, braucht die Kirche ein universales liturgisches Fest, das die Ehe feiert. Es wäre doch wunderbar, wenn die Kirche den Gedenktag der Vermählung Mariä mit dem hl. Josef in den römischen Generalkalender aufnehmen würde. Ein solcher Gedenktag würde alle Männer und Frauen an die Heiligkeit der Heiligen Ehe erinnern. Was für eine Freude wäre es, das heiligste Paar, das je gelebt hat, liturgisch zu feiern! Lasst uns beten, dass mehr Orte um Erlaubnis bitten, den Gedenktag der Vermählung Mariä mit dem hl. Josef zu feiern, und dass es eines Tages in den römischen Generalkalender aufgenommen wird.

> Alles, was sich auf diese Ehe bezieht [von Maria und Josef], geschah durch eine innige Bestimmung des Heiligen Geistes.[188]
>
> – Hl. Bonaventura

Jungfräulicher Vater Jesu

> Es entspricht vollkommen dem Glauben und Geist der Kirche, nicht nur die Muttergottes, sondern auch Josef als jungfräulich zu ehren.[189]
>
> – Hl. Petrus Damianus

Die Mutter Jesu ist eine Jungfrau, eine immerwährende Jungfrau. Die immerwährende Jungfräulichkeit Mariens war von Anfang an eine sehr wichtige Lehre des Christentums. Wie wichtig? Nun, im vierten Jahrhundert wurde ein Bischof namens Bonoso aus Illycrium (das sind die heutigen Gebiete Albaniens, Montenegros und Kroatiens) von seinen Brüdern im Bischofsamt zurechtgewiesen und seines Episkopats enthoben, weil er lehrte, dass Maria und Josef nach Jesus weitere Kinder hatten. Der damalige Papst, der hl. Papst Siricius, schrieb einen Brief an die treuen Bischöfe von Illycrium und dankte ihnen für die Disziplinierung des irregeleiteten Bischofs. Er schrieb:

> Wir können sicherlich nicht leugnen, dass ihr recht hattet, die Lehre über die Kinder Mariens zu korrigieren, und ihr hattet recht, wenn ihr die Idee ablehnt, dass alle anderen Nachkommen aus demselben jungfräulichen Leib stammen sollten, aus dem Christus dem Fleisch nach geboren wurde.[190]

Die Lehre von der immerwährenden Jungfräulichkeit Mariens ist eine so wichtige Lehre des Christentums, dass der hl. Papst Martin I. sie 649 auf dem Laterankonzil als Glaubensdogma verkündete.

In diesem Sinne, wusstet ihr, dass es in der Kirche eine Tradition gibt, die besagt, dass der hl. Josef auch immerwährende Jungfräulichkeit lebte? Es ist eine Tradition, die von Heiligen, Mystikern und Päpsten seit Jahrhunderten vertreten und gefördert wird. Doch, bevor wir uns mit dieser Tradition befassen, müssen verbreitete Einwände angesprochen werden, die häufig gegen die Jungfräulichkeit

Mariens erhoben werden. Durch die Auseinandersetzung mit diesen Einwänden wird auch ein klares Bild der Jungfräulichkeit des hl. Josef entstehen.

Erstens haben einige Leute behauptet, dass die Passagen im Neuen Testament, die sich auf die „Brüder und Schwestern" Jesu beziehen (siehe Mk 3,31; 6–3; Mt 13,55–56), ein klares Indiz dafür seien, dass Maria nicht Jungfrau geblieben ist. Auf den ersten Blick scheinen diese Aussagen der immerwährenden Jungfräulichkeit Mariens sowie jeder Möglichkeit, dass der hl. Josef ebenfalls jungfräulich ist, zu widersprechen. Der *Katechismus der Katholischen Kirche* gibt jedoch eine präzise Antwort auf diese Fragen. Dort heißt es:

> Die Kirche hat diese Stellen immer in dem Sinn verstanden, dass sie nicht weitere Kinder der Jungfrau Maria betreffen. In der Tat sind Jakobus und Josef, die als „Brüder Jesu" bezeichnet werden, die Söhne einer Maria, welche Jüngerin Jesu war und bezeichnenderweise „die andere Maria" genannt wird. Gemäß einer bekannten Ausdrucksweise des Alten Testamentes handelt es sich dabei um nahe Verwandte Jesu.[191]

Die im *Katechismus* zum Ausdruck gebrachte Weisheit ist die Frucht jahrhundertelangen Studiums der Schrift. Gelehrte Bibelwissenschaftler, die mit alttestamentlichen Ausdrücken vertraut sind, haben immer festgestellt, dass „Brüder und Schwestern", wenn sie im Neuen Testament verwendet werden, die Verwandten Jesu beschreiben und sich nicht auf seine biologischen Brüder und Schwestern beziehen. Vielmehr fand der alttestamentliche Ausdruck „Brüder und Schwestern" seinen Weg ins Neue Testament, um die Cousins Jesu zu beschreiben. Jeder Bibelwissenschaftler weiß, dass in den altgriechischen Versionen des Alten und Neuen Testaments das Wort für Brüder und Schwestern auch für Cousins gebraucht wird. Der hl. Hieronymus, der wohl größte Bibelwissenschaftler in der Geschichte der Kirche, hat sich im vierten Jahrhundert mit diesem Thema befasst. Er bietet folgende Überlegungen:

> Bestimmte Menschen, die den Schwärmereien der Apokryphen folgen, glauben, dass die Brüder des Herrn Söhne Josefs von einer anderen Frau sind und erfinden eine bestimmte Frau, Melcha oder Escha. Wie es in dem Buch enthalten ist, das wir gegen Helvidius geschrieben haben, verstehen wir als Brüder des Herrn nicht die Söhne Josefs, sondern die Cousins des Erlösers, die Kinder Marias [der Frau des Clopas], die Tante des Herrn väterlicherseits, von der es heißt, dass sie die Mutter von Jakobus dem Jüngeren und Josef und Judas war. Sie sind, wie wir lesen, alle Brüder des Herrn. In einer anderen Passage des Evangeliums weist die gesamte Schrift darauf hin, dass Cousins Brüder genannt werden.[192]

Der hl. Hieronymus spricht in dieser Erklärung mehrere Punkte an. Er stellt fest, dass die „Brüder und Schwestern" Jesu nicht die leiblichen Geschwister Jesu waren, sondern seine Cousins und Cousinen und weist auch darauf hin, dass die Idee, dass der hl. Josef Kinder aus einer früheren Ehe hatte, ihren Ursprung in apokryphen (nicht kanonischen und nicht genehmigten) Dokumenten hat.

Der hl. Beda Venerabilis, einer der größten Historiker des 8. Jahrhunderts, erinnert an den hl. Hieronymus:

> Sie waren in der Tat Ketzer, die dachten, Josef, der Ehemann der immerwährenden Jungfrau Maria, habe mit einer anderen Frau diejenigen gezeugt, die die Schrift die „Brüder des Herrn" nennt. Andere, noch schlauer, dachten, dass ihm [dem hl. Josef] nach der Geburt des Herrn noch andere von Maria selbst zur Welt gebracht worden seien. Aber, meine lieben Brüder, ohne Angst vor dieser Frage, müssen wir wissen und bekennen, dass nicht nur die Gottesmutter, sondern auch ihr heiligster Zeuge und Beschützer ihrer Keuschheit frei von absolut allen ehelichen Handlungen blieb; im Sprachgebrauch der Hl. Schrift sind die „Brüder und Schwestern des Herrn" nicht ihre Kinder [d. h. von Maria und Josef], sondern ihre Verwandten.[193]

Der hl. Hieronymus und der hl. Beda wissen, wovon sie sprechen. Diese beiden großen Heiligen verteidigen nicht nur das Fundament der Wahrheit der Christen – Marias immerwährende Jungfräulichkeit –, sondern sie bestärken auch die Tradition, dass Josef sein ganzes Leben jungfräulich geblieben ist.

Zweitens haben einige den Einwand erhoben, dass Maria keine Jungfrau bleiben konnte – und, durch die Vereinigung, konnte auch der hl. Josef nicht jungfräulich geblieben sein –, weil mehrere Stellen im Neuen Testament Jesus als den „Erstgeborenen" Mariens bezeichnen (siehe Lk 2,7; Kol 1,15). Wieder einmal bietet der hl. Hieronymus eine biblische Antwort auf diesen Einwand. Er schreibt:

> Einige Leute haben irrtümlich vermutet, dass Maria [und Josef] andere Söhne hatten, denn sie behaupten, dass einer, der als „Erstgeborener" bezeichnet wird, Brüder hat. In der Heiligen Schrift ist es jedoch üblich, als „Erstgeborenen" nicht den zu bezeichnen, dem weitere Brüder folgen, sondern den, der der Erstgezeugte ist.[194]

Mit anderen Worten, wenn die Schrift Jesus als das erstgeborene Kind Mariens bezeichnet, soll das nicht bedeuten, dass es zweit-, dritt- und viertgeborene Kinder gibt. Sich auf Jesus als den erstgeborenen Sohn Marias zu beziehen, ist einfach eine biblische Art zu sagen, dass Maria ihr erstes Kind empfangen hatte. Es bedeutet nicht, dass weitere Kinder folgten.

Drittens protestieren einige gegen die Vorstellung, dass Maria und der hl. Josef eine jungfräuliche Ehe führten, weil im Matthäusevangelium steht, dass Josef seine Frau „bis" zur Geburt Jesu nicht erkannte. Die Passage lautet:

> Als Josef erwachte, tat er, was der Engel des Herrn ihm befohlen hatte, und nahm seine Frau zu sich. Er erkannte sie aber nicht, bis sie ihren Sohn gebar. Und er gab ihm den Namen Jesus.
>
> – Mt 1,24–25

Auf den ersten Blick erweckt die Passage von Matthäus den Eindruck, dass Josef nach der Geburt Jesu eheliche Beziehungen zu seiner Frau unterhielt: „Er erkannte sie aber nicht, *bis* sie ihren Sohn gebar". Wie jedoch zahlreiche Schriftgelehrte, Heilige, Päpste und Theologen im Laufe der Jahrhunderte festgestellt haben, bedeutet die Verwendung des Wortes „bis" in der Schrift nicht unbedingt, dass in Zukunft eine nachfolgende Handlung stattfinden wird.

Der hl. Thomas von Aquin, der größte Theologe in der Geschichte des Christentums, ging in seiner Summa Theologiae auf dieses spezielle Thema ein. Er schrieb:

> „Bis" hat nicht unbedingt einen bestimmten zeitlichen Sinn. Wenn der Psalmist sagt: „Unsere Augen sind auf den Herrn gerichtet, bis er uns gnädig ist" (Ps 122,2), bedeutet dies nicht, dass wir, sobald wir die Barmherzigkeit Gottes erhalten haben, unsere Augen von Ihm abwenden werden.[195]

Es gibt einige andere Stellen in der Schrift, die bestätigen, dass die Verwendung des Wortes „bis" nicht bedeutet, dass eine Handlung notwendigerweise folgen wird.

- Samuel 6,23: „Michal aber, die Tochter Sauls, bekam *bis* zu ihrem Tod kein Kind." (Bedeutet das, dass Michal nach ihrem Tod Kinder hatte? Natürlich nicht!)
- 1 Tim 4,13: „ Lies ihnen eifrig aus der Schrift vor, ermahne und belehre sie, *bis* ich komme!" (Bedeutet das, dass Timotheus aufhören sollte, über Jesus zu predigen, nachdem Paulus angekommen ist? Natürlich nicht!)
- 1 Kor 15,25: „ Denn Er [Christus] muss herrschen, *bis* Gott ihm alle Feinde unter Seine Füße gelegt hat." (Bedeutet das, dass die Herrschaft Christi enden wird? Natürlich nicht!)
- Mt 1,25: „Er [der hl. Josef] erkannte sie aber nicht, *bis* sie ihren Sohn gebar." (Bedeutet dies, dass der hl. Josef nach der Ge-

burt Jesu eheliche Beziehungen zu Maria hatte? Nein, das hatte er nicht.)

Die beständige Lehre und Tradition der Kirche sagt, dass Maria und Josef eine jungfräuliche Ehe führten. Ihre immerwährend jungfräuliche Ehe führte zu einem immerwährend jungfräulichen Sohn, Jesus Christus.

Die Lehre der Kirche, dass Maria und der hl. Josef eine jungfräuliche Ehe führten, ist die Grundlage für die Tradition, dass der hl. Josef immerwährend jungfräulich war. Tatsächlich gibt es eine Tradition, nach der auch der hl. Josef, in ähnlicher Weise wie Maria, in seiner Jugend ein Jungfräulichkeitsgelübde gegenüber Gott abgelegt hatte.

> Sowohl Maria als auch Josef hatten gelobt, alle Tage ihres Lebens jungfräulich zu bleiben. Und Gott wollte, dass sie im Band der Ehe vereint sind, nicht, weil sie das bereits geleistete Gelübde bereuten, sondern damit sie sich in diesem Heiligen Bund gegenseitig darin bestätigten und ermutigten.[196]
>
> – Hl. Franz von Sales

> Maria gehörte zu Josef und Josef gehörte zu Maria, so sehr, dass ihre Ehe sehr real war, da sie sich einander schenkten. Aber wie konnten sie das tun? Seht den Triumph der Reinheit. Sie gaben sich gegenseitig ihre Jungfräulichkeit und über diese Jungfräulichkeit gaben sie sich gegenseitig ein einvernehmliches Recht. Welches Recht? Die Tugend des anderen zu schützen.[197]
>
> – Hl. Pierre Julian Eymard

Maria und der hl. Josef haben gegenseitig ihre Tugend gehütet, um der Sendung ihres jungfräulichen Sohnes willen.

Die Idee, dass der hl. Josef ein Witwer war, der Kinder aus seiner ersten Ehe in seine Ehe mit Maria brachte, war nie die offizielle Lehre der katholischen Kirche. Die katholische Kirche hat diesen

Gedanken nie vertreten, weil er nicht der vorherrschenden Tradition entspricht, dass der hl. Josef fortwährend jungfräulich war. Es ist sehr wichtig zu betonen, dass die Idee, der hl. Josef wäre zuvor verheiratet gewesen und hätte Kinder in einer früheren Ehe gezeugt, – sowie die Behauptung, dass er ein alter Mann war, als er sich mit Maria verlobte, – aus den Apokryphen stammt (nicht anerkannte Quellen).

Gelegentlich hat die Kirche apokryphe Quellen herangezogen, um liturgische Gedenktage einzuführen – zum Beispiel den Gedenktag der Eltern Marias, der hll. Joachim und Anna – aber solche Fälle sind selten und werden von der Kirche nur bestätigt, wenn sie der Tradition entsprechen. Es kann nicht geleugnet werden, dass einige Kirchenväter – insbesondere im Osten – positiv darüber geschrieben haben, dass der hl. Josef aus einer früheren Ehe Kinder hatte. Dies bedeutet jedoch keineswegs, dass die Kirche diese Ideen aufgegriffen oder als offizielle Lehre gefördert hat. Im Gegenteil, die vorherrschende Tradition in dieser Angelegenheit behauptet, dass der hl. Josef kein Witwer, sondern jungfräulich war.

> Die ununterbrochene Tradition der Kirche besagt, dass der hl. Josef ein Leben in geweihter Keuschheit führte. Einige der apokryphen Evangelien stellen ihn als alten Mann dar, sogar als Witwer. Dies ist nicht die Lehre der Kirche. Wir sollen eher glauben, dass er jungfräulich war und eine jungfräuliche Ehe mit Maria eingegangen ist.[198]
>
> – Ehrw. D. G. John A. Hardon

Die Tradition, dass der hl. Josef jungfräulich blieb, gibt uns enorme Einblicke in die Größe und Tugend des hl. Josef und zeigt uns auch, wie alt er wahrscheinlich war, als er sich mit Maria vermählte. Eine Darstellung des hl. Josef als jungfräulicher Mann setzt voraus, dass er jung war, als er sich mit Maria vermählte; jung genug, um seine männlichen Kräfte zu opfern. Ein jungfräulicher hl. Josef vermittelt das Bild eines jugendlichen Mannes, der heldenhafte, übernatürliche Tugend zeigen musste, um jungfräulich zu bleiben – er heiratete die schönste Frau, die jemals gelebt hat! Ein alter Mann, der eine junge Jungfrau heiratet, braucht kein Opfer zu bringen; die Männlichkeit und Leidenschaft des alten Mannes lassen nach. Ein starker, liebevoller, junger und jungfräulicher Mann hingegen muss ein großes Opfer in Geist, Leib, Sinne und Herz bringen, um eine Frau, die so rein und liebenswert war, zu ehelichen.

Heilige, Mystiker, Bibelwissenschaftler und Theologen sind nicht die Einzigen, die die jungfräuliche Vaterschaft des hl. Josef bekräftigen. Mehrere Päpste des 20. Jahrhunderts haben dies ebenfalls getan.

Am 26. November 1906 approbierte der hl. Papst Pius X. ein Gebet, in dem der hl. Josef als jungfräulicher Vater Jesu angerufen wurde. Er gewährte sogar allen, die das Gebet sprechen, einen Ablass. Es lautet:

> O Josef, du jungfräulicher Vater Jesu, du reinster Bräutigam der Jungfrau Maria, bitte täglich für uns zu demselben Jesus, dem Sohn Gottes, damit wir mit den Waffen Seiner Gnade kämpfen, wie wir es im Leben sollten und von Ihm im Augenblick unseres Todes gekrönt werden. Amen.[199]

Am 4. Mai 1970 bestätigte der hl. Papst Paul VI. in einem Gespräch mit einer Gruppe in Frankreich, dass Maria und der hl. Josef in einer jungfräulichen Ehe lebten. Er ging so weit, ein Bild zum hl. Josef und Maria als den neuen Eltern der Menschheit anzubieten, eine Art neuen Adams und einer neuen Eva. Er erklärte:

> Während Adam und Eva die Quelle des Bösen waren, das auf die Welt losgelassen wurde, sind Josef und Maria der Gipfel, von dem aus sich die Heiligkeit über die Erde ausbreitet. Der Erlöser begann das Heilswerk in dieser jungfräulichen und heiligen Verbindung.[200]

Bedenken wir: Wenn die jungfräuliche Eva von Gott der Sorge eines jungfräulichen Ehemanns (Adam) anvertraut wurde, warum sollte es dann zwischen Maria und dem hl. Josef anders gewesen sein? Maria und der hl. Josef sind viel größer als Adam und Eva. Im Gegensatz zu unseren ersten Eltern (Adam und Eva) führte die jungfräuliche Vereinigung des hl. Josef nicht zum Untergang der menschlichen Rasse, sondern zur Erhebung der Menschheit. Die jungfräuliche, liebevolle Verbindung des hl. Josef und Marias führte zu unserer Erlösung. Ihre jungfräuliche Verbindung brachte einen jungfräulichen Sohn hervor, Jesus Christus, den Retter der Welt.

Die katholische Tradition hat immer gelehrt, dass Marias jungfräuliche Liebe zu Gott so groß war, dass sie ihren Leib in jungen Jahren durch ein Gelübde der ewigen Jungfräulichkeit Gott weihte. Maria vertraute ihre gesamte Person Gott an und hatte absolutes Vertrauen in Seinen Plan für ihr Leben. Sie wünschte nichts anderes im Leben, als Gottes Willen zu erfüllen. Ihr Vertrauen in Gott war so groß, dass sie Ihm vertraute, in die Ehe mit einem Mann geführt zu werden. Sie war sich sicher, dass Gott ihr einen Mann geben würde, der Gott und sie wirklich lieben und so ihr Gelübde respektieren würde; einen Mann, der sich ganz Gottes Plan hingeben und ihre Jungfräulichkeit schützen würde. Sie zweifelte niemals an Gott.

> Die Jungfrau [Maria] wurde mit dem jungfräulichen Bräutigam [Josef] verheiratet. Dennoch hat sie – die Josef aus Gehorsam gegenüber ihren Eltern geheiratet hat – keine Angst um ihre Jungfräulichkeit unter Josefs Schutz. Nachdem sie auf Gott vertraut hatte, übergab sie die Verwahrung ihres größten Schatzes an einen Mann. Sie – die zuvor in einer feierlichen Zeremonie die Blume der Jungfräulichkeit Gott geweiht hatte – hatte keinen Zweifel daran, dass sie einen jungfräulichen Ehemann haben würde[201]
>
> – Hl. Stansislaus Papczyński

Im hl. Josef bereitete Gott einen Bräutigam, einen Beschützer und einen Ritter für Maria vor. Nach Gottes Plan sollte es so geschehen. Gott kam auf keine andere Weise in die Welt als durch die Ehe eines Mannes und einer Frau, eines jungfräulichen Mannes und einer jungfräulichen Frau.

Im hl. Josef erkannte Maria ein vollkommenes Spiegelbild der Liebe Gottes zu ihr. Als Maria den hl. Josef traf, wusste sie, dass Gott ihn zu ihrem liebenden (und geliebten) Ehemann erwählt hatte. Sie vertraute auf Gottes Plan, verliebte sich in den hl. Josef und gab ihm ihr Herz. Marias Leib war Gott vorbehalten, aber sie hatte die Freiheit, ihr Herz dem hl. Josef zu geben, dem einzigen Mann, der ihrer würdig war, dem einzigen Mann, der die reine Liebe Gottes absolut widerspiegelte.

In der tugendhaften Männlichkeit des hl. Josef erlebte Maria Reinheit, Keuschheit, Bescheidenheit und Opferliebe. Marias Herz und Leib waren in der ehelichen Liebe des hl. Josef sicher. Er war ein Spiegel der Reinheit Gottes des Vaters. Wie der Vater ewiglich einen Sohn ohne physische Vereinigung mit einer anderen Person zeugt, wird der hl. Josef Vater eines Sohnes ohne physische Vereinigung mit Maria. Die jungfräuliche Ehe des hl. Josef mit Maria bewirkte geistliche Mutterschaft, geistliche Vaterschaft und jungfräuliche Fruchtbarkeit.

Die größten theologischen Köpfe des gesamten Christentums haben die jungfräuliche Vaterschaft des hl. Josef gepriesen:

> [A]us der Frömmigkeit und Nächstenliebe Josefs wurde ihm ein Sohn geboren, aus der Jungfrau Maria, und dieser Sohn war der Sohn Gottes. Sollte der Ehemann also nicht jungfräulich annehmen, was die Ehefrau jungfräulich hervorgebracht hat? Denn so wie sie eine jungfräuliche Ehefrau war, war auch er ein jungfräulicher Ehemann; so wie sie eine jungfräuliche Mutter war, war er auch ein jungfräulicher Vater. Wer also sagt: „Er sollte nicht Vater genannt werden, weil er den Sohn nicht gezeugt hat", sucht daher nach Begierde bei der Zeugung von Kindern, nicht nach den inneren Werten der Liebe. Seine größere Reinheit bestätigt seine Vaterschaft; lasst uns nicht von Maria getadelt werden, denn sie wollte ihren Namen nicht vor den ihres Mannes stellen, sondern sagte: „Dein Vater und ich haben dich voll Angst gesucht." Da-

her lasst uns also nicht falsche Worte darüber murmeln, was die Jungfrau nicht getan hat. Wie er ein jungfräulicher Ehemann war, so war er ein jungfräulicher Vater. So wie der Mann war, war auch die Frau. Der Heilige Geist, der in der Gerechtigkeit auf beiden ruhte, gab beiden einen Sohn.[202]

– Hl. Augustinus

Josef war auch durch Maria jungfräulich, damit aus einer jungfräulichen Ehe ein jungfräulicher Sohn geboren werden konnte.[203]

– Hl. Hieronymus

Ich glaube, dass dieser Mann, der hl. Josef, mit der reinsten Jungfräulichkeit, der tiefsten Demut, der brennendsten Liebe zu Gott und den Nächsten geschmückt war.[204]

– Hl. Bernhardin von Siena

Um Marias Jungfräulichkeit zu fördern und zu erheben, gab der Ewige Vater ihr einen jungfräulichen Begleiter, den großen hl. Josef.[205]

– Hl. Franz von Sales

Er [der hl. Josef] war jungfräulich und seine Jungfräulichkeit war der treue Spiegel der Jungfräulichkeit Mariens.[206]

– Hl. John Henry Newman

Auch der hl. Thomas von Aquin glaubte, dass der hl. Josef jungfräulich war. Der Doctor Angelicus bietet einen zusätzlichen Einblick in die jungfräuliche Vaterschaft des hl. Josef und vertritt die Auffassung, dass es nur angemessen ist, dass Jesus Seine jungfräuliche Mutter einem jungfräulichen Ehemann anvertraute, da die jungfräuliche Mutter später einem jungfräulichen Apostel (dem hl. Johannes) am Fuße des Kreuzes anvertraut wurde. Der hl. Thomas schreibt:

Wir glauben, dass, genau wie die Mutter Jesu eine Jungfrau war, auch Josef jungfräulich war, weil Er [Gott] die Jungfrau der Obhut eines jung-

> fräulichen Apostels [Johannes] anvertraute, und genau wie Er dies am Ende tat [am Kreuz], so tat Er es am Anfang [bei der Vermählung von Maria und Josef].[207]

Die Argumentation des hl. Thomas von Aquin macht Sinn. Wenn ihr Gott wäret, würdet ihr eure Mutter nicht einem jungfräulichen Mann anvertrauen? Möchtet ihr nicht, dass eure Mutter von einem Mann beschützt und geehrt wird, der absolut rein, keusch und ein vollkommenes Spiegelbild der Liebe Gottes ist? Natürlich würdet ihr das! Auch der hl. Albert der Große dachte so. Er schrieb:

> Als jungfräulicher Ehemann beschützte der hl. Josef seine jungfräuliche Frau.[208]

Im 17. Jahrhundert schrieb die bekannte Mystikerin, die ehrw. Maria von Ágreda „Die mystische Stadt Gottes". Das Buch ist ein Meisterwerk der Andacht, das uns das Leben und die Wunder der Jungfrau Maria wiedergibt. Maria von Ágreda berichtet, dass sie in Gespräche zwischen Maria und dem hl. Josef eingeweiht war. In einem solchen Gespräch sprach der hl. Josef mit seiner geliebten Frau über die Freude, die er an ihrer Jungfräulichkeit empfand, und enthüllte ihr, dass auch er in seiner Jugend ein Gelübde der Jungfräulichkeit abgelegt hatte. Es heißt hier:

> Meine Herrin, als du mir deine Keuschheit und willkommenen Gefühle mitteiltest, hast du mein Herz durchdrungen und erweitert. Ich habe meine Gedanken nicht geöffnet, bevor ich deine kannte. Ich sehe mich auch dem Herrn der Schöpfung gegenüber stärker verpflichtet als allen anderen Menschen gegenüber; denn sehr früh hat Er mich durch Seine wahre Erleuchtung berufen, Ihn mit aufrechtem Herzen zu lieben; und ich möchte, dass du weißt, meine Dame, dass ich im Alter von 12 Jahren auch versprochen habe, dem Höchsten in ewiger Keuschheit zu dienen. Aus diesem Grund bestätige ich jetzt gerne dieses Gelübde, um deines nicht zu behindern. In Gegenwart Seiner Majestät verspreche

ich dir, soweit es an mir liegt, dir zu helfen, Ihm zu dienen und Ihn zu lieben, entsprechend deinen vollen Wünschen. Ich werde mit der göttlichen Gnade dein treuester Diener und Gefährte sein und ich bitte dich, nimm meine keusche Liebe an, betrachte mich als deinen Bruder, ohne jemals irgendeine andere Art von Liebe zu unterhalten, außer der einen, die du Gott und, nach Gott, mir schuldest.[209]

Der hl. Josef ist der jungfräuliche Bräutigam Marias und der jungfräuliche Vater Jesu. Er ist ein immerwährend Jungfräulicher. Der hl. Josef ist euer jungfräulicher Vater!

Santo Anello

Göttliche Vereinigung zwischen der Muttergottes und dem ruhmreichen hl. Josef! Durch diese Vereinigung gehörte das Gute des ewig Guten, unser Herr selbst, sowohl dem hl. Josef als auch der Muttergottes.[210]

– Hl. Franz von Sales

Santo Anello? Was ist das? Santo Anello ist tatsächlich keine Person. Es ist eine Sache: Der „Heilige Ring“, den Josef Maria an ihrem Hochzeitstag schenkte!

Ja, das habt ihr richtig gelesen! Der Ehering, den der hl. Josef Maria schenkte, existiert noch heute. Er ist in einem besonderen Gold- und Silberreliquiar in der Kathedrale von San Lorenzo in Perugia, Italien, aufbewahrt. Viele Menschen, die nach Assisi, Italien, pilgern, wissen nicht, dass der Heilige Ring nur eine kurze Strecke von Assisi (14 Meilen [ca. 23 Kilometer, Anm. der Übers.]) entfernt ist.

Der Heilige Ring befindet sich seit dem 19. Jahrhundert in Perugia. Davor befand er sich an verschiedenen anderen Orten in ganz Italien. Bis vor Kurzem war die Existenz des Rings vielen Menschen außerhalb von Perugia nicht bekannt. Selbst viele Heilige wussten nichts über diesen Heiligen Ring.

Dank der mystischen Visionen der sel. Anna Katharina Emmerick kennen Menschen heute auf der ganzen Welt den Santo Anello und seinen genauen Aufbewahrungsort. Interessanterweise hat die sel. Anna Katharina selbst den Ring nie persönlich gesehen. Sie sah den Heiligen Ring nur in ihren mystischen Visionen, wusste aber nie, wo er sich befand. Genauere Informationen wurden erst nach ihrem Tod bekannt.

Hier ist der Bericht.

Es wurde berichtet, dass die sel. Anna Katharina am 29. Juli und am 3. August 1821 Visionen über den Heiligen Ring erhielt. Vor den Visionen hatte sie keine Ahnung, dass der Ring, den der hl. Josef Maria gegeben hatte, noch existierte. Sie sagte:

> [29. Juli 1821] Ich sah den Ehering der hl. Jungfrau; er ist weder aus Silber noch aus Gold noch aus irgendeinem anderen Metall, er ist von dunkler Farbe und schillernd. Es ist kein dünner schmaler Ring, sondern ziemlich dick und zumindest einen Fingerbreit. Ich sah ihn glatt und doch wie mit kleinen regelmäßigen Dreiecken versehen, in denen Buchstaben zu erkennen waren. Die Innenseite hatte eine glatte Oberfläche. In den Ring ist etwas eingraviert. Ich sah ihn hinter vielen Schlössern in einer schönen Kirche aufbewahrt. Fromme Menschen, die bald heiraten wollen, nehmen ihre Eheringe, um ihn zu berühren.

> [3. August 1821] In den letzten Tagen habe ich viel von der Geschichte des Eheringes Mariens gesehen, aber aufgrund von Störungen und Schmerzen kann ich keinen zusammenhängenden Bericht mehr darüber geben. Heute habe ich eine Feier in einer Kirche in Italien gesehen, wo sich der Ehering befindet. Er schien mir in einer Art Monstranz aufgehängt zu sein, die über dem Tabernakel stand. Dort war ein großer Altar, prächtig geschmückt; man sah tief hinein durch viel Silber. Ich sah viele Ringe an die Monstranz gehalten. Während der Feier sah ich Maria und Josef in ihren Hochzeitskleidern auf jeder Seite des Ringes erscheinen. Als würde Josef den Ring auf den Finger der Heili-

> gen Jungfrau stecken. Gleichzeitig sah ich den Ring glänzen und wie in Bewegung.[211]

Den Visionen zufolge erfuhr die sel. Anna Katharina, dass sich der Ehering in einer Kirche in Italien befand, aber sie wusste nie, in welcher Kirche oder in welcher Stadt in Italien, und sie starb, ohne dies jemals erfahren zu haben. Einige Jahre nach ihrem Tod begann man nach Orten zu suchen, an denen sich die sel. Anna Katharina ihren Berichten zufolge in ihren Visionen befand. Unglaublich, der Ring und sein Aufbewahrungsort wurden entdeckt! Der Ring wurde in der Kathedrale von San Lorenzo in Perugia, Italien, gefunden. Man entdeckte, dass er in einem wunderschönen Reliquiar aufbewahrt wurde, das einer Monstranz ähnelte, genau wie die sel. Anna Katharina es angegeben hatte. Der Ring befand sich schon seit einiger Zeit dort, aber fast niemand außerhalb Italiens wusste davon. Ihre Beschreibung des Ringes stimmte ebenfalls. Der Ring erscheint schillernd und dunkel, bernsteinfarben oder gelb. Wenn in der Kathedrale viel Sonnenlicht scheint, kann der Ring gelegentlich milchig weiß erscheinen.

Ein faszinierender Aspekt der von der sel. Anna Katharina berichteten Visionen sind die Daten, an denen sie den Ring sah. Ihre Visionen über den Ring fanden am 29. Juli und 3. August statt. Sie wusste nicht, dass diese Daten mit der Zeit des Jahres zusammenfallen, zu der Pilger die Kathedrale in Perugia besuchen, um dann am 2. August zur jährlichen Feier des „Festes der Heiligen Jungfrau Maria von den Engeln zu Portiunkula" nach Assisi zu reisen. Ende Juli und/oder Anfang August verehren große Gruppen von Menschen den Ring auf besondere Weise. Verheiratete Paare sowie diejenigen, die vorhaben, bald zu heiraten, dürfen mit ihren Eheringen den Santo Anello berühren, um einen Segen für ihre Ehe zu erbitten. Die sel. Anna Katharina hat dies offenbar in ihren Visionen miterlebt!

Heute reisen Pilger aus aller Welt nach Perugia, um die Reliquie zu sehen und sie zu verehren. Der sel. Papst Pius IX. verehrte den

Ring am 10. Mai 1857, als er Perugia besuchte. Dabei feierte er auch die hl. Messe in der Kathedrale.

> O, welch reine Liebe die jungfräulichen Eheleute füreinander hatten! Mehr als Adam und Eva in den frühen Tagen ihrer Unschuld waren Josef und Maria die Freude des Herrn, die Verzückung der Engel in dem bescheidenen Heim in Nazaret. Nazaret war Eden in den ersten Tagen der Schöpfung ähnlich: Alles war heilig, alles war unschuldig, alles war schön![212]
>
> – Sel. Bartolo Longo

WUNDER 5

Gerechter und ehrfürchtiger Mann

> Der hl. Josef war „ein gerechter Mann", ein unermüdlicher Arbeiter, ein aufrechter Beschützer der ihm Anvertrauten.[213]
>
> – Hl. Johannes Paul II.

Sohn Davids

> Wie groß ist in der Tat die Würde Josefs, dieses Sohnes Davids, des Mannes Mariens![214]
>
> – Sel. Gabriele Allegra

Wie groß ist in der Tat die Würde des hl. Josef! In der Litanei zum hl. Josef erhält er den Titel „Erhabener Spross Davids". In einigen Übersetzungen wird der Titel „Erhabener Nachkomme Davids" bestätigt. In jedem Fall ist die Bedeutung dieselbe: Der hl. Josef ist ein Nachkomme von König David.

> Er [der hl. Josef] war ein Nachkomme eines patriarchalischen, königlichen und fürstlichen Geschlechts in direkter Linie. Daraus geht hervor, dass die Würde der Patriarchen, der Könige und der Fürsten mit Josef endete.[215]
>
> – Hl. Bernhardin von Siena

Der hl. Josef ist von königlichem Blut. Was für einen edlen Vater hat Jesus im hl. Josef! Was für einen edlen Vater haben wir im hl. Josef! Unser geistlicher Vater ist ein Nachkomme der Könige! Josef ist der „Sohn Davids".

Der Titel „Sohn Davids“ ist ein messianischer Titel. Jesus wird im Neuen Testament 17-mal als „Sohn Davids“ bezeichnet. Josef ist nicht, wie Jesus, der Messias, aber er ist die einzige weitere Person im Neuen Testament, die als Sohn Davids bezeichnet wird.

Der hl. Josef wird vom Engel Gottes „Sohn Davids“ genannt, als er von ihm angewiesen wird, keine Angst zu haben, Maria zu sich zu nehmen (s. Mt 1,20). Warum nennt der Engel den hl. Josef den „Sohn Davids“, insbesondere angesichts der Tatsache, dass dies ein Titel ist, der mit dem Messias verbunden ist? Der Grund, warum der Engel dies tut, ist, dass der hl. Josef zu einem sehr entscheidenden Zeitpunkt in der Heilsgeschichte an seine königliche Herkunft erinnert werden musste. Josef hatte zuvor entdeckt, dass seine Braut schwanger war, und in seiner Demut, da er den Ursprung des Kindes nicht ganz verstand, wollte er Maßnahmen ergreifen, indem er sich von ihr und dem Kind zu trennen gedachte. Der Engel musste kommen, um den hl. Josef daran zu erinnern, wer er war, und ihn wissen lassen, welche Rolle Gott ihm beim Kommen des Messias zugedacht hatte, damit er sich nicht von den göttlichen Geheimnissen und der Berufung entfernte, die zu erfüllen er geschaffen wurde. Mit anderen Worten, Gott plante, dass Sein Ewiger Sohn von Seinen Mitmenschen als Sohn eines Mannes aus dem Hause David bekannt wird. Dieser Mann war der hl. Josef.

> „Josef, Sohn Davids, fürchte dich nicht.“ Anders kann man dieses Geheimnis möglicherweise nicht verstehen, wenn man sich Gedanken macht. „Josef, Sohn Davids, fürchte dich nicht!“ Was du an ihr siehst, ist Tugend, kein Verbrechen; hier liegt kein menschlicher Fehltritt vor, sondern göttlicher Einfluss [Non humanus lapsus est, sed est divinus illapsus]; hier ist Belohnung, keine Schuld; hier ist ein Geschenk des Himmels, nicht eine Schwächung des Körpers; hier findet keine Bloßstellung einer Person statt, sondern hier waltet das Geheimnis des Richters. Hier ist der Sieg des Rechtes, nicht die Strafe der Verurteilung; hier hat nicht der Mensch veruntreut, sondern Gott einen Schatz hinter-

> legt; hier ist nicht die Ursache des Todes, sondern des Lebens und darum fürchte dich nicht …![216]
>
> – Hl. Petrus Chrysologus

Die Worte des hl. Petrus Chrysologus sind wunderschön und regen zum Nachdenken an. Seine Reflexion geht davon aus, dass der hl. Josef der Treue Marias misstrauisch gegenüberstand, aber wie wir im Abschnitt „Gerechter und ehrfürchtiger Mann" sehen werden, liefern viele andere Heilige eine viel edlere und tugendhaftere Erklärung für Josefs Verhalten. Diese Heiligen halten den hl. Josef für ehrfürchtig in Bezug darauf, was in Marias Leib geschah, und er hielt sich für unwürdig, ihr Bräutigam und der Nährvater des Kindes zu sein. Er bezichtigte Maria nie eines Fehlverhaltens. Im Gegenteil, der hl. Josef wusste, dass er sich in der Gegenwart eines großen Geheimnisses befand. Demütig und gerecht plante er, sich leise von Maria zu trennen, um göttlichen Geheimnissen nicht im Wege zu stehen. Bevor er jedoch handeln konnte, sandte Gott Seinen Engel, um Josef an seine königliche Linie zu erinnern, eine Linie, die der Erlöser benötigt, um als Nachkomme Davids betrachtet zu werden.

König David, der königliche Vorfahr des hl. Josef, hatte selbst einmal eine ähnliche Vorgehensweise gewählt. König David hielt sich für unwürdig, die Bundeslade in seiner Stadt zu haben, und schickte die Bundeslade für drei Monate weg (s. 2 Sam 6). Um zu verhindern, dass in der Ehe Marias und Josefs etwas Ähnliches passiert, versicherte der Engel dem hl. Josef, dass Gott ihn auserwählt hatte, um das Kind und seine Mutter in sein Haus zu bringen. Der hl. Josef sollte die Bundeslade nicht wegschicken. Der hl. Josef sollte nicht das tun, was König David getan hatte. „Josef, Sohn Davids, fürchte dich nicht, Maria als deine Frau zu dir zu nehmen" (Mt 1,20).

Gerechter und ehrfürchtiger Mann

> Gerecht zu sein bedeutet, vollkommen mit dem göttlichen Willen vereint zu sein und sich in allen Arten von Vorkommnissen, ob wohlgefällig oder ungünstig, daran anzupassen. Dass der hl. Josef das war, kann niemand bezweifeln.[217]
>
> – Hl. Franz von Sales

Um die Tugend der Gerechtigkeit zu üben, muss der Mensch, wie der hl. Franz von Sales richtig bemerkt, in vollkommener Übereinstimmung mit dem göttlichen Willen leben und angesichts aller Arten von Vorkommnissen, ob vorteilhaft oder nachteilig, Gott und anderen geben, was ihnen gebührt. Die Kirche hat den hl. Josef immer als einen gerechten und heiligen Mann verstanden, der Gott und den Nächsten so liebt, wie er sollte, aber sie hat nicht immer die tiefere theologische Bedeutung dessen verstanden, was diese Worte tatsächlich bedeuten, insbesondere, wenn sie auf die Handlungen des hl. Josef im Neuen Testament angewendet werden. Die Kirche hat Jahrhunderte gebraucht, um eine Theologie des hl. Josef zu entwickeln, die seine Größe und seine Heiligkeit zeigt.

Heute lehrt die Kirche, dass der hl. Josef die heiligste Person nach Maria und der „Gerechteste“ von allen Heiligen ist. Er ist unser geistlicher Vater, die Stütze der Familien, die Herrlichkeit des häuslichen Lebens, der Schutzpatron der Kirche und der Schrecken der bösen Geister. Deshalb müssen einige Abschnitte im Neuen Testament, die von den Taten des hl. Josef handeln, neu gelesen werden im Licht dessen, was von der Kirche nun einstimmig als Wahrheit über den hl. Josef gelehrt wird – besonders, dass der hl. Josef, als er mit allen Arten von Ereignissen, vorteilhaften oder ungünstigen, konfrontiert war, immer im Einklang mit dem göttlichen Willen handelte und Gott und anderen das gab, was ihnen gebührt. Er lebte wirklich die Liebe zu Gott und den Nächsten, wie sein Sohn später verkünden wird.

> Was hat er [der hl. Josef] eigentlich getan? Er liebte. Das ist alles, was er getan hat, und es war ausreichend für seinen Ruhm. Er liebte Gott grenzenlos und ohne nachzulassen. Dies war seine Signifikanz; das war sein Leben hier unten. Dafür wurde er unermesslich geliebt. Seht seine Herrlichkeit für die Ewigkeit! Gehen wir, ohne zu zögern, zu ihm. Er ist allmächtig im Himmel. Was seine Güte betrifft, kann man an ihr nicht zweifeln, wenn man glaubt, dass er sein Leben in der Intimität der Herzen Jesu und Mariens verbracht hat – der liebevollsten und freundlichsten Herzen, die es je gab.[218]
>
> – Sel. Jean Joseph Lataste

Eine der wichtigsten Handlungen des hl. Josef im Neuen Testament ist seine Reaktion auf die Entdeckung, dass seine Frau schwanger war. In der biblischen Erzählung der Geschichte wird der hl. Josef als gerechter Mann bezeichnet.

> Mit der Geburt Jesu Christi war es so: Maria, seine Mutter, war mit Josef verlobt; noch bevor sie zusammengekommen waren, zeigte sich, dass sie ein Kind erwartete – durch das Wirken des Heiligen Geistes. Josef, ihr Mann, der gerecht war und sie nicht bloßstellen wollte, beschloss, sich in aller Stille von ihr zu trennen. Während er noch darüber nachdachte, siehe, da erschien ihm ein Engel des Herrn im Traum und sagte: Josef, Sohn Davids, fürchte dich nicht, Maria als deine Frau zu dir zu nehmen; denn das Kind, das sie erwartet, ist vom Heiligen Geist. Sie wird einen Sohn gebären; ihm sollst du den Namen Jesus geben; denn er wird sein Volk von seinen Sünden erlösen. Dies alles ist geschehen, damit sich erfüllte, was der Herr durch den Propheten gesagt hat: Siehe: Die Jungfrau wird empfangen und einen Sohn gebären und sie werden ihm den Namen Immanuel geben, das heißt übersetzt: Gott mit uns. Als Josef erwachte, tat er, was der Engel des Herrn ihm befohlen hatte, und nahm seine Frau zu sich.
>
> – Mt 1,18–24

[In der englischen Bibel wird hier von „scheiden lassen“ gesprochen. Daher die folgenden ausführlichen Beschreibungen. Anm. der Übersetzerin.] Wusstet ihr, dass die katholische Kirche Mt 1,18–24 immer mehrfach interpretiert hat? Insbesondere erlaubt die Kirche eine Interpretation, die nicht besagt, dass der hl. Josef sich von seiner Braut scheiden lassen wollte. In den ersten Jahrhunderten der Kirchengeschichte gab es drei Theorien darüber, was der hl. Josef tun wollte, als er entdeckte, dass seine Braut schwanger war. Alle drei Theorien wurden von verschiedenen Heiligen und Gelehrten vertreten und alle drei Theorien stammen aus der frühen Kirche. Diese drei Theorien sind:

1) *Die Verdachtstheorie*. Der hl. Josef verdächtigt Maria des Ehebruchs und beschließt daher, sich scheiden zu lassen. Nach jüdischem Recht musste ein gerechter Mann, wenn er sich wegen Untreue von seiner Frau scheiden lassen wollte, sie steinigen lassen. Der hl. Josef, ein gerechter Mann, will Maria nicht steinigen lassen, deshalb versucht er, sich in aller Stille von ihr zu trennen. Diese Theorie wurde in der apokryphen Literatur und von mehreren Kirchenvätern vertreten.

2) *Die Verblüffungstheorie*. Der hl. Josef ist ratlos und verstört von Marias Schwangerschaft, aber er zweifelt nicht an Marias Unschuld. Er ist verblüfft und weiß nicht, was er tun soll. Verstört beschließt er, sich von Maria zu trennen. Einige Kirchenväter halten an dieser Theorie fest und forcierten sie. Sie wird zur gängigsten Theorie und ist als „Josefs Zweifel“ bekannt.

3) *Die Ehrfurchts-Theorie*. Der hl. Josef entdeckt, dass Maria schwanger ist, aber er zweifelt nicht an ihrer Reinheit und Unschuld. Stattdessen bezweifelt er seine eigene Würdigkeit und Fähigkeit, für Maria und das Kind zu sorgen. Als gerechter Mann weiß er, dass Maria zu Gott gehört, und er hält sich für unwürdig, mit Maria zu leben. Er beschließt, aus Gerechtigkeit Gott gegenüber und Ehrfurcht vor

Maria, sich stillschweigend von ihr zu trennen. Er ist bereit, von der Bildfläche zu verschwinden, um ihr Geheimnis nicht preiszugeben. Einige Kirchenväter sowie viele mittelalterliche Heilige, Theologen und Mystiker fördern diese Theorie.

Warum lässt die Kirche drei Theorien zu diesem wichtigen Thema zu? Nun, alles hängt von der Übersetzung des griechischen Wortes *apoluo* ab. Alle Bibelforscher sind sich einig, dass das Wort *apoluo* (απολυο) sehr schwer zu übersetzen ist. Im Griechischen kann *apoluo* mehrere Bedeutungen haben. Die für eine bestimmte Passage gewählte Bedeutung wird normalerweise durch den Kontext bestimmt, in dem sie erscheint. Zum Beispiel kann *apoluo* je nach Kontext „trennen", „verbergen", „verstecken", „sich distanzieren" oder „scheiden" bedeuten. Interessanterweise hat sich die Mehrheit derjenigen, die das Neue Testament aus dem Griechischen in andere Sprachen übersetzt haben, dafür entschieden, *apoluo* als Scheidung zu betrachten. Wie auch immer, da die Kirche die Heiligkeit des hl. Josef jetzt viel besser versteht, insbesondere in Bezug auf seine Privilegien, Tugenden und Wunder, kann diese Übersetzung korrekt sein? Können wir angesichts dessen, was wir für den hl. Josef für wahr halten, wirklich sagen, dass der hl. Josef beabsichtigte, sich von seiner geliebten Frau scheiden zu lassen? Die Kirche hat einen langen Weg in ihrem Verständnis vom hl. Josef und nach Meinung vieler muss die Idee, dass er sich von Maria scheiden lassen wollte, erneut überprüft werden.

Nun, um fair zu sein, diejenigen in der Geschichte, die *apoluo* als Scheidung übersetzt haben, taten dies nicht aus böser Absicht oder Bosheit. Man muss daran denken: Scheidung ist oft eine gültige Übersetzung des Wortes gemäß des Kontexts einer bestimmten Passage. Der einzige Grund, warum das Wort Scheidung in Matthäus 1,14–28 verwendet wurde, ist, dass die Kirche noch keine entwickelte Theologie des hl. Josef besaß. Leider hat die Auswirkung der Übersetzung von *apoluo* als Scheidung eine jahrhundertelange Minimierung der Bedeutung des hl. Josef für das Leben der Kirche ausgelöst. Tatsächlich wird Matthäus 1,18–24 oft als „Josefs-Zweifel“ beschrieben, anstatt als die edlere Beschreibung „Verkündigung des hl. Josef“. Es ist daher leicht zu verstehen, warum der hl. Josef nicht so sehr geliebt wurde, wie er es verdient und im Laufe der Geschichte so wenig geehrt, verehrt und nachgeahmt wurde.

„Was ist die große Sache?“, fragt ihr nun. Ja, es gibt einen großen Unterschied zwischen dem Wunsch des hl. Josef, sich von seiner Frau scheiden zu lassen und dem Wunsch, sich wegen seines Sinns für Gerechtigkeit und aus Ehrfurcht von ihr zu distanzieren. Die letztere Erklärung dessen, was er vorhatte, hat viele Theologen veranlasst, sich für jene Übersetzung von *apoluo* zu entscheiden, die nicht „Scheidung“ bedeutet. Angesichts dessen, was die Kirche heute eindeutig als wahr für den hl. Josef erkennt, ist es sehr schwierig, die Tatsache, dass der hl. Josef sich von seiner Frau scheiden lassen wollte, mit seinen Tugenden in Einklang zu bringen. Schließlich stellt die Idee, dass Josef sich von seiner Frau scheiden lassen wollte, das Fundament des Neuen Bundes Jesu Christi auf wackeligen Boden! Sich von Maria scheiden zu lassen wäre für den hl. Josef eine äußerst ungerechte Sache gewesen. Maria war unschuldig und hatte nichts falsch gemacht. Wie kann der Mann, den die Kirche als „Stütze der Familien“ und „Zierde des häuslichen Lebens“ anruft, derselbe sein, der sich von der reinen, unschuldigen, makellosen Gottesmutter scheiden lassen wollte? Das ergibt keinen Sinn.

Bedeutet dies, dass die Kirche 2000 Jahre lang in einem sehr wichtigen Aspekt der göttlichen Offenbarung falsch lag? Nein, das heißt es überhaupt nicht. Man denke daran, dass die Kirche seit der Abfassung des Neuen Testaments verschiedene Übersetzungen von *apoluo* im Matthäusevangelium zugelassen hat. Dies bedeutet jedoch, dass die Kirche angesichts der kirchlichen Entwicklung einer Theologie des hl. Josef das Thema erneut untersuchen und eine theologisch genauere Interpretation von Matthäus 1,18–24 vorlegen muss, eine Interpretation, die es von Anfang an gegeben hat.

Was ist es also, was die Kirche jetzt über den hl. Josef als wahr erkennt und Gelehrte und Theologen dazu veranlasst, davor zurückzuschrecken, *apoluo* als Scheidung zu übersetzen? Warum ziehen es viele Gelehrte vor, den vom hl. Josef beabsichtigten Plan als „Distanzierung" von Maria zu beschreiben? Nun, die Anerkennung des außerordentlichen Gehorsams, der Gerechtigkeit, der Ehrfurcht und der Demut des hl. Josef durch die Kirche hat den wahren Kontext für die korrekte Übersetzung des Wortes *apoluo* im Matthäusevangelium geliefert. Im Wesentlichen zeigt das Verständnis der außergewöhnlichen Heiligkeit des hl. Josef die richtige Interpretation dessen, was der hl. Josef vorhatte. Der übernatürliche Glaube des hl. Josef ließ ihn erkennen, dass Maria durch den Heiligen Geist empfangen hatte, und er hatte Angst vor dem Geheimnis, das in ihr vor sich ging. Er wollte sich nicht von Maria scheiden lassen. Er glaubte, er schulde es Gott, dem Urheber des Geheimnisses in ihrem Leib, sich von ihr und dem Kind zu distanzieren, bis eine weitere Offenbarung gegeben würde. Die Tatsache, dass die Kirche diese Interpretation zulässt und dass viele Kirchenväter, mittelalterliche Theologen, Heilige und Mystiker diesen Abschnitt des Evangeliums bereits so interpretiert haben, veranlasst viele Gelehrte, sich an die Ehrfurchtstheorie zu halten.

P. René Laurentin beispielsweise, der allgemein als der größte Mariologe des 20. Jahrhunderts anerkannt ist, führte gründliche Studien zu Matthäus 1,18–24 durch und kam zu dem Schluss, dass es theologisch problematisch ist, die Position zu vertreten, dass der hl. Josef sich von seiner geliebten Frau scheiden lassen wollte. Wie konnte ein so gerechter Mann den Wunsch haben, sich von seiner unschuldigen Frau scheiden zu lassen? Maria wegzuschicken, wäre keine gerechte Handlung gewesen; es wäre eine äußerst ungerechte Handlung gewesen! P. John McHugh, einer der am gelehrtesten Bibelwissenschaftler des 20. Jahrhunderts, kam zu dem gleichen Ergebnis wie P. John Saward, ein Konvertit aus dem Anglikanismus und ein Gelehrter von höchstem Kaliber.

Ein anderer solcher Gelehrter ist P. Ignace de la Potterie, SJ. Als guter Theologe und Bibelwissenschaftler weithin anerkannt, führte P. de la Potterie umfangreiche Studien zu Matthäus 1,18–24 durch, und war von der Wahrheit der Ehrfurchtstheorie so überzeugt, dass er eine eigene Übersetzung der Passage anbot. Seine Übersetzung öffnet die Augen! Es erläutert die selbstlose und heldenhafte Ausübung der Tugend der Gerechtigkeit des hl. Josef sowie seine tiefe ehrfürchtige Liebe zu Maria und dem Kind in ihrem Leib. Die Übersetzung von P. de la Potterie lautet:

> Hinsichtlich Jesus als Messias erfolgte die Geburt auf folgende Weise: Seine Mutter Maria war mit Josef verlobt; aber bevor sie ein gemeinsames Leben geführt hatten, fühlte sie, dass sie durch das Wirken des Heiligen Geistes in ihrem Leib ein Kind trug. Josef, ihr Mann, der gerecht und nicht bereit war, ihr Geheimnis zu enthüllen, beschloss, sich heimlich von ihr zu trennen. Aber als er diesen Plan gefasst hatte, siehe, ein Engel des Herrn erschien ihm in einem Traum und sagte zu ihm: „Josef, Sohn Davids, fürchte dich nicht, Maria als deine Frau in dein Haus zu nehmen; ich versichere dir, dass das, was in ihr gezeugt wurde, vom Heiligen Geist kommt, aber sie wird einen Sohn (für dich) gebären und du wirst Ihm den Namen Jesus geben. Denn er wird sein Volk von seinen Sünden erlösen." Nun geschah dies alles, damit das, was der Herr durch den Mund eines Propheten gesagt hatte, erfüllt wird: „Siehe, die Jungfrau wird gebären und einen Sohn zur Welt bringen und sie werden Ihm den Namen Emmanuel geben", was übersetzt bedeutet: „Gott mit uns." Als Josef aus seinem Schlaf erwacht war, geschah es, wie es der Engel des Herrn vorausgesagt hatte, und er nahm seine Frau mit in sein Haus.[219]

Was für eine Übersetzung! Sie liest sich irgendwie eigenartig, weil sie eine sehr wörtliche Übersetzung ist, aber sie ist die beste Übersetzung dieses Abschnitts, die es gibt. Seine Übersetzung erkennt die übernatürlichen Tugenden des hl. Josef im Kontext an, der eine vornehmere Interpretation verlangt. Man stelle sich vor, diese Übersetzung würde in der Bibel stehen, über sie wäre gepredigt worden und sie wäre über Jahrhunderte hin in die Liturgien eingegangen. Zweifellos würden die Gläubigen ein theologisch genaueres – und geistlich erbauendes – Verständnis der Person des hl. Josef haben.

Zur Wiederholung: Diejenigen, die im Laufe der Jahrhunderte *apoluo* als Scheidung übersetzten, hatten keine schlechte Absicht. Es fehlte ihnen einfach ein echtes Verständnis für die übernatürliche Größe des hl. Josef, weil eine Theologie über ihn noch nicht entwickelt worden war. Wir können die Geschichte nicht ändern, aber jetzt, da die Kirche begonnen hat, die Größe des hl. Josef wirklich zu verstehen, können wir die Richtung für die Zukunft vorgeben. Unser Verständnis von Josefs perfekter, liebevoller Vereinigung mit dem Willen Gottes sowie seine Gerechtigkeit und Ehrfurcht sollten jede Interpretation ausschließen, die besagt, dass er sich von seiner Braut scheiden lassen wollte. Eine solche Interpretation ist theologisch unhaltbar, weil wir jetzt wissen, was den hl. Josef in Wahrheit ausmacht.

Untersuchen wir nun, warum dies der Fall ist.

Die theologische Definition der Tugend der Gerechtigkeit ist, dass sie eine Person dazu veranlasst, Gott und anderen immer das zu geben, was ihnen ihrer Ehre entsprechend gebührt. Bei allen möglichen Vorkommnissen, ob willkommen oder nicht, tat der hl. Josef immer den Willen Gottes und übte die Tugend der Gerechtigkeit in vollkommener Weise aus. Es ist daher theologisch unmöglich, zu behaupten, dass der hl. Josef beschlossen hätte, etwas zu tun, was Gott hasst.

> Wenn einer seine Frau aus Abneigung verstößt, spricht der HERR, Israels Gott, dann bedeckt er sein Gewand mit Gewalttat, spricht der HERR der Heerscharen. Bewahrt euch also euren verständigen Geist und handelt nicht treulos!
>
> – Mal 2,16

(*Nun, keiner, der dies liest und geschieden ist, soll in Panik geraten. Gott hasst die Scheidung, nicht dich. Es ist wahr, dass die katholische Kirche nach der Lehre Jesu Christi selbst sagt, dass eine Scheidung im Fall einer gültigen sakramentalen Ehe nicht möglich ist [s. Mk 10,2–12] und eine zivile Scheidung nur unter extremen Bedingungen tole-*

riert [siehe Mt 19,3–12; 1 Kor 7,10–16]. Eine katholische Annullierung ist nicht dasselbe wie eine Scheidung. Eine Annullierung besagt, dass eine gültige Ehe niemals existiert hat, eine Scheidung dagegen würde ein bestehendes Eheband lösen. Die Kirche erlaubt die rechtliche Trennung von rechtmäßig verheirateten Eheleuten [was weder eine Aufhebung noch einen Scheidungsversuch darstellt], solange der getrennte Ehepartner nicht versucht, das Eheband zu lösen. Gott hasst dich nicht, wenn du eine zivilrechtliche Scheidung hattest, er hasst die Scheidung. Es muss auch beachtet werden, dass nicht jeder, der eine zivilrechtliche Scheidung wünscht, eine Sünde oder eine moralische Straftat gegen Gott begeht. Der Grund dafür ist, dass es in jedem einzelnen Fall besondere Umstände geben kann. Nun zurück zur Ehe des hl. Josef.)

Der hl. Josef wurde einer Prüfung unterzogen. Die Tugend des hl. Josef und seine Zusammenarbeit mit der Gnade mussten auf die Probe gestellt werden, weil Gott beabsichtigte, ihn zu einem neuen Abraham zu machen, zu einem geistlichen Vater eines neuen Bundesvolkes. Wenn er die Prüfung durch die liebevolle Bereitschaft bestehen würde, sich vollständig zu opfern, würde Gott ihn auf eine Weise segnen, die größer ist als die eines jeden Mannes, der jemals gelebt hat.

Es ist unnötig, zu erwähnen, dass der hl. Josef der Prüfung standgehalten hat! Viele der Kirchenväter beschreiben uns auf wundervolle Weise, wie der hl. Josef die Prüfung durch seine übernatürliche Gerechtigkeit und Ehrfurcht bestanden hat.

> Josef war gerecht und die Jungfrau war makellos. Aber als er wünschte, sich vor ihr zu verbergen, geschah dies, weil er in ihr die Kraft eines Wunders und eines unfassbaren Geheimnisses erkannte, dessen er sich für unwürdig hielt, sich zu nähern. Er demütigte sich vor einem so großen und unbeschreiblichen Phänomen und versuchte, sich zurückzuziehen, so wie sich der hl. Petrus vor dem Herrn demütigte und sagte: „Geh weg von mir, o Herr, denn ich bin ein sündiger Mensch", und wie

der Hauptmann gestand und dem Herrn sagte: „Ich bin es nicht wert, dass du unter mein Dach eingehst, denn ich habe mich nicht einmal als würdig angesehen, mich dir zu nähern", oder die hl. Elisabet, die zu der seligsten Jungfrau Maria sagte: „Wer bin ich, dass die Mutter meines Herrn zu mir kommt?" In gleicher Weise demütigte sich der gerechte Josef und fürchtete sich, eine Vereinigung mit solch erhabener Heiligkeit einzugehen.[220]

– Origenes

Josef entdeckte beides, Marias Schwangerschaft wie auch deren Ursache, nämlich dass sie vom Heiligen Geist stammte. Deshalb fürchtete er sich, der Ehemann einer solchen Frau genannt zu werden, und wollte sie im Stillen wegbringen, da er es nicht wagte, zu offenbaren, was in ihr geschehen war. Doch weil er gerecht war, wünschte er sich eine Offenbarung des Geheimnisses.[221]

– Hl. Basilius der Große

Aber er dachte besonders daran, sie wegzuschicken, um keine Sünde zu begehen, indem er sich Vater des Erlösers nennen ließ. Er fürchtete sich davor, mit ihr zu leben, denn er wollte den Namen des Sohnes der Jungfrau nicht entehren. Deshalb sagte der Engel zu ihm: „Fürchte dich nicht, Maria zu dir nach Hause zu bringen."[222]

– Hl. Ephrem der Syrer

Oh, unschätzbare Huldigung an Maria! Josef glaubte mehr an ihre Keuschheit als an ihren Leib, mehr an die Gnade als an die Natur! Er sah die Empfängnis deutlich und war nicht in der Lage, Unzucht zu vermuten. Er glaubte, dass es für eine Frau eher möglich war, ohne Mann zu empfangen, als dass Maria sündigen konnte.[223]

– Hl. Johannes Chrysostomos

Der hl. Romanos Melodos, ein Dichter aus dem 6. Jahrhundert, schrieb ein wunderschönes Gedicht, das Josefs Ängste und seine Ehrfurcht vor Marias geheimnisvoller Schwangerschaft darstellt:

> Dann hörte Josef, der die Jungfrau nie erkannte, auf,
> betäubt von ihrer Herrlichkeit,
> und ihre leuchtende Erscheinung betrachtend, sagte er:
> „O Strahlende, ich sehe, dass eine Flamme und heiße Kohlen dich umgeben.
> Es ängstigt mich, Maria. Beschütze mich, verzehre mich nicht!
> Dein makelloser Mutterleib ist plötzlich zu einem Feuerofen geworden.
> Lass mich nicht schmelzen, ich bitte dich. Verschone mich.
> Willst du, dass ich, wie Mose früher, meine Schuhe ausziehe,
> damit ich mich nähere und auf dich höre und, von dir belehrt, sage:
> Sei gegrüßt, du unvermählte Braut!“[224]

Die Liebe, der Glaube, die Demut, die Gerechtigkeit und die Ehrfurcht des hl. Josef sind so groß, dass er zu keinem Zeitpunkt vermutete, dass Maria untreu war. Maria war rein und unschuldig und er wusste es. Er hielt es auch nicht für möglich, dass sich ein anderer Mann seiner Frau aufgedrängt hätte. Er war absolut sicher, dass Maria zu Gott gehörte und Gott sich um sie kümmern würde. Er vertraute Gott und er vertraute Maria. Sich von Maria scheiden zu lassen, hätte bedeutet, sie zu verlassen und seine von Gott gegebene Ehe wegzuwerfen. Aus diesem Grund wollte sich der hl. Josef von Maria trennen, da er wusste, dass Gott, der das Kind in ihrem Leib hervorgebracht hatte, sich um sie und das Kind kümmern würde.

Der hl. Josef liebte Maria unermesslich und es wäre für ihn eine Qual gewesen, darüber nachzudenken, sich von ihr zu trennen, aber er liebte Gott an erster Stelle. Sein unmittelbarer Entschluss war, Gott das zu geben, was Josef meinte, was Gott gebührt, d. h. sich von Maria zu trennen, da sie Ihm gehörte. Aus Gerechtigkeit und Ehrfurcht war er bereit, völlig aus dem Blickfeld zu verschwinden. Dies sind die Handlungen des hl. Josef, die das Herz Gottes bewegten, die Ehe des hl. Josef festigten und ihn zu unserem Vater im Glauben machten.

> Warum wollte er [der hl. Josef] sie [Maria] verlassen? Höre jetzt nicht mehr auf meine Meinung, sondern auf die der Väter [der Kirche]. Josef

wollte sie aus dem gleichen Grund verlassen wie Petrus, als er den Herrn bat, „Geh weg von mir, Herr, denn ich bin ein sündiger Mann." Wieder aus dem gleichen Grund hielt auch der Zenturio Jesus von seinem Haus fern, indem er zu Ihm sagte: „Herr, ich bin es nicht wert, dass Du unter mein Dach kommst." Also bekannte Josef auf diese Weise, dass er unwürdig wäre und sich für einen Sünder hielt und ein Mann wie er nicht mit einer so großen und erhabenen Frau unter einem Dach leben sollte, deren wunderbare und überlegene Würde ihn mit Ehrfurcht erfüllte. Er sah mit Angst und Zittern, dass sie die sicheren Zeichen der göttlichen Gegenwart trug, und da er das Geheimnis nicht ergründen konnte, wollte er von ihr fortgehen. Petrus hatte Angst vor der Größe der Macht, der Zenturio fürchtete die Majestät der Gegenwart. Auch Josef, ein Mensch, hatte Angst vor der Größe des großen Wunders, der Tiefe des Geheimnisses und so beschloss er, sie in aller Stille zu verlassen. Du bist überrascht, dass Josef sich der Gesellschaft der schwangeren Jungfrau für unwürdig hielt? Wir haben doch gehört, dass auch die hl. Elisabet ihre Anwesenheit nicht ohne Angst und Ehrfurcht ertragen konnte, als sie sagte: „Wer bin ich, dass die Mutter meines Herrn zu mir kommt?" Deshalb beschloss Josef, sie zu verlassen.[225]

– Hl. Bernhard von Clairvaux

Nach den Schriften des [hl.] Hieronymus und Origenes hatte Josef keinen Verdacht auf Ehebruch, weil er die Bescheidenheit und Keuschheit Mariens kannte. Außerdem hatte er in der Schrift gelesen, dass die Jungfrau empfangen würde und dass „ein Trieb aus dem Stamm Jesse sprießen und aus seinen Wurzeln eine Knospe blühen wird". Er wusste auch, dass Maria von der Linie Davids abstammte. So fiel es ihm leichter zu glauben, dass Jesajas Prophezeiung in ihr erfüllt worden war, als dass sie sich in Ausschweifungen hätte fallen lassen können. Deshalb wollte er sie heimlich wegschicken, weil er sich für unwürdig hielt, mit einer Person von so großer Heiligkeit zu leben – wie auch Petrus zu Jesus sagt: „Geh weg von mir, Herr, denn ich bin ein Sünder!"[226]

– Hl. Thomas von Aquin

> Josef wollte der Jungfrau ihre Freiheit geben, nicht weil er sie des Ehebruchs verdächtigte, sondern weil er aus Respekt vor ihrer Heiligkeit Furcht hatte, mit ihr zusammen zu leben.[227]
>
> – Hl. Thomas von Aquin

In den mystischen Enthüllungen der hl. Birgitta von Schweden sprach die hl. Jungfrau selbst von der Gerechtigkeit und Ehrfurcht, die der hl. Josef als Reaktion auf die Entdeckung ihrer Schwangerschaft vollzogen hatte. Unsere Liebe Frau sagte zur hl. Birgitta Folgendes:

> Von dem Moment an, als ich [Maria] dem Boten Gottes meine Zustimmung gab, sah Josef, dass ich durch die Kraft des Heiligen Geistes empfangen hatte und schwanger war und zunahm, und er staunte sehr. Weil er nichts Böses vermutete, sondern sich an die Worte des Propheten erinnerte, der vorausgesagt hatte, dass der Sohn Gottes von einer Jungfrau geboren werden würde, hielt er sich für unwürdig, einer solchen Mutter zu dienen, bis der Engel ihm in einem Traum gebot, keine Angst zu haben, sondern mir in Nächstenliebe zu dienen.[228]

Interessanterweise hat Maria der hl. Birgitta von Schweden genau das gesagt, was sie dem hl. Matthäus gesagt hatte, als er sein Evangelium schrieb. Denken wir einmal darüber nach: Wie sonst hätte der hl. Matthäus herausgefunden, was in Mt 1,18–24 erzählt wird, wenn er es nicht von Maria gewusst hätte? Der hl. Matthäus kannte den hl. Josef nicht und war nicht anwesend, als alles passierte. Die Quelle der Informationen musste Maria sein und Maria sagte dem hl. Matthäus nicht, dass ihr Bräutigam sich von ihr scheiden lassen wollte. Sie hatte ihm genau dasselbe gesagt, was sie der hl. Birgitta gesagt hatte: nämlich, dass Josef kein Fehlverhalten vermutete und wusste, dass Maria durch den Heiligen Geist empfangen hatte. Er hatte Angst vor solcher Heiligkeit. Maria sagte dem hl. Matthäus nicht, dass ihr Mann sich von ihr scheiden lassen wollte. Im Gegenteil, sie sagte ihm, dass ihr Mann sich dieser großen Rolle nicht würdig fühlte und sich aus Gerechtigkeit und Ehrfurcht von ihr trennen wollte.

Hat der hl. Josef verstanden, was in Marias Leib vor sich ging? Nein, hat er nicht. Er wird nicht alle Informationen gehabt haben, die nötig wären, um einen theologischen Diskurs darüber zu führen, wie Gott die menschliche Natur in Marias Leib annahm, und er, ein gläubiger jüdischer Mann des ersten Jahrhunderts, hätte sicherlich Begriffe wie „hypostatische Union“ [Der Begriff der hypostatischen Union ist ein Begriff, der beschreibt, wie Gott der Sohn eine menschliche Natur annahm und zugleich ganz Gott blieb. Anm. der Übersetzerin.] oder „Inkarnation“ nicht verstanden, da diese erst nach Jahrhunderten des Denkens, Gebetes und der Unterscheidung in der Kirche entstanden sind. Er war jedoch überzeugt, dass das, was in ihr geschah, von Gott war. Er wusste nicht, wie das Kind in ihren Leib kam, aber uns wird von Heiligen und Kirchenvätern versichert, dass er nie daran gezweifelt hat, dass Maria rein war und dass Gott in ihr wirkte. Er zweifelte nicht an Maria; er zweifelte an sich und seiner Fähigkeit, der Bräutigam einer solchen Frau und der Vater eines solchen Kindes zu sein.

Die Größe des hl. Josef besteht darin, dass er bereit war, aus Liebe zu Gott und zu Maria ein obdachloser Wanderer zu werden. Er wollte Maria nicht durch eine Scheidung diffamieren, auch nicht durch eine im Stillen. Nach Jesus Christus ist der hl. Josef der bescheidenste aller Menschen und er war bereit, von der Bildfläche zu verschwinden und abzutauchen. Wenn Gott wollte, dass er im Blickfeld bleibt, würde es einer göttlichen Offenbarung bedürfen, um es bekannt zu machen. Mit Ausnahme von Jesus Christus gab es nie einen Mann, der in Liebe, Glaube, Gerechtigkeit, Ehrfurcht und Demut so selbstlos und heldenhaft war wie der hl. Josef.

Gott wusste natürlich bereits, dass Er den richtigen Mann mit dem hl. Josef hatte, aber Josef musste es vom Himmel selbst erfahren. Und genau das tat der Engel, als er zum hl. Josef kam und im Traum zu ihm sprach. Gott ließ den hl. Josef wissen, dass Er sich auf seine Bereitschaft verlassen musste, immer den Willen Gottes zu tun. Jesus selbst musste sich auf die Demut und Opferliebe des hl. Josef verlassen, um Seine erlösende Sendung erfüllen zu können. Es würde eine Zeit kommen, in der der hl. Josef von der Bildfläche verschwinden würde, damit Jesus die Welt über Seinen Himmlischen Vater unterrichten würde, aber diese Zeit war noch nicht gekommen. Dennoch hatte sich der hl. Josef als ein Mann erwiesen, der angesichts aller möglichen Vorkommnisse, ob vorteilhaft oder nachteilig, zuverlässig und gehorsam war. Gott konnte ihm vertrauen.

Die Ehrfurchtstheorie lehrt uns, dass Gott im Geist und im Herzen des hl. Josef an erster Stelle stand. Wenn es notwendig sei, dass der hl. Josef seine Zukunft mit Maria opfern muss, um Gott zu geben, was Ihm gebührt, dann sei es so. Gott kommt zuerst. Aus Liebe zu Gott war der hl. Josef bereit, ein größeres Opfer zu bringen, als es ein Patriarch oder Märtyrer des Alten Testaments jemals hätte bringen können. Gott wollte, dass der hl. Josef ein neuer Abraham ist, ein Mann, der bereit ist, alles für Gottes heiligen Willen zu opfern. Gott belohnte die Liebe, den Gehorsam, die Gerechtigkeit, die Ehrfurcht und die Demut des hl. Josef, indem Er ihn als Haupt der Heiligen Familie, Vater Jesu Christi, Schrecken der bösen Geister und unseren geistlichen Vater, bestätigte. Der hl. Josef erntete eine beispiellose geistliche Vaterschaft und seine Kinder werden so zahlreich sein wie die Sterne am Himmel! Gott machte ihn zum geistlichen Vater einer neuen Schöpfung. Gott machte ihn zum „Vermehrer"!

Die Heiligen, Theologen und Mystiker, die im Laufe der Jahrhunderte gelehrt haben, dass der hl. Josef vollkommene Liebe, Gerechtigkeit und ehrfürchtige Frömmigkeit gegenüber Gott und Maria gezeigt hat, geben uns eine tiefgreifende Interpretation von Matthäus 1,18–24, die heute in dem bestätigt wird, was die Kirche über den hl. Josef lehrt. Er ist der größte aller Heiligen, die „Stütze der Familien" und die „Zierde des häuslichen Lebens". Nach Jesus Christus ist der hl. Josef der „gerechteste", liebevollste und ehrfürchtigste aller Menschen!

> Durch seine völlige Selbstübereignung bringt Josef seine hochherzige Liebe zur Gottesmutter zum Ausdruck, indem er mit ihr die Ehe eingeht. Obwohl er beschlossen hatte, sich zurückzuziehen, um dem Plan Gottes, der in ihr Wirklichkeit werden sollte, nicht im Wege zu stehen, behält er sie auf die ausdrückliche Anweisung des Engels hin bei sich und respektiert ihre ausschließliche Zugehörigkeit zu Gott.[229]
>
> – Hl. Johannes Paul II.

Der hl. Josef, unser geistlicher Vater, ist kein Mann des Zweifels, der sich von unserer geistlichen Mutter scheiden lassen wollte. Nach seinem Sohn ist der hl. Josef das Vorbild für übernatürliche Liebe und Glauben, Gerechtigkeit, Ehrfurcht und Demut. Er ist ein tugendhafter Gentleman, dessen Glaube beständig und rein ist.

> Hat er [der hl. Josef] seine Beständigkeit nicht wunderbar gezeigt, als er die Muttergottes schwanger sah und nicht wusste, wie das sein konnte, in seinen Gedanken in Bedrängnis, Verwirrung und Sorgen geriet? Trotz allem beschwerte er sich nie, er war seiner heiligen Braut gegenüber niemals hart oder unhöflich, sondern blieb in seinem Verhalten genauso sanft und respektvoll wie immer zuvor.[230]
>
> – Hl. Franz von Sales

Die Reaktion des hl. Josef auf Marias Schwangerschaft ist für uns ein Vorbild. Unser geistlicher Vater lehrt uns, wie wir, angesichts aller möglichen Vorkommnisse, gerecht und ehrfürchtig sein können. Er lehrt uns, Gott Achtung zu erweisen, auch wenn wir bereit sein müssen, alles zu opfern, was wir lieben. Unser geistlicher Vater lehrt uns, dass wir nicht hastig oder hart handeln sollten, wenn wir auf verwirrende Situationen stoßen. Wir sollten alles ins Gebet nehmen und auf den Herrn warten, um Führung und Licht zu erlangen. Wenn wir liebevoll, treu, ehrfürchtig und gerecht sind, wird Gott uns alles offenbaren und uns reichlich fruchtbar machen.

Wer war heiliger als Josef? Wer war reiner als die Allerheiligste Jungfrau? Und doch wollte er [der hl. Josef] sie heimlich verlassen. Aber wie umsichtig und gerecht wollte er es tun! Er wollte sich nicht offen von ihr trennen, damit sie nicht diffamiert würde, sondern heimlich, damit sie ihren guten Namen bewahrt. Wir können von diesem heiligen und gerechten Mann lernen: Obwohl die Handlungen anderer Menschen uns oft böse erscheinen oder unvollkommen sind, sollten wir sie heimlich und nicht offen beurteilen und so bewerten, dass weder ihr Gewissen noch ihr guter Name verletzt werden. Wenn wir dies tun, wird uns das Licht nicht fehlen, damit wir richtig urteilen können, da dem rechtschaffenen Ehemann der Heiligen Jungfrau das Licht nicht fehlte, um die Wahrheit zu erkennen, zu verstehen, auf welche Art sie empfangen hatte.[231]

– Hl. Stanisłaus Papczyński

Gaben des Heiligen Geistes

> Es gibt eine allgemeine Regel bezüglich aller besonderen Gnaden, die je einem Menschen gewährt wurden. Wann immer die göttliche Gunst jemanden auserwählt, eine besondere Gnade zu empfangen oder eine hohe Berufung anzunehmen, schmückt Gott die auserwählte Person mit allen Gaben des Geistes, die zur Erfüllung der vorliegenden Aufgabe erforderlich sind. Diese allgemeine Regel wird insbesondere im Fall des hl. Josef bestätigt.[232]
>
> – Hl. Bernhardin von Siena

Der hl. Josef hatte die höchste Berufung, die größte Sendung. Er wurde berufen, der Bräutigam der Jungfrau Maria und der Vater Jesu Christi zu sein. Seine Sendung erforderte alle sieben Gaben des Heiligen Geistes (Weisheit, Einsicht, Rat, Stärke, Erkenntnis, Frömmigkeit und Gottesfurcht).

Bedenke, dass der Heilige Geist nur Josef als Beschützer der Heiligen Jungfrau als ihren wahren Ehemann auserwählt hat und folglich kein geschaffenes Wesen die Herrlichkeit dieses großen Heiligen erreichen kann.[233]

– Sel. Guillaume-Joseph Chaminade

Der hl. Josef wurde nicht nur als Beschützer Mariens ausgewählt, sondern auch als Beschützer Jesu – und als euer Beschützer! Jesus und Maria sind im Himmel, aber ihr seid es nicht. Dies bedeutet, dass die Sendung des hl. Josef noch andauert. Vom Himmel aus wacht er über diejenigen, die seiner liebevollen Fürsorge anvertraut sind und bittet den Heiligen Geist, Seine Gaben über seine Kinder auszugießen.

Ihr habt eine Sendung: heilig zu werden, Gott aufrichtig und euren Nächsten barmherzig zu lieben. Ihr braucht die sieben Gaben des Heiligen Geistes in eurem Leben. Sie helfen euch, eurem geistlichen Vater ähnlich zu werden und den Himmel zu erreichen.

Was genau tun die sieben Gaben des Heiligen Geistes für uns? Nun, die „Missionsgesellschaft vom Heiligen Geist" gibt uns Antwort. Die Missionsgesellschaft vom Heiligen Geist (auch Spiritaner genannt) sind die Ordensgemeinschaft, die dafür verantwortlich ist, weltweit eine sehr mächtige Novene zum Heiligen Geist zu verbreiten, die eine hervorragende Zusammenfassung dessen enthält, was Seine Gaben sind und was sie für uns tun. Ein Nachdruck, mit Genehmigung der Missionsgesellschaft vom Heiligen Geist, beinhaltet nachfolgend die Beschreibung der sieben Gaben des Heiligen Geistes aus der Novene, sowie ein schönes Gebet:

Die Gabe der Erkenntnis ermöglicht der Seele, geschaffene Dinge in ihrem Wert zu sehen – in ihrer Beziehung zu Gott. Die Erkenntnis offenbart den Schein der Kreaturen, offenbart ihre Leere und weist auf ihren einzig wahren Zweck als Werkzeuge im Dienst Gottes hin. Sie zeigt uns die liebevolle Fürsorge Gottes auch in Widrigkeiten und weist uns an, sie unter allen Umständen des Lebens zu verherrlichen. Von Seinem Licht geleitet, stellen wir das Erste an die erste Stelle und schätzen die Freundschaft Gottes über alles.

Die Gabe der Einsicht/des Verstandes hilft uns, die Bedeutung der Wahrheiten unserer heiligen Religion zu erfassen. Durch den Glauben kennen wir sie, aber durch die Einsicht lernen wir, sie zu schätzen und an ihr Gefallen zu finden. Sie ermöglicht uns, die innere Bedeutung offenbarter Wahrheiten zu durchdringen und durch sie zur Erneuerung des Lebens zu erwachen. Unser Glaube hört auf, steril und inaktiv zu sein, inspiriert aber eine Lebensweise, welche uns ein anspruchsvolles Zeugnis für den Glauben in uns gibt.

Die Gabe des Rates verleiht der Seele übernatürliche Klugheit und ermöglicht es ihr, schnell und richtig zu beurteilen, was zu tun ist, insbesondere in schwierigen Situationen. Diese Gabe wendet die Prinzipien der Erkenntnis und der Einsicht auf die unzähligen konkreten Fälle an, mit denen wir im Rahmen unserer täglichen Arbeit als Eltern, Lehrer, Beamte und christliche Bürger konfrontiert sind. Der Rat ist übernatürlicher gesunder Menschenverstand, ein unschätzbarer Schatz auf der Suche nach Erlösung.

Die Gabe der Stärke festigt die Seele gegen natürliche Angst und unterstützt uns bei der Erfüllung unserer Pflichten. Die Gabe verleiht dem Willen einen Impuls und eine Tatkraft, die ihn dazu bewegt, ohne zu zögern die schwierigsten Aufgaben zu übernehmen, mit ihr Gefahren zu begegnen, auch wenn menschlicher Respekt mit Füßen getreten wird und das langsame Martyrium selbst lebenslanger Trübsal ohne Klagen zu ertragen.

Die Gabe der Frömmigkeit erzeugt in unseren Herzen eine kindliche Zuneigung zu Gott als unserem liebsten Vater. Sie inspiriert uns, Dinge und Personen, die Ihm geweiht sind, aus Liebe zu Ihm zu lieben und zu respektieren; ebenso alle, die mit Seiner Autorität ausgestattet sind, Seine Mutter, den hl. Josef, die Heiligen, die Kirche und ihr sichtbares Haupt sowie unsere Eltern und Vorgesetzten, unser Land und seine Regierenden. Wer mit der Gabe der Frömmigkeit erfüllt ist, findet die Ausübung seiner Religion nicht als belastende Pflicht, sondern als einen wunderbaren Dienst.

Die Gabe der Gottesfurcht erfüllt uns mit souveränem Respekt vor Gott und lässt uns nichts so sehr fürchten, als Ihn durch Sünde zu beleidigen. Es ist eine Furcht, die nicht aus dem Gedanken an die Hölle entsteht, sondern aus Gefühlen der Ehrfurcht und der kindlichen Unterwerfung an unseren Himmlischen Vater. Es ist die Gottesfurcht, die den Beginn der Weisheit mit sich bringt und uns von weltlichen Freuden löst, welche uns in irgendeiner Weise von Gott trennen könnten.

Die Gabe der Weisheit verkörpert alle anderen Gaben sowie die Nächstenliebe, die alle anderen Tugenden umfasst. Weisheit ist die vollkommenste Gabe. Von der Weisheit steht geschrieben: „Mit ihr sind alle guten Dinge zu mir gekommen und durch ihre Hände unzählige Reichtümer." Es ist die Gabe der Weisheit, die unseren Glauben vermehrt, die Hoffnung stärkt, die Nächstenliebe vervollkommnet und die Ausübung der Tugenden in höchstem Maße fördert. Die Weisheit erleuchtet den Geist, um göttliche Dinge zu erkennen und Gefallen daran zu finden, während irdische Freuden ihren Geschmack verlieren und das Kreuz Christi eine göttliche Süße hervorbringt.

Gebet um die sieben Gaben des Heiligen Geistes

O Herr Jesus Christus, der Du vor Deiner Aufnahme in den Himmel versprochen hast, den Heiligen Geist zu senden, um Dein Wirken in den Seelen Deiner Apostel und Jünger vollkommen zu machen. Gewähre mir diesen Heiligen Geist, damit Er in meiner Seele das Werk Deiner Gnade und Deiner Liebe vollkommen mache. Gewähre mir den Geist der Weisheit, damit ich die verderblichen Dinge dieser Welt verachte und nur nach den Dingen strebe, die ewig sind; den Geist der Einsicht, um meinen Geist mit dem Licht Deiner göttlichen Wahrheit zu erleuchten; den Geist des Rates, damit ich immer den richtigen Weg wählen kann, Gott zu gefallen und in den Himmel zu kommen; den Geist der Stärke, damit ich mit Dir mein Kreuz tragen und mit Mut alle Hindernisse überwinden kann, die meiner Erlösung entgegenstehen; den Geist der Erkenntnis, damit ich Gott und mich selbst erkenne und mit der Lehre der Heiligen vollkommen werde; den Geist der Frömmigkeit, damit ich den Dienst Gottes wunderbar und liebenswürdig finde, und den Geist der Gottesfurcht, dass ich von einer liebevollen Ehrfurcht vor Gott erfüllt werde und mich in jeglicher Weise fürchte, Ihm zu missfallen. Bezeichne mich, liebevoller Herr, mit dem Zeichen Deiner wahren Jünger und belebe mich in allen Dingen mit Deinem Geist. Amen.

WUNDER 6

Retter des Retters

Er [der hl. Josef] bewahrte das Kind vor dem Tod, das von der Eifersucht eines Monarchen bedroht war, und fand dafür eine Zuflucht.[234]

– Papst Leo XIII.

Die Sieben Schmerzen und Sieben Freuden

Weil der hl. Josef mit Maria in ihren glorreichen Privilegien verbunden war, musste auch er, wie sie, leiden und sein Herz wurde genauso von sieben Schwertern durchbohrt.[235]

– Hl. Pierre Julian Eymard

Im 16. Jahrhundert begann in der Kirche eine Andacht zum hl. Josef, die *Sieben Schmerzen des hl. Josef* genannt wurde. Niemand scheint die genauen Ursprünge der Andacht zu kennen, aber sie ist eine Parallele zu einer volkstümlichen Andacht zu U. L. F., die Sieben Schmerzen Mariens genannt wird.

Als Andacht bestehen die Sieben Schmerzen des hl. Josef aus einer Meditation über Bibelstellen aus dem Leben des hl. Josef, die ihm viele Schmerzen bereiteten. Wenn man über diese Bibelstellen meditiert, ist es üblich, je ein Vaterunser, ein Ave-Maria und ein Gloria zu beten.

Der hl. Josef war ein so großer Liebhaber Gottes, aber er erfuhr viel Schmerz, welchen er mit wunderbarer Tapferkeit ertrug.[236]

– Hl. Josef Sebastian Pelczar

Im 18. Jahrhundert nahm der sel. Januarius Maria Sarnelli die Andacht der Sieben Schmerzen des hl. Josef auf und fügte ihr eine weitere Dimension hinzu: die Sieben Freuden des hl. Josef. In seiner Predigt erzählte der sel. Januarius die Geschichte, wie zwei schiffbrüchige Franziskaner mehrere Tage lang auf See verloren waren und sich an eine Planke klammerten, um nicht zu ertrinken. Plötzlich erschien ihnen ein Mann und brachte sie sicher ans Ufer. Als die Franziskaner den Mann fragten, wer er sei, antwortete der Mann, er sei der hl. Josef. Nachdem der hl. Josef seine Identität preisgegeben hatte, bat er die Franziskaner, die Sieben Schmerzen und Sieben Freuden an den sieben Sonntagen zu würdigen, die zu seinem Gedenktag am 19. März führt. Durch die wunderbare Predigt des sel. Januarius über die schiffbrüchigen Franziskaner wurden die Sieben Schmerzen und die Sieben Freuden der Andacht zum hl. Josef als die Sieben Sonntage des hl. Josef bekannt und verbreiteten sich schnell in der gesamten Kirche.

> O treuester Heiliger, der die Geheimnisse unserer Erlösung teilte, du ruhmreicher hl. Josef! Die Prophezeiung von Simeon über die Schmerzen Jesu und Mariens ließ dich vor Todesangst erschaudern, erfüllte dich aber gleichzeitig mit einer seligen Freude durch das Heil und die herrliche Auferstehung, die, wie er voraussagte, von unzähligen Seelen erreicht werden würde.[237]
>
> – Sel. Januarius Maria Sarnelli

Die Sieben Schmerzen und Sieben Freuden des hl. Josef, die dazugehörigen biblischen Referenzen und ihre Reihenfolge gemäß der Andacht an den sieben Sonntagen sind die Folgenden:

1. SONNTAG

1. Schmerz: *Der hl. Josef beschließt, Maria heimlich zu verlassen* (Mt 1,19)
1. Freude: *Hl. Josefs Verkündigung* (Mt 1,20)

2. SONNTAG
2. Schmerz: *Die Armut der Geburt Jesu* (Lk 2,7)
2. Freude: *Die Geburt des Retters* (Lk 2,10–11)

3. SONNTAG
3. Schmerz: *Die Beschneidung* (Lk 2,21)
3. Freude: *Der Heilige Name Jesu* (Mt 1,25)

4. SONNTAG
4. Schmerz: *Simeons Prophezeiung* (Lk 2,34)
4. Freude: *Die Auswirkungen der Erlösung* (Lk 2,38)

5. SONNTAG
5. Schmerz: *Die Flucht nach Ägypten* (Mt 2,14)
5. Freude: *Der Sturz der Götzen Ägyptens* (Jes 19,1)

6. SONNTAG
6. Schmerz: *Die Rückkehr aus Ägypten* (Mt 2,22)
6. Freude: *Leben mit Jesus und Maria in Nazaret* (Lk 2,39)

7. SONNTAG
7. Schmerz: *Der Verlust des Jesuskindes* (Lk 2,45)
7. Freude: *Das Wiederfinden des Jesuskindes* (Lk 2,46)

> Möge er [der hl. Josef] das Anliegen deiner Erlösung übernehmen. So wie er den Sohn Gottes auf seinen Reisen geführt hat, möge er dein Führer auf der Reise dieses Lebens sein, bis du die Oase der ewigen Glückseligkeit erreichst.[238]
>
> – Sel. Guillaume-Joseph Chaminade

Retter des Retters

> Jemandem das Leben zu geben, ist das größte aller Geschenke. Ein Leben zu retten, ist das Zweitgrößte. Wer hat Jesus das Leben gegeben? Es war Maria. Wer hat Sein Leben gerettet? Es war Josef. Frag den hl. Paulus, der Ihn verfolgt hat, den hl. Petrus, der Ihn verleugnet hat. Frag alle Heiligen, die Ihn getötet haben. Aber wenn wir fragen: „Wer hat Sein Leben gerettet?" Seid still, Patriarchen, schweigt, Propheten, schweigt, Apostel, Beichtväter und Märtyrer. Lasst den hl. Josef sprechen, denn diese Ehre ist seine allein; er allein ist der Retter seines Retters.[239]
>
> – Sel. Guillaume-Joseph Chaminade

Retter seines Retters?" Das klingt ketzerisch, nicht wahr? Keine Sorge: Der sel. Guillaume-Joseph Chaminade behauptet nicht, dass der hl. Josef größer ist als Gott oder Jesus. Der sel. Guillaume-Joseph war ein sehr heiliger Priester und hatte eine große Verehrung für den hl. Josef. Er erlebte die Französische Revolution und litt in einer sehr antikatholischen Ära der französischen Geschichte unter vielen Nöten. Die Liebe des sel. Chaminade zu Jesus, Maria und dem hl. Josef gab ihm die Kraft, den bösen Absichten der Revolutionäre zu widerstehen.

Auf dem Höhepunkt der Französischen Revolution verbreitete der sel. Chaminade die Verehrung für Maria und predigte unermüdlich über den hl. Josef. Er ermutigte seine Mitbrüder, als Ferse Mariens zu wirken und die Finsternis der Revolution zu zerschlagen. Er kannte auch die Macht des hl. Josef und ermutigte alle, unter dem väterlichen Schutz des hl. Josef Zuflucht zu suchen.

> Mache ihn [den hl. Josef] für den Schutz deiner Person verantwortlich, ihn, der das Leben seines Retters gerettet hat.[240]
>
> – Sel. Guillaume-Joseph Chaminade

Um die Beschreibung des hl. Josef als „Retter seines Retters" durch den sel. Chaminade zu verstehen und zu rechtfertigen, wenden wir uns dem Matthäusevangelium zu.

> Als die Sterndeuter wieder gegangen waren, siehe, da erschien dem Josef im Traum ein Engel des Herrn und sagte: Steh auf, nimm das Kind und seine Mutter und flieh nach Ägypten; dort bleibe, bis ich dir etwas anderes auftrage; denn Herodes wird das Kind suchen, um es zu töten. Da stand Josef auf und floh in der Nacht mit dem Kind und dessen Mutter nach Ägypten.
>
> – Mt 2,13–14

Der hl. Josef kann der Retter des Retters genannt werden, weil er Jesus vor den bösen Absichten des Herodes gerettet und Ihn nach Ägypten gebracht hat. Der hl. Josef ist der einzige Heilige, der das Privileg hat, der Retter des Retters genannt zu werden – nicht einmal die Muttergottes hat einen solchen Titel. Gott wollte, dass der hl. Josef diesen einzigartigen Titel ganz für sich allein hat. Es ist ein Titel, der die Größe der Vaterschaft des hl. Josef bekräftigt. Er lehrt uns seine wichtige väterliche Rolle im Plan Gottes.

> Ihm [dem hl. Josef] wurde das göttliche Kind anvertraut, als Herodes seine Soldaten gegen ihn losließ.[241]
>
> – Papst Pius XI.

Der sel. Chaminade ist nicht der Einzige, der den hl. Josef den Retter des Retters nannte. Die hl. Madeleine Sophie Barat gab eine ähnliche Erklärung ab. Sie schrieb:

> Jesus wollte sich dem hl. Josef gegenüber für die Notwendigkeiten des Lebens zum Dank verpflichtet fühlen und allein von diesem hl. Patriarchen kann gesagt werden, dass er das Leben seines Retters gerettet hat.[242]

Der hl. Alfons von Liguori, ein Gelehrter der Kirche, ging so weit, zu behaupten, dass Jesus all denen, die zum hl. Josef gehen, nichts verweigern wird, weil er den Retter aus den Händen des Herodes gerettet hat. Er schreibt:

> Der Apostel Paulus sagt, dass Jesus Christus im kommenden Leben „jedem Menschen nach seinen Taten vergelten wird“ (Röm 2,6). Welch große Herrlichkeit dürfen wir nicht annehmen, die Er dem hl. Josef verlieh, welcher Ihm so sehr diente und Ihn liebte, während Er auf Erden lebte! Am letzten Tag wird unser Retter zu den Auserwählten sagen: „Ich war hungrig und ihr habt mir zu essen gegeben; ich war durstig und ihr habt mir zu trinken gegeben; ich war fremd und ihr habt mich aufgenommen; ich war nackt und ihr habt mir Kleidung gegeben“ (Mt 25,35–36). Diese haben jedoch Jesus Christus nur in der Person der Armen ernährt, Ihn untergebracht oder bekleidet, aber der hl. Josef hat Jesus persönlich Nahrung, eine Unterkunft und Kleidung beschafft. Darüber hinaus hat unser Herr demjenigen eine Belohnung versprochen, der den Armen in Seinem Namen einen Becher Wasser gibt: „Wer euch auch nur einen Becher Wasser zu trinken gibt, weil ihr zu Christus gehört – Amen, ich sage euch: Er wird gewiss nicht um seinen Lohn kommen“ (Mk 9,40). Was muss dann die Belohnung des hl. Josef sein, der zu Jesus Christus sagen kann: „Ich habe Dich nicht nur mit Essen, einer Wohnung und mit Kleidern versorgt, sondern ich habe Dich vor dem Tod gerettet und Dich aus den Händen von Herodes befreit.“ All dies trägt dazu bei, unser Vertrauen in den hl. Josef zu stärken. Es lässt uns darüber nachdenken, dass Gott wegen so vieler Verdienste keine Gnade ablehnen wird, die der hl. Josef von Ihm für seine frommen Verehrer erbittet.[243]

Wow! Welches Vertrauen sollten wir in den hl. Josef haben!

Letztendlich hat der hl. Josef das Leben Jesu gerettet, damit Jesus uns retten kann. Jesus Seinerseits ist dem hl. Josef äußerst dankbar für alles, was er erlitten hat, um die Erlösungssendung unseres Herrn zu ermöglichen: Exil, Armut, Not, Müdigkeit, Demütigungen und so viele andere Schwierigkeiten. Der hl. Josef litt so viel für Jesus. Ohne die Schmerzen des hl. Josef hätten wir nicht den Retter, der uns von Sünde und Tod befreit. Deshalb erfüllt Jesus jeden Wunsch Seines geliebten jungfräulichen Vaters.

Die Schmerzen des hl. Josef werden in Predigten oder Schriften über den hl. Josef selten erwähnt. Wenn man jedoch darüber nachdenkt, konnte es nicht einfach gewesen sein, der Vater des Erlösers zu sein. Die väterliche Sendung des hl. Josef brachte enormes Leid mit sich.

> Wie groß war der Anteil des glorreichen hl. Josef am Kelch der Passion Jesu durch die Dienste, die er Seiner heiligen Menschheit erwies![244]
>
> – Hl. Maria Magdalena von Pazzi

Der Schmerz des hl. Josef begann schon, bevor unser Herr überhaupt geboren wurde. Als der hl. Josef entdeckte, dass seine geliebte Braut schwanger war, erlebten sein Herz, sein Verstand und seine Seele entsetzlichen Kummer. Sein Schmerz kam nicht von dem Verdacht, dass Maria untreu gewesen war; er zweifelte nie an Marias Liebe, Treue und Heiligkeit. Sein Schmerz kam vielmehr von seinem Wissen, dass er es nicht wert war, der Ehemann einer so heiligen Frau zu sein; er hielt sich auch nicht für würdig, der Vater des Himmlischen Kindes zu sein. Er erkannte, dass Maria völlig Gott gehörte und dass er aus Gründen der Gerechtigkeit Gott Seinen Anteil zurückgeben musste, indem er sich von Maria distanzierte. Der Gedanke, sich von Maria zu trennen, verursachte mehr Schmerz in seinem Herzen als je ein Märtyrer erfahren konnte. Im Gegensatz zum Schmerz der Märtyrer, die ihr Blut aus Liebe zu Christus vergossen haben, war der Schmerz des hl. Josef innerlich und von solcher Intensität, dass dies verdienstvoller ist als die Schmerzen aller christlichen Märtyrer. Die Vorstellung, sich von Maria, der Freude seines Herzens, zu trennen, verursachte in ihm so tiefes Leid, dass Gott einen Engel senden musste, um ihn zu trösten und ihn anzuweisen, keine Furcht zu haben, sie in sein Haus aufzunehmen. Abraham wurde zum Vater einer Vielzahl von Nationen gemacht, weil er bereit war, seinen Sohn zu opfern. Der hl. Josef wurde zum Vater des Volkes des Neuen Bundes erhoben, weil er bereit war, sich von seiner geliebten Braut zu trennen.

Der Schmerz des hl. Josef hielt für den Rest seines Ehelebens an. Als er mit seiner schwangeren Braut zur Volkszählung nach Betlehem reiste, litt er sehr darunter, dass er seiner Braut keinen geeigneten Ort für die sich anbahnende Geburt bieten konnte. Welcher Mann möchte, dass seine Frau in einer kalten, schmutzigen und schlecht riechenden Höhle, einem Unterstand für Tiere, geboren wird? Doch ein Stall war alles, was der hl. Josef zur Verfügung stellen konnte. Männer sind von Natur aus Versorger. Wenn ein Mann nicht in der Lage ist, so viel oder so gut für die zu sorgen, die er liebt, stirbt er im Inneren. Der hl. Josef starb täglich.

Es schmerzte den hl. Josef, als sein Sohn beschnitten wurde. Als er und Maria sahen, wie Jesus blutete, wussten sie, dass dies ein Hinweis auf die kommenden Dinge war. Wann und auf welche Weise alles geschehen würde, wussten sie nicht, aber sie waren so mit den göttlichen Geheimnissen und den alttestamentlichen Prophezeiungen vertraut, dass sie erkannten, dass noch mehr Blutvergießen kommen würde. Das wurde bestätigt, als die Eltern mit Jesus vor den Priester im Tempel traten, um ihren Erstgeborenen dem Herrn aufzuopfern und das Ritual der Reinigung zu vollziehen, welches Frauen nach der Geburt eines Kindes nach jüdischer Sitte tun mussten. Bei einem eigentlich so freudigen Anlass erfuhr der hl. Josef, dass das Herz seiner Frau durchbohrt werden würde und sein Sohn ein Zeichen des Widerspruchs sein sollte.

> Sein Vater und seine Mutter staunten über die Worte, die über Jesus gesagt wurden. Und Simeon segnete sie und sagte zu Maria, der Mutter Jesu: Siehe, dieser ist dazu bestimmt, dass in Israel viele zu Fall kommen und aufgerichtet werden, und er wird ein Zeichen sein, dem widerspro-

chen wird, – und deine Seele wird ein Schwert durchdringen. So sollen die Gedanken vieler Herzen offenbar werden.

– Lk 2,33–35

Simeons Worte wurden zu Maria gesprochen, aber der hl. Josef hörte sie. Als der hl. Josef hörte, wie Simeon Maria verkündete, dass Jesus ein Grund zur Spaltung sein würde und dass Marias Herz von einem Schwert durchbohrt werden würde, drangen die prophetischen Worte in das liebende Herz des hl. Josef ein und verursachten ihm unaussprechlichen Kummer. Es war ein Schmerz, den er für den Rest seines Lebens in seinem Herzen und seiner Seele tragen würde. Welcher Mann möchte hören, dass seine Frau und sein Kind Spott und Hass erleiden werden? Welcher Ehemann würde keine Qualen im Herzen erleben, wenn er wüsste, dass die Seele seiner Frau von einem Schwert durchbohrt wird? Die Schrift sagt uns, dass Maria die Worte Simeons in ihrem Herzen erwog (siehe Lk 2,19). Der hl. Josef muss auch in seinem Herzen über Simeons Worte nachgedacht haben. Kein Mann könnte ungestört weggehen, nachdem er solch schockierende Aussagen über seine Frau und seinen Sohn gehört hatte. Die Herzen eines Mannes und einer Frau sind eins. Was für den einen von Belang ist, ist für den anderen von Belang. Jahrzehntelang trug der hl. Josef die traurige Prophezeiung von Simeon in seinem Herzen. Weil seine Liebe groß ist, war der Schmerz des hl. Josef innerlich, intensiv und lang anhaltend.

O empfindsamstes Herz des hl. Josef, das, ähnlich wie das zarte Herz Mariens, die Sorgen der heiligsten Mutter spürte, sag mir, was hast du gefühlt, als du die schreckliche Prophezeiung von Simeon gehört hast? Doch mit welcher Großzügigkeit, mit welcher Stille und unveränderlicher Ergebung hast du aus den Händen Gottes sogar das Schwert der Trauer für unser Wohl angenommen! Wie kann ich dir meinen Dank zeigen? O süßester Heiliger, ich möchte deine Großzügigkeit nachahmen und zu jeder schmerzhaften Nachricht werde ich mit dir sagen: Gottes Wille soll geschehen.[245]

– Sel. Bartolo Longo

Wäre es dem hl. Josef möglich gewesen, das Leiden seiner Frau und seines Sohnes zu verhindern, hätte er alles in seiner Macht Stehende getan, um sie zu schützen. Ein guter und liebevoller Ehemann ist bereit, sich vor seine Frau zu stellen, um durch das Schwert sein eigenes Herz durchbohren zu lassen, anstatt ihres. Nach dem Plan Gottes wusste der hl. Josef jedoch, dass er zulassen musste, dass das Herz und die Seele seiner Braut durchbohrt würden. Solche Schmerzen waren erforderlich, damit eine neue Menschheit geboren werden konnte. Seine makellose Braut hatte in der Krippe in Betlehem keine Geburtswehen erlitten, weil sie frei von jeglichem Makel der Erbsünde, von all ihren Strafen befreit war, aber Simeons Prophezeiung hatte vorausgesagt, dass ein Tag kommen würde, an dem die Braut des hl. Josef eine quälende Art von Geburtswehen ertragen muss: geistliche Geburtswehen, damit die Menschheit in Christus wiedergeboren wird. Simeon hatte es prophezeit. Der hl. Josef wusste, dass es geschehen musste. Seine Aufgabe war es, seine Braut und seinen Sohn auf das Opfer vorzubereiten.

Kein Leid eines Märtyrers war größer als das Leid des hl. Josef. Simeons Prophezeiung war nur an Maria gerichtet gewesen. Der hl. Josef wusste warum und das Wissen verursachte ihm einen noch größeren Schmerz. Der hl. Josef verstand, dass Simeons Prophezeiung bedeutete, dass sie ohne den hl. Josef sein würde, wenn es an der Zeit war, dass ihr Herz durchbohrt würde. Die Zeit, der Ort und die Art des unsagbaren Schmerzes waren dem hl. Josef unbekannt, aber er verstand, dass er nicht mit Maria dort sein würde. In Anbetracht von Simeons Prophezeiung musste er die gemeinsame Zeit mit Maria damit verbracht haben, sie liebevoll zu trösten und sie auf die Stunden vorzubereiten, in denen sie beispiellose Trauer und Qualen erleiden würde – ihre geistlichen Geburtswehen. Der süße Trost des hl. Josef half Maria, sich auf das Opfer von Golgota vorzubereiten.

Josef konnte ihre mütterlichen Schmerzen nicht verhindern, aber er konnte sie darauf vorbereiten. Seine Jahre der Liebe und Hingabe waren ein Trost für Marias Unbeflecktes Herz. Der hl. Josef ist der größte Tröster des Herzens Mariens.

> Wie schön und einfach hast du [hl. Josef] diese unschuldige Taube [Maria] gesehen. Und wie übergroß hast du unter der Vision ihres Martyriums ohne dich gelitten, unter der Einsamkeit der Frau, die du so sehr geliebt hast. Oh, welches Martyrium hat deine Seele bei der Vorausschau der Passion und der sieben Schwerter erschüttert, die das Unbefleckte Herz Mariens durchbohren würden. Du träumtest von ihrer Verlassenheit, allein, ohne Jesus – und diese Schmerzen erschwerten dein glückliches Leben.[246]
>
> – Sel. Concepción Cabrera de Armida

Das Schwert, das Marias Herz auf Golgota durchbohren würde, musste auch das Herz des hl. Josef durchbohren, aber auf eine andere Weise. Er würde nicht auf Golgota sein, aber das Schwert musste sein väterliches Herz durchbohren, da es angemessen ist, dass an der Wiedergeburt der Menschheit sowohl eine Mutter als auch ein Vater beteiligt sind. Ehemänner haben keine Wehen wie eine Frau, aber jeder Ehemann ist aufgerufen, seine Frau in der Schwangerschaft zu begleiten und sie auf die Entbindung vorzubereiten. Als guter Ehemann würde der hl. Josef dafür sorgen, dass seine Frau auf ihre Schmerzen vorbereitet wurde. Er verbrachte Jahrzehnte damit, sie auf die schmerzhafte Entbindung auf Golgota vorzubereiten.

Auf Golgota muss Maria großen Trost und Stärke erfahren haben, als sie sich an alles erinnerte, was ihr Mann im Laufe der Jahre für sie und ihren Sohn getan hatte. Der Trost, den der Apostel Johannes, Maria Magdalena und einige andere spendeten, verblasste im Vergleich zu dem Trost, den der Mann, der nicht einmal dort war, Maria anbot. Gott hat dem hl. Josef die Qualen von Golgota erspart, aber Maria hat ihn in ihrem Herzen dorthin gebracht. Ihr gekreuzigter Sohn, vor dem sie stand, war auch Josefs Sohn. Maria erinnerte sich an ihren Bräutigam und fand Stärke im Glauben, in der Hoffnung und in der Liebe.

Es gab viele Erinnerungen an den hl. Josef, die Marias Herz auf Golgota überflutet hatten. Sie alle waren eine Quelle des Trostes und der Kraft für Maria. Die Erinnerung an die Stärke des hl. Josef im Schmerz hatte Marias Entschlossenheit gefestigt, mit ihrem gekreuzigten Sohn Zeugnis abzulegen und zu leiden. Sie hatte sich an das Abschlachten der Unschuldigen Kinder erinnert und wie sehr das Herz ihres Mannes dabei verwundet wurde. Denken wir daran: Als der Engel Josef anwies, das Kind und Seine Mutter nach Ägypten zu bringen, wurde ihm nicht gesagt, dass Kinder hingerichtet und Mütter den Tod ihrer Kinder miterleben mussten. Maria hatte sich daran erinnert, wie bitter der hl. Josef über den Verlust so vieler kostbarer Kinder geweint hatte. Es war eine Quelle enormen Schmerzes für den hl. Josef, aber er blieb fest entschlossen, den Willen Gottes zu tun. Am Fuße des Kreuzes tat Maria es ebenfalls.

> Josef und Maria hatten die Berge, die sie von der Wüste trennten, noch nicht überquert, als plötzlich das schmerzhafte Stöhnen, das von den Hügeln hallte, ihre Ohren betäubte. Diese herzzerreißenden Schreie, die die Schreie der Mütter unschuldiger Heiliger waren, welche an der Brust und in den Armen ihrer Mütter ermordet wurden, erfüllten die Herzen von Josef und Maria mit ungeheurer Traurigkeit.[247]
>
> – Sel. Bartolo Longo

Am Fuße des Kreuzes erinnerte sich Maria daran, wie der hl. Josef als Familienoberhaupt sie und Jesus nach Ägypten gebracht hatte und wie stark der hl. Josef ihre Familie beschützt und für sie gesorgt hatte. Nach Ägypten zu gehen, konnte für die Heilige Familie keine sichere oder bequeme Reise gewesen sein. Ägypten war ein sehr gefährlicher Ort, berüchtigt für Banditen, Diebe und heidnische Praktiken. Die Jahre, in denen der hl. Josef dort lebte, mussten sehr schwierig gewesen sein. Der hl. Thomas von Aquin und der hl. Bonaventura glauben, dass die Heilige Familie fast sieben Jahre im ägyptischen Exil war. Diese Zeit war für den hl. Josef mit viel Schmerz erfüllt. Maria erinnerte sich an diese Jahre und wie stark der hl. Josef in der Liebe für Gott und seine Familie war.

Auf dem Kalvarienberg erinnerte sich Maria an all die Schmerzen, die der hl. Josef während seiner Zeit in Ägypten auf sich genommen hatte. Nach den mystischen Enthüllungen der sel. Anna Katharina Emmerick empfand der hl. Josef die Entbehrungen der Heiligen Familie in Ägypten als besonders hart, weil er das liebevolle Familienoberhaupt war. Die Verantwortung, für die Familie zu sorgen, lag in erster Linie bei ihm. Er war oft nicht in der Lage, ausreichend Arbeit, Nahrung, sauberes Wasser oder eine angemessene Unterkunft zu finden, und litt sehr darunter, dass er nicht alles zur Verfügung hatte, was seine Familie brauchte.

> In Ägypten befand sich der hl. Josef in einem Land, das nicht nur fremd, sondern auch den Israeliten feindlich gesinnt war. Die Ägypter ärgerten sich darüber, dass die Israeliten ihrer Tyrannei entkommen waren und dass sie die Ursache dafür waren, dass viele ihrer Vorfahren im Roten Meer ertrunken waren.[248]
>
> – Hl. Franz von Sales

In den Büchern über die mystischen Visionen der sel. Anna Katharina Emmerick wird uns erzählt, dass die Heilige Familie in Ägypten schreckliche Erfahrungen durch Banditen mit räuberischen Absichten gemacht hat. Auf Golgota erinnerte sich Maria daran, wie stark ihr Bräutigam gewesen war und wie bereit er war, aus Liebe zu seiner Familie zu sterben. In dieser Erinnerung hatte sie die Kraft gefunden, ihr Opfer mit Jesu Erlösungswerk zu vereinen.

Maria wird sich auch an die Zeit erinnert haben, als sie und ihr Bräutigam Jesus drei Tage lang verloren hatten. Ein Kind zu verlieren, ist der schlimmste Alptraum, den Eltern jemals erleben können. Drei Tage lang waren die Herzen Mariens und Josefs voller Angst und Sorge. Sie erinnerte sich jedoch daran, dass sie und ihr Bräutigam nach drei Tagen enormen Schmerzes und angstvollen Suchens

Jesus im Tempel gefunden hatten. Als sie Ihn im Tempel erblickten, waren ihre Herzen voll unbeschreiblicher Freude. In gewisser Weise war es eine Vorbereitung auf Golgota, Jesus drei Tage lang zu verlieren. Wenn Maria sich an dieses Ereignis erinnerte, hatte sie in ihrem wunderbaren Josef wieder einmal Kraft und Trost gefunden.

In Seiner Passion muss auch für Jesus die Erinnerung an alles, was der hl. Josef für Ihn und Seine Mutter getan hatte, Trost gewesen sein. Durch das Vorbild des bereitwilligen Leidens Seines Vaters war Jesus besser in der Lage, Sein eigenes Opfer auf Golgota darzubringen. Unser Herr wusste nur zu gut, dass Sein Vater Ihn aus den Händen des Herodes gerettet hatte, dass er enorme Lasten der Liebe in seinem Herzen trug, Seine Mutter tröstete und ihr half, sich auf die Passion Jesu vorzubereiten. Gott verlangte nicht, dass der hl. Josef beim Opfer auf Golgota physisch anwesend war, aber Jesus wusste, dass Er dem hl. Josef viel verdankte, die Kraft zu finden, sich dem Willen des Vaters im Himmel hinzugeben. Gott machte das Opfer von Golgota von den väterlichen Opfern abhängig, die der hl. Josef in den verborgenen Jahren des Lebens in der Heiligen Familie gebracht hatte. Die Frucht der väterlichen Liebe und seines Schmerzes machte den hl. Josef zum geistlichen Vater der Familie des Neuen Bundes. Ähnlich wie Maria würde auch Jesus den hl. Josef auf Golgota in Seinem Herzen und in Seinen Gedanken wissen.

Die jungfräulichen Herzen von Jesus, Maria und Josef sind eins. Wie ihre Herzen eins sind, so ist es auch ihre Sendung. Jesus allein ist der Retter der Welt, aber Er wollte, dass Seine Mutter und Sein Vater eine einzigartige Teilhabe am Erlösungswerk innehaben. Die Vereinigung der jungfräulichen und schmerzerfüllten Herzen Jesu, Mariens und Josefs in Nazaret, Betlehem, Ägypten und auf Golgota war das wichtige Mittel, das Gott gewählt hat, damit jeder von uns wiedergeboren werden kann. Jesus, Maria und Josef ermöglichten es uns, Kinder Gottes zu werden.

Wir können aus der opferbereiten Vaterschaft des hl. Josef lernen, dass er ein Mann ist, der sich um die ihm anvertrauten Menschen kümmert, unabhängig davon, was es kostet. Er bietet allen seinen Kindern Trost und Kraft. Als euer geistlicher Vater möchte er sich um euch kümmern, genauso wie er sich um Maria und Jesus gekümmert hat. Er möchte euch trösten und eure Fähigkeit zur aufopfernden Liebe vertiefen.

Gott hat euch eine Sendung als Christen gegeben. Eure Sendung erfordert Opfer, Trauer und Schmerz. Ihr werdet euren eigenen Kalvarienberg erleben. Mit dem hl. Josef in eurem Herzen werdet ihr den Trost eures Vaters erhalten und die Kraft finden, alles aus Liebe zu ertragen.

Der hl. Josef weiß, dass Satan, ein geistlicher Herodes, seine Anhänger gegen euch entfesseln wird, wenn ihr versucht, Gottes Willen zu tun. Ihr braucht den hl. Josef, um euch zu schützen. Euer geistlicher Vater wird liebevoll über euch wachen und niemals aufhören, für euch zu kämpfen. Mit seiner Hilfe könnt ihr im Leiden siegreich sein und den Feind überwinden. Der hl. Johannes Paul II. betont diesen Punkt in einer Predigt, die er während eines päpstlichen Besuchs im Heiligtum des hl. Josef in Kalisz, Polen, hielt. Er sagte:

> Der Engel hatte ihm befohlen, mit dem Kind zu fliehen, weil Es von einer tödlichen Gefahr bedroht wurde. Aus dem soeben gelesenen Evangelium erfahren wir Näheres über diejenigen, die dem Kind nach dem Leben trachteten: in erster Linie Herodes, aber dann auch alle seine Anhänger. Auf diese Weise lenkt die Liturgie unsere Gedanken auf das Problem des Lebens und seines Schutzes. Josef von Nazaret, der Jesus vor der Grausamkeit des Herodes rettete, steht hier vor uns als großer Verteidiger der Sache für den Schutz des menschlichen Lebens vom ersten Augenblick der Empfängnis an bis zum natürlichen Tod. An diesem Ort wollen wir deshalb der göttlichen Vorsehung und dem hl. Josef das menschliche Leben anempfehlen, besonders das der noch ungeborenen Kinder in unserem Vaterland und in der ganzen Welt.[249]

Ihr werdet im Leben leiden. Der hl. Josef kann nicht all eure Schmerzen verhindern, aber er kann euch darauf vorbereiten und euch trösten, wenn ihr inmitten von Trauer und Schmerz seid. Er schenkt die Liebe und den Schutz eines Vaters.

> Mit der Liebe und Großherzigkeit, mit der er Jesus beschützte, wird der hl. Josef auch deine Seele beschützen; und wie er Jesus gegen Herodes verteidigte, wird er auch deine Seele gegen den heftigsten Herodes verteidigen: den Teufel! Die ganze Fürsorge, die Vater Josef für Jesus hatte, hat er für dich und er, unter dessen Schutz du stehst, wird dir immer helfen. Er wird dich vor der Verfolgung des bösen und stolzen Herodes retten und nicht zulassen, dass dein Herz von Jesus entfremdet wird. *Ite ad Ioseph!* Gehe zu Josef mit tiefstem Vertrauen, denn ich erinnere mich nicht daran, etwas nicht von ihm erhalten zu haben, was ich von ihm erbeten hatte.[250]
>
> – Hl. P. Pio von Pietrelcina

Im Heiligtum des hl. Josef in Kalisz, Polen, wo Johannes Paul II. 1997 in der Krypta der Kirche seine inspirierende Predigt über den hl. Josef gehalten hatte, befindet sich ein Museum, das dem hl. Josef zum Dank für seinen Einsatz zur Rettung vieler katholischer Priester gewidmet ist, welche im KZ Dachau im Zweiten Weltkrieg inhaftiert waren. Im KZ Dachau gab es viele Priester (und Bischöfe). Nach offiziellen Angaben befanden sich 2.579 katholische Priester in Dachau. Von ihnen starben dort 1.034 Priester. Der hl. Josef half ihnen in ihren Leiden und gab ihnen die Kraft, ihr Leben aus Liebe zu Jesus hinzugeben. Die anderen 1.545 Priester, die diese Tragödie überlebten, führten alle ihre Befreiung aus dem Lager am 29. April 1945 auf die mächtige Fürsprache des hl. Josef zurück.

Hier ist die Geschichte.

Die ersten katholischen Priester kamen 1939 nach Dachau. In den folgenden Monaten und Jahren wuchs die Zahl weiter, da die Priester aus den Konzentrationslagern Auschwitz und Sachsenhausen nach Dachau verlegt wurden. Am 8. Dezember 1943 weihten sich die Priester in Dachau gemeinsam dem hl. Josef und baten ihn, ihnen zu helfen, ihre Tortur zu überleben und sie vor dem Tod zu retten. Sie weihten sich insbesondere diesem Heiligen, weil es der hl. Josef war, der den Sohn Gottes vor dem Tod gerettet hatte, als Herodes den Kindermord in Betlehem angeordnet hatte und die Priester wussten, dass der hl. Josef die Macht hatte, auch sie aus den Händen der Nazis zu retten.

Der Akt der Weihe an den hl. Josef wurde häufig erneuert. Die inhaftierten Priester erneuerten die Weihe jedes Jahr noch feierlicher. Zusätzlich beteten sie eine Novene zum hl. Josef und baten um Hilfe in ihrer schrecklichen Situation. Als das Lager 1945 endgültig befreit wurde, bezeugten jene überlebenden Priester, dass der hl. Josef für ihre Rettung verantwortlich sei. Zum Dank organisierten viele der Priester – insbesondere die Priester aus Polen – 1948 eine Pilgerreise zum Heiligtum des hl. Josef in Kalisz, Polen. Die Pilgerreise war ein so denkwürdiges Ereignis, dass 1958 eine zweite Pilgerreise organisiert wurde und weitere folgten. Bei der Wallfahrt im Jahr 1995 waren die 37 verbliebenen Priester, die Dachau überlebt hatten, anwesend. Heute sind alle Priester gestorben, doch die Erinnerung an sie und ihre Hochachtung für den hl. Josef leben im Museum weiter, das an das Heiligtum angeschlossen ist.

Der hl. Josef rettete Jesus vor Herodes. Der hl. Josef schützte Maria vor Räubern. Der hl. Josef tröstete Jesus und Maria und bereitete sie auf die Passion vor. Der hl. Josef war in den Herzen von Jesus und Maria auf Golgota. Der hl. Josef tröstete die vielen Priester, die in Dachau litten und starben. Der hl. Josef half vielen Priestern, das Lager zu überleben. Der hl. Josef, euer geistlicher Vater, möchte euch beschützen, vorbereiten, trösten und euch helfen, aus eurem Leben ein Opfer für andere zu machen.

> Wir alle haben in ihm [dem hl. Josef] ein Vorbild und einen Beschützer.[251]
>
> – Hl. Pierre Julian Eymard

> Lasst uns zu dem großen Patriarchen sagen: „Hier sind wir, wir sind alle für dich; mögest du für uns alle sein. Zeige uns den Weg, stärke uns bei

jedem Schritt und führe uns dorthin, wo die göttliche Vorsehung uns hinführen will."[252]

– Hl. Giuseppe Marello

Die Werkstatt des hl. Josef

Der hl. Josef ist der Glanz des häuslichen Lebens. Er liebte, erzog, ernährte und beschützte seinen Sohn. Er gab sein ganzes Leben im liebevollen Dienst an Jesus und Maria hin. Am 19. März 1963 (dem Gedenktag des hl. Josef) hielt der hl. Josémaría Escrivá eine Predigt zu Ehren des hl. Josef, die sehr bekannt geworden ist. Sie trägt den Titel „In Josefs Werkstatt".

In der Predigt beschreibt der hl. Josémaría die wunderbare Beziehung, die der hl. Josef als Vater zu seinem Sohn hatte. Im Folgenden ein Ausschnitt aus der Predigt:

> Josef liebte Jesus, wie ein Vater seinen Sohn liebt. Er gab Ihm sein Bestes. Er hat das Kind gepflegt, wie ihm aufgetragen war, und aus Ihm einen Handwerker gemacht, er hat Ihm seinen Beruf mitgegeben. Deshalb nennen Ihn die Leute aus Nazaret sowohl faber als auch fabri filius: Handwerker und Sohn eines Handwerkers (Mk 6,3; Mt 13,55). Jesus arbeitete mit Josef in dessen Werkstatt. Wie mag Josef gewesen sein, was mag die Gnade in ihm gewirkt haben, um ihn fähig zu machen, den Sohn Gottes im Menschlichen zu unterweisen?
>
> Es muss wohl so gewesen sein, dass Jesus in Seiner Arbeitsweise, in Seinem Charakter und in Seiner Redeweise Josef ähnlich war. Die Kindheit und die Jugend Jesu, Sein Umgang mit Josef werden sich später im Leben des Herrn widerspiegeln: in Seinem Wirklichkeitssinn, in Seiner Art, sich zu Tisch zu setzen und das Brot zu brechen, in Seiner Vorliebe für die konkrete Darstellung der Lehre anhand alltäglicher Beispiele.
>
> Wir können dieses Geheimnis unmöglich übersehen. Da ist Jesus, ein Mensch, der in Seinem Sprechen den Tonfall Seiner Landsleute

hat, ein Mensch, der im Aussehen dem Handwerker Josef ähnelt – und dieser Mensch ist Gottes Sohn. Kann überhaupt jemand Gott etwas lehren? Und doch ist dieser Jesus wirklicher Mensch und lebt wie alle anderen: zuerst als Kind, dann als Jugendlicher, als Lehrling in Josefs Werkstatt und später als erwachsener Mann in der Fülle des Alters. Jesus nahm zu an Weisheit, Alter und Wohlgefallen vor Gott und den Menschen (Lk 2,52).

Im Menschlichen ist Josef der Lehrmeister Jesu gewesen; er hat sich täglich voll Liebe um Ihn gekümmert, er sorgte für Ihn mit freudiger Opferbereitschaft. Ist das nicht Grund genug, in diesem gerechten Menschen, in diesem heiligen Patriarchen, der den Glauben des Alten Bundes verkörpert, einen Lehrmeister des inneren Lebens zu sehen? Das innere Leben ist nichts anderes als der stete, persönliche Umgang mit Christus, durch den wir mit Ihm eins werden. Josef wird uns so vieles über Jesus sagen können. Vernachlässigt also niemals seine Verehrung, ite ad Joseph, geht zu Josef, wie die christliche Überlieferung mit einem Wort des Alten Testamentes sagt (Gen 41,55).

Ein Lehrmeister des inneren Lebens, ein Arbeiter, der mit Verantwortung sein Werk tut, ein treuer Diener Gottes im steten Umgang mit Jesus: das ist Josef. Ite ad Joseph. Denn von ihm lernt der Christ, was es heißt, ganz für Gott und ganz für die Menschen da zu sein, die Welt zu heiligen. Geht zu Josef und ihr werdet Jesus finden. Geht zu Josef und ihr werdet Maria finden, die jene liebenswerte Werkstatt in Nazaret mit Frieden erfüllte.[253]

WUNDER 7

Anbeter Christi

Was für eine erhabene Vision, den Sohn Gottes immer vor seinen [des hl. Josefs] Augen zu haben! Seltenste Ekstase! Wunderbarste Entrückung![254]

– Sel. Guillaume-Joseph Chaminade

Ewige Anbetung

Obwohl er [der hl. Josef] unseren Herrn niemals unter den eucharistischen Gestalten verehrte und niemals das Glück hatte, zu kommunizieren [die hl. Kommunion zu empfangen], besaß und verehrte er Jesus in menschlicher Form.[255]

– Hl. Pierre Julian Eymard

Wenn der hl. Josef dreißig Jahre lang mit Jesus lebte, war seine Berufung ewige Anbetung. Aus dieser Sicht war das Haus der Heiligen Familie in Nazaret das erste christliche Kloster.

Der hl. Pierre Julian Eymard schrieb ein erstaunliches Buch mit dem Titel *The Month of St. Joseph* (Der Monat des hl. Josef), das unglaubliche Einblicke in das Leben des Gebetes und der Anbetung des hl. Josef in Nazaret vermittelt. Es ist ein Meisterwerk.

Hier ist ein Auszug aus dem Buch vom hl. Pierre Julian Eymard:

Der hl. Josef war der erste Anbeter, der erste Ordensmann. Obwohl er nie unseren Herrn unter den eucharistischen Gestalten verehrte und nie das Glück hatte, zu kommunizieren [die hl. Kommunion zu empfangen], besaß und verehrte er Jesus in menschlicher Form.

Der hl. Josef kannte unseren Herrn vollständiger als alle Heiligen zusammen; er lebte für Ihn allein. Darin liegt sein besonderer Ruhm, der Grundton seiner Heiligkeit. Darin ist er uns in allem Vorbild und darin besteht auch seine unvergleichliche Größe.

Wenn wir sehen, wie nahe Josef Jesus kam, wie vollständig er in Ihn verwandelt wurde, erfassen wir seine wahre Größe, seine wahre Heiligkeit. Wir finden in ihm [dem hl. Josef] den vollkommenen Anbeter, der ganz Jesus geweiht ist, immer in der Nähe von Jesus arbeitet und Jesus seine Tugenden, seine Zeit, sein Leben gibt. So ist er uns Vorbild und Inspiration.

Als Nährvater Jesu und Ehemann Mariens gehört Josef zur Elite des Himmels. Auf der Erde verdient er die gleiche Anerkennung, denn seine Sendung, die so lange dauern wird, wie die Kirche selbst, zieht alle in ihren Anwendungsbereich. Als Verehrer haben wir ein Recht, an seiner Gnade und seinem Schutz vielfältig teilzuhaben und sorgfältiges Studium wird zeigen, dass all seine besonderen Gaben darauf abzielten, ihn zu einem guten Anbeter zu machen.

Bei Seinem [Jesus] Eintritt in die Welt, auch als Er noch im Schoß Marias wie in einem lebendigen Ziborium eingeschlossen war, erwählte Jesus Maria und Josef, Seine Anbeter zu sein. Josef antwortete großherzig. Er hörte nie auf, Jesus in ihrem Leib anzubeten. Und nach der Geburt des Kindes in Betlehem beteten Josef und Maria Ihn unentwegt an, als Er vor ihren Augen lag. Sie repräsentierten die ganze Menschheit zu Füßen Christi. Sie ersetzten Adam und Eva zweifelsfrei gut!

In Nazaret waren Josefs Tage voller Arbeit, die ihn notwendigerweise zeitweilig von seinem Gotteskind trennte. Während dieser Stunden ersetzte ihn Maria, aber wenn er abends nach Hause kam, verbrachte er die ganze Nacht in Anbetung, nie ermüdend, nur zu glücklich für die Gelegenheit, die verborgenen Reichtümer der Göttlichkeit Jesu zu betrachten. Denn er durchdrang die rauen Gewänder, die das Kind trug, bis sein Glaube das Heiligste Herz berührte. In tiefer Anbetung verband er sich mit der besonderen Gnade jedes einzelnen Ereignisses im Leben Jesu. Habt Vertrauen, starkes Vertrauen in ihn [den hl. Josef].

Nehmt ihn als Schutzpatron und Vorbild eures Lebens und eurer Anbetung.[256]

Der hl. Pierre Julian Eymard ist als „Apostel der Eucharistie“ bekannt. Er war eifrig dabei, die Anbetung des Allerheiligsten Sakraments zu fördern. Er gründete Ordensgemeinschaften, um die Anbetung des Allerheiligsten Sakraments zu fördern: die Gemeinschaft der Eucharistiner (SSS – Societas Sanctissimi Sacramenti – Kongregation vom Heiligsten Sakrament) für Männer und die Dienerinnen des Allerheiligsten Altarsakraments für Frauen.

> Wenn wir die hl. Kommunion empfangen, denken wir daran, dass Jesus als kleines Kind zu uns kommt, und beten wir dann, dass der hl. Josef uns hilft, Ihn willkommen zu heißen, als würde er Ihn in seinen Armen halten.[257]
>
> – Hl. Giuseppe Marello

Anbeter Christi

> Wie oft hat er [der hl. Josef], wie der einsame Spatz, auf dem Dach dieses heiligen Tempels der Göttlichkeit gelegen, dieses göttliche Kind in seinen Armen schlafend betrachtet und an seine ewige Ruhe im Schoß des Himmlischen Vaters gedacht?[258]
>
> – Sel. Guillaume-Joseph Chaminade

Wohin auch immer der hl. Josef mit seiner Braut und seinem Sohn reiste, wurde sein Zuhause zu einer Anbetungskapelle. Nazaret, Betlehem und Ägypten sind alles Orte, an denen der hl. Josef die göttliche Gegenwart Jesu Christi betrachtete und andere aufforderte, dasselbe zu tun. In diesem Sinne ist der hl. Josef der Gründer der Anbetungskapellen und mit seiner Braut Maria ist er der Erste, der eine Prozession mit dem Leib und Blut Christi durchführt.

Zusammen mit Jesus und Maria gab der hl. Josef der Welt die größte, dem Menschen bekannte Anbetungskapelle, die katholische Kirche. Dank der Muttergottes und des hl. Josef hat jede katholische Kirche auf der ganzen Welt einen Tabernakel als Wohnstatt der Realpräsenz Jesu Christi – Jesus Christus in Seinem Leib und Blut, Seiner Seele und Seiner Gottheit.

> Niemand kann die Anbetung dieser edlen Seele [des hl. Josef] beschreiben. Er sah nichts, aber er glaubte; sein Glaube musste den jungfräulichen Schleier Mariens durchdringen. So soll es auch bei uns sein! Durch den Schleier der heiligen Gestalten muss unser Glaube unseren Herrn sehen. Bitten wir den hl. Josef um seinen lebendigen, beständigen Glauben.[259]
>
> – Hl. Pierre Julian Eymard

Monate, bevor der Engel dem hl. Josef in Nazaret offenbarte, dass Maria mit dem göttlichen Kind schwanger ist, war der hl. Josef nur wenige Zentimeter von der Gegenwart Gottes in Marias Leib entfernt. Die Braut des hl. Josef war ein wandelnder Tabernakel. Der menschgewordene Gott lebte und wuchs im Mutterleib der Jungfrau, Josefs Braut, und er wusste es nicht einmal. Gott bereitete ihn darauf vor, der liebende Vater des größten Schatzes zu sein, den die Welt je gekannt hat, des fleischgewordenen Sohnes Gottes.

Als frisch verheirateter Mann wollte der hl. Josef nie von seiner Braut getrennt sein. Maria musste zu ihm gekommen sein und den Wunsch geäußert haben, ihre Verwandte Elisabet für drei Monate besuchen zu wollen, und dies könnte für den hl. Josef eine ziemliche Überraschung gewesen sein. Wenn wir diese Episode im Neuen Testament lesen, nehmen wir an, dass Maria den hl. Josef nicht gebeten hat, sie zu Elisabet zu begleiten. Die Hl. Schrift informiert uns jedoch nicht darüber, was genau bei dieser Gelegenheit passiert ist; sie sagt uns lediglich, dass Maria in das Bergland geeilt ist. Uns wird nicht gesagt, ob Josef seine Braut begleitet hat.

Viele Heilige und Mystiker – der hl. Bernhard von Clairvaux, der hl. Bonaventura, der hl. Bernhardin von Siena, der hl. Franz von Sales, die ehrw. Maria von Ágreda, die sel. Anna Katharina Emmerick und andere Visionäre – glauben, dass der hl. Josef Maria zu Elisabet begleitet hat. Warum hätte er nicht mit ihr gehen sollen? Was für ein Ehemann wäre er, wenn er seine junge und schöne Braut eine so lange Reise ohne Begleitung ihres Ehemannes machen lassen würde? Das Neue Testament sagt uns nicht ausdrücklich, dass der hl. Josef mit Maria gegangen ist, aber es sagt uns auch nicht ausdrücklich, dass er es nicht getan hat. Wie hätte er es aus Sicht seiner Ehe ertragen wollen, so lange von ihr getrennt zu sein? Es ergibt also tatsächlich viel Sinn, anzunehmen, dass der hl. Josef Maria zu Elisabet begleitet haben muss und vielleicht sogar drei Monate bei ihr geblieben ist. Es ist eine sehr lange Reise von Nazaret in das Bergland, in dem Elisabet lebte (fast 160 km). Schreckliche Dinge hätten der schönen Braut des hl. Josef auf der Reise passieren können. Welcher frisch verheiratete Mann würde sich über eine solche Reise keine Sorgen machen, insbesondere wenn es darum geht, an gefährliche Orte zu gehen und dort zu schlafen? Kein vernünftiger Mann würde zurückbleiben. In den mystischen Schriften der ehrw. Maria von Ágreda führen Maria und der hl. Josef ein entzückendes Gespräch über den Besuch:

> [Maria zu Josef:] „Mein Herr und Bräutigam, es hat den Herrn erfreut, mich aufzuklären und mir mitzuteilen, dass meine Cousine Elisabet, obwohl sie unfruchtbar ist, jetzt ein lang ersehntes Kind erwartet. Daher halte ich es für angebracht, dass ich sie besuche, um ihr zu helfen und sie geistlich zu trösten. Wenn dies, mein Herr, deinem Willen entspricht, werde ich es tun. Überlege dir, was das Beste ist, und sag mir, was ich tun soll."

> [Josef zu Maria:]) „Du weißt, meine Liebste und meine Braut, dass deine Wünsche die meinen sind und dass ich voll und ganz auf deine Klugheit vertraue, da dein ehrlichster Wille nichts tun würde, was nicht im

> Einklang mit dem Willen des Höchsten wäre. Ich glaube, dass es auch mit dieser Reise so ist. Und damit es nicht seltsam erscheint, dass du sie ohne die Gesellschaft deines Mannes unternimmst, werde ich dich mit Freude begleiten, um dir auf dem Weg von Nutzen zu sein, bis du dein Ziel erreicht hast."[260]

Auch wenn der hl. Josef nicht drei Monate mit Maria bei Elisabet geblieben ist, bleibt es sehr wahrscheinlich, dass er sie zumindest dorthin begleitet hat, um Maria vor Gefahren durch Räuber und Männern mit schlechten Absichten zu schützen. Nachdem Maria bei Elisabet angekommen war, wäre er dann allein nach Nazaret zurückgekehrt. Nach drei Monaten wäre er zu Elisabet zurückgekehrt und hätte seine Braut sicher zu ihrem Haus in Nazaret begleitet. Falls diese Dinge in dieser Weise geschahen, führte der hl. Josef unwissentlich die erste Prozession mit dem Leib und dem Blut unseres Herrn durch!

Nehmen wir zur Meditation an, der hl. Josef hätte Maria zumindest zu Elisabet begleitet. Was könnte er bei seiner Ankunft bei Elisabet erlebt haben? Nun, er hätte höchstwahrscheinlich den von Elisabet ausgerufenen geisterfüllten Gruß an Maria gehört.

> Gesegnet bist du unter den Frauen und gesegnet ist die Frucht deines Leibes. Wer bin ich, dass die Mutter meines Herrn zu mir kommt? Denn siehe, in dem Augenblick, als ich deinen Gruß hörte, hüpfte das Kind vor Freude in meinem Leib. Und selig, die geglaubt hat, dass sich erfüllt, was der Herr ihr sagen ließ!
>
> – Lk 1,42–45

Was würde der hl. Josef über Elisabets Begrüßung gedacht haben? Ihre Worte wären ihm seltsam vorgekommen. Auf keinen Fall hätte er ihre theologische Bedeutung verstanden, weil er keine Ahnung hatte, dass seine Braut schwanger war. Doch als ein Mann des tiefen Gebets hätte er über ihre Worte nachgedacht und sie mit ins Gebet genommen. Er verstand ihre Bedeutung damals nicht, aber Monate später, als er bemerkte, dass Maria schwanger war, hätte er sich an Elisabets Worte erinnert. Wenn er sich daran erinnerte, dass Elisabet ihre Cousine Maria „Mutter meines Herrn" nannte, hätte Josef sich für die volle Realität dessen geöffnet, was im Leib seiner heiligen Braut geschah. Als frommer Jude kannte der hl. Josef die Schrift natürlich, die besagt, dass eine Jungfrau den Messias hervorbringen würde (s. Jes 7,14). Als er dieses große Wunder erkannte, hätte er sich völlig unwürdig gefühlt, der Ehemann und Vater einer solchen Frau und eines solchen Kindes zu sein.

Die Möglichkeit, dass der hl. Josef Maria begleitete und Elisabets vom Geist erfüllten Gruß hörte, hilft uns zu verstehen, warum der hl. Josef niemals an Maria zweifelte oder sich von ihr scheiden lassen wollte. Ebenso wie Elisabet war auch er überwältigt von Ehrfurcht vor der Offenbarung, dass seine geliebte Braut mit dem himmlischen Kind schwanger war. Als gerechter und gottesfürchtiger Mann hielt sich der hl. Josef für nicht würdig, unter demselben Dach wie Maria zu leben und dem Kinde in Marias Leib als Vater zu dienen. Wie könnte er es möglicherweise wert sein, der Ehemann einer solchen Frau zu sein? Wie konnte er jemals eine solche Mutter und ein solches Kind in sein Haus und in seine Obhut nehmen? Nichts weniger als die Botschaft eines Engels würde ihn davon abhalten, sich davonzumachen.

Falls der hl. Josef seine Frau nicht zu Elisabets Haus begleitet hat, stelle man sich die Einsamkeit vor, die er drei Monate lang ohne Maria empfunden haben muss. Eine Trennung von solcher Dauer wäre eine Qual für sein Herz gewesen. Sein Herz musste sich danach gesehnt haben, mit seiner Geliebten wieder vereint zu werden. In seinen Gedanken muss er Tag und Nacht ihre Stimme gehört haben. Wie muss sein Herz bei der Rückkehr seiner Königin nach drei langen Monaten wild vor Freude geschlagen haben.

Ob er Maria zu Elisabet begleitete oder nicht, er reiste höchstwahrscheinlich mit seiner Familie, um Elisabet, Zacharias und ihren Sohn Johannes (den Täufer) bei späteren „Besuchen" zu treffen. Solche Familienbesuche sind normal. Die katholische Intuition hat dies immer gewusst und diese Besuche in der Kunst dargestellt. Szenen von Maria, dem hl. Josef, dem Jesuskind und Johannes dem Täufer sind in der katholischen Kunst auf der ganzen Welt von herausragender Bedeutung. Der hl. Josef und der hl. Johannes der Täufer mussten sich gekannt haben. Immerhin waren Jesus und Johannes Verwandte. Sie werden während der vielen Besuche, die im Laufe der Jahre stattfanden, miteinander gespielt und gebetet haben. Der hl. Josef war möglicherweise nicht anwesend, um Elisabets Gruß zu hören, oder er war vielleicht anwesend, um die Geburt von Johannes dem Täufer mitzuerleben, aber er hätte Johannes den Täufer bei den anderen Familienbesuchen gesehen und mit ihm gesprochen. Der hl. Josef und der hl. Johannes der Täufer mussten einander gekannt haben.

Wenn die erste Prozession mit Jesus zu Elisabets Haus stattfand, fand die zweite Prozession statt, als der hl. Josef mit seiner schwangeren Frau nach Betlehem reiste, um an der Volkszählung teilzunehmen. In dieser Prozession errichtete der hl. Josef die erste Anbetungskapelle der Welt: Betlehem.

> Der hl. Josef eilte mit Maria nach Betlehem, was „Haus des Brotes" bedeutet, damit dort das Brot des ewigen Lebens geboren wird.[261]
>
> – Ehrw. D. G. Joseph Mindszenty

Wie passend ist es, dass die erste öffentliche Aussetzung des lebendigen Brotes vom Himmel in Betlehem stattfand. Wie der ehrw. Joseph Mindszenty bemerkt, bedeutet das Wort „Betlehem" auf Hebräisch „Haus des Brotes". Auf Arabisch bedeutet Betlehem „Haus des Fleisches". Unser Jesus, das wahre Brot, das vom Himmel herabgekommen ist, wurde in Armut geboren und aus einem bestimmten Grund in eine Krippe gelegt. Unser Herr ist ein demütiger König und Er wollte, dass der hl. Josef Ihn in eine arme Krippe legt, weil aus einer Krippe Tiere fressen. Das [englische] Wort für Krippe, [„manger"] ist mit dem bekannten italienischen Wort „mangiare" verwandt, das „essen" bedeutet.

> O innigste Vertrautheit, immer bei Gott zu sein, nur zu Gott zu sprechen, mit Ihm zu arbeiten, sich auszuruhen, sich in der Gesellschaft und Gegenwart Gottes zu unterhalten! Wie oft hat der glückliche Lehrer des Jesuskindes, wie eine keusche Biene, den Nektar der reinen Hingabe von dieser schönen Blume Jesse gesammelt? Wie viele Male hat er [der hl. Josef] wie die Taube sich im Herzen dieses Felsens versteckt?[262]
>
> – Sel. Guillaume-Joseph Chaminade

Die erste Anbetungskapelle wurde von einheimischen Hirten besucht, dicht gefolgt von Weisen, die aus einem fernen Land kamen, um dem neugeborenen Gott-König zu huldigen, der in einer Futterkrippe lag. Der hl. Josef hatte die Anbetung jedoch nicht allein im Heiligen Land errichtet. Er erbaute die zweite Anbetungskapelle auf heidnischem Gebiet: in Ägypten.

Der hl. Josef ist mutig!

Als Jesus geboren wurde, war Ägypten sowohl heidnisches Gebiet wie auch der Brotkorb der Welt. Wie passend, dass Gott den hl. Josef nach Ägypten sandte! Dort war der hl. Josef dafür verantwortlich, die lebendige Hostie zu erziehen, die die Welt ernähren würde. Der Josef des Alten Testaments hatte sein Volk vor dem Hunger gerettet, indem er Getreide aus Ägypten verteilt hatte. Der neue Josef würde der Welt das „Getreide" anbieten, das er liebevoll in Ägypten angebaut hat, das lebendige Brot, das ewiges Leben gibt!

Nach ihrer Zeit in Ägypten gingen Josef und Maria mit Jesus nach Nazaret. Dieser lange Weg war und ist die größte Prozession des Leibes und Blutes Christi, die jemals durchgeführt wurde. Es war eine Prozession, die mehr als 120 Meilen [ca. 193 Kilometer] betrug!

In Nazaret verehrten der hl. Josef und seine Braut jahrzehntelang die göttliche Gegenwart Jesu in ihrem Haus. In gewisser Hinsicht war es wie ein Haus der Ewigen Anbetung und der ununterbrochenen Kontemplation, selbst wenn sie alle täglichen Aufgaben des häuslichen Lebens erledigten. Die Anbetung dauerte Jahrzehnte!

> Wenn die beiden Jünger, die nach Emmaus gingen, durch die wenigen Momente, die sie in Gesellschaft mit unserem Erlöser verbrachten und durch Seine Worte von göttlicher Liebe so sehr entzündet wurden, dass sie sagten: „Brannte nicht unser Herz, während er unterwegs zu uns sprach?" – Welche Flammen der heiligen Liebe, die sich entzündet haben, dürfen wir dann nicht im Herzen des hl. Josef annehmen, der dreißig Jahre lang mit Jesus Christus gesprochen und auf Seine Worte des ewigen Lebens gehört hat![263]
>
> – Hl. Alfons von Liguori

Selbst wenn Jesus außer Haus war, arbeitete oder unterwegs war, befand sich der hl. Josef immer noch in der Gegenwart Gottes, als er in der Nähe seiner Frau war.

Ich möchte das erklären.

Habt ihr jemals von fetalem Mikrochimärismus gehört? Ich weiß, es ist ein langer, komplizierter Begriff, aber er offenbart etwas Wunderbares über die biologische Verbindung zwischen der Mutter und ihrem Kind. Fetaler Mikrochimärismus ist der wissenschaftliche Begriff, der einen Prozess beschreibt, bei dem lebende Zellen eines Kindes nach dem Ende ihrer Schwangerschaft im Körper der Mutter verbleiben. Im späten 20. Jahrhundert entdeckten Wissenschaftler, dass, wenn eine Frau schwanger wird und nachdem sie geboren hat, Zellen von ihrem Baby im Körper der Mutter verbleiben. Viele dieser Zellen bleiben für den Rest ihres Lebens in ihrem Körper! Wissenschaftler und Forscher haben auch entdeckt, dass der zelluläre Austausch auch in die andere Richtung stattfindet. Zellen der Mutter werden mit ihren Kindern ausgetauscht und bleiben ein Leben lang in den Körpern ihrer Kinder. Das ist großartig!

Obwohl der hl. Josef nichts von fetalem Mikrochimärismus wusste, segnete Gott ihn weiterhin mit der Gegenwart Jesu, wann immer er sich in der Gegenwart seiner Braut befand. In der Nähe von Maria zu sein bedeutet, in der Nähe von Jesus zu sein. Jesus lebt in ihr! Maria hat einige lebende Zellen ihres göttlichen Sohnes in ihrem Leib. Unser Herr musste nicht im Haus sein, damit der hl. Josef in der Gegenwart Gottes bleiben konnte. Wo immer Maria war, war auch Jesus. Die Braut des hl. Josef ist ein lebendiger Tabernakel, eine wandelnde Monstranz, ein verschleierter Tempel. Kein Wunder, dass böse Geister es nicht wagen, sich Maria zu nähern – sie ist niemals ohne die göttliche Gegenwart. Gott lebt auch physisch in ihrem Leib!

> Wenn die Lilie nur einige Tage dem Licht und der Wärme der Sonne ausgesetzt ist, erlangt sie ihr schillerndes Weiß. So kann man sich den außerordentlichen Reinheitsgrad vorstellen, zu dem der hl. Josef erhoben wurde, indem er Tag und Nacht für so viele Jahre den Strahlen der Sonne der Gerechtigkeit und des mystischen Mondes ausgesetzt war, der all seine Pracht von Ihm [Jesus] bezieht?[264]
>
> – Hl. Franz von Sales

> Ich gratuliere dir, heiligster Patriarch, zu diesen wunderbaren Stunden, die du damit verbracht hast, freudig Jesus zu betrachten und die schöne innere und äußere Schönheit Mariens glücklich zu preisen. Du studiertest sie beständig und empfingst Süße, Geduld und Selbstverleugnung aus ihren Herzen[265]
>
> – Sel. Concepción Cabrera de Armida

Priester, Mönche und Nonnen sind bevorzugt, etwas von dem zu erleben, was der hl. Josef erfuhr. Jedes Kloster und/oder Konvent hat einen Tabernakel, der die göttliche Gegenwart beherbergt. Alle Tabernakel sind im Grunde eine Nachbildung von Marias leiblichem Tempel. Es spielt keine Rolle, ob der Tabernakel verhüllt ist oder ob die Türen geschlossen sind: Jesus ist immer noch da. Im Heiligen Haus von Nazaret war es genauso. Gott lebte zu allen Zeiten in Maria und der hl. Josef war ständig in der Gegenwart Jesu.

> Das Kennzeichen des Christen ist die Bereitschaft, das Göttliche im Fleisch des Kindes in der Krippe zu suchen, den fortbestehenden Christus unter der Gestalt von Brot auf dem Altar.[266]
>
> – Ehrw. D. G. Fulton J. Sheen

Maria, Gottes Tabernakel, wird in jedem Tabernakel einer katholischen Kirche nachgebildet. Was jedoch oft vor diesem Tabernakel fehlt, sind Seelen, die dem hl. Josef ähneln – Seelen, die Jesus anbeten, der im Tabernakel gegenwärtig und verborgen ist. Die Kirche braucht mehr Menschen, die dem hl. Josef ähneln.

> Wir müssen um gute Anbeter bitten; das Allerheiligste Sakrament braucht sie, um den hl. Josef zu ersetzen und sein Leben der Anbetung nachzuahmen.[267]
>
> – Hl. Pierre Julian Eymard

Um wie der hl. Josef zu sein, müsst auch ihr Christus anbeten. Ihr könnt zur nächsten katholischen Kirche gehen, in der Jesus im Allerheiligsten Sakrament anwesend ist mit Leib, Blut, Seele und Gottheit. Die Eucharistie ist Jesus Christus. Das Allerheiligste Sakrament ist die Quelle und der Höhepunkt des christlichen Glaubens und der hl. Josef möchte euch zu einer tieferen Beziehung zu Jesus in der Eucharistie führen.

1997 besuchte der hl. Papst Johannes Paul II. das Heiligtum des hl. Josef in Kalisz, Polen, und teilte den Anwesenden mit, dass er vor jeder hl. Messe das folgende Gebet zum hl. Josef bete.

> Hl. Josef, glücklicher Mann, dem es nicht nur gegeben war, Gott zu sehen und zu hören, den viele Könige sehen wollten und nicht gesehen haben und hören wollten und nicht gehört haben (vgl. Mt 13,17); du konntest Ihn sogar auf den Armen tragen, liebkosen, bekleiden und behüten!
>
> Gott, du hast uns das königliche Priestertum geschenkt, wir bitten dich, dass wir wie der hl. Josef, der es verdiente, deinen eingeborenen Sohn, geboren von der Jungfrau Maria, zu berühren und mit Achtung

auf seinen Armen zu tragen, die Gnade erlangen, an deinem Altar in Herzensreinheit und lauteren Werken zu dienen, damit wir heute den heiligsten Leib und das Blut deines Sohnes würdig empfangen und den ewigen Lohn in der kommenden Welt erhalten. Amen.[268]

Verbringt Zeit in der Gegenwart Jesu im Allerheiligsten Sakrament. Wenn es in einer Kirche in eurer Nähe eine Ewige Anbetung gibt, meldet euch für eine wöchentliche Heilige Stunde an. Anbetung wird euer Leben verändern. Wenn es in eurer Nähe keine Kirche mit Ewiger Anbetung gibt, wird es in einer Pfarre manchmal einige Stunden am Tag oder auch an einem bestimmten Wochentag eine Anbetung geben. Geht einfach! Wenn ihr keine Kirche findet, in der die Anbetung des Allerheiligsten Sakraments angeboten wird, besucht einfach eine katholische Kirche und betet vor dem Tabernakel. Jesus ist Tag und Nacht da. Er wartet auf euch. Seid ein weiterer hl. Josef für Jesus und Maria!

Wenn du das Allerheiligste Sakrament besuchst, nähere dich Jesus mit der Liebe der sel. Jungfrau, des hl. Josef und des hl. Johannes.[269]

– Hl. Josef Sebastian Pelczar

O sel. Josef, ich bete mit dir die ersten Worte, die aus dem Mund des menschgewordenen Wortes kamen, an. Ich werfe mich mit dir nieder, um mit Ehrfurcht die ersten Fußabdrücke zu küssen, die Seine entzückenden Füße hinterlassen haben. Unendlicher Gott, Du bist schwach geworden, um uns Kraft zu geben. Du möchtest wie andere Kinder sprechen, um uns die Sprache des Himmels beizubringen! O sel. Josef, inspiriere mich mit deinen Gefühlen für Jesus und erflehe für mich die Gnade, Gott so zu lieben wie du. Amen.[270]

– Sel. Bartolo Longo

Das Heilige Haus von Loreto

> Hat jemals einer Loreto besucht, der die mächtigen Werke Gottes nicht mit eigenen Augen gesehen und mit eigenen Ohren gehört und in seiner Seele gefühlt hat?[271]
>
> – Hl. Petrus Canisius

Das heiligste Haus der Welt befindet sich in Italien. Ihr habt richtig gelesen. Es stand früher im Heiligen Land, aber es bewegte sich. Das Wohnhaus der Heiligen Familie befindet sich in der Stadt Loreto in Italien. Aber wie ist es dort hingekommen? Nun, was ihr gleich lesen werdet, ist die wahre Geschichte, wie das Haus der Heiligen Familie in Nazaret von Engeln nach Italien gebracht wurde. Die Geschichte ist so faszinierend, dass ihr wahrscheinlich nach dem Lesen nach Loreto reisen wollt.

Historikern zufolge blieb die Wohnstatt der Heiligen Familie dreizehn Jahrhunderte in Nazaret. Dann, am 10. Mai 1291, verschwand sie plötzlich! Alles, was vom Haus zurückblieb, war das Fundament. Das plötzliche Verschwinden des Hauses wurde von allen in Nazaret bemerkt, sodass die gesamte Gesellschaft völlig ratlos war. Für eine Person oder eine Gruppe von Personen war es unmöglich, es so schnell zu entfernen, ohne dass es jemand bemerkt hätte. Der Überlieferung nach wurde das Heilige Haus von Engeln aus Nazaret weggebracht. In den Berichten über ihre mystischen Erfahrungen sprach die sel. Anna Katharina Emmerick über den engelhaften Transport des Hauses. Sie sagt:

> In Visionen war ich oft Zeugin der Beförderung des Heiligen Hauses nach Loreto. Ich konnte es lange nicht glauben und sehe es dennoch stets vor mir. Ich sah das Heilige Haus von sieben Engeln über das Meer getragen. Es hatte keine Grundfeste, aber es gab darunter eine leuchtende Oberfläche aus Licht. Auf beiden Seiten war so etwas wie ein Griff. Drei Engel trugen es auf der einen Seite und drei auf der anderen; der siebte schwebte davor, eine lange Lichtspur hinter ihm.[272]

Faszinierende Sache! Was die sel. Anna Katharina in ihren Visionen jedoch nicht beobachtet hat, ist, dass die Engel das Heilige Haus zuerst von Nazaret in die Stadt Trsat brachten, ein Gebiet, im heutigen Kroatien. Zu dieser Zeit war Kroatien als Illyrien oder Dalmatien bekannt. Warum haben die Engel es dorthin gebracht? Was war der Sinn, es überhaupt zu bewegen?

Das Heilige Haus wurde 1291 verlegt. Der Grund für die Verlegung des Hauses aus Nazaret durch Engel wurde drei Jahre später klar. 1294 wurde die gesamte Stadt Nazaret von einfallenden Muslimen geplündert. Wenn das Heilige Haus in Nazaret geblieben wäre, hätten die Muslime es vollständig zerstört. Gott sah den sakrilegischen Akt voraus und sandte Seine hl. Engel, um das Haus an einen anderen Ort zu verlegen.

Im Laufe der Jahrhunderte hat Gott Menschen wie die hl. Helena benutzt, um Reliquien (hl. Gegenstände, die mit Jesus, Maria und anderen Heiligen in Verbindung stehen) aus dem Heiligen Land zu entfernen, um sie an sichere Orte zu bringen. Der hl. John Henry Newman besuchte einmal das Heilige Haus und gab eine sehr aufschlussreiche Erklärung über dessen Umsiedelung ab. Er schrieb:

> Der, welcher die Arche [von Noah] auf den Wellen eines weltweiten Meeres schweben ließ und alle Lebewesen darin einschloss, der das irdische Paradies verborgen hielt, der sagte, dass der Glaube Berge versetzen könne, der vierzig Jahre lang Tausende in einer unfruchtbaren Wildnis am Leben erhielt, der Elias entrückte und ihn bis zum Ende verborgen hielt, konnte dieses Wunder auch tun. Und tatsächlich sehen wir alle anderen Belege unseres Herrn und Seiner Heiligen, die sich im Herzen der Christenheit von den Enden der Erde versammelt haben, als das Heidentum in sie eingedrungen war [d. h. seine Reliquien]. Der hl. Augustinus verlässt Hippo, der Prophet Samuel und der hl. Stephanus verlassen Jerusalem, die Krippe, in der unser Herr lag, verlässt Betlehem mit dem hl. Hieronymus, das Kreuz wird ausgegraben, der hl. Athanasius geht nach Venedig, kurz gesagt, ich habe keine Schwierigkeiten, all das zu glauben.[273]

Aber warum kam es zuerst nach Kroatien? Warum haben die Engel es nicht direkt nach Italien gebracht? Niemand kennt die Antwort. Vielleicht wollte Gott das Land Kroatien mit der Gegenwart des Heiligen Hauses segnen, bevor Er es an seinen endgültigen Standort brachte. Jesus hat einmal einen Gehörlosen schrittweise und nicht sofort geheilt. Die Engel, die das Heilige Haus an mehrere Orte verlegten, bevor sie es schließlich in Loreto platzierten, hatten eine Vielzahl von Zeugnissen für das wundersame Verschwinden und Wiederauftauchen des Hauses bewirkt. Mit anderen Worten, Gott, der zulässt, dass das Haus mehrmals bewegt wird, bevor es in Loreto platziert wird, zeigt, dass es nicht von Menschen bewegt wurde, sondern durch die hll. Engel Gottes.

Schauen wir uns alle diese wundersamen Transporte genauer an, die mit dem Heiligen Haus verbunden sind.

Am 10. Mai 1291, dem Tag, an dem das Heilige Haus aus Nazaret verschwand, bezeugten die Menschen des kroatischen Dorfes Trsat das plötzliche Erscheinen eines neuen Hauses im Dorf. Nicht eine Person im Dorf wusste, wie es dort hinkam. Interessanterweise beobachteten die Dorfbewohner, dass die vier Wände des Hauses auf der Erde standen. Das Haus hatte kein Fundament.

Nachdem es drei Jahre in Kroatien war, verschwand das Haus am 10. Dezember 1294 erneut auf wundersame Weise. Niemand im Dorf sah das Haus sich wegbewegen. Das Einzige, was an der Stelle zurückblieb, an der das Haus einst stand, war der Umriss des Hauses im Boden. Bis heute markiert ein Denkmal die genaue Stelle in Trsat, Kroatien, an der sich das Heilige Haus drei Jahre lang befand.

Wohin bewegte sich das Haus von Kroatien aus nun weiter? Es wurde von Engeln über die Adria in die Stadt Piceno in Italien gebracht. Überraschender Weise geschah dasselbe in der Stadt Piceno: Niemand bezeugte die Ankunft des Hauses und niemand wusste, woher es gekommen war. Das Haus blieb acht Monate an diesem Ort. Es war nur acht Monate in Piceno, weil Räuberbanden begannen, Pilger (viele aus Kroatien) zu bestehlen, die zum Heiligen Haus kamen. Im August 1295 verschwand das Haus erneut. Es tauchte auf einem Hügel unweit der Stadt Piceno wieder auf. Der Hügel, auf dem das Haus stand, gehörte jedoch zwei Brüdern und sie begannen, sich um den Besitz des Hauses zu streiten. Die Brüder konnten den Streit nicht beilegen und begannen, die Pilger finanziell auszunutzen. Das Heilige Haus blieb nur einige Monate auf ihrem Grundstück, bevor es auf wundersame Weise wieder verschwand!

Gegen Ende Dezember 1295 wurde das Heilige Haus von Engeln nur einen Steinwurf vom vorherigen Ort entfernt platziert, weit genug, um nicht im Besitz der beiden Brüder zu sein. Dieser Ort ist bekannt als Loreto, die Stadt, in der sich das Haus heute befindet. (Das Wunder, dass das Heilige Haus viermal von Engeln transportiert wurde, ist der Grund, warum die katholische Kirche U.L.F. von Loreto zur Schutzpatronin der Luftfahrt erklärt hat.)

Woher wissen wir, dass dies alles wahr ist? Nun, 1296, ein Jahr nach der Ankunft des Heiligen Hauses in Loreto, ernannte die katholische Kirche 16 Gesandte, die diese Sache untersuchen sollten. Die Gesandten besuchten Loreto, Trsat und Nazaret und führten umfangreiche Studien durch, um die Ereignisse zu überprüfen. Die Gesandten gingen zuerst nach Loreto.

Am Standort in Loreto nahmen sie genaue Messungen des Hauses vor und markierten jedes Detail. Danach reisten die Experten in das Dorf Trsat, Kroatien, zu dem Ort, an welchem das Haus für drei Jahre blieb, und maßen die Spuren, die das Haus auf dem schmutzigen Boden hinterlassen hatte. Als Nächstes fuhren sie nach Nazaret, um die Messungen von Loreto und Trsat mit dem ursprünglichen Fundament zu vergleichen. Unglaublich, an allen drei Standorten (Loreto, Kroatien und Nazaret) waren die Messungen genau gleich! Es gab keinerlei Unstimmigkeiten. Alles passte perfekt zusammen.

Jahrhunderte später führten Wissenschaftler eine chemische Analyse an den Steinen der Mauern des Heiligen Hauses in Loreto durch. Chemische Untersuchungen an dem Holz, das für die Decke des Heiligen Hauses verwendet wurde, führte man ebenfalls durch. Was hatten sie dabei entdeckt? Die Wände des Heiligen Hauses bestehen aus Steinen, die es nur in der Gegend von Nazaret gibt, und das Holz an der Decke des Hauses stammt genau aus der Gegend von Nazaret! Sogar der für das Haus verwendete Mörtel soll aus Material bestehen, das aus dem Heiligen Land stammt.

Als Folge der Studien wurde eine größere Kirche um das Haus herum gebaut, um die vielen Pilger aufzunehmen, die nach Loreto kamen. Um die Wahrhaftigkeit dieser wundertätigen Ereignisse zu bestätigen, reisten die Pilger weiterhin jedes Jahr von Trsat, Kroatien, nach Loreto und baten den Himmel, das Heilige Haus nach Kroatien zurückzubringen.

Nach der Ankunft des Heiligen Hauses in Loreto, Italien, im Jahr 1295 bestätigten fast 50 Päpste, dass es sich um einen übernatürlichen Vollzug durch Engel handelt, der manchmal als „Übertragung des Heiligen Hauses" bezeichnet wird. Im 15. Jahrhundert wurden zwei Päpste im Heiligen Haus auf wundersame Weise geheilt. Im 16. Jahrhundert wurde um das Heilige Haus herum eine befestigte Basilika fertiggestellt, um es vor muslimischen Angriffen zu schützen. Später wurde das Heilige Haus in Carrara-Marmor gehüllt, um die Struktur noch weiter zu festigen.

> Fast alle Päpste nach Pius II. [einer jener Päpste aus dem 13. Jahrhundert, der auf wundersame Weise geheilt wurde] haben von seiner übernatürlichen Übertragung gesprochen.[274]
>
> – Hl. Alfons von Liguori

Warum haben Gott und die Kirche solche Maßnahmen ergriffen, um dieses Haus zu erhalten? Weil es der Ort der Menschwerdung ist! Die Überlieferung besagt, dass Maria im Heiligen Haus geboren und aufgewachsen ist und dass in diesem Haus der Erzengel Gabriel der Jungfrau erschien und das Wort Fleisch wurde. Es ist ein Haus übernatürlicher Wunder!

> Sie [Maria] soll in der Stadt Nazaret selbst geboren worden sein, und zwar in derselben Kammer, in der sie, überschattet vom Heiligen Geist, später beim Gruß des Engels empfangen hatte.[275]
>
> – Hl. Hieronymus

> Es ist in Wirklichkeit das Haus von Nazaret, das in Loreto verehrt wird, das Haus, das Gott aus vielen Gründen lieb ist, ursprünglich in Galiläa erbaut, von seinen Fundamenten getrennt und von der göttlichen Macht über die Meere zuerst nach Dalmatien und dann nach Italien getragen – das gesegnete Haus, in dem die heiligste Jungfrau, die von Ewigkeit an vorherbestimmt und vollkommen von der Erbsünde befreit war, empfangen, geboren und erzogen wurde; wo der Bote des Himmels sie als voll der Gnade begrüßte; wo sie die Mutter des einzigen Sohnes Gottes wurde.[276]
>
> – Sel. Papst Pius IX.

Im Heiligen Haus lebte auch die Heilige Familie in Nazaret. Das Haus wird oft als „Heiliges Haus Mariens" bezeichnet, aber es verdient auch, als „Heiliges Haus Josefs" bezeichnet zu werden. Wann und wie der hl. Josef in den Besitz des Hauses kam, ist unklar, aber es ist höchstwahrscheinlich auf seine Vermählung mit Maria zurückzuführen. Tatsächlich liefern die jüngsten Ausgrabungen in der Nähe der Verkündigungsbasilika Hinweise darauf, wie Marias Elternhaus zur Heimat der Heiligen Familie wurde.

Wenn Pilger das Heilige Land besuchen, reisen sie normalerweise nach Nazaret, um die Basilika der Verkündigung zu sehen (wo sich früher das Heilige Haus befand und wo das Fundament der Kammer der Menschwerdung erhalten blieb). Was vielen Pilgern überhaupt nicht bewusst ist, ist, dass sich in unmittelbarer Nähe der Basilika die Werkstatt des hl. Josef befindet.

Der Überlieferung nach lebte und arbeitete Josef in seinem eigenen Haus in der Nähe, als er mit Maria verlobt war und sie noch nicht zusammen lebten. Als die beiden begannen, zusammen zu leben, entschieden sie sich, in das Elternhaus Marias zu ziehen, und

Josef nutzte das andere Haus als Werkstatt. Dies hilft uns zu verstehen, warum der hl. Josef nicht anwesend war, als der Engel bei der Verkündigung zu Maria kam; er lebte zu der Zeit noch nicht mit ihr.

Das Heilige Haus ist eine einzigartige Reliquie, das Hunderte, wenn nicht Tausende von Heiligen besucht haben. Vor der Übertragung nach Loreto besuchten der hl. Franziskus von Assisi und die hl. Helena das Haus in Nazaret. Seit seinem mystischen Versetzen nach Loreto haben unzählige Heilige eine Pilgerreise nach Loreto unternommen, um es zu sehen, darunter:

- der hl. Ignatius von Loyola
- der hl. Franz Xaver (er pilgerte nach Loreto, bevor er sich auf die Missionsreise nach Indien machte)
- der hl. Franz Borgia
- der hl. Karl Borromäus
- der hl. Petrus Canisius (er verteidigte die Wahrheit des Heiligen Hauses gegen die Protestanten, die es eine Legende nannten)
- der hl. Aloysius Gonzaga
- der hl. Jakob von La Marca
- der hl. Stanislaus Kostka
- der hl. Franz von Sales
- der hl. Luigi Guanella
- der hl. Laurentius von Brindisi
- der hl. Benedikt Joseph Labre (er wird der „Heilige von Loreto" genannt, weil er so oft das Heilige Haus besucht hat)
- der hl. Franz von Carácciolo
- der sel. Antonius Grassi (er wuchs in der Nähe des Heiligen Hauses auf. Einmal wurde er beim Knien im Gebet im Haus vom Blitz getroffen. Der Blitzschlag heilte auf wundersame Weise seinen lebenslangen akuten Schmerz von Verdauungsstörungen. Nach seiner Heilung gelobte er, das Heilige Haus einmal im Jahr auf einer Pilgerreise zu besuchen.)
- der hl. Alfons von Liguori (er hat einmal erklärt, dass er in Loreto „sein Herz gelassen hat")

- der hl. Maximilian Kolbe
- der hl. Josémaría Escrivá (er besuchte das Heilige Haus siebenmal und weihte das Opus Dei Maria in Loreto)
- der hl. Papst Johannes XXIII.
- der hl. Johannes Paul II.

Die hl. Thérèse von Lisieux besuchte 1887 das Heilige Haus, als sie mit ihrem Vater nach Rom ging. Sie schrieb über ihren Besuch in ihrer Autobiografie:

> Ich war froh, als wir uns auf den Weg nach Loreto begaben. Es überrascht mich nicht zu sehen, warum die seligste Jungfrau diesen Ort ausgewählt hat, um ihr gebenedeites Haus dorthin zu verbringen. Hier herrschen Friede, Freude und Armut ohne Einschränkung. Alles ist schlicht und ungekünstelt, die Frauen haben ihre kleidsame italienische Tracht beibehalten und nicht, wie die anderer Städte, die Pariser Mode angenommen. Kurz, Loreto hat mich entzückt! Was soll ich vom Heiligen Haus sagen? Ich war tief ergriffen beim Gedanken, unter dem gleichen Dache zu weilen wie die Heilige Familie, die Wände zu betrachten, auf denen die göttlichen Augen Jesu geruht hatten, den Boden zu betreten, den der hl. Josef mit seinem Schweiß getränkt hat, wo Maria ihren Sohn auf den Armen trug, nachdem sie ihn in ihrem jungfräulichen Schoß getragen hatte. Ich sah das kleine Gemach, in das der Engel zur seligsten Jungfrau herabgestiegen war. Ich legte meinen Rosenkranz in das Schüsselchen des Jesuskindes. Wie lieblich sind doch diese Erinnerungen![277]

Das Heilige Haus ist eine mächtige Reliquie. Jesus, Maria und Josef lebten, schliefen, aßen und beteten dort. Es ist so mächtig, dass der Teufel nichts damit zu tun haben will. Der sel. Baptist Spagnoli von Mantua (1447–1516), von 1513 bis 1516 Oberer des Karmeliterordens und ein dem Heiligen Haus sehr ergebener Priester, berichtete folgendes Augenzeugnis eines Exorzismus, der am 16. Juli 1489 an einer Frau im Heiligen Haus von Loreto durchgeführt wurde:

> Ich werde nichts übergehen, was ich mit meinen eigenen Augen gesehen und mit meinen eigenen Ohren gehört habe. Es geschah, dass eine Französin namens Antonia, die seit Langem von bösen Geistern besessen war, von ihrem Ehemann an den heiligen Ort gebracht wurde, damit sie befreit werden konnte. Während ein Priester namens Stephan, ein vorbildlicher Mann, über sie die üblichen Exorzismen las, wurde einer der Dämonen, der sich rühmte, der Anstifter des Massakers an allen Unschuldigen gewesen zu sein, zu seiner Verwirrung gefragt, ob dies die Kammer der Unbefleckte Jungfrau gewesen sei. Er antwortete, dass es tatsächlich so wäre, aber dass er es gegen seinen Willen bekannte, weil er von Maria gezwungen wurde, die Wahrheit zu bekennen. Er wies außerdem auf die Orte im Heiligen Haus hin, an denen der Engel Gabriel und Maria jeweils gewesen waren.[278]

Das Heilige Haus hat einen eigenen liturgischen Gedenktag. Am 12. April 1916 erließ Papst Benedikt XV. ein Dekret, mit dem der 10. Dezember als jährlichen liturgischen Gedenktag der Übertragung des Heiligen Hauses festgelegt wurde. Bis heute wird der „Gedenktag der Übertragung des Heiligen Hauses“ jeden 10. Dezember in Loreto mit großer Feierlichkeit begangen.

> In diesem höchst gesegneten Haus fand der Beginn der Erlösung des Menschen durch das große und wunderbare Mysterium der göttlichen Menschwerdung statt. Inmitten der Armut dieser Wohnstätte lebten im Verborgenen diese Vorbilder des häuslichen Lebens und der Harmonie.[279]
>
> – Papst Leo XIII.

> Geschah es nicht durch ein beispielloses Wunder, dass dieses Heilige Haus über Land und Meer von Galiläa nach Italien gebracht wurde? Durch einen höchsten Akt des Wohlwollens seitens des Gottes aller Barmherzigkeit wurde es in unseren päpstlichen Bereich gestellt, wo es für so viele Jahrhunderte Gegenstand der Verehrung aller Natio-

nen der Welt geworden ist und mit unaufhörlichen Wundern erleuchtet wird.[280]

– Sel. Papst Pius IX.

Das Heilige Haus von Loreto ist die Wohnung, in der das göttliche Wort menschliches Fleisch angenommen hat und das durch den Dienst der Engel übertragen wurde. Seine Echtheit wird durch antike Denkmäler und ungebrochene Traditionen bewiesen, sowie durch das Zeugnis des Papstes, die gemeinsame Zustimmung der Gläubigen und die fortwährenden Wunder, welche bis zum heutigen Tag dort vollbracht werden.[281]

– Papst Benedikt XIV.

WUNDER 8

Schweigsamer Zeuge

Er [der hl. Josef] ist wirklich der Heilige, der seine Pflicht in Stille, aber mit engelhaftem Eifer erfüllt hat.[282]

– Sel. Gabriele Allegra

Eine wundersame Treppe in New Mexico

Er [der heilige Josef] nahm Seine [Jesu] kleinen Hände und erhob sie zum Himmel. Er sagte: „Sterne des Himmels, seht die Hände, die euch erschaffen haben; O Sonne, siehe, der Arm, der dich aus dem Nichts gezogen hat."[283]

– Sel. Guillaume-Joseph Chaminade

Der hl. Josef ist der Beschützer der Jungfrauen. Als guter Vater kümmert er sich um ihre Bedürfnisse. Ein Beispiel für seinen väterlichen Schutz bezeugt eine Gruppe von Ordensschwestern in New Mexico im Jahr 1878, deren sich der hl. Josef angenommen hatte.

1873 betrieben die Loreto-Schwestern eine Mädchenschule in Santa Fe, New Mexico. Die Schule war sehr erfolgreich, deshalb wollten die Schwestern eine neue Kapelle bauen. Sie beauftragten einen bekannten Architekten mit dieser Aufgabe. Das Bauprojekt dauerte fünf Jahre, bis es fertiggestellt war. Als die Kapelle fertig war, stellten die Schwestern jedoch fest, dass die Kapelle keinen Weg hatte, um ohne eine sehr lange Leiter zur Empore zu gelangen. Die Empore befand sich 20 Fuß [6,1 Meter] über dem Erdgeschoss. Das Erklettern einer solchen Leiter war für die Schwestern, die einen bodenlangen Habit trugen, sehr schwierig. Sie stellten auch fest, dass im Hauptbereich der Kapelle aufgrund der vielen Kirchenbänke kein Platz mehr für eine Treppe vorhanden war. Und sie konnten den Mann, der die Kapelle gebaut hatte, nicht mehr einbestellen, weil er kurz nach Fertigstellung der Kapelle gestorben war. Was sollten sie tun?

Nun, die Schwestern beteten zum hl. Josef um Hilfe. Sie begannen eine Novene und baten den hl. Josef, ihnen einen Zimmermann zu schicken. Bemerkenswerterweise kam am letzten Tag der Novene ein geheimnisvoller Mann im Kloster an und erklärte, er sei daran interessiert, für die Schwestern eine Treppe zur Empore zu bauen. Der Mann hatte nur eine Bitte: Er wollte allein und hinter verschlossenen Türen arbeiten. Die Schwestern nahmen sein Angebot bereitwillig an und stellten ihn ein.

Der Mann brauchte drei Monate, um die Treppe zu bauen. Sobald das Projekt abgeschlossen war, konnte der Mann nicht mehr gefunden werden. Er verschwand einfach aus der Stadt. Niemand sah ihn gehen und niemand wusste, wer er war. Die Schwestern suchten ihn überall, konnten ihn aber nicht finden. Sie gaben sogar eine Anzeige in der lokalen Zeitung auf, um ihn zu finden. Aber es half nichts.

Ohne Erfolg gingen die Schwestern zum Holzlager, um sich zu erkundigen, wer das Holz für die Treppe erhalten hatte und um das Holz zu bezahlen. Als sie ihre Fragen stellten, wusste nicht eine Person auf dem Holzplatz, wovon sie sprachen. Den Schwestern wurde mitgeteilt, dass das Holzlager niemals Holz an einen Mann verkauft hatte, der eine Treppe für eine Kapelle baute.

Verwirrt erinnerten sich die Schwestern daran, wie seltsam es war, dass der Mann nur ein Winkelmaß, eine Säge, einen Hammer und ein paar andere grundlegende Werkzeuge hatte. Man muss auch bedenken, dass keine der Schwestern jemals gesehen hat, wie das Holz in der Kapelle ankam. Neugierig inspizierten die Schwestern und andere Leute aus der Stadt die Treppe und stellten fest, dass der mysteriöse Mann etwas ganz Einzigartiges konstruiert hatte. Es war eine

Wendeltreppe, die die Kirchenbänke im Erdgeschoss nicht berührte. Sie hatte 33 Stufen, keine Mittelstütze oder tragende Säule und schien in der Luft zu schweben. Sie enthielt auch keine Nägel! Man fand heraus, dass sie durch quadratische Holzstifte zusammengehalten wurde. Die Treppe ist ein architektonisches Wunder. Es ist das Meisterwerk eines Zimmermanns!

Woher kam das Holz? Nun, 1996 wurde eine Studie von Forest N. Easley durchgeführt, einem Förster und Holztechnologen des United States Forest Service und des United States Naval Research Laboratory. Seine umfangreiche Untersuchung ergab, dass die Treppe aus Fichtenholz besteht, das aber anders ist als jedes andere Fichtenholz auf der Welt. Weitere Untersuchungen wurden durchgeführt und es bestätigte sich, dass das Fichtenholz, das der Art der Wendeltreppe am ähnlichsten ist, nur in Israel gefunden werden konnte.

Wer war der mysteriöse Mann, der die Treppe gebaut hat? Die Loreto-Schwestern glauben, dass es der hl. Josef war. Nachdem sie gebetet und ihren geistlichen Vater bestürmt hatten, jemanden zu schicken, der ihnen eine Treppe bauen sollte, kam der hl. Josef selbst und baute sie für die geweihten Jungfrauen. Die Treppe ist bis heute erhalten.

Schweigsamer Zeuge

> Das Evangelium berichtet kein einziges Wort von ihm [dem hl. Josef]; seine Sprache ist die des Schweigens.[284]
>
> – Hl. Papst Paul VI.

Wir ehren den hl. Josef als den Mann, der Jesus das Sprechen beigebracht hat. Vermutlich hat Jesus in einem ähnlichen Stil wie Sein irdischer Vater gesprochen, mit derselben Umgangssprache und demselben Akzent wie der hl. Josef. Wir finden jedoch kein einziges Wort des hl. Josef im Neuen Testament. Taten sagen mehr als Worte.

Das Schweigen und die Demut des hl. Josef sind die Grundlage seiner Größe. Von allen Männern, die Gott als irdischen Vater Jesu Christi hätte wählen können, wählte Gott den hl. Josef, den schweigsamsten aller Menschen.

> Der hl. Josef ist zwar der größte der Heiligen, aber der bescheidenste und verborgenste von allen.[285]
>
> – Hl. Pierre Julian Eymard

> Man würde denken, dass der allmächtige Gott ihn [den hl. Josef] mit Donnerkeilen ausstatten würde, um diesen kostbaren Schatz [Jesus] zu schützen. Falsch. Josef sieht in seinen Armen einen nicht fassbaren Gott und folgt Ihm. Er findet Trost nur in seiner Unterwerfung und in seinem Vertrauen.[286]
>
> – Sel. Guillaume-Joseph Chaminade

Der hl. Josef wollte nie an der Spitze im Drama der Heilsgeschichte stehen. Er zog es vor, verborgen zu bleiben. Sein Wunsch war es, dass Jesus und Maria die ganze Aufmerksamkeit geschenkt werden. Die Schweigsamkeit und Demut des hl. Josef sind einzigartig und offenbaren seine Kraft, Größe und seinen Einfluss auf Gott.

Im 17. Jahrhundert pries der französische Bischof Jacques-Bénigne Bossuet die Wunder der Schweigsamkeit und Demut des hl. Josef. Er schrieb:

> Jesus offenbarte sich den Aposteln, damit sie Ihn auf der ganzen Welt verkünden können. Er offenbarte sich dem hl. Josef, der schweigen und Ihn verborgen halten sollte. Die Apostel sind Lichter, damit die Welt Jesus sieht. Josef ist ein Schleier, der Ihn bedeckt; und unter diesem geheimnisvollen Schleier sind uns die Jungfräulichkeit Mariens und die Größe des Erlösers der Seelen verborgen. Er, der die Apostel mit der Glorie des Predigens ruhmreich macht, verherrlicht Josef durch die Demut der Schweigsamkeit.[287]

Bischof Bossuet schätzte den hl. Josef so sehr, dass er ihn nach Jesus und Maria als den größten Menschen der Christenheit betrachtete. Obwohl die Heiligkeit des hl. Josef vielen verborgen und unbekannt ist, erinnert uns Bischof Bossuet daran, dass das heiligste Ziel der Christen das ist, was verborgen und verschleiert ist. Er stellt fest:

> Das Erhabenste, was die Kirche hat, ist das, was sie am meisten verbirgt.[288]

Bischof Bossuet bezieht sich auf das verborgene Allerheiligste Sakrament, das in jedem Tabernakel auf der ganzen Welt aufbewahrt wird. Es ist jedoch interessant, dass mit zunehmender Aussetzung des Allerheiligsten Sakraments auch der hl. Josef in den Vordergrund der Aufmerksamkeit und Verehrung der Kirche gerückt wurde. Die Enthüllung des hl. Josef offenbart einen der größten Schätze des Christentums. Frühere Generationen hätten sich über die Entwicklung des Verständnisses der Kirche für Josefs Rolle und seine Verehrung in der Neuzeit gefreut, denn, obwohl sich ihr Verständnis und ihre Verehrung für Josef in einem rudimentären Stadium befanden, liebten sie ihn dennoch und hätten es begrüßt, wenn ihnen in jener Zeit mehr Licht zugutegekommen wäre.

Es gab „Enthüllungen" der Größe des hl. Josefs in der Vergangenheit. Im 14. Jahrhundert brachten viele Heilige und Gelehrte ein tieferes Bewusstsein für die Wunder des hl. Josef durch ihre eigene Verehrung und ihr persönliches Zeugnis in das kirchliche Leben und in die Theologie. Im 17. Jahrhundert trat der hl. Josef in Europa selbst in Erscheinung, wodurch er weltberühmt wurde und seine Bedeutung noch stärker hervorhob.

Am 7. Juni 1660 erschien der hl. Josef einem Hirten in Cotignac, Frankreich. Er sprach mit ihm und wirkte Wunder und vollbrachte Heilungen. Wie erzählt wird, suchte ein Hirte namens Gaspard Ricard mitten an einem sengend heißen Tag Zuflucht im Schatten der Bäume am Mount Bessillon in der Nähe der südöstlich gelegenen französischen Stadt Cotignac. Gaspard war extrem durstig und wusste nicht, was er tun sollte, um seinen Durst zu stillen. Plötzlich erschien ihm ein Mann von würdevollem Aussehen, zeigte auf einen Felsen und sagte zu ihm: „Ich bin Josef. Hebe diesen Stein hoch und du kannst trinken." Der Stein war riesig und Gaspard sagte zu dem Mann, dass er ihn nicht allein heben könne. Unbeeindruckt wiederholte der Mann seine Anweisung an Gaspard, den Stein zu bewegen. Gaspard näherte sich widerwillig dem Felsen und konnte ihn zu seinem Erstaunen bewegen. Sofort sprudelte klares Wasser aus der Stelle, an der sich der Felsen befunden hatte. Gaspard trank das Wasser mit großer Begeisterung und stand auf, um dem Mann zu danken, aber der Mann war verschwunden.

Gaspard wusste nicht, wohin er gegangen war, und lief ins Dorf, um den Leuten zu erzählen, was geschehen war. Er erwartete, verspottet und gedemütigt zu werden; jedoch war seine Geschichte so faszinierend, dass viele Leute aus dem Dorf ihm zu jener Stelle folgten und sahen, wie die Quelle mit klarem Wasser floss. Sie nahmen auch wahr, dass der große Stein wegbewegt worden war. Sie konnten sogar sehen, wo sich der Felsen einst befunden hatte. Für einen besseren Zugang zum Wasser versuchten Männer aus dem Dorf, den Felsen etwas weiterzubewegen. Es brauchte acht erwachsene Männer, um ihn wegzurücken! Da wurde Gaspard klar, dass er vom großen hl. Josef besucht worden war!

Als sich diese Geschichte verbreitete, kamen Menschen aus ganz Frankreich zu dieser Quelle und viele Wunder geschahen aufgrund des Glaubens des Volkes. Sie beteten zu Gott um Heilung und Gott wirkte durch den hl. Josef und die wundersame Quelle Wunder. Der französische König Ludwig XIV. hörte von den Ereignissen in diesem Dorf und war tief beeindruckt. Er war so bewegt, dass er am 19. März 1661 ganz Frankreich dem hl. Josef weihte. Er erklärte auch den Gedenktag des hl. Josef zum Nationalfeiertag in ganz Frankreich. Die Stätte wurde schnell so beliebt, dass die Einheimischen um die wundersame Quelle herum ein Heiligtum für den hl. Josef errichteten. Mehr als hundert Jahre lang fanden große Pilgerfahrten statt, aber zur Zeit der Französischen Revolution wurde das Heiligtum verlassen und verfiel. Es wurde 1978 restauriert und wird heute von Benediktinerinnen betreut.

Gelegentlich hat Gott die Kirche auch durch die Schriften von Heiligen und Mystikern, wie die der hl. Birgitta von Schweden, der ehrw. Maria von Ágreda und der sel. Anna Katharina Emmerick über die Größe des hl. Josef belehrt. Einmal unterrichtete die Jungfrau Maria die hl. Birgitta über die Größe des hl. Josef und betonte insbesondere das Wunder seines Schweigens. U.L.F. sagte zur hl. Birgitta:

> Der hl. Josef war in seiner Rede so zurückhaltend und vorsichtig, dass kein einziges Wort aus seinem Mund kam, das nicht gut und heilig war, noch hat er jemals unnötige oder lieblose Gespräche geführt. Er war sehr geduldig und fleißig darin, Müdigkeit zu ertragen; er übte extreme Armut; er war sehr sanftmütig im Ertragen von Verletzungen; er war stark und fest gegen Feinde; er war der treue Zeuge der Wunder des Himmels.[289]

In der Neuzeit hat Gott fortgesetzt, die Größe des hl Josef durch die Schriften von zwei der bekanntesten und beliebtesten Heiligen der Kirche zu offenbaren: der hl. Thérèse von Lisieux und der hl. Faustyna Kowalska. Ihre jeweiligen Autobiografien gehören zu den populärsten Schriften moderner Heiliger.

Die hl. Thérèse beschreibt ihre Liebe zum hl. Josef in ihrem Buch *Die Geschichte einer Seele*. Sie berichtet ihren Lesern, dass sie seit ihrer Kindheit eine sehr große Verehrung für den hl. Josef hatte. Sie erzählt die Geschichte, wie sie als kleines Mädchen auf die Fürsprache des hl. Josef auf wundersame Weise geheilt wurde. In späteren Jahren, als Karmelitin, schrieb die hl. Thérèse darüber, wie sie jeden Tag zum hl. Josef betete, und schrieb ihm zu, ihr unzählige Gefälligkeiten erwiesen zu haben.

In den Erscheinungen der Göttlichen Barmherzigkeit, die der hl. Faustyna Kowalska zuteil wurden, erschien der hl. Josef häufig der hl. Faustyna und versicherte sie seines Schutzes über ihre wichtige Sendung, Gottes Barmherzigkeit bekannt und vertrauenswürdig zu machen. Ähnlich wie die hl. Thérèse betete auch Faustyna jeden Tag zum hl. Josef und berichtet über ihre Erfahrungen in ihrem *Tagebuch*. Ohne Zweifel haben die Heiligen und Mystiker der Kirche viel getan, um die Größe des hl. Josef zu offenbaren. Vor allem aber scheint die Jungfrau Maria selbst am meisten zu tun, ihren Bräutigam bekannt und beliebt zu machen.

Denkt darüber nach: Vor Jahrhunderten war Maria die erste Person, die die Größe des hl. Josef „enthüllte", indem sie dem hl. Matthäus und dem hl. Lukas von Aspekten aus dem Leben des hl. Josef erzählte, über die sie sonst nichts gewusst hätten. Der hl. Matthäus und der hl. Lukas kannten den hl. Josef nicht persönlich. Sie haben ihn nie getroffen oder mit ihm gesprochen. Die wahrscheinlichste Erklärung dafür, wie der hl. Josef überhaupt in das Neue Testament gekommen ist, ist, dass Maria dem hl. Matthäus und dem hl. Lukas vom hl. Josef erzählte. Die Braut des hl. Josef ist die Informationsquelle über den hl. Josef im Neuen Testament. Maria wollte, dass ihr Bräutigam in das Neue Testament aufgenommen wird. Der hl. Josef sprach nicht viel, aber seine Braut sprach für ihn.

Heute tut Maria es wieder. Durch ihre verschiedenen Erscheinungen macht Maria ihren Bräutigam bekannt, indem sie ihn mitbringt und die Kirche über seine Bedeutung unterrichtet. Die Heiligste Dreifaltigkeit steht natürlich dahinter, aber es besteht kein Zweifel daran, dass Maria sich sehr darüber freut und es auch will. Es scheint, dass Maria Jesus erneut bittet, mehr Wein für die Hochzeit bereitzustellen!

> In unserer Zeit hat die Muttergottes uns geholfen, ihren lieben und keuschen Bräutigam, den hl. Josef, zu verstehen und zu lieben. Sie hat uns von dem Geheimnis erzählt, das ihn umgibt, und von seiner Größe. Sie hat uns über ihre Liebe zum hl. Josef wissen lassen, den liebenswertesten Heiligen, der jahrelang das fleischgewordene Wort in seinen Armen hielt.[290]
>
> – Sel. Gabriele Allegra

Werfen wir einen Blick auf einige der Erscheinungen, auf die sich der sel. Gabriele Allegra bezieht, sowie auf einige, die seit seinem Tod stattgefunden haben.

Am 21. August 1879 erschien die Jungfrau Maria 15 Menschen in Knock, Irland. Die Erscheinung wird volkstümlich als die Erscheinung U.L.F. von Knock bezeichnet, aber auch der hl. Josef und der hl. Apostel Johannes waren anwesend. Es wurden keine Worte oder Botschaften von U.L.F. oder den anderen himmlischen Besuchern gegeben. Die Erscheinung ereignete sich bei strömenden Regen und dauerte viele Stunden. Nach der eidesstattlichen Versicherung derer, die die Erscheinung miterlebten, trug der hl. Josef Weiß, war barfuß und hatte die Hände zum Gebet gefaltet, wobei sein Kopf leicht zu Maria geneigt war, als würde er ihre große Würde als Gottesmutter ehren. Es ist eine geheimnisvolle und faszinierende Erscheinung, die jedoch von der Kirche voll anerkannt wird.

1917 erschien die Jungfrau Maria in Fatima, Portugal. Am 13. Oktober 1917, während der letzten der sechs Marienerscheinungen, die den drei jungen Seherkindern gegeben wurden, trat auch der hl. Josef auf. Ähnlich wie in Knock, regnete es am 13. Oktober, als der hl. Josef erschien. An diesem Tag fand auch das berühmte Sonnenwunder statt. Mehr als 70.000 Menschen sahen, wie sich die Sonne drehte und drehte und auf die Erde zuraste. Kurz bevor dieses Wunder geschah, erschien der hl. Josef mit dem Jesuskind und gemeinsam segneten sie die Welt.

Die Bedeutung, dass Jesus als Kind erscheint und die Welt zusammen mit dem hl. Josef segnet, ist nicht zu unterschätzen. Die Botschaft von Fatima hat für unsere Zeit eine große Bedeutung. Schwester Lucia, die am längsten Lebende der Seherkinder der Fatima-Erscheinungen, erklärte, dass die letzte Schlacht zwischen Gut und Böse um die Ehe und die Familie gehen würde. Der Himmel lehrte uns am 13. Oktober 1917, dass Jesus Wunder wirkt, Frieden schenkt und die Welt durch den hl. Josef segnet. Die Anwesenheit des hl. Josef in Fatima bedeutet auch, dass ein entscheidender Bestandteil des Triumphs des Unbefleckten Herzen Mariens – ein Versprechen, das die Muttergottes während der Erscheinung am 13. Juli den drei Seherkindern gegeben hat – darin besteht, dass die Welt gleichzeitig den Segen des hl. Josef empfängt. Wenn die Kirche den Segen der Vaterschaft des hl. Josef anerkennt, wird Jesus in den Herzen regieren und das Unbefleckte Herz Mariens wird triumphieren.

1968 gab es in Zeitoun, einem Vorort von Kairo, Ägypten, eine Reihe von Erscheinungen von Jesus, Maria und dem hl. Josef. Es wird angenommen, dass die Heilige Familie während ihres Aufenthaltes in Ägypten durch die Stadt Zeitoun kam. Unglaublich! Tausende Einwohner Zeitouns – darunter Christen, Muslime, Juden und Regierungsbeamte – wurden Zeugen der Erscheinungen der Heiligen Familie. Wie in Knock wurden auch hier weder Worte gesprochen noch Botschaften gegeben. Die Erscheinungen fanden über und um eine koptische Kirche statt und wurden von der örtlichen Kirchenautorität der Kopten bestätigt.

Der vielleicht bedeutendste aller Auftritte des hl. Josef in der Neuzeit waren die inneren vermeintlichen Erfahrungen, die Schw. Mildred Neuzil (auch bekannt als Schw. Mary Ephrem) in den 1950er-Jahren in den Vereinigten Staaten gegeben wurden. Diese inneren Erfahrungen sind bekannt als die Erscheinungen „U. L. F. von Amerika".

Die angeblichen Erscheinungen, die Schw. Mary Ephrem gegeben wurden, ereigneten sich in Ohio und fanden über viele Jahre statt; Schw. Mary Ephrem starb im Jahr 2000. Im Mittelpunkt der Botschaften steht der Ruf nach Gebet, Bekehrung, Reinheit, Weihe an die Muttergottes als die Unbefleckte Empfängnis und die Verehrung des hl. Josef. In den Jahren 1956 und 1958 sprach der hl. Josef angeblich selbst mit Schw. Mary Ephrem.

Die Botschaften des hl. Josef an Schw. Mary Ephrem sind äußerst wichtig für unsere Zeit. Der hl. Josef sprach zu ihr über seine Jungfräulichkeit, Reinheit, seinen Gehorsam und seine Liebe zu seiner Braut. Er teilte Schw. Mary Ephrem mit, dass Gott wünsche, die Welt hätte eine größere Wertschätzung der Leiden, die das Herz des hl. Josef erlitt, in Vereinigung mit den Herzen Jesu und Mariens. Der hl. Josef sprach von der Bedeutung der Verehrung seines Herzens und seiner geistlichen Vaterschaft sowie davon, dass Gott jede Vaterschaft durch den hl. Josef segnen wolle. Die Anerkennung der Wunder des hl. Josef seien so wichtig, dass der hl. Josef Schw. Mary Ephrem belehrte, dass Gott es wolle, dass der hl. Josef am ersten Mittwoch eines jeden Monats geehrt wird, besonders durch das Gebet der Freudenreichen Geheimnisse des Rosenkranzes und den Empfang der heiligen Kommunion.

Die Botschaften, die der hl. Josef an Schw. Mary Ephrem am 18. und 19. März 1958 übermittelte, sind von so großer geistlicher Bedeutung und Ausmaß, dass es nötig ist, sie hier in ihrer Gesamtheit zu präsentieren. Schw. Mary Ephrem schrieb:

> Am 11. März 1958 sagte U. L. F. zu mir: „Der hl. Josef wird am Vorabend seines Festes kommen. Bereite dich gut vor. Es wird eine besondere Botschaft geben. Mein hl. Bräutigam spielt eine wichtige Rolle dabei, Frieden in die Welt zu bringen."
>
> [18. März 1958].
> Der hl. Josef kam, wie versprochen, und dies sind die Worte, die er damals sprach: „Knie nieder, meine Tochter, denn was du hören und schreiben wirst, wird unzählige Seelen zu einer neuen Lebensweise bringen. Durch dich, meine Kleine, möchte die Dreifaltigkeit den Seelen ihren Wunsch bekannt machen, im Königreich, dem inneren Königreich ihrer Herzen, angebetet, geehrt und geliebt zu werden. Ich bringe den Seelen die Reinheit meines Lebens und den Gehorsam, der es gekrönt hat. Alle Vaterschaft ist gesegnet in mir, den der Ewige Vater als Seinen Vertreter auf Erden erwählt hat, den jungfräulichen Vater Seines eigenen göttlichen Sohnes. Durch mich hat der Himmlische Vater alle Vaterschaft gesegnet, und durch mich fährt Er damit fort und wird dies bis zum Ende der Zeit tun. Meine geistliche Vaterschaft erstreckt sich auf alle Kinder Gottes und zusammen mit meiner jungfräulichen Braut wache ich mit großer Liebe und Besorgnis über sie. Väter müssen zu mir kommen, meine Kleine, um den Gehorsam gegenüber

der Autorität zu lernen: immer der Kirche gegenüber, als dem Sprachrohr Gottes, gegenüber den Gesetzen des Landes, in dem sie leben, soweit diese nicht gegen Gott und ihren Nächsten gerichtet sind. Mein Gehorsam war vollkommener Gehorsam gegenüber dem göttlichen Willen, wie es mir durch das jüdische Gesetz und die jüdische Religion gezeigt und bekannt gemacht wurde. In dieser Hinsicht nachlässig zu sein, missfällt Gott am meisten und wird in der nächsten Welt streng bestraft. Die Väter sollen auch meine große Reinheit im Leben und den tiefen Respekt nachahmen, den ich meiner makellosen Braut entgegenbrachte. Sie sollen ihren Kindern und Mitmenschen ein Vorbild sein und niemals absichtlich etwas tun, das im Volk Gottes einen Skandal verursachen würde. Die Vaterschaft ist von Gott und sie muss wieder ihren rechtmäßigen Platz unter den Menschen einnehmen."

Als der hl. Josef aufhörte zu sprechen, sah ich sein reinstes Herz. Es schien auf einem Kreuz zu liegen, das eine braune Farbe hatte. Es schien mir, dass oben im Herzen, inmitten der Flammen, eine reine weiße Lilie war. Dann hörte ich diese Worte: „Siehe, dieses reine Herz gefällt dem, der es gemacht hat, sehr." Der hl. Josef fuhr dann fort: „Das Kreuz, meine Kleine, auf dem mein Herz ruht, ist das Kreuz der Passion, die mir immer gegenwärtig war und mir intensives Leiden verursachte. Ich wünsche mir, dass Seelen zu meinem Herzen kommen, damit sie die wahre Vereinigung mit dem göttlichen Willen lernen können. Es ist genug, mein Kind, ich werde morgen wiederkommen. Dann werde ich dir mitteilen, wie Gott wünscht, dass ich in Vereinigung mit Jesus und Maria geehrt werde, um Frieden unter den Menschen und den Nationen zu erlangen. Gute Nacht, meine Kleine."

Am Abend des nächsten Tages, dem 19. März 1958, erschien mir der hl. Josef erneut, wie er es mir versprochen hatte, und sprach mich mit folgenden Worten an: „Mein Kind, ich wünsche mir einen Tag, der zur Ehre meiner Vaterschaft reserviert wird. Das Privileg von Gott, als jungfräulicher Vater seines Sohnes auserwählt zu werden, war allein meines, und keine Ehre, außer der, die meiner heiligen Braut geschenkt wurde, war oder wird jemals so erhaben oder so hoch sein wie diese. Die Heiligste Dreifaltigkeit wünscht, um mich zu ehren, dass in meiner einzigartigen Vaterschaft alle Vaterschaft gesegnet sein soll. Liebes Kind, ich war König in dem kleinen Haus von Nazaret, denn ich beherbergte darin den Friedensfürsten und die Königin des Himmels. Von mir suchten sie Schutz und Lebensunterhalt und ich habe darin nicht gefehlt. Ich habe von ihnen tiefste Liebe und Ehrfurcht erhalten, denn in mir haben sie Ihn gesehen, dessen Platz ich über sie einnahm. Deshalb muss das Familienoberhaupt geliebt und respektiert werden, und es muss ihm Gehorsam geleistet werden. Und im Gegenzug dafür muss er ein wahrer Vater und Beschützer derer sein, die unter seiner Obhut stehen. Indem du meine Vaterschaft auf besondere Weise anerkennst, ehrst du Jesus und Maria. Die Göttliche Dreifaltigkeit hat in uns den Erhalt des Friedens in der Welt gelegt. Die Nachahmung der Heiligen Familie, mein Kind, der Tugenden, die wir in unserem kleinen Haus in Nazaret übten, ist der Weg für alle Seelen zu jenem Frieden, der allein von Gott kommt und den kein anderer geben kann."

Als er aufhörte zu sprechen, wurde ich plötzlich mit einer einzigartigen und wunderbaren Vision des glorreichen hl. Josef beschenkt. Er schien sozusagen ein kleines bisschen über etwas zu schweben, was wie eine große Weltkugel aussah, auf der sich Wolken bewegten. Sein Kopf war leicht angehoben, die Augen blickten nach oben wie in Ekstase. Die Hände befanden sich in einer ähnlichen Position wie die des Priesters während der Feier der heiligen Messe und streckten sich nur etwas weiter nach oben. Die Farbe seines Haares sowie seines eher kurzen und leicht gegabelten Bartes schien ein sehr dunkles Braun zu sein. Seine Augen ähnelten in der Farbe jener des Haares und des Bartes. Er war in ein weißes Gewand gekleidet, das bis zu seinen Knöcheln reichte. Darüber trug er eine Art Umhang, der nicht am Hals geschlossen war, sondern die Schultern bedeckte und anmutig über jeden Arm drapiert war und bis zum Saum des Gewandes reichte. Der Umhang hatte manchmal oder schien manchmal ein braunes, manchmal ein purpurnes Aussehen zu haben, nur eines Farbtons oder vielleicht eine leichte Mischung aus beiden. Der Gürtel um seine Taille hatte eine goldene Farbe, genau wie seine Sandalen. Sein recht junges Aussehen erweckte gleichzeitig den Eindruck einer seltenen Reife, verbunden mit großer Stärke. Er schien etwas größer als mittelgroß zu sein. Die Linien seines Gesichts wirkten stark und zielgerichtet, etwas weicher durch eine sanfte Gelassenheit. Ich habe diesmal auch sein reinstes Herz gesehen. Außerdem sah ich den Heiligen Geist in Form einer Taube über seinem Kopf schweben. Seitlich standen sich zwei Engel gegenüber, einer rechts und einer links. Jeder trug ein kleines Kissen mit einer Satinhülle, das Kissen rechts trug eine goldene Krone, das linke ein goldenes Zepter. Die Engel waren alle weiß, sogar ihre Gesichter und Haare. Es war ein wunderschönes Weiß, das mich an die Tadellosigkeit des Himmels erinnerte. Dann hörte ich diese Worte: „So soll er geehrt werden, den der König zu ehren wünscht."[291]

Wow! Wenn ihr das nicht verstanden habt, lest es noch einmal. Alles, was der moderne Mensch über die Größe des hl. Josef wissen muss, ist in den Botschaften enthalten, die Schw. Mary Ephrem gegeben wurden: die geistliche Vaterschaft des hl. Josef, seine jungfräuliche Vaterschaft, sein jugendliches Aussehen, Königtum, Krone, Herz und Umhang. Der hl. Josef spricht von seinem Schutz der Familie, der Bedeutung der Vaterschaft und dem Wunsch des Himmels, dass ein besonderer Festtag zu Ehren der Vaterschaft des hl. Josef eingerichtet werden soll. Gott möchte, dass der hl. Josef gekannt und geliebt wird!

Meine Freunde, wisst ihr, was das bedeutet? Die Vaterschaft des hl. Josef verändert alles! Die Bedeutung eines Festtages zu Ehren der Vaterschaft des hl. Josef würde der Kirche, der Familie und der Welt so viel geistliches Wohl verleihen. Der hl. Josef ist es wert, von seinen geliebten Kindern gekrönt zu werden!

Die Erscheinungen an Schw. Mary Ephrem lehren uns auch, dass der hl. Josef eine wesentliche Rolle dabei spielt, der Welt den Frieden zu bringen. Der hl. Josef ist offensichtlich ein wesentlicher Bestandteil des Triumphs des Unbefleckten Herzens Mariens (daher sein Auftritt in Fatima am 13. Oktober). Das Herz U. L. F. wird triumphieren, wenn die Wiederherstellung der Familie und Gottes rechtmäßiger Platz darin stattfindet. Nichts davon wird geschehen, bis die Vaterschaft des hl. Josef von der Kirche vollständig anerkannt wird. Jetzt ist die Zeit des hl. Josef!

> Denn wer unter euch allen der Kleinste ist, der ist groß.
>
> – Lukas 9,48

> Lassen wir uns mit dem Schweigen des heiligen Josef „füllen"! In einer Welt, die oft zu laut ist, die weder zum Erinnern noch zum Hören auf Gottes Stimme anregt, brauchen wir sie so dringend.[292]
>
> – Papst Benedikt XVI.

Schlafender hl. Josef

> Es ist umsonst, dass ihr früh aufsteht und euch spät erst niedersetzt, um das Brot der Mühsal zu essen; was recht ist, gibt der HERR denen, die er liebt, im Schlaf.
>
> – Psalm 127,2

Gott liebt den Schlaf. Er hat ihn geschaffen. Euer Himmlischer Vater hat euch so geschaffen, dass ihr etwa ein Drittel eures Lebens schlafend verbringen solltet. Er selbst ruhte, nachdem Er Himmel und Erde erschaffen hatte (s. Gen 2,2–3).

Gott ist ein Vater. Er freut sich über Seine Kinder, wenn sie schlafen. Gott kommuniziert mit Seinen Kindern, wenn sie schlafen. Das ist eine biblische Tatsache. Im Leben und in der Sendung des hl. Josef entschied sich Gott, im Schlaf zu ihm zu sprechen. Bei vier Gelegenheiten teilte Gott dem hl. Josef durch einen Engel sehr wichtige Botschaften in seinen Träumen mit (s. Mt 1,20; 2,13,19,22).

Der Schlaf des hl. Josef ist so wichtig und kraftvoll, dass Satan ihn fürchtet. Das Christentum hat immer behauptet, dass Satan, eine rebellische Kreatur, sich entschied, Gott nicht zu dienen, arrogant erklärend: *„Non Serviam"* („Ich werde nicht dienen"; Jer 2,20). Im Gegensatz dazu spricht die Jungfrau Maria ihr demütiges *„Fiat* *mihi secundum verbum tuum*" („... mir geschehe, wie du es gesagt hast"; Lk 1,38). Der große hl. Josef antwortet mehr mit gehorsamen Handlungen als mit Worten: „*Fecit sicut praecepit ei angelus Domini*" („Er tat, was der Engel des Herrn ihm befohlen hatte"; Mt 1,24). Der Schlaf des hl. Josef verändert alles!

Gemäß des Neuen Testamentes ist der Schlaf des hl. Josef Gebet. Im Himmel schläft der hl. Josef natürlich nicht mehr, aber in der Ewigkeit „ruht er im Herrn". Wird das Leben nach dem Tod nicht „Ewige Ruhe" genannt?

In jüngster Zeit hat sich in der Kirche eine beliebte Andacht zum hl. Josef unter dem Titel „Schlafender hl. Josef" entwickelt. Es geht darum, unter eine Statue, die den schlafenden hl. Josef darstellt, einen Zettel mit den persönlichen Anliegen zu legen, um den hl. Josef um seine Fürsprache zu bitten. Dadurch bittet man den hl. Josef, diese Anliegen vor Gott zu bringen. Die Andacht des schlafenden hl. Josef ist eine wunderbare Möglichkeit, mit unserem geistlichen Vater in Verbindung zu bleiben und ihn zu bitten, über unsere Absichten zu beten (zu schlafen).

Der französische Dichter Charles Péguy schrieb in einem unglaublichen Gedicht mit dem Titel *Das Tor zum Geheimnis der Hoffnung* über die Bedeutung des Schlafes. Das Gedicht ist aus Gottes Sicht geschrieben und soll den modernen Menschen daran erinnern, dass Gott sich an Seinen Kindern erfreut, wenn sie schlafen. Hier ist ein Auszug:

> Schlafen. Warum schlafen die Menschen nicht?
> Ich habe dieses Geheimnis aller Welt preisgegeben. Ich habe es nicht teuer verkauft.
> Wer gut schläft, lebt gut. Wer schläft, der betet. (Auch wer arbeitet, betet. Aber alles hat Zeit. Und Arbeit und Schlummer.
> Und Schlummer und Arbeit sind Brüder. Und verstehen einander sehr wohl. Und der Schlummer leitet zur Arbeit und die Arbeit leitet zum Schlummer.
> Wer gut arbeitet, schläft gut. Wer gut schläft, arbeitet gut.)

Und doch habe ich vernommen, dass es Menschen geben soll, die nicht schlafen.
Leute, welche nicht schlafen, mag ich nicht leiden, sagt Gott.
Der Schlaf ist des Menschen Freund.
Der Schlaf ist Gottes Freund.
Der Schlaf ist vielleicht meine herrlichste Schöpfung.
Und ich selber habe geruht am siebten Tage.
Wer reinen Herzens ist, der schläft. Und wer schläft, der ist reinen Herzens.
Das große Geheimnis ist, unermüdlich zu sein wie ein Kind.

Nun aber höre ich, dass es Menschen gibt, die gut arbeiten, aber schlecht schlafen.
Nicht schlafen. Was für ein Mangel an Vertrauen zu mir.

Ich rede von denen, die arbeiten, aber nicht schlafen.
Die tun mir leid. Ich rede von denen, die arbeiten und die also auf diese Art mein Gebot befolgen, die armen Kinder.
Und die doch andererseits den Mut nicht haben, das Vertrauen nicht haben, nicht schlafen.
Die tun mir leid. Ich nehme es ihnen übel. Ein wenig. Sie schenken mir kein Vertrauen.
Wie das Kind sich bettet unschuldig in die Arme seiner Mutter, so betten sie sich nicht unschuldig in die Arme meiner Vorsehung.
Sie haben den Mut zur Arbeit. Sie haben nicht den Mut zum Nichtstun.
Sie haben die Tugend der Arbeit. Sie haben nicht die Tugend des Nichtstuns. Sich zu entspannen. Sich auszuruhen. Zu schlafen.
Die Unseligen wissen nicht, was gut ist.[293]

– Charles Péguy

Der Schlaf des hl. Josef kann dem modernen Menschen wichtige Lektionen über das Leben erteilen. Eine der wichtigsten Lektionen, die er uns lehrt, ist, dass es in Ordnung ist, sich auszuruhen. Ein Workaholic zu sein, ist niemals eine gute Sache. Der hl. Josef war kein Workaholic. Er schlief gern. Der Schlaf erfrischte seine Seele. Gott hat mit dem hl. Josef kommuniziert, als er schlief, und deshalb war er ein heiligerer Ehemann und Vater.

Ihr verschwendet keine Zeit, wenn ihr euch ausruht! Der Schlaf gefällt Gott. Gott wird zu euch sprechen und eure Seele erfrischen, wenn ihr schlaft.

Wenn es euch möglich ist, besorgt euch eine Statue des „schlafenden hl. Josef" (Ihr könnt sie bei den „Marianern" bestellen). Schreibt eure Intensionen auf und legt sie in die Obhut des hl. Josef. Lasst ihn mit Gott über euch kommunizieren.

> O hl. Josef, du bist ein Mann, der vom Höchsten sehr bevorzugt wurde. Der Engel des Herrn erschien dir im Traum, während du geschlafen hast, um dich zu warnen und dich zu führen, während du dich um die Heilige Familie kümmertest. Du warst beides, schweigsam und stark und ein treuer und mutiger Beschützer. Lieber hl. Josef, wenn du im Herrn ruhst und auf Seine absolute Kraft und Güte vertraust, schau mich an. Bitte nimm meine Not in dein Herz, träume davon und präsentiere es deinem Sohn (erwähne deine Bitte). Hilf mir dann, guter hl. Josef, die Stimme Gottes zu hören, aufzustehen und mit Liebe zu handeln. Ich preise Gott und danke Ihm mit Freude. Heiliger Josef, ich liebe dich. Amen.

WUNDER 9

Schutzpatron eines glückseligen Todes

Der heilige Josef ist der Schutzpatron und Beschützer eines glückseligen Todes. Diejenigen, die zu ihm beten, werden mit Sicherheit in guter Gesinnung sterben. Er ist das Vorbild derer, die im Herrn sterben wollen.[294]

– Hl. Pierre Julian Eymard

Votivmessen

Mittwochs tue auch etwas für den hl. Josef, so etwas wie übliche Gebete sprechen, Bücher über ihn lesen, eine besondere Abtötung vornehmen und diese ihm aufopfern.[295]

– Hl. Papst Johannes XXIII.

Das hl. Messopfer ist das mächtigste aller Gebete. Es ist das Gebet Jesu, der dem Himmlischen Vater Seinen Leib, Sein Blut, Seine Seele und Seine Gottheit für die Sünden der Menschheit darbringt.

Eine langjährige Tradition in der Kirche hat jeden Tag der Woche unter ein bestimmtes Thema gestellt, das beim hl. Messopfer berücksichtigt werden soll.

SONNTAG – Die Auferstehung Jesu
MONTAG – Die Armen Seelen im Fegefeuer
DIENSTAG – Die heiligen Engel
MITTWOCH – Der hl. Josef

Donnerstag – Die Eucharistie
Freitag – Die Passion Jesu
Samstag – Die Muttergottes

Warum ist der Mittwoch für den hl. Josef vorgesehen? Nun, Mittwoch ist die Mitte zwischen Sonntag (dem Tag des Herrn) und Samstag (dem Tag, an dem Maria geehrt wird). Die sel. Anna Maria Taigi verehrte den hl. Josef so sehr, dass sie jeden Mittwoch zu seinen Ehren an der Messe teilnahm und den ganzen Tag bei Brot und Wasser fastete.

Habt ihr jemals an einem Mittwoch zu Ehren des hl. Josef an der hl. Messe teilgenommen? Es ist eine großartige Möglichkeit, ihm zur Wochenmitte besondere Ehre zu erweisen. In früheren Tagen feierten alle Priester am Mittwoch eine Votivmesse zu Ehren des hl. Josef (sofern sie nicht durch ein anderes vorgeschriebenes Fest daran gehindert wurden). Heute setzen viele Priester diese Tradition nicht mehr fort, nicht aus bösem Willen, sondern weil sie sich nicht bewusst sind, dass eine solche Tradition jemals existiert hat. Es wäre wunderbar zu sehen, dass mehr Priester zu dieser Praxis zurückkehrten.

Dem hl. Josef ist auch sein eigener Monat gewidmet: der März. Die Jungfrau Maria wird im Mai auf besondere Weise geehrt, weil sie unsere geistliche Mutter ist und der Mai als der Monat der Blumen gilt. Der hl. Josef wird im März auf besondere Weise geehrt, weil er unser geistlicher Vater ist und am 19. März der größte Festtag des hl. Josef gefeiert wird.

Ehrt ihr den hl. Josef im März gebührend? Ihr solltet das tun. Es muss nichts Extravagantes oder Kostspieliges sein. Es reicht aus, einfach Blumen vor die Statue des hl. Josef in eurem Haus oder in der Kirche zu stellen. Wenn ihr eure Weihe an den hl. Josef erneuert, häufiger die Freudenreichen Geheimnisse des Rosenkranzes betet oder zu einem örtlichen Heiligtum pilgert, das dem hl. Josef geweiht ist, könnt ihr des hl. Josef während seines Monats auf besondere Weise gedenken. In Sizilien gibt es eine wunderbare Tradition, die „Heiliger Josefsaltar“ genannt wird. Vor Jahrhunderten kam es in Sizilien zu einer schweren Dürre und die Einwohner beteten zum hl. Josef um Hilfe. Zu jedermanns Erstaunen regnete es und die Feldfrüchte begannen wieder zu wachsen. Zum Gedenken an das Ereignis schmücken die Sizilianer jährlich Andachtsstätten, die dem hl. Josef geweiht sind, mit Blumen und Kerzen, sie legen Essen und Brot vor ihm nieder, um sich daran zu erinnern, wie der hl. Josef ihnen geholfen hatte. Oft wird das Essen, das für den Altar des hl. Josef gesammelt wird, den Armen gegeben. Die sizilianische Tradition hat Eingang in die Kulturen der ganzen Welt gefunden und dieser Gedenktag wird immer am 19. März gefeiert.

Ein weiterer Aspekt der Verehrung des hl. Josef, von dem viele Menschen nichts zu wissen scheinen, ist, dass der hl. Josef nicht nur der Schutzpatron der Sterbenden ist. Er ist auch ein mächtiger Fürsprecher für diejenigen, die gestorben und im Fegefeuer sind. Dieser Aspekt der mächtigen Fürsprache des hl. Josef ist ein noch nicht gehobener Schatz im Andachtsleben der Kirche.

Eine sehr heilige Frau aus dem 19. Jahrhundert, die sel. Maria von der Vorsehung, schenkt uns ein starkes Zeugnis dafür, wie der hl. Josef den Armen Seelen im Fegefeuer hilft. Die sel. Maria erhielt ein besonderes Charisma, um den Armen Seelen im Fegefeuer zu helfen und verband ihren Eifer mit ihrer Verehrung des hl. Josef. Sie gründete eine diesem Zweck gewidmete Ordensgemeinschaft, das Institut der Armen-Seelen-Schwestern und stellte sie unter die Schirmherrschaft des hl. Josef.

Die Mönche der Abtei Saint-Joseph in Frankreich erzählen die Geschichte, wie der hl. Josef der sel. Maria half, ihre Ordensgemeinschaft zu gründen. Sie schreiben:

> Am 2. November 1853 wurde ein Plan zur Gründung einer Ordensgemeinschaft aufgestellt, deren Hauptziel es sein sollte, den Armen Seelen [im Fegefeuer] durch Arbeit, Gebet und Leiden zu helfen. Der hl. Pfarrer von Ars (hl. Johannes Vianney), der von der Idee begeistert war,

sicherte ihr seine ganze Unterstützung zu und sandte häufig Ratschläge an die Gründerin, die die sel. Maria von der Vorsehung werden sollte.

> Dem hl. Josef wurde versprochen, sofern das Werk Gestalt annehmen würde, dass die erste Statue, die im Mutterhaus derer aufgestellt wird, die sich ganz der Linderung der Armen Seelen im Fegefeuer weihen, die seine sein würde. Der hl. Josef achtete gut darauf, dieses Versprechen nicht zu vergessen. Die Vorsehung führte dazu, dass eine Residenz in Paris erworben werde konnte und die Schwestern nahmen den Namen „Helferinnen der Seelen im Fegefeuer" [*Auxilatrices des Ames du Purgatoire*] für ihre Gemeinschaft an. Bereits am nächsten Tag traf ein Postbote ein und lieferte eine Statue des hl. Josef, die von einer Person geschickt wurde, die weder von der frommen Absicht noch von den Umständen des Erwerbes der Residenz wusste. So freute sich der hl. Josef, sich als Beschützer dieses heroischen Werkes zu erklären und einen verborgenen Dienst im Herzen der großen Stadt Paris auszuüben.[296]

Genau wie die sel. Maria von der Vorsehung müssen auch wir die Fürsprache des hl. Josef für die Armen Seelen im Fegefeuer anrufen. Er ist ein äußerst mächtiger Fürsprecher, dessen Hilfe auch wir nach unserem Tod brauchen werden. Der hl. Josef sprach einmal mit der ehrw. D. G. Schw. Maria Martha Chambon, darüber und versicherte ihr, dass alle, die ihn im Leben verehrt haben, auch nach ihrem Tod seine Fürsprache erhalten würden. Der hl. Josef sagte ihr Folgendes:

> Wenn die Seele, die zu mir gebetet hat, noch Schulden hat, die sie dem souveränen Richter zahlen muss, werde ich in ihrem Namen um Gnade bitten.[297]

Gott hört auf die Bitte des hl. Josef. Dem hl. Josef wird nichts verweigert.

Denkt daran, den hl. Josef in besonderer Weise an jedem Mittwoch, im Monat März und wenn ihr für die Armen Seelen im Fegefeuer betet, zu ehren und ihn anzuflehen.

Er wurde vom Ewigen Vater als vertrauenswürdiger Hüter und Beschützer Seines größten Schatzes auserwählt, nämlich Seines göttlichen Sohnes und Maria, Josefs Braut. Welche Position nimmt der hl. Josef dann in der ganzen Kirche Christi ein? Ist er nicht ein Mann, der auserwählt und dafür abgestellt wurde? Durch ihn und, ja, unter ihm, wurde Christus angemessen und ehrenvoll in die Welt eingeführt. Die heilige Kirche in ihrer Gesamtheit ist der Jungfrau Maria zu tiefstem Dank verpflichtet, weil sie durch sie für würdig befunden wurde, Christus zu empfangen. Aber nach ihr schulden wir zweifellos dem hl. Josef besonderen Dank und Ehre.[298]

– Hl. Bernhardin von Siena

Schutzpatron eines glückseligen Todes

Da wir alle sterben müssen, sollten wir eine besondere Verehrung für den hl. Josef hegen, damit er uns einen glückseligen Tod beschert.[299]

– Hl. Alfons von Liguori

Niemand weiß, wann er sterben wird. Wir wissen nicht einmal, wann der hl. Josef starb. Der Überlieferung nach starb er irgendwann, bevor Jesus Sein öffentliches Wirken begann, aber wir kennen den genauen Zeitpunkt nicht. Der hl. Bernhardin von Siena bietet einige aufschlussreiche Gedanken zum Tod des hl. Josef. Er schreibt:

Obwohl wir in der Schrift nicht lesen, wann der hl. Josef starb, kann man annehmen, dass er wahrscheinlich vor der Passion unseres Herrn gestorben ist. Denn er hätte nicht beim Kreuz des Erlösers gefehlt, wenn er noch am Leben gewesen wäre; auch hätte Jesus Seine Mutter nicht in die Obhut eines anderen gegeben.[300]

Die Gedanken des hl. Bernhardin ergeben sehr viel Sinn. Hätte der hl. Josef noch gelebt, als sein Sohn gekreuzigt wurde, wäre der hl. Josef mit Sicherheit auf Golgota gewesen, um seine Frau zu trösten und Jesus eine Quelle des Trostes zu sein. Der hl. Bernhardin weist darauf hin, dass es für die frühe Kirche sehr verwirrend gewesen wäre, dass Maria dem hl. Johannes anvertraut wurde, wenn der hl. Josef auf Golgota anwesend gewesen wäre. Gottes Hinwegnahme des hl. Josef vor dem öffentlichen Auftreten und der Passion Jesu, war eindeutig Teil des göttlichen Plans.

„Warum hat Gott das getan?", fragt ihr euch verwundert. Nun, nach Gottes Plan war es angemessen, dass der hl. Josef bereits verstorben war, damit Jesus Seine Mutter dem hl. Johannes anvertrauen konnte – und auch umgekehrt, den hl. Johannes (der alle Seelen symbolisiert) Seiner Mutter anvertraute. Wäre der hl. Josef auf Golgota dabei gewesen, wäre die Übergabe der Seelen an Maria als unsere geistliche Mutter für die Jünger Jesu nicht so klar oder verständlich gewesen. Die kindliche Beziehung zu Maria, zu der jede Seele berufen ist, hätte verdeckt werden können. Wäre der hl. Josef unter dem Kreuz gewesen, würde Jesus zum Apostel Johannes gesagt haben: „Siehe, dein Vater." Dieses Anvertrauen hätte den Jüngern Jesu enorme Verwirrung hinsichtlich des Unterschieds zwischen dem Himmlischen Vater und dem hl. Josef bereitet. Jesus möchte, dass Seine Jünger eine kindliche Beziehung zu Josef und Maria haben, aber die Anerkennung der geistlichen Vaterschaft des hl. Josef musste warten, bis die Kirche reif genug war, um sie zu verstehen.

Da der Tod des hl. Josef vor der Passion Jesu dem Plan Gottes entsprach, ist es auch verständlich, dass sein Tod vor dem öffentlichen Wirken Jesu stattgefunden hat. Wäre der hl. Josef während des öffentlichen Wirkens Jesu am Leben gewesen, wäre es für die Menschen verwirrend gewesen, dass Jesus zu ihnen über Seinen Wunsch sprach, sie zu Seinem Vater zu bringen. Um den Primat des Himmlischen Vaters nicht zu verschleiern, musste Josef vor der öffentlichen Sendung Jesu sterben.

Obwohl wir nicht genau wissen, wann der hl. Josef starb, geben Heilige und Mystiker Einblick in die Art und Weise seines Todes.

> Es kann fromm geglaubt werden, dass bei seinem [des hl. Josefs] Tod Jesus und die Allerheiligste Jungfrau, seine Braut, anwesend waren. Was für Ermahnungen! Was für tröstende Worte! Welche Versprechen! Was für leuchtende und entzündende Worte! Welche Offenbarungen über ewige Güter müssen in diesem Moment seines Übergangs in die Ewigkeit von seiner heiligsten Braut, von Jesus, dem viel geliebten Sohn Gottes, gesprochen worden sein! Ich überlasse die Betrachtung und Erwägung all dessen eurer eigenen Andacht.[301]
>
> – Hl. Bernhardin von Siena

> Er [der hl. Josef] predigte nie, aber er widmete sein ganzes Leben dem Dienst Jesu und starb in Seinen Armen. Wenn Jesus über Lazarus weinte, muss Er dann nicht auch über [den Tod des] hl. Josef geweint haben?[302]
>
> – Hl. Pierre Julian Eymard

> Als Joseph starb, saß Maria am Kopfende seines Bettes und hielt ihn in ihren Armen. Jesus stand direkt bei ihr, auf gleicher Höhe von Josefs Brust. Der ganze Raum war leuchtend hell und voller Engel. Nach seinem Tod waren seine Hände über seiner Brust gekreuzt, er wurde von Kopf bis Fuß in ein weißes Tuch gewickelt, in einen schmalen Sarg gelegt und in ein sehr schönes Grab gelegt, das Geschenk eines guten Mannes.[303]
>
> – Sel. Anna Katharina Emmerick

Die sel. Anna Katharina Emmerick berichtete, dass die mystischen Einsichten über den Tod des hl. Josef viele Menschen neugierig gemacht hätten. Ihre Idee, dass der Leib des hl. Josef in ein Grab gelegt wurde, hat viele Menschen dazu gebracht, sich zu fragen, ob dieses Grab noch existiert. Obwohl es wahrscheinlich ist, dass der Leichnam des hl. Josef in ein Grab gelegt wurde, haben wir bis heute keine

Ahnung, wo sich das Grab des hl. Josef befindet. Nicht eine einzige Person der gesamten Christenheit hat jemals behauptet zu wissen, wohin der Leichnam des hl. Josef nach seinem Tod gelegt wurde. Ist das nicht faszinierend? Wir wissen, wo sich die Gräber der alten Patriarchen Abraham, Isaak und Jakob befinden, weil sie ausführlich im Alten Testament beschrieben sind, aber im Hinblick auf das Grab des hl. Josef haben wir keine Ahnung, wo es ist.

Wenn sich der Leib des hl. Josef in einem Grab befindet, ist er sicherlich unverwest, oder? Die sel. Anna Katharina Emmerick glaubte es und bot einen interessanten Gedanken dazu an. Sie sagt:

> Nur wenige Menschen folgten zusammen mit Jesus und Maria dem Sarg [des hl. Josef]; aber ich sah ihn von Engeln begleitet und von Licht umgeben. Josefs sterbliche Überreste wurden später von den Christen nach Betlehem gebracht und dort beigesetzt. Ich glaube, ich kann ihn immer noch unversehrt dort liegen sehen.[304]

Hmmm ... interessant. Die Vorstellung der sel. Anna Katharina, dass der Leib des hl. Josef unverwest geblieben sei und irgendwo auf Erden in einem Grab liegen könnte, hat einige Menschen dazu veranlasst, zu spekulieren, dass der unversehrte Leichnam des hl. Josef eines Tages entdeckt wird und seine Entdeckung der Kirche große Freude bereiten wird. Könnt ihr euch das vorstellen? Was für ein großartiger Tag der Freude das wäre! So wunderbar ein solches Ereignis auch sein mag, es gibt aber einen sehr guten Grund, warum wir nicht wissen, wo sich das Grab des hl. Josef befindet. Es ist wahrscheinlicher, dass Josefs Leib nicht unversehrt irgendwo auf Erden in einem Grab ruht, sondern dass er vielmehr mit Jesus und Maria im Himmel ist.

Viele Heilige glauben, dass der hl. Josef auf ähnliche Weise in den Himmel aufgenommen wurde, wie es bei der Aufnahme der Jungfrau Maria in den Himmel geschehen ist. Denken wir über eine so wunderbare Vorstellung nach: Es gibt keine Reliquien von Marias Leib auf Erden – wir haben nur Teile ihres Schleiers, ihrer Schärpe oder anderer Fragmente ihrer Gewänder –, weil sie mit Leib und Seele in den Himmel aufgenommen wurde. Ebenso gibt es keine Reliquien vom Leib des hl. Josef auf Erden – wir haben nur Stücke seiner Gewänder oder andere Gegenstände, die mit ihm verbunden sind, wie zum Beispiel sein Stab – weil auch er höchstwahrscheinlich mit Leib und Seele in den Himmel aufgenommen wurde. Wenn Jesus den Leib Seiner Mutter in den Himmel aufgenommen hat, warum sollte er das nicht auch für Seinen geliebten Vater tun? Welcher Sohn würde, wenn er göttliche Macht hätte, den Leib seiner Mutter in den Himmel nehmen und den Leib seines Vaters in einem Grab zurücklassen?

Der hl. Bernhardin von Siena unterstützte den Glauben an die Aufnahme des hl. Josef in den Himmel. Er beeilte sich, darauf hinzuweisen, dass ein solcher Glaube nicht als Lehre angesehen werden kann (zumindest nicht zu seiner Zeit), aber er erkannte, dass es für die Gläubigen seiner Zeit in Ordnung sei, es in frommer Weise zu glauben. Er schrieb:

> Wir können fromm glauben, aber nicht behaupten, dass der Allerheiligste Sohn Gottes Seinen Nährvater mit demselben Privileg gekrönt hat, welches Er Seiner Mutter zugedacht hat; so wie Er sie mit Leib und Seele in den Himmel aufnahm, nahm Er auch Josef am Tag Seiner [Jesu] Auferstehung in die Herrlichkeit des Himmels mit.[305]

Einige Jahrhunderte nach dem hl. Bernhardin brachte der hl. Franz von Sales den frommen Glauben an die leibliche Himmelfahrt des hl. Josef auf die nächste Stufe. Seine Aussage ist wahrscheinlich die kühnste Behauptung eines Heiligen zu diesem Thema. Er erklärte:

> Wir können niemals für einen Moment daran zweifeln, dass dieser glorreiche Heilige großen Einfluss im Himmel auf den hat, der ihn dort mit Leib und Seele erhöht hat – eine Tatsache, die wahrscheinlicher ist, weil wir hier unten keinerlei Reliquien seines Leibes mehr haben! In der Tat scheint es mir, dass niemand dies als Wahrheit bezweifeln kann, denn

> wie hätte derjenige, der dem hl. Josef Sein ganzes Leben lang so gehorsam gewesen war, ihm diese Gnade verweigern können?[306]

Der hl. Franz von Sales entwickelte seine Gedanken weiter und behauptete das Folgende:

> Wenn es wahr ist, dass wir gehalten sind, zu glauben, dass unsere Körper kraft des Allerheiligsten Sakraments, das wir empfangen, am Tag des Gerichts wieder zum Leben erweckt werden (Joh 6,55), wie könnten wir daran zweifeln, dass unser Herr den glorreichen hl. Josef mit Leib und Seele zum Himmel erhoben hat? Denn er hatte die Ehre und die Gnade, Ihn so oft in seinen gesegneten Armen zu tragen, jenen Armen, in denen unser Herr so viel Freude hatte.[307]

In der Neuzeit hat ein heiliger Papst, Johannes XXIII., behauptet, dass der hl. Josef leiblich in den Himmel aufgenommen wurde. In einer Predigt am 26. Mai 1960, dem Hochfest Christi Himmelfahrt, erklärte er:

> Sie [die Himmelfahrt Jesu] deckt sich auch mit jenen Verstorbenen aus dem Alten Testament, die Jesus am nächsten standen. Wir nennen zwei, die die Vertrautesten in Seinem Leben waren; Johannes der Täufer, der Vorläufer, und Josef von Nazaret, Sein Adoptivvater und Beschützer. Sie [die Himmelfahrt] kommt ihnen zu und kann fromm geglaubt werden. Es ist eine Ehre und ein Privileg für sie, diesen wunderbaren Weg zum Himmel zu erfahren.[308]

Warum sollten Heilige und Päpste glauben, dass der hl. Josef mit Leib und Seele in den Himmel aufgenommen wurde? Nun, es gibt mehrere Gründe. Einer ist im Neuen Testament selbst zu finden. Im Matthäusevangelium wird uns von einem unglaublichen Ereignis erzählt, das vielen Menschen nach der Auferstehung Jesu widerfahren ist. Es lautet:

> Und siehe, der Vorhang riss im Tempel von oben bis unten entzwei. Die Erde bebte und die Felsen spalteten sich. Die Gräber öffneten sich und die Leiber vieler Heiligen, die entschlafen waren, wurden auferweckt. Nach der Auferstehung Jesu verließen sie ihre Gräber, kamen in die Heilige Stadt und erschienen vielen.
>
> – Mt 27,51–53

Es ist eine faszinierende Passage, um es gelinde auszudrücken. Wer sind die Heiligen, die beim Tod Jesu aus ihren Gräbern hervorgekommen sind? Nun, wir wissen nicht genau, wer sie waren, weil keine Namen genannt werden, aber die Kirche hat oft gedacht, dass es die Propheten des Alten Testaments sind, ebenso wie Johannes der Täufer und der hl. Josef. Sicherlich ist es sinnvoll, anzunehmen, dass der hl. Josef zu ihrer Zahl gehört.

Wenn Menschen beim Tod Jesu von den Toten auferstanden sind – eine Tatsache, die im Abschnitt aus dem Matthäusevangelium deutlich wird –, sollte dann der hl. Josef nicht einer von ihnen gewesen sein? Warum sollte unser Herr andere von den Toten auferwecken und Seinen geliebten Vater in einem Grab zurücklassen? Der hl. Josef ist größer als alle alttestamentlichen Propheten, einschließlich des hl. Johannes des Täufers. Der hl. Josef ist noch größer als die Großeltern Jesu, die hll. Joachim und Anna. Es sollte daher nicht überraschen, dass der hl. Bernhardin von Siena, der hl. Franz von Sales, der hl. Papst Johannes XXIII. und der hl. Georg Preca glauben, dass der hl. Josef nach dem Tod Christi von den Toten auferstanden sei, und, nachdem er vielen in Jerusalem erschienen ist, nach der Auferstehung Christi mit Leib und Seele in den Himmel aufgenommen wurde.

> Wenn die Auferstehung Christi, wie wir im Matthäusevangelium lesen, dazu führte, dass die Leiber bestimmter Heiliger auferstanden und vielen erschienen sind, ist es nicht wahrscheinlich, dass der hl. Josef an diesem Privileg teilnahm, da er vor Christus gestorben war?[309]
>
> – Hl. George Preca

Gehen wir einen Schritt weiter: Wenn der hl. Josef einer der im Matthäusevangelium erwähnten Heiligen ist, der bei der Auferstehung Jesu von den Toten auferstanden ist, in die Heilige Stadt Jerusalem eingezogen ist und danach vielen erschien, wen würde der hl. Josef am liebsten gesehen haben? Höchstwahrscheinlich seine Frau natürlich! All dies ist Spekulation, aber es sorgt für eine entzückende Meditation. Stellen wir uns die liebreiche Wiedervereinigung vor, die keusche, tränenreiche Umarmung!

Es gibt noch einen weiteren Grund zu der Annahme, dass der hl. Josef in den Himmel aufgenommen wurde. Es kommt von der Idee, dass der hl. Josef schon im Mutterleib geheiligt wurde, wie auch der hl. Johannes der Täufer im Mutterleib geheiligt wurde. Dieser Gedanke wurde von vielen Heiligen bestätigt.

> Wenn Gott, wie ich fest glaube, alle Patriarchen so heiligte, weil der Messias aus ihnen geboren werden sollte, und alle Propheten heiligte, um Geheimnisse über den Messias vorherzusagen und Jeremia im Mutterleib heiligte und Johannes den Täufer mit dem Heiligen Geist erfüllte, der Vorläufer des Messias zu sein, und vor allem die hl. Jungfrau heiligte, Mutter Christi zu sein, warum sollte er nicht auch Josef, den Vater Christi, heiligen?[310]
>
> – Hl. Laurentius von Brindisi

> Wenn Jeremia das Privileg hatte, vor seiner Geburt geheiligt zu werden und Johannes der Täufer die gleiche Gnade erhielt, um als Vorläufer des Messias vorbereitet zu werden, glauben wir dann nicht auch, dass derjenige, der als Vater des Erlösers und Ehemann der Königin der Jungfrauen diente, mit gleicher Liebe und Barmherzigkeit behandelt wurde?[311]
>
> – Sel. Bartolo Longo

Nun, um es in aller Klarheit zu sagen, weder der hl. Josef noch andere Heilige wurden unbefleckt empfangen, so wie die Muttergottes, die Immaculata. Nach dem Sündenfall war die Jungfrau Maria die Erste, die vom Beginn ihrer Existenz an frei von jedem Makel der

Sünde war. Sie und ihr Sohn allein hatten dieses einzigartige Privileg. Der hl. Laurentius von Brindisi, der sel. Bartolo Longo und viele andere bestätigen jedoch, dass Gott bestimmten Heiligen unmittelbar nach ihrer Empfängnis aufgrund der Sendung, die Gott ihnen anvertraut hatte, außergewöhnliche Gaben der Heiligkeit gegeben hat. Da dies der Wille Gottes ist, wäre der hl. Josef nicht nur in der Reihe jener Heiligen gewesen, die im Mutterleib geheiligt wurden, sondern er wäre auch der „am meisten Geheiligte" von allen gewesen. Seine Liebesmission war weitaus größer als die der alttestamentlichen Propheten und sogar größer als die Sendung des hl. Johannes des Täufers.

Der Glaube, dass der hl. Josef im Mutterleib geheiligt wurde, hat viele Menschen veranlasst, über die Todesursache des hl. Josef nachzudenken. Mit anderen Worten, woran ist er gestorben: an Altersschwäche oder gibt es andere Ursachen? Vielen Heiligen zufolge gibt es zum Tod des hl. Josef viel mehr zu sagen, als wir meinen. Sie meinten, sein Tod sei sowohl natürlich als auch übernatürlich. Er starb an einer natürlichen Ursache (Krankheit oder fortgeschrittenes Alter), aber zugleich auch an einer übernatürlichen Ursache (Liebe).

> Liebe war die wahre Ursache für den Tod des hl. Josef.[312]
>
> – Ehrw. D. G. Maria von Ágreda

Was bedeutet das? Wie kann ein Mensch aus Liebe sterben? Eigentlich sollte diese Todesursache keine Überraschung sein. Dichter und Musiker haben seit jeher über das Sterben vor Liebe geschrieben und gesungen. Für den hl. Josef war es mehr als poetisch, es war echt.

Sehen wir uns das etwas genauer an.

Die Hauptaufgabe im Leben des hl. Josef war es, seine Frau (die neue Eva) und seinen göttlichen Sohn (den neuen Adam) nach Golgota zu führen. Dort konnten sie ihr Opfer bringen, um die Welt zu erlösen. Die physische Anwesenheit des hl. Josef war jedoch auf Golgota nicht erforderlich. Gott forderte den hl. Josef auf, sein Opfer vorher zu bringen. Sicher, Gott hätte den hl. Josef am Leben erhalten können, um mit Jesus und Maria auf Golgota zu leiden, aber Gott war gegenüber dem hl. Josef sehr barmherzig, indem er es ihm ersparte, Zeuge der Kreuzigung seines Sohnes und der Durchbohrung des Herzens seiner Frau zu sein. Der hl. Josef hatte bereits sein Leiden durchlebt.

Nach Gottes Plan hatte der hl. Josef bereits sein liebevolles Opfer dargebracht, bevor Jesus und Maria ihr Opfer auf Golgota darbrachten. Seine Sendung erforderte es, dass er jeden Tag sich selbst starb, um Jesus und Maria den Weg nach Golgota zu ermöglichen, damit sie ihr Opfer darbringen konnten. Der hl. Josef hatte alles getan, was ihm möglich war, und obwohl sein Leib bis an die Grenzen der menschlichen Natur erschöpft war, ging es bei seinem Tod mehr um Liebe als um alles andere. Sein Geist, sein Herz, seine Seele und sein Leib konnten nicht mehr Leid ertragen. Er war erschöpft von der Liebe. Jahrzehntelang hatte er sein ganzes Herz allein für Jesus und Maria ausgegossen. Die Liebe hatte ihn verzehrt. Die Liebe „tötete" ihn.

Niemand hat mehr für Jesus und Maria gelitten als der hl Josef. Ihr könntet fragen: „Wie ist das möglich? Der hl. Josef war kein Märtyrer. Er wurde weder von einer Lanze durchbohrt noch ausgepeitscht, verbrannt, ertränkt oder gevierteilt, wie es bei anderen Märtyrern im Laufe der Geschichte der Fall war." Ja, es ist wahr, dass er kein blutiger Märtyrer war. Das Leiden des hl. Josef für Jesus und Maria dauerte jedoch Jahrzehnte und war von solch innerer Intensität, dass kein Märtyrerblut jemals mit der Opferliebe verglichen werden kann, die der Nährvater Jesu so viele Jahre lang dargebracht hat. Er lebte mit dem beständigen Wissen, dass das Herz seiner Frau durchbohrt und sein Sohn verspottet, gedemütigt und gehasst werden würden. Er sah nicht über die Prophezeiung des Simeon hinweg. Er wusste es nur zu gut. Er ertrug diesen Schmerz jahrzehntelang in seinem Herzen. Je reiner euer Herz ist, desto reiner ist euer Opfer. Je größer eure Seele ist, desto größer ist euer Leiden.

Der hl. Josef ist der größte Heilige nach Maria, weil er mehr als jeder andere Heilige für Jesus gelitten hat. Bevor der hl. Johannes der Täufer enthauptet wurde und die frühen Christen ihren Leib den Löwen auslieferten, hatte der hl. Josef bereits sein Herz und seine Seele als Opfer für Jesus gegeben. Die Wüstenväter pflegten strenge Methoden der Buße und jahrelange Askese, aber der glorreiche hl. Josef hatte bereits extreme Armut, Exil und Not aus Liebe zu Jesus gelebt. Der hl. Franz Xaver segelte über das Meer, um fremde Länder zu evangelisieren, und litt in einem fernen Land für das Evangelium, aber der hl. Josef war bereits der erste und größte Missionar gewesen. Die hl. Thérèse von Lisieux lehrte der Welt den „kleinen Weg" der Heiligkeit und kindlicher Einfachheit, aber der hl. Josef hatte schon lange zuvor die Spiritualität des kindlichen Vertrauens in Gott vervollkommnet. Der hl. Josef gab alles für Jesus und Maria. Er entleerte sich gänzlich. Als er völlig von der Liebe erschöpft war, starb er daran, so viel geliebt zu haben.

> Wir können den hl. Josef als den Märtyrer des verborgenen Lebens bezeichnen, denn niemand hat jemals so gelitten wie er. Aber warum war so viel Leid in seinem Leben? Einfach deshalb, weil, je heiliger ein Mensch ist, desto mehr muss er für die Liebe und Herrlichkeit Gottes leiden. Leiden ist das Aufblühen der Gnade Gottes in einer Seele und der Triumph der Liebe der Seele zu Gott. Daher litt der hl. Josef, der größte Heilige nach Maria, mehr als alle Märtyrer. Die Quelle seines Leidens lag in seiner tiefen, zarten und erleuchteten Liebe zu Jesus und in seiner Verehrung für die Jungfrau Maria. Alle Auserwählten müssen den Hügel von Golgota besteigen und nur durch die Wunden an Seinen Händen und Füßen erreichen sie das Herz Jesu. Es ist weniger eine Frage der Buße als der Liebe; Buße begleicht nur eine Schuld, aber Liebe geht weiter und kreuzigt sich mit und für Jesus. Es ist wahr, je mehr eine Seele liebt, desto mehr leidet sie. Deshalb dauerte der Aufstieg auf den Kalvarienberg des hl. Josef 30 Jahre lang ohne Unterbrechung. Als er mit der Würde des Nährvaters Christi betraut wurde, wurde das

> Kreuz in seinem Herzen aufgerichtet und er arbeitete in seinem Schatten für den Rest seines Lebens.[313]
>
> – Hl. Pierre Julian Eymard

Wäre es der Wille Gottes gewesen, hätte der hl Josef eifrig gewünscht, auf Erden zu bleiben und noch mehr mit Jesus und Maria auf Golgota zu leiden. Es war jedoch nicht Gottes Wille.

> Der hl. Josef sah Marias Tränen und ihr Elend voraus. Er hätte sich gewünscht, an ihrer Seite zu bleiben, und er muss Jesus gebeten haben, ihm zu erlauben, auf Erden bleiben zu dürfen, um auf Golgota hinaufzugehen und Maria zu unterstützen.[314]
>
> – Hl. Pierre Julian Eymard

Gott nahm die Jahre der Opferliebe des hl. Josef an und erfüllte sein Herz mit solch außergewöhnlichen Gnaden, dass er an Liebe starb und von den Qualen auf Golgota verschont blieb. Als guter Sohn (in der Tat als *der* gute Sohn!) erwies Jesus Seinem irdischen Vater große Barmherzigkeit. Jesus, der Sohn Josefs, wollte nicht, dass Sein irdischer Vater Zeuge des unvorstellbaren Schmerzes auf Golgota wurde.

> Gott gefiel es, den hl. Josef vor der Passion unseres Erlösers zu sich zu nehmen, um ihm den überwältigenden Schmerz zu ersparen, den es ihm verursacht hätte.[315]
>
> – Hl. Bernhardin von Siena

> Es war nötig, dass Josef vor der Passion unseres Herrn stirbt, denn er hätte Seine Kreuzigung nicht ertragen können; er war zu sanft, zu liebevoll.[316]
>
> – Sel. Anna Katharina Emmerick

Maria musste als neue Eva und Mutter aller Lebenden auf Golgota sein; der hl. Josef, ein neuer Adam, hatte sich bereits hingegeben und sein lebendiges Opfer dargebracht. Im Gegensatz zum hl. Josef war Marias Anwesenheit unter dem Kreuz absolut notwendig. Sie musste dort sein, um die Kirche zu gebären. Da (nach einer ehrwürdigen Tradition) Gott die Augen des hl. Josef davon ferngehalten hatte, die Geburt Christi in Betlehem zu sehen, verbarg er (gemäß der Schrift) auch die Kreuzigung Seines geliebten Sohnes auf Golgota vor seinen Augen. Golgota wäre eine doppelte Tortur für das Herz des hl. Josef gewesen.

> Armer hl. Josef! Er musste sich dem Tod unterwerfen und Jesus und Maria zurücklassen: Jesus, um von Seinem Volk gekreuzigt und verlassen zu werden; Maria, um allein, ohne jeglichen Beistand, zu leiden. Wie wurde seine Liebe zu ihnen gekreuzigt![317]
>
> – Hl. Pierre Julian Eymard

Die ehrw. María von Ágreda hatte eine Vision, wie sie an das Bett des hl. Josef gebracht wurde, um Zeugin seines letzten Atemzugs und seiner letzten Worte an seine liebende Frau zu sein. In einer Aussage, die sicher euer Herz bewegen und eure Seele berühren wird, erzählte die ehrw. Maria von Ágreda, dass der hl. Josef sich vor seinem Tod von Maria verabschiedete.

> Gesegnet bist du unter allen Frauen. Lass Engel und Menschen dich preisen; lass alle Generationen deine Würde erkennen, preisen und erhöhen. Und möge der Höchste ewig dafür gepriesen werden, dass Er dich in Seinen Augen und vor den Augen aller seligen Geister so anziehend erschaffen hat. Ich hoffe, deinen Anblick im himmlischen Vaterland zu genießen.[318]

Die Bruderschaft vom Tod des heiligen Josef

> Wird er, der große Heilige, dem Jesus und Maria gehorsam waren und der Jesus und Maria mit dem täglichen Brot versorgte, vergebens angerufen werden? Nein![319]
>
> – Hl. Luigi Guanella

Der hl. Josef wird niemals umsonst angerufen. Jesus hatte volles Vertrauen in die tröstende Liebe Seines jungfräulichen Vaters. Jesus möchte uns erfahren lassen, wie auch wir die Wunder im Zusammenhang mit dem hl. Josef in unserem alltäglichen Leben erfahren.

> Oder ist einer unter euch, der seinem Sohn einen Stein gibt, wenn er um Brot bittet, oder eine Schlange, wenn er um einen Fisch bittet? Wenn nun ihr, die ihr böse seid, euren Kindern gute Gaben zu geben wisst, wie viel mehr wird euer Vater im Himmel denen Gutes geben, die ihn bitten.
>
> – Mt 7,9–11

In dieser Schriftstelle belehrt uns Jesus über die Liebe Seines Himmlischen Vaters. Diese Lehre Jesu gilt jedoch auch für unseren geistlichen Vater, den hl. Josef. Er ist ein Bild des Himmlischen Vaters. Der unerschütterlichen Liebe des hl. Josef können wir vollkommen vertrauen.

Das Leben und Werk des hl. Luigi Guanella bietet uns ein Beispiel völligen Vertrauens auf den hl. Josef. Der in Italien geborene und aufgewachsene hl. Luigi verbrachte sein gesamtes Priesterleben damit, leibliche und geistliche Werke der Barmherzigkeit für andere zu tun. Er kümmerte sich um Waisenkinder, um Menschen mit geistigen und körperlichen Behinderungen, half verlassenen alten Menschen, kleidete die Obdachlosen und ernährte die Armen. Eifrig, allen Bedürftigen zu helfen, gründete er zwei Kongregationen, um die Werke der Barmherzigkeit weiterführen zu können, „Die Diener der Nächstenliebe“ und „Die Töchter Mariens von der Vorsehung“.

Die Verehrung des hl. Josef stand im Mittelpunkt des Lebens und der Sendung des hl. Luigi. Er stellte sicher, dass beide von ihm gegründeten Kongregationen bestrebt waren, in ständiger Vereinigung mit dem hl. Josef zu leben, und er sah in ihm ein Vorbild und einen Förderer für all ihre wohltätigen Werke. In den vielen Häusern, die der hl. Luigi errichtete, um den Bedürfnissen so vieler gerecht zu werden, betonte er, dass die Verehrung des hl. Josef gedeihen müsse, insbesondere die Verehrung des hl. Josef als Schutzpatron der Sterbenden, weil er glaubte, dass die Werke der Barmherzigkeit fruchtlos seien, wenn sie den Menschen nicht helfen, eine Beziehung zum Herrn aufzubauen und einen heiligen und glückseligen Tod, wie den des hl. Josef, zu erfahren.

Die Verehrung des hl. Luigi für den hl. Josef war so bekannt, dass der hl. Papst Pius X. ihn einlud, zu Ehren des hl. Josef eine Kirche in der Nähe des Vatikans zu bauen. Der hl. Luigi freute sich über die Einladung des Papstes und begann sofort mit dem Bau. Es überrascht nicht, dass er die neue Kirche der Verehrung des heiligen und glückseligen Todes des hl. Josef widmete. Die Fertigstellung der Kirche dauerte vier Jahre. Sie wurde am 19. März 1912 eingeweiht.

Die vom hl. Luigi zu Ehren des hl. Josef erbaute Kirche befindet sich in der Region Trionfale in Rom. Sie ist bekannt als San Giuseppe al Trionfale. Der hl. Papst Pius X. hatte den hl. Luigi auch ermutigt, ein Apostolat zu initiieren, das tägliche Gebete für die Leidenden und Sterbenden anbietet. 1913 gründete der hl. Luigi eine internationale Bruderschaft von Betern für Leidende und Sterbende. Er nannte sie „Die Bruderschaft vom Tod des heiligen Josef“ und der hl. Papst Pius X. wurde das erste offizielle Mitglied. Das Hauptquartier der Bruderschaft vom Tod des hl. Josef befindet sich direkt neben der Kirche San Giuseppe al Trionfale. Internationale Zweigstellen der „Bruderschaft vom Tod des heiligen Josef“ befinden sich auf der ganzen Welt. Ihren Hauptsitz hat die Bruderschaft vom Tod des heiligen Josef in Grass Lake, Michigan.

Mein lieber hl. Josef, sei mit mir im Leben, sei mit mir im Sterben und erflehe mir ein gnädiges Urteil von Jesus, meinem barmherzigen Retter.[320]

– Papst Leo XIII.

Du, hl. Josef, mein lieber Vater, blick vom Himmel aus auf mich. Löse mich von den Dingen der Welt, erlange mir die Reinheit des Herzens, Liebe zu Gott und schließlich Beharrlichkeit.[321]

– Sel. Bartolo Longo

WUNDER 10

Schrecken der bösen Geister

Der heilige Josef ist sehr mächtig gegen die bösen Geister, die gegen uns kämpfen.[322]

– Hl. Alfons von Ligouri

Heiliger Josef, der Arbeiter

Wie alle Christen, die jenen Augenblick erlebten, habe auch ich voll Freude die Entscheidung begrüßt, das Fest Josefs des Arbeiters in die Liturgie aufzunehmen. Dieses Fest ist wie eine Heiligsprechung der Arbeit als gottgewollter Wert und es zeigt, wie in der Gemeinschaft der Kirche jene Kernwahrheiten des Evangeliums widerhallen, die nach dem Willen Gottes in unserer Zeit besonders bedacht und beherzigt werden sollen.[323]

– Hl. Josémaría Escrivá

Die „Zeit", die der hl. Josémaría Escrivá erwähnt, war das Jahr 1955. Es war das Jahr, in dem die Kirche ihren großen Beschützer aufforderte, ein großes Übel zu überwinden: den Kommunismus.

In der ersten Hälfte des 20. Jahrhunderts hatte der Kommunismus die Unterstützung von vielen Führern auf der ganzen Welt erhalten und ganze Nationen waren seinen Ideen erlegen. 1937 erkannte Papst Pius XI. die ernsthafte Bedrohung des Gemeinwohls durch den Kommunismus und rief den hl. Josef an, die Kirche vor den vielen Schäden des Kommunismus zu schützen. Er schrieb:

> Wir stellen den großen Feldzug der Kirche gegen den Weltkommunismus unter die Standarte des heiligen Josef, ihres mächtigen Beschützers.[324]

Infolge der Worte von Papst Pius XI. begannen die Katholiken mit glühendem Eifer zum hl. Josef zu beten, insbesondere unter dem Titel „Schrecken der bösen Geister“, um die atheistischen Ideen des Kommunismus zu bekämpfen. Sie beriefen sich auch auf die Hilfe des hl. Josef für die Rechte der Arbeitnehmer. Beide Angelegenheiten waren Mitte des 20. Jahrhunderts ein wichtiges Thema.

Wusstet ihr, dass der 1. Mai Mitte des 19. Jahrhunderts von vielen Ländern der Welt als weltlicher Feiertag begangen wurde? Er hieß „Maifeiertag“ und war weder ein religiöser noch ein politischer Feiertag. Leider wollten die Kommunisten Mitte des 20. Jahrhunderts den weltlichen Feiertag übernehmen und ihn als „Tag der kommunistischen Arbeiter“ bezeichnen. Die Umbenennung des Feiertags und die Betonung der Ideen des Kommunismus wurden eingesetzt, um die Massen zu beeinflussen. Diese Entwicklung hat die Kirche sehr beunruhigt, da eine Feier zu Ehren der kommunistischen Idee der Arbeit langfristig Auswirkungen auf die Arbeitnehmer haben und sich negativ auf die Gesellschaft und die Familie auswirken würde. Zu dieser Zeit war die Bedrohung durch den weltweiten Kommunismus von allen zu spüren, einschließlich vom Papst.

Der Stellvertreter Christi, der ehrw. Papst Pius XII., wandte sich wie sein Vorgänger an den hl. Josef und prangerte die falschen Lehren des Kommunismus an, indem er die Würde der Arbeiter deutlich hervorhob.

Am 1. Mai 1955 erklärte Papst Pius XII. den 1. Mai zum liturgischen „Gedenktag des hl. Josef des Arbeiters“. Er schrieb:

> Wir freuen uns, euch unsere Entschlossenheit mitteilen zu können, den liturgischen Gedenktag des heiligen Josef des Arbeiters auf den ersten Tag im Mai festzulegen –, und Wir setzen ihn tatsächlich fest. Freut ihr euch über dieses Geschenk, liebe Arbeiter? Wir sind sicher, dass ihr das

tut, denn der bescheidene Arbeiter von Nazaret verkörpert nicht nur vor Gott und der Kirche die Würde des Mannes, der mit seinen Händen arbeitet, sondern ist immer der vorsehende Wächter über euch und euren Familien.[325]

Der hl. Josef ist in der Tat ein Licht in der Finsternis und das Vorbild der Arbeiter. Er bringt die Bosheit der Feinde der Familie ans Licht. Er bringt Licht in die Finsternis falscher Bewegungen, die Menschen ihrer Menschenwürde berauben und Gott aus den Gedanken und Herzen von Familien und Nationen entfernen wollen. Ob er sich dem Kommunismus, dem Faschismus oder einer anderen politischen Ideologie stellt, der hl. Josef ist der Beschützer der Menschenwürde. Er ist der Schrecken der bösen Geister!

Gott, unser Vater, Schöpfer und Herrscher des Universums, zu allen Zeiten rufst du den Menschen dazu auf, seine Gaben zum Wohl anderer zu entwickeln und zu nutzen. Hilf uns mit dem heiligen Josef als Vorbild und Führer, die von Dir erbetene Arbeit zu erledigen und den Lohn zu erhalten, den Du versprochen hast.

– Tagesgebet des Gedenktags des hl. Josefs, Patron der Arbeiter

Schrecken der bösen Geister

O glorreicher hl. Josef, bete für mich, hilf mir und verteidige mich vor dem Satan.[326]

– Hl. Antonius Maria Claret

Nach der Jungfrau Maria fürchten die bösen Geister den hl. Josef mehr als jeden anderen Heiligen. Der Teufel fürchtet den hl. Josef mehr als den Papst. Wie ist das möglich? Ist der Papst nicht der Stellvertreter Christi? Ja, aber der Papst ist nur der Stellvertreter Christi; er ist nicht der Vater Christi. Der Stellvertreter Christi hat Autorität über den mystischen Leib Christi (die Kirche), aber der hl. Josef hat die außergewöhnliche Gabe und Kraft der väterlichen Fürsprache im Himmel.

> Die Macht des hl. Josef ist größer als die des alten Josef, die des Mose, des Josua und des hl. Petrus.[327]
>
> – Sel. Guillaume-Joseph Chaminade

Die Macht des hl. Josef ist tatsächlich außergewöhnlich. Er trägt den Titel „Schrecken der bösen Geister". Was diesen Titel des hl. Josef so außergewöhnlich macht, ist, dass der hl. Josef kein Papst, Priester, Mönch oder Märtyrer war. Der hl. Josef ist ein Laie. Wie die meisten Laien ist er Vater und Ehemann. Insbesondere seine liebevolle Vaterschaft verleiht dem hl. Josef eine außerordentliche Kraft der Fürbitte.

Kennt ihr den sel. Bartolo Longo, der im späten 19. und frühen 20. Jahrhundert lebte? Er wurde in Latiano, Italien, in einer frommen katholischen Familie geboren. Als junger Mann studierte er Rechtswissenschaften an der Universität von Neapel. Nachdem er von verschiedenen politischen Ideologien mitgerissen worden war, wurde er antikatholisch und widersprach radikal dem, was er für die „Ammenmärchen" des Katholizismus hielt. Innerhalb kurzer Zeit ging er vom Festhalten an nationalistischen Ideologien zum Spiritismus über. Dies führte ihn dazu, an Sitzungen teilzunehmen und ein geweihter Priester Satans zu werden.

Bartolos Beschäftigung mit Okkultismus und Spiritismus ließ ihn leer und unglücklich werden. Er litt unter Halluzinationen, qualvollen Alpträumen, war nervlich erschöpft und litt an körperlichen Beschwerden und schweren Depressionen. Hilfesuchend wandte er sich an einen Freund und dominikanischen Priester und erfuhr eine radikale Bekehrung. Aus Angst um seine Seele schwor er dem Spiritismus und seinen Praktiken ab und wandte sich wieder dem Katholizismus seiner Jugend zu. Aus Dankbarkeit für die Befreiung vom Okkultismus wurde er Dominikaner des dritten Ordens und widmete sein Leben der Verbreitung des Rosenkranzes, insbesondere, indem er den katholischen Glauben in der antiken Stadt Pompeji erneuerte und dort die Basilika „U.L.F. vom Rosenkranz" erbaute. Er verehrte den hl. Josef sehr, betete jeden Tag zu ihm und mochte besonders seinen Titel „Schrecken der bösen Geister". Bartolo hatte eine so große Liebe zum hl. Josef, dass er ein langes Buch mit Meditationen und Gebeten zum hl. Josef schrieb, für die Verwendung im Monat März. Bartolo Longo, der ehemalige satanistische Priester, wurde 1980 vom hl. Johannes Paul II. seliggesprochen.

> Es ist ein großer Segen für die Seelen, unter dem Schutz des Heiligen zu stehen, dessen Name die bösen Geister zittern und fliehen lässt.[328]
>
> – Sel. Bartolo Longo

> Sprich oft und mit großer Zuversicht die Namen von Jesus, Maria und Josef aus. Ihre Namen bringen Frieden, Liebe, Gesundheit, Segen, Majestät, Ruhm, Bewunderung, Freude, Glück und Verehrung. Ihre heiligen Namen sind ein Segen für Engel und Menschen und ein Schrecken für die bösen Geister. Christen sollten immer die Namen von Jesus, Maria und Joseph in ihren Herzen und auf ihren Lippen haben.[329]
>
> – Sel. Bartolo Longo

Das Leben des sel. Bartolo Longo gibt uns mehr Beweise dafür, dass die Wunder des hl. Josef ohne Zahl sind und der Teufel von ihnen allen eingeschüchtert wird.

Die Vaterschaft des hl. Josef entsetzt den Teufel.
Die Demut des hl. Josef entsetzt den Teufel.
Die Nächstenliebe des hl. Josef entsetzt den Teufel.
Die Armut des hl. Josef entsetzt den Teufel.
Die Reinheit des hl. Josef entsetzt den Teufel.
Der Gehorsam des hl. Josef entsetzt den Teufel.
Das Schweigen des hl. Josef entsetzt den Teufel.
Das Leiden des hl. Josef entsetzt den Teufel.
Das Gebet des hl. Josef entsetzt den Teufel.

Der Name des hl. Josef entsetzt den Teufel.
Der Schlaf des hl. Josef entsetzt den Teufel.

Von den Wundern müssen in unserer Zeit zwei besonders hervorgehoben werden: die Vaterschaft des hl. Josef und die Reinheit des hl. Josef. Diese beiden Wunder des hl. Josef müssen hochgeschätzt werden, weil alle Menschen (Laien und Geistliche) die Kraft erkennen müssen, die die Vaterschaft und die Reinheit über die Mächte der Finsternis haben.

Jede Vaterschaft ist eine Bedrohung für Satan. Über Jahrhunderte „freute" sich der Teufel über die Tatsache, dass so wenige Christen zum hl. Josef beteten und seine väterliche Fürsprache anriefen. Heute möchte Gott die Vaterschaft des hl. Josef in der Welt bekannt machen und erneuern. Das erschreckt Satan. Der Teufel weiß, wozu die Fürsprache des hl. Josef fähig ist. Wenn die Menschen dem hl. Josef ähneln, wird das Königreich Satans zerstört.

Natürlich hasst Satan auch die Mutterschaft, er verachtet die Jungfrau Maria und er fürchtet sie besonders. Frauen sind die Trägerinnen des Lebens und der Teufel hasst das Leben. Satan hasst die Vaterschaft wegen der innewohnenden Kraft jeder Vaterschaft. Jede Vaterschaft hat ihren Ursprung in Gott und findet ihr irdisches Vorbild im hl. Josef. Jede Vaterschaft hat die Macht, das Böse zu bekämpfen. Luzifer fürchtet die Vaterschaft des hl. Josef mehr als jede andere geschöpfliche Vaterschaft, weil der Teufel weiß, dass es keine geschaffene Person gibt, die eine größere Beteiligung an der Vaterschaft Gottes hat als der hl. Josef.

Der Teufel ist wütend darüber, dass Gott sich demütigte, ein Mensch zu werden und sich dem vierten Gebot unterwarf.

Ehre deinen Vater und deine Mutter.

– Ex 20,12

Als die zweite Person der Heiligsten Dreifaltigkeit die menschliche Natur annahm, entschied sie sich für ein Leben, das sich den Sterblichen unterwirft, ihnen gehorcht und sie ehrt. Die Tatsache, dass der König der Könige und der Herr der Herren das vierte Gebot befolgte und sich der Autorität des hl. Josef auf Erden unterwarf, ist für Satan unverständlich. Gott ließ sich dazu hernieder, Kreaturen aus Staub zu gehorchen und ihnen zu dienen. Der kindliche Gehorsam Jesu gegenüber dem hl. Josef traf auf die Verachtung des Teufels.

Die Vaterschaft des hl. Josef ist machtvoll. Der Teufel hasst es, dass Jesus und Maria den liebevollen Anweisungen des hl. Josef Folge geleistet haben. Jetzt im Himmel stellt die fürbittende Macht des hl. Josef eine ernsthafte Bedrohung für die List des Teufels dar und der Teufel weiß es.

> Der Ewige Vater teilt mit dem hl. Josef die Autorität, die er über das menschgewordene Wort hat, so wie Gott mit Adam Seine Autorität über die Geschöpfe geteilt hat.[330]
>
> – Sel. Guillaume-Joseph Chaminade

> In der Heiligen Familie vertrat er [der hl. Josef] den himmlischen Vater.[331]
>
> – Sel. James Alberione

> Die beiden größten Persönlichkeiten, die jemals auf dieser Erde gelebt haben, haben sich ihm unterworfen [dem hl. Josef].[332]
>
> – Hl. Madeleine Sophie Barat

> Der hl. Josef wurde von Gott dazu berufen, durch die Ausübung seiner Vaterschaft unmittelbar der Person und Sendung Jesu zu dienen.[333]
>
> – Hl. Johannes Paul II.

In der Heimat von Nazaret glichen die Anweisungen des hl. Josef väterlichen Befehlen. Im Himmel hört Jesus weiterhin auf Seinen jungfräulichen Vater, weil die Wünsche des hl. Josef immer dem heiligsten Willen Gottes entsprechen. Satan hat Angst, dass der hl. Josef durch seine außerordentliche Fürsprache beim Sohn Gottes weiterhin väterlichen Einfluss im Himmel ausübt.

Der Teufel hasst Gott Vater und jedes Spiegelbild Seiner Vaterschaft. Dieser Hass veranlasst den Teufel, die Vaterschaft bei allen Menschen, Laien und Priestern, zu zerstören. Zweifellos hat der Teufel eine enorme Angst vor eifrigen Päpsten, heiligen Priestern und dem Blut der Märtyrer, aber er hat auch große Angst vor Laien, die ihre Vaterschaft nach dem Vorbild des hl. Josef gestalten. Das Letzte, was der Teufel will, ist, dass die Menschen Erscheinungen des hl. Josef sind und seine Präsenz in der Welt vermehren. Wenn ein Mann eine Erscheinung des hl. Josef ist und seine Tugenden nachahmt, wird Satan bei seinen Angriffen gegen die Familie (die Hauskirche) und den mystischen Leib Christi (die Kirche) machtlos. Wenn Laien, Priester und Bischöfe ihre väterliche Autorität nach der des hl. Josef gestalten, wird die Kirche einen enormen Sieg über das Böse erleben.

Die liebevolle und barmherzige Vaterschaft des hl. Josef dient allen Menschen als Vorbild und lehrt sie den richtigen Umgang mit der väterlichen Autorität und wirkt mit Jesus und Maria mit, dass die Welt erlöst wird.

> Der hl. Josef war nicht nur dazu bestimmt, die Muttergottes zu unterstützen, die so viele Schwierigkeiten auf Erden hatte; er war nicht nur Unterstützer Jesu Christi, sondern er war auch dazu bestimmt, auf bestimmte Art und Weise zur Erlösung der Welt beizutragen.[334]
>
> – Hl. Alfons von Liguori

Die Reinheit des hl. Josef entsetzt den Satan ebenfalls.

Es ist eine Tragödie, dass die Mehrheit der Kunst den hl. Josef als älteren Mann darstellt. Leider wird er manchmal sogar als weich und verweiblicht dargestellt. Das ist weit entfernt von der Wahrheit, die den hl. Josef als Mann definiert. Der hl. Josef ist ein Drachentöter! Seine Lilie ist nicht der Stock eines alten Mannes; sie ist die Lanze eines Ritters! Es gibt selten einen Künstler, der die Lilie des hl. Josef als scharfe Waffe dargestellt hat, die den Schlangenrachen durchbohrt. Was die Kirche heute braucht, sind Bilder, die den hl. Josef als Drachentöter darstellen. Er arbeitete mit vielen Werkzeugen, hackte Holz und schwang eine scharfe Axt! Solche Bilder werden heute in Häusern und Kirchen benötigt, um die wahre Männlichkeit des hl. Josef zu vermitteln.

Die Reinheit des hl. Josef ist eine Waffe gegen den Dreck und die Perversionen des Teufels. Satan ist eine schmutzige, perverse und pornografische Kreatur. Reinheit stößt ihn ab. Sie durchbohrt ihn.

Die größte Sünde unter den Menschen ist heute die Unreinheit. Es ist eine geistliche Seuche, die den Verstand und das Herz der Menschen auf globaler Ebene zerstört. Die geistliche Plage der Unreinheit umfasst Pornografie, unmoralische Handlungen mit sich selbst, homosexuelle Handlungen und Lebensstile, Pädophilie, uneheliches Zusammenleben, Empfängnisverhütung und Abtreibung. Diese Sünden machen die Menschen kraftlos und geistlich machtlos.

Männer, die unrein sind, haben keine Macht. Unreine Männer stellen keine Bedrohung für den Teufel dar, weil sie geistlich machtlos sind. Dies erklärt, warum so viele Männer heute keine Kraft mehr haben, das Böse zu bekämpfen. Vor vielen Männern hat der Teufel heute keine Angst. Satan hat nichts zu befürchten von einem Mann, der sich frei entschieden hat, bösen Geistern durch Lust, Pornografie, unmoralische Wünsche und jede andere Form der Perversion in sein Leben zu lassen. Ein unreines Herz macht einen Menschen blind für das Antlitz Gottes. Wenn Menschen Gott schauen und Macht über die Finsternis haben wollen, müssen sie sich bemühen, ein keusches und liebevolles Herz, wie das des hl. Josef, zu bekommen.

> Selig, die rein sind im Herzen; denn sie werden Gott schauen.
>
> – Mt 5,8

Der hl. Josef sieht das Antlitz Gottes und hat Macht über das Böse, weil er rein ist. Auf Erden blickte er jahrzehntelang auf das Antlitz Jesu. Im Himmel blickt er für immer auf das göttliche Antlitz. Das Strahlen des Gesichts des hl. Josefs blendet die höllischen bösen Geister.

Die Kirche und die Welt brauchen Männer, die die „Schrecken der bösen Geister“ sind! Das kann nur geschehen, wenn die Menschen die Reinheit des hl. Josef nachahmen. Wenn Männer dies tun, wird die Welt erneuert. Wenn Priester und Bischöfe dies tun, wird die Kirche erneuert. Wenn Priester und Bischöfe reine Herzen haben, die den ritterlichen Geist und die kriegerische Reinheit des hl. Josef widerspiegeln, werden die Pfarreien wieder mit Menschenmengen gefüllt sein, die eifrig für die Sache Gottes eintreten. Wenn Bischöfe die Reinheit, den Eifer und die Vaterschaft des hl. Josef nachahmen, wird die Menschheit wieder auf die Kirche schauen, als den moralischen Kompass der Welt. Alle Menschen können zu Schrecken der bösen Geister werden, wenn sie den hl. Josef nachahmen.

> Tapfer und stark ist der Mann, der, wie der hl. Josef, in Demut ausharrt; er wird sofort über den Teufel und die Welt siegen, die voller Ehrgeiz, Eitelkeit und Stolz sind.[335]
>
> – Hl. Franz von Sales

Menschen, die rein sein wollen, beten. Ohne Gebet kann niemand (Mann oder Frau) rein sein. Papst Leo XIII. hat das sehr gut verstanden. Ende des 19. Jahrhunderts setzte Satan eine geistliche Flut von Schmutz, Unbescheidenheit und Unreinheit auf der Welt frei. Papst Leo XIII. wollte dagegen ankämpfen und schmiedete zwei der größten geistlichen Waffen, die die Kirche in ihrem Arsenal hat: den Rosenkranz und den hl. Josef. Dieser prophetische Papst bat darum, dass das folgende Gebet zum hl. Josef am Ende des Rosenkranzes im Monat Oktober gebetet wird:

Zu dir, heiliger Josef, fliehen wir in unserer Not. Nachdem wir deine heiligste Braut um ihre Hilfe angerufen haben, bitten wir voll Vertrauen auch um deinen Schutz.
Um der Liebe willen, die dich mit der unbefleckten Jungfrau und Gottesmutter verband, und um der väterlichen Liebe, mit der du das Jesuskind umarmt hast, flehen wir inständig zu dir:
Schau gütig herab auf die Kirche, die Jesus Christus durch sein kostbares Blut erworben hat, und komm uns mit deiner Macht zu Hilfe.
Nimm, o fürsorglicher Beschützer der Heiligen Familie, die auserwählten Kinder Jesu Christi in deine Obhut!
Liebreicher Vater, halte fern von uns jede Ansteckung durch Irrtum und Verderbnis! Du mächtiger Helfer, stehe uns vom Himmel aus bei im Kampf mit den Mächten der Finsternis.
Und wie du ehedem das Jesuskind aus höchster Lebensgefahr errettet hast, so verteidige jetzt die heilige Kirche gegen alle Nachstellungen ihrer Feinde.
Nimm uns alle unter deinen ständigen Schutz, damit wir nach deinem Beispiel und mit deiner Hilfe heilig leben, selig sterben und zu den ewigen Freuden des Himmels gelangen. Amen.[336]

Die Kirche muss ständig die Hilfe des hl. Josef anrufen, um den Teufel zu überwinden. Der hl. Josef ist im Himmel mächtiger als auf Erden!

Es ist wahr, dass die anderen Heiligen im Himmel große Macht genießen, aber sie fragen als Diener und befehlen nicht als Meister. Der hl. Josef, dessen Autorität Jesus auf Erden unterworfen war, erhält von seinem königlichen Pflegesohn im Himmel, was er wünscht.[337]

– Hl. Thomas von Aquin

Was könnte Jesus Christus dem hl. Josef verweigern, der Ihm während Seines sterblichen Lebens auf Erden nie etwas verweigerte?[338]

– Hl. Augustinus

Der Herr möchte, dass wir verstehen, dass, so wie Er dem hl. Josef auf Erden unterworfen war – denn, da er den Titel eines Vaters trägt und der Lehrer des Herrn ist, dem Kind Befehle geben kann –, tut Gott im Himmel, was er befiehlt.[339]

– Hl. Teresa von Ávila

Da geschrieben steht, dass Gott „den Willen derer tun wird, die Ihn fürchten", wie kann Er sich weigern, den Willen des hl. Josef zu tun, der Ihn so lange im Schweiße seines Angesichts ernährt hat?[340]

– Hl. Ambrosius

Wir müssen davon überzeugt sein, dass Gott – in Anbetracht der großen Verdienste des hl. Josef – ihm keine Gnade verweigern wird, die er für diejenigen erbittet, die ihn ehren.[341]

– Hl. Alfons von Liguori

Wann immer die göttliche Gunst jemanden für eine besondere Gnade oder eine erhabene Position auswählt, verleiht Sie der auserwählten Person alle Gaben, die für sie und ihre Aufgabe notwendig sind. Dies wurde vor allem durch den hl. Josef, den Pflegevater Jesu Christi und wahren Bräutigam der Königin des Himmels und der Herrin der Engel, bestätigt. Er wurde vom Ewigen Vater erwählt als treuer Pflegevater und Hüter Seiner wichtigsten Schätze: Seines Sohnes und Seiner Braut. Wenn man ihn mit der ganzen Kirche Christi vergleicht, ist er nicht der auserwählte und einzigartige Mann, durch den und unter dem Christus in der Ordnung und mit gebührender Ehre in die Welt gebracht wurde? Wenn dann die gesamte heilige Kirche der jungfräulichen Mutter verpflichtet ist, weil sie durch sie würdig gemacht wurde, Christus zu empfangen, schuldet sie nicht auch nach Maria ihm Dankbarkeit und einzigartige Verehrung? Denn er ist der Schlüssel des Alten Testaments, in dem die Würde der Patriarchen und der Propheten ihre verheißene Frucht erlangte. Es kann keinen Zweifel geben, dass Christus im Himmel Josef diese Vertrautheit, Ehrfurcht und erhabene Würde entgegenbringt, die Er als Sohn Seinem Vater schenkte, während Er auf Erden lebte. Er hat sie eher größer und vollkommener gemacht.[342]

– Hl. Bernhardin von Siena

Der hl. Josef, der mit Liebe und Großzügigkeit Jesus beschützte, wird auch deine Seele beschützen, und wie er Ihn vor Herodes verteidigte, wird er auch deine Seele vor dem heftigsten Herodes verteidigen: dem Teufel! Die ganze Fürsorge, die der Patriarch, der hl. Josef, für Jesus hat, hat er für dich und wird dich immer mit seiner Schirmherrschaft verteidigen. Er wird dich von der Verfolgung des bösen und stolzen Herodes befreien und nicht zulassen, dass dein Herz von Jesus entfremdet wird. Ite ad Ioseph! Geh mit äußerster Zuversicht zu Josef, denn ich kann mich nicht erinnern, etwas vom hl. Josef erbeten zu haben, ohne es erhalten zu haben.[343]

– Hl. P. Pio von Pietrelcina

Dein Name, Josef, ist die Freude des Himmels, die Ehre der Erde und der Trost der Sterbenden. Dein Name belebt die Schwachen, tröstet die Betrübten, heilt die Kranken, erweicht verhärtete Herzen, hilft uns in Versuchung, befreit uns von den Fallstricken des Teufels, erlangt jede Gabe und nimmt teil an der Kraft der heiligen Namen Jesu und Mariens.[344]

– Sel. Bartolo Longo

Hl. Josef, Schrecken der bösen Geister, bitte für uns!

Privilegien der Verehrung des hl. Josef

> Liebe den hl. Josef sehr. Liebe ihn von ganzer Seele, denn er ist zusammen mit Jesus die Person, die Unsere Liebe Frau am meisten geliebt hat und Gott am nächsten war. Er ist die Person, die Gott nach unserer himmlischen Mutter am meisten geliebt hat. Er verdient deine Zuneigung und es wird dir guttun, ihn kennenzulernen, denn er ist der Meister des inneren Lebens und hat große Macht beim Herrn und bei der Muttergottes.[345]
>
> – Hl. Josémaría Escrivá

Jesus möchte, dass ihr den hl. Josef liebt. Die Muttergottes möchte, dass ihr den hl. Josef liebt. Beide wollen dies, damit eure Tugend und Heiligkeit zunehmen. Gleichgültig, welche Berufung ihr habt oder in welchem Lebensstand ihr gerade lebt, ihr werdet gesegnet sein, wenn ihr eine glühende Verehrung zum hl. Josef pflegt. Die Privilegien der Verehrung des hl. Josef sind enorm und es liegt an euch, sie zu gewinnen.

> Die Verehrung des hl. Josef ist machtvoll, weil er seinen Schutz, sein Beispiel und seinen Segen gibt.[346]
>
> – Hl. George Preca

Die sel. Maria Teresa vom hl. Josef liebte den hl. Josef und erhielt außergewöhnliche Gnaden vom Himmel, weil sie sich auf seine Fürsprache verließ. Anna Maria Tauscher van den Bosch (ihr Name vor ihrem Eintritt in das Ordensleben) wurde 1855 in Deutschland geboren. Sie wuchs in einer streng protestantischen Familie auf, ihr Vater war lutherischer Pfarrer. Im Laufe der Zeit begeisterte sich Anna Maria für die Lehren des Katholizismus und teilte ihrem Vater mit, dass sie katholisch werden wollte. Ihr Vater war mit ihrer Entscheidung absolut nicht einverstanden und sagte ihr, dass er sich für sie schäme, weil sie ihre protestantische Erziehung aufgegeben habe. Er wollte nicht einmal mehr, dass sie in seinem Haus lebte.

Bei einer Gelegenheit, als sie schon allein lebte, aber noch nicht zum Katholizismus konvertiert war, besuchte ihr Vater sie, um sie davon abzubringen, der katholischen Kirche beizutreten. Bei diesem Besuch entdeckte er in ihrem Zimmer ein Buch über den hl. Josef. Nach einem kurzen Blick auf das Buch legte er es weg und später an diesem Abend, während des Abendessens, verspottete er den hl. Josef und machte ihn vor seiner Tochter lächerlich. In ihrer Autobiografie erzählt Anna Maria das Ereignis. Sie schreibt:

> Während des Abendessens sagte mein Vater: „Wie kann jemand zu einem so fremdländischen Mann beten?" Dieser Ausdruck „fremdländisch" oder „fremd" hat mich tief beeindruckt. Ich dachte immer mehr an den hl. Josef und ich empfing eine so große, zärtliche Verehrung zum lieben Vater Josef, wie ich ihn nannte, dass ich dachte, ich sollte Wiedergutmachung für die Kälte aller Ungläubigen gegenüber ihm leisten.[347]

Nachdem sie zum Katholizismus übergetreten war, wurde Anna Maria von ihrem Vorgesetzten, einem Lutheraner, entlassen, weil sie katholisch geworden war. Nachdem er ihr gekündigt hatte, sprach er in seiner bösen Absicht mit anderen weiterhin schlecht über sie, sodass sie nirgendwo Arbeit finden konnte. Infolgedessen hatte Anna Maria kein Geld und keine Wohnung mehr. Ihre große Liebe zum hl. Josef wurde jedoch nicht weniger. Sie suchte täglich Trost in der Liebe ihres geistlichen Vaters. Schließlich erhielt sie die Erlaubnis, in ein Augustinerkloster zu ziehen und geringfügige Aufgaben zu erledigen, um auf diese Weise ihr Zimmer und ihre Mahlzeiten zu bezahlen. Sie schrieb:

> In Erinnerung an meinen Vater, der fragte, wie jemand zu solch einer „fremdländischen" Person beten könne, sank der hl. Josef tief in mein Herz und daraus entstand eine große Liebe zu ihm und auch ein tiefes Vertrauen auf ihn. Ich vertraute mich immer mehr seiner väterlichen

> Fürsorge an und oft stellte der hl. Josef seine Fürsorge für mich unter Beweis.[348]

Anna Maria wurde schließlich Nonne und nahm den Namen Schw. Maria Teresa vom hl. Josef an. Schließlich gründete sie eine neue Ordensgemeinschaft, die Karmelitinnen vom Göttlichen Herzen Jesu. Sie gründete auch gemeinnützige Einrichtungen auf der ganzen Welt. Für den Rest ihres Lebens bezeichnete sie den hl. Josef immer als „Vater hl. Josef". Sie schrieb alles, was sie erreichen konnte, der Fürsprache des hl. Josef, ihres geistlichen Vaters, zu. Papst Benedikt XVI. hat sie 2006 seliggesprochen.

Im 17. Jahrhundert schrieb die ehrw. Maria von Ágreda über die außergewöhnlichen Gnaden, die Gott denen schenkt, die den hl. Josef verehren. Die ehrw. Maria von Ágreda war eine Mystikerin und die gefeierte Autorin eines Werkes über das Leben der Jungfrau Maria mit dem Titel „Leben der jungfräulichen Gottesmutter Maria. Geheimnisvolle Stadt Gottes". Ihre Arbeit ist tatsächlich ein Meisterwerk der Frömmigkeit. In dem Buch schrieb sie ausführlich über den hl. Josef und erhielt viele innere Einsichten in die Segnungen, die auf diejenigen warten, die den hl. Josef verehren. Sie schrieb:

> Ich wurde über bestimmte Privilegien informiert, die der Höchste dem hl. Josef aufgrund seiner großen Heiligkeit gewährt hat, die besonders wichtig für diejenigen sind, die in angemessener Weise um seine Fürsprache bitten. Kraft dieser besonderen Privilegien ist die Fürsprache des hl. Josef sehr machtvoll:
>
> 1. Auf seine Fürbitte erlangt man die Tugend der Keuschheit und den Sieg in den Gefahren sinnlicher Versuchung.
> 2. Durch ihn erhält man mächtige Gnadenhilfen, um den Stand der Sünde zu verlassen und zur Freundschaft Gottes zurückzukehren.
> 3. Durch seine Vermittlung erhält man die Gunst der allerseligsten Jungfrau Maria und eine wahre Andacht zu ihr.

4. Durch ihn erlangen wir die Gnade eines guten Todes und Schutz gegen den Satan in der Todesstunde.
5. Die bösen Geister zittern, wenn sie den Namen Josefs hören.
6. Durch ihn kann man Gesundheit des Leibes und Hilfe in den verschiedenen Nöten erhalten.
7. Seine Fürbitte erlangt den Segen der Nachkommenschaft in den Familien.

Diese und viele andere Vorzüge gewährt Gott denen, die angemessen und mit guter Gesinnung die Fürsprache des Bräutigams unserer Königin, des hl. Josef, suchen. Ich möchte alle Kinder der heiligen Kirche bitten, große Verehrer des hl. Josef zu sein. Sie werden diese Gnaden an sich selber erfahren, wenn sie auf deren Empfang sich würdig vorbereiten.[349]

Die sieben Privilegien der Verehrung des hl. Josef sind staunenswert! Die ehrwürdige Maria von Ágreda hörte, wie die Muttergottes selbst darüber sprach und sagte:

Meine Tochter, du hast zwar geschrieben, dass mein Bräutigam Josef unter den Heiligen und Fürsten des himmlischen Jerusalem einen überaus hohen Rang einnimmt, doch ist niemand imstande, seine hocherhabene Heiligkeit zu erkennen, bevor er zur Anschauung Gottes gelangt ist. Dann werden alle zu ihrer Verwunderung und unter Lobpreisung des Herrn dieses Geheimnis schauen. Am letzten Tag, wenn die Menschheit gerichtet wird, werden die Verdammten ihre Sünden bitter beklagen, die sie davon abgehalten haben, diese mächtigen Mittel der Rettung zu schätzen. Sie werden erkennen, wie leicht es gewesen wäre, durch seine Fürsprache die Freundschaft des gerechten Richters zu erhalten. Die ganze Menschheit hat die Privilegien und Vorrechte, die meinem gesegneten Bräutigam eingeräumt wurden, stark unterschätzt und sie wissen nicht, was seine Fürsprache bei Gott bewirken kann.

> Was mein Bräutigam vom Herrn im Himmel erbittet, wird auf Erden gewährt und von seiner Fürsprache hängen viele und außergewöhnliche Gnaden für die Menschen ab, wenn sie sich nicht unwürdig machen, sie zu empfangen. Alle diese Privilegien sollten eine Belohnung für die liebenswürdige Vollkommenheit dieses wunderbaren Heiligen und für seine großen Tugenden sein, denn die göttliche Güte zeichnet sich in ihnen am stärksten aus und blickt auf den heiligen Josef mit großherziger Freigebigkeit, bereit, ihre wunderbaren Gnaden auf alle auszuschütten, die sich seiner Fürsprache anvertrauen.[350]

Im 20. Jahrhundert schrieb die sel. Concepción Cabrera de Armida, eine berühmte Mystikerin aus Mexiko, Meditationen, um die Gläubigen zu unterweisen und zu inspirieren. In einer Meditation zeigt die sel. Concepción eine Perspektive auf die Bedeutung der Verehrung des hl. Josef und legte die folgenden Worte auf die Lippen U. L. F.:

> Liebe ihn [den hl. Josef], mein Kind, und sorge dafür, dass er sehr geliebt wird. Wenn du mir gefallen willst, könntest du nicht mehr tun, was mich glücklicher macht, als eine kindliche Verehrung zu ihm zu haben, ihm in deinem Haus Ehre zu erweisen und seine Tugenden nachzuahmen. Erwähle ihn als Schutzpatron deines inneren und geistlichen Lebens und du wirst große Fortschritte zur Vollkommenheit machen.[351]

TEIL III
Gebete zum hl. Josef

LITANEIEN

Litanei zum hl. Josef

Herr, erbarme Dich unser. *Herr, erbarme Dich unser.*
Christus, erbarme Dich unser. *Christus, erbarme Dich unser.*
Herr, erbarme Dich unser. *Herr, erbarme Dich unser.*
Christus, höre uns. *Christus erhöre uns.*

Gott Vater im Himmel, *erbarme Dich unser.*
Gott Sohn, Erlöser der Welt, *erbarme Dich unser.*
Gott Heiliger Geist, *erbarme Dich unser.*
Heiligste Dreifaltigkeit, ein Einiger Gott, *erbarme Dich unser.*

Heilige Maria, *bitte für uns.*
Heiliger Josef, *bitte für uns.*
Du erhabener Spross Davids, *bitte für uns.*
Du Licht der Patriarchen, *bitte für uns.*
Du Bräutigam der Muttergottes, *bitte für uns.*
Du keuscher Beschützer der Jungfrau, *bitte für uns.*
Du Nährvater des Sohnes Gottes, *bitte für uns.*
Du sorgsamer Verteidiger Christi, *bitte für uns.*
Du Haupt der Heiligen Familie, *bitte für uns.*

Josef, ausgezeichnet durch Gerechtigkeit, *bitte für uns.*
Josef, leuchtend in heiliger Reinheit, *bitte für uns.*
Josef, Vorbild der Klugheit, *bitte für uns.*
Josef, Mann voll Starkmut, *bitte für uns.*
Josef, Beispiel des Gehorsams, *bitte für uns.*
Josef, Vorbild der Treue, *bitte für uns.*

Du Spiegel der Geduld, *bitte für uns.*
Du Freund der Armut, *bitte für uns.*
Du Vorbild der Arbeiter, *bitte für uns.*
Du Zierde des häuslichen Lebens, *bitte für uns.*
Du Beschützer der Jungfrauen, *bitte für uns.*
Du Stütze der Familien, *bitte für uns.*
Du Trost der Betrübten, *bitte für uns.*
Du Hoffnung der Kranken, *bitte für uns.*
Du Schutzpatron der Sterbenden, *bitte für uns.*
Du Schrecken der bösen Geister, *bitte für uns.*
Du Schutzpatron der heiligen Kirche, *bitte für uns.*

Lamm Gottes, Du nimmst hinweg die Sünden der Welt,
verschone uns, o Herr.

Lamm Gottes, Du nimmst hinweg die Sünden der Welt,
erhöre uns, o Herr.

Lamm Gottes, Du nimmst hinweg die Sünden der Welt,
erbarme Dich unser.

V. Er hat ihn zum Herrn Seines Hauses bestellt
A. *und zum Verwalter Seines ganzen Besitzes.*

Lasset uns beten. *O Gott, in weiser Vorsehung gabst Du den heiligen Josef der Mutter Deines Sohnes zum Bräutigam. Wir bitten Dich, lasse ihn, den wir auf Erden als Schirmherrn verehren, unsern Anwalt sein im Himmel; der Du lebst und herrschest in Ewigkeit. Amen.*

Litanei zum hl. Josef (Latein)

Kyrie, eléison.	*Kyrie, eléison.*
Christe, eléison.	*Christe, eléison.*
Kyrie, eléison.	*Kyrie, eléison.*
Christe, audi nos.	*Christe, exáudi nos.*
Pater de caelis Deus,	*miserére nobis.*
Fili, Redémptor mundi, Deus,	*miserére nobis.*
Spíritus Sancte, Deus,	*miserére nobis.*
Sancta Trínitas, unus Deus,	*miserére nobis.*
Sancta Maria,	*ora pro nobis.*
Sancte Ioseph,	*ora pro nobis.*
Proles David ínclyta,	*ora pro nobis.*
Lumen Patriarchárum,	*ora pro nobis.*
Dei Genitrícis sponse,	*ora pro nobis.*
Custos pudíce Vírginis,	*ora pro nobis.*
Filii Dei nutrície,	*ora pro nobis.*
Christi defénsor sédule,	*ora pro nobis.*
Almae Famíliae praeses,	*ora pro nobis.*
Ioseph iustíssime,	*ora pro nobis.*
Ioseph castíssime,	*ora pro nobis.*
Ioseph prudentíssíme,	*ora pro nobis.*
Ioseph fortissíme,	*ora pro nobis.*
Ioseph obedientíssime,	*ora pro nobis.*
Ioseph fidelíssime,	*ora pro nobis.*
Spéculum patíentimae,	*ora pro nobis.*
Amátor paupertátis,	*ora pro nobis.*
Exémplar opíficum,	*ora pro nobis.*
Domésticae vitae decus,	*ora pro nobis.*

Custos vírginum, *ora pro nobis.*
Familiárum cólumen, *ora pro nobis.*
Solátium miserórum, *ora pro nobis.*
Spes aegrotántium, *ora pro nobis.*
Patróne moriéntium, *ora pro nobis.*
Terror dáemonum, *ora pro nobis.*
Protéctor sanctae Ecclesiae, *ora pro nobis.*

Agnus Dei, qui tollis peccáta mundi, *parce nobis, Domine.*

Agnus Dei, qui tollis peccáta mundi, *exaudi nos, Domine.*

Agnus Dei, qui tollis peccáta mundi, *miserére nobis.*

Constítuit eum dóminum domus suae. *Et príncipem omnis possessiónis suae.*

Orémus: *Deus, qui ineffábili providéntia beátum Joseph sanctíssimae Genitrícis tuae sponsum elígere dignátus es: praesta, quáesumus; ut, quem protectórem venerámur in terris, intercessórem habére mereámur in caelis: Qui vivis et regnas in sáecula saeculórum. Amen.*

WEIHEAKTE

Weiheakt an den hl. Josef

O ruhmreicher Patriarch und Schutzpatron der Kirche! O jungfräulicher Bräutigam der Unbefleckten Gottesmutter! O Beschützer und jungfräulicher Vater des menschgewordenen Wortes! In der Gegenwart von Jesus und Maria erwähle ich dich heute als meinen Vater, meinen Hüter und meinen Beschützer.

O großer hl. Josef, den Gott zum Haupt der Heiligen Familie gemacht hat, ich flehe zu dir, obwohl ich absolut unwürdig bin, deinem „Heiligen Haus" anzugehören. Stelle mich deiner Makellosen Braut vor und bitte sie, mich auch als ihr Kind anzunehmen. Bete mit ihr, dass ich fortwährend an Jesus denke und Ihm treu diene, bis ans Ende meines Lebens. O Schrecken der bösen Geister, mehre in mir die Tugend, beschütze mich vor dem Bösen und hilf mir, Gott in keiner Weise zu beleidigen.

O mein geistlicher Vater, hiermit weihe ich mich dir. In treuer Nachahmung von Jesus und Maria stelle ich mich und alle meine Anliegen unter deine Obhut und deinen Schutz. Nach Jesus und Maria weihe ich dir meinen Leib und meine Seele mit all ihren Fähigkeiten, mein geistliches Wachstum, meinen Wohnort und all meine täglichen Arbeiten und Unternehmungen. Verlasse mich nicht, sondern nimm mich an als Diener und Kind der Heiligen Familie. Wache immer über mich, besonders aber in der Stunde meines Todes. Tröste und stärke mich durch die Gegenwart von Jesus und Maria, damit ich mit dir die Heiligste Dreifaltigkeit für alle Ewigkeit preisen und anbeten kann. Amen.

Weiheakt an den hl. Josef

von P. Donald Calloway, MIC

In Gegenwart der großen Anzahl himmlischer Zeugen weihe ich, ____________________, ein reuiger Sünder/eine reuige Sünderin, mich selbst, meinen Leib und meine Seele, heute dir, hl. Josef.

Ich wende mich an dich als meinen geistlichen Vater und lege mein Leben und meine Rettung in deine Hände. Auf deine Güte vertrauend, stelle ich mich unter deinen väterlichen Schutz und bitte dich, mich vor der Welt, dem Fleisch und dem Teufel zu schützen.

Hl. Josef, du bist der jungfräuliche Bräutigam der Muttergottes! Hilf mir, sie mit zärtlicher Zuneigung und kindlicher Hingabe zu lieben. Maria ist meine geistliche Mutter und der sicherste, leichteste und kürzeste Weg zu Jesus. Halte mich nah bei ihr und, zusammen mit ihr, bring mich näher zu Jesus.

Entferne dich niemals von mir, hl. Josef. Nähre mich mit dem Brot des Lebens, unterrichte mich in der Weisheit der Heiligen, hilf mir, mein Kreuz zu tragen und halte mich immer in der katholischen Kirche. Wenn ich sterbe, bring mich in das Königreich des Himmels, damit ich Jesus und Maria sehe.

Von diesem Tag an werde ich dich niemals vergessen. Ich werde oft von dir sprechen, Zeit im Gebet mit dir verbringen und mit deiner Hilfe ernsthaft danach streben, nicht mehr zu sündigen. Sollte ich fallen, hilf mir, umzukehren und zur Beichte zu gehen. Sollte ich vom Weg abkommen, führe mich zurück zur Wahrheit.

Vor dem Himmel und der Erde ruft meine Seele aus: Lob und Preis der Heiligsten Dreifaltigkeit, die dich als Verwalter Ihres Besitzes bestellt hat! Lob und Preis der Jungfrau Maria, die dich liebt und sich danach sehnt, dich geliebt zu sehen! Lob und Preis sei dir, mein geistlicher Vater, du großer hl. Josef!

Ich gebe alles dir, hl. Josef. Nimm mich als dein Eigentum an. Ich bin dein. Amen!

Weiheakt an den hl. Josef

von P. Donald Calloway, MIC

Ich, _____________________, ein Kind Gottes, nehme dich, hl. Josef, als meinen geistlichen Vater an. Ich bin zuversichtlich, dass Jesus und Maria mich zu dir geführt haben, um dich zu kennen, dich zu lieben und dir vollkommen geweiht zu sein.

Weil ich dich kennen und lieben gelernt habe, weihe ich mich dir ganz, hl. Josef. Ich will dich in meinem Leben haben; ich brauche dich in meinem Leben. Nimm mich an als dein geistliches Kind, o großer hl. Josef! Ich möchte deiner schützenden Vaterschaft nichts vorenthalten.

Als Bräutigam Mariens hast du für meine geistliche Mutter gesorgt. Danke, dass du ihr immer treu bist. Danke, dass du sie liebst und dein ganzes Leben in ihren Dienst stellst.

Als jungfräulicher Vater Jesu hast du für meinen Herrn gesorgt und ihn vor bösen Menschen geschützt. Danke, dass du das Leben meines Erlösers beschützt hast. Dank dir konnte Jesus Sein Blut für mich am Kreuz vergießen. Dank dir, hl. Josef, habe ich Hoffnung auf ein ewiges Leben im Himmel.

Als mein geistlicher Vater wirst du auch mich führen und beschützen, dessen bin ich mir sicher. Bitte lehre mich die Wege des Gebetes, der Tugend und der Heiligkeit. Ich möchte wie du sein, hl. Josef. Ich möchte rein, demütig, liebevoll und barmherzig sein.

Jetzt, wo ich dir gehöre und du mir gehörst, verspreche ich, dich niemals zu vergessen. Ich weiß, dass du mich niemals vergessen wirst, und das bereitet mir grenzenlose Freude! Ich werde vom hl. Josef geliebt! Ich gehöre dem hl. Josef!

Lob der Heiligsten Dreifaltigkeit, die dich gesegnet und zum größten Heiligen nach Maria erhoben hat. Lob der Jungfrau, die dich liebt und möchte, dass die Seelen dich lieben. Lob sei dir, hl. Josef, mein Vater, mein Beschützer und mein Alles! Amen!

Weiheakt an den hl. Josef

vom hl. Pierre Julian Eymard

Ich weihe mich dir, guter hl. Josef, als meinem geistlichen Vater. Ich erwähle dich, um in meiner Seele zu herrschen und um mich das innere Leben zu lehren, das verborgene Leben mit Jesus, Maria und dir.

Darüber hinaus möchte ich die demütige Stille nachahmen, mit der du Jesus und Maria umhüllt hast. Darin liegt alles für mich – die Selbstverleugnung, wie sie unser Herr in Seinem verborgenen Leben geübt hat und die mich die Welt vergessen lässt durch mein Schweigen und durch meine Übung in der Tugend.

Ich weihe mich dir, als meinem Führer und mein Vorbild, in all meinen Pflichten, damit ich lernen kann, sie mit Bescheidenheit und Demut zu erfüllen: mit Sanftmut gegenüber meinen Brüdern, meinen Nachbarn und allen, mit denen ich in Berührung komme; mit Demut mir selbst gegenüber und mit Schlichtheit vor Gott.

Ich erwähle dich, guter Heiliger, als meinen Ratgeber, meinen Vertrauten, meinen Beschützer in all meinen Schwierigkeiten und Prüfungen. Ich bitte nicht darum, von Kreuzen und Leiden verschont zu werden, sondern nur von der Eigenliebe, die mir ihren Wert nehmen könnte, indem sie mich eitel macht.

Ich erwähle dich als meinen Beschützer. Sei mein Vater, so wie du der Vater der Heiligen Familie in Nazaret warst. Sei mein Führer; sei mein Beschützer. Ich bitte nicht um zeitliche Güter, Größe oder Macht. Ich bitte nur darum, dass ich meinem Göttlichen König mit Treue und Hingabe diene.

Ich werde dich mit Maria, meiner Mutter, ehren, lieben und dir dienen und niemals werde ich ihren Namen von dem deinen trennen.

O Jesus, gib mir Josef zum Vater, wie Du mir Maria zur Mutter gegeben hast. Erfülle mich mit Hingabe, Vertrauen und kindlicher Liebe. Höre auf mein Gebet. Ich weiß, dass Du das willst. Schon jetzt fühle ich mich frommer, mit mehr Hoffnung und Vertrauen auf den guten hl. Josef, Deinen Nährvater und meinen geistlichen Vater. Amen.

Weiheakt an den hl. Josef

vom hl. Alfons von Liguori

O heiliger Patriarch, ich freue mich mit dir über die erhabene Würde, durch die du als würdig erachtet wurdest, als Vater über Jesus zu stehen, Ihm Anordnungen zu erteilen, die Er gehorchend angenommen hat, Er, dem Himmel und Erde gehorchen.

O großer Heiliger, da Gott dir gedient hat, möchte auch ich in deinen Dienst genommen werden. Ich erwähle dich, nach Maria, als meinen Hauptfürsprecher und Beschützer.

Ich verspreche, dich jeden Tag durch einen besonderen Akt der Hingabe zu verehren, indem ich mich unter deinen täglichen Schutz stelle.

Durch diese süße Gesellschaft, die Jesus und Maria dir in deinem Leben gegeben haben, beschütze mich mein ganzes Leben lang, damit ich mich niemals von meinem Gott trenne durch den Verlust Seiner Gnade.

Mein lieber hl. Josef, bete zu Jesus für mich. Sicherlich kann Er dir niemals etwas verweigern, da Er auf Erden all deinen Befehlen gehorsam war. Sage Ihm, Er soll mich von allen Kreaturen und von mir selbst loslösen, um mich mit Seiner heiligen Liebe zu entzünden und dann an mir tun, was Ihm gefällt.

Durch jene Begleitung, die Jesus und Maria dir bei deinem Tod gegeben haben, erbitte ich von dir, mich in der Stunde meines Todes auf besondere Weise zu beschützen, so, dass du der Beistand bei meinem Sterben bist, damit ich sterbend, assistiert von dir, in der Gesellschaft von Jesus und Maria, in das Paradies gehe, um dir zu danken und in deiner Gesellschaft meinen Gott in alle Ewigkeit lobpreise. Amen.

Weiheakt an den hl. Josef

vom hl. Bernardin von Siena

O mein geliebter hl. Josef, nimm mich als dein Kind an. Übernimm die Verantwortung für meine Erlösung. Wache Tag und Nacht über mich; bewahre mich vor den Gelegenheiten zur Sünde. Erhalte mir die Reinheit des Leibes. Gewähre mir durch deine Fürsprache bei Jesus einen Geist der Aufopferung, der Demut, der Selbstverleugnung, der brennenden Liebe zu Jesus im Allerheiligsten Sakrament und eine süße und zärtliche Liebe zu Maria, meiner Mutter. Heiliger Josef, sei mit mir im Leben, sei mit mir im Sterben und erlange mir ein gnädiges Urteil von Jesus, meinem barmherzigen Retter. Amen.

TÄGLICHE WEIHEAKTE

Täglicher Weiheakt an den hl. Josef

Mein Vater und mein Beschützer, ich gebe mich dir ganz hin, und um dir meine Hingabe zu zeigen, weihe ich dir heute meine Augen, meine Ohren, meinen Mund, mein Herz, mein ganzes Wesen ohne Vorbehalt. Deshalb, o guter Vater, weil ich dir gehöre, halte und führe mich als dein Eigentum und Besitz. Amen.

Täglicher Weiheakt an den hl. Josef

O liebster hl. Josef, ich weihe mich zu deiner Ehre und gebe mich dir hin, damit du immer mein Vater, mein Beschützer und meine Führung auf dem Weg der Erlösung bist. Erlange für mich eine größere Reinheit des Herzens und eine glühende Liebe zum inneren Leben. Nach deinem Vorbild möchte ich alle meine Handlungen zur größeren Ehre Gottes tun, in Vereinigung mit dem Heiligsten Herzen Jesu und dem Unbefleckten Herzen Mariens. O seliger Josef, bitte für mich, dass ich am Frieden und an der Freude deines heiligen Todes teilhabe. Amen.

Täglicher Weiheakt an den hl. Josef

von P. Donald Calloway, MIC

Hl. Josef, Bräutigam Mariens, jungfräulicher Vater Jesu und mein geistlicher Vater, ich weihe mich dir ganz. Ich umarme liebevoll deine Vaterschaft und nehme Zuflucht unter deinem väterlichen Mantel. Hilf mir, heute zu beten und tugendhaft zu sein. Unterweise mich in der Weisheit der Heiligen, schütze mich vor den Fallstricken des Feindes, halte mich davon ab, zu sündigen. Sollte ich heute meinen letzten Atemzug machen, sei an meiner Seite und nimm mich in den Himmel, um mit Jesus und Maria zusammen zu sein. Amen.

GEBETE ZUM HL. JOSEF

Memorare (Gedenke) des hl. Josef

Gedenke, o reinster Bräutigam der Jungfrau Maria, o mein mildreichster Beschützer, hl. Josef, dass es niemals gehört worden ist, dass jemand deinen Schutz angerufen und dich um Hilfe angefleht habe, ohne getröstet worden zu sein.

Mit diesem Vertrauen komme ich, um mich dir vorzustellen, und empfehle mich dir mit aller Inbrunst an. Ach, verschmähe doch meine Bitten nicht, du Pflegevater des Heilandes, sondern nimm sie gnädig auf. Amen.

Gebet vom hl. Ludwig M. von Montfort

Gegrüßet seist du, heiliger Josef, Sohn Davids, du gerechter und keuscher. Weisheit ist mit dir. Du bist gebenedeit unter den Männern und gebenedeit ist Jesus, die Frucht Mariens, deiner treuen Braut.

Heiliger Josef, du würdiger Vater und Beschützer Jesu Christi und der heiligen Kirche, bitte für uns Sünder. Erbitte uns bei Gott göttliche Weisheit, jetzt und in der Stunde unseres Todes. Amen.

Gebet des sel. Guillaume-Joseph Chaminade

O keuscher Bräutigam des reinsten und heiligsten aller Geschöpfe, wie glücklich musst du sein, dass du solche Gunst und Gnade vor dem Ewigen Vater gefunden hast, der Seinen Sohn gegeben hat; vor dem Sohn, der dich zum Lehrer Seiner heiligen Menschheit gemacht hat; vor dem Heiligen Geist, der dir Seine Braut anvertraut hat, sodass du wie die Cherubim sein kannst, die die Früchte des Lebens im Garten Eden bewachten. Wie glücklich und gesegnet sind die, die du liebst und die du unter deinen Schutz nimmst!

O treuer Beschützer der Muttergottes, bewahre diejenigen, die dich ehren, inmitten der Prüfungen und Freuden dieses Lebens. Liebenswürdiger Lehrer Jesu, hilf deinen Dienern in den Gefahren und Schwierigkeiten ihres Exils; mögen sie die Auswirkungen deiner Liebe spüren. Erhalte ihnen die Hingabe an deine Braut, Treue zu deinem Sohn und große Ehrfurcht vor dem Ewigen Vater, der mit dem Heiligen Geist regiert durch endlose Zeiten. Amen.

Gebet von Papst Leo XIII. zum hl. Josef

(nach dem Rosenkranz im Oktober zu beten)

Zu dir, heiliger Josef, fliehen wir in unserer Not. Nachdem wir deine heiligste Braut um ihre Hilfe angerufen haben, bitten wir voll Vertrauen auch um deinen Schutz.

Um der Liebe willen, die dich mit der unbefleckten Jungfrau und Gottesmutter verband, und um der väterlichen Liebe, mit der du das Jesuskind umarmt hast, flehen wir inständig zu dir:

Schau gütig herab auf die Kirche, die Jesus Christus durch sein kostbares Blut erworben hat, und komm uns mit deiner Macht zu Hilfe.

Nimm, o fürsorglicher Beschützer der Heiligen Familie, die auserwählten Kinder Jesu Christi in deine Obhut!

Liebreicher Vater, halte fern von uns jede Ansteckung durch Irrtum und Verderbnis! Du mächtiger Helfer, stehe uns vom Himmel aus bei im Kampf mit den Mächten der Finsternis.

Und wie du ehedem das Jesuskind aus höchster Lebensgefahr errettet hast, so verteidige jetzt die heilige Kirche gegen alle Nachstellungen ihrer Feinde.

Nimm uns alle unter deinen ständigen Schutz, damit wir nach deinem Beispiel und mit deiner Hilfe heilig leben, selig sterben und zu den ewigen Freuden des Himmels gelangen. Amen.

Gebet des hl. Papstes Pius X. zum hl. Josef den Arbeiter

O ruhmreicher, heiliger Josef, du bist das Vorbild aller Arbeiter. Erbitte mir die Gnade, dass ich arbeite im Geiste der Buße, um Sühne zu leisten für meine vielen Sünden; dass ich gewissenhaft arbeite und die Erfüllung meiner Pflicht höher stelle als meine persönlichen Neigungen; dass ich dankbar und freudig arbeite und meine Ehre darin setze, bei der Arbeit die mir von Gott verliehenen Talente zu verwerten und zu entfalten; dass ich ordnungsgemäß und friedlich, mit Mäßigung und Geduld arbeite und nie zurückschrecke vor Ermüdung und Schwierigkeiten; vor allem, dass ich in reiner Absicht und selbstlos arbeite und stets den Tod vor Augen habe und die Rechenschaft, die ich ablegen muss über die verlorene Zeit, über die ungenutzten Talente, über das unterlassene Gute und über jede eitle Selbstgefälligkeit bei Erfolgen, die im Dienste Gottes doch so schädlich ist. Amen.

Gebet von Papst Johannes XXIII.

Heiliger Josef, Beschützer Jesu Christi, Mariens keuscher Bräutigam, du hast dein Leben in der vollkommensten Pflichterfüllung verbracht und mit deiner Hände Arbeit die Heilige Familie von Nazaret ernährt: Gewähre gnädig allen denen Schutz, die sich vertrauensvoll in ihren Gebeten an dich wenden. Du kennst ihr Wollen, ihre Ängste, ihre Hoffnungen. Sie eilen zu dir, denn sie wissen, dass sie in dir einen finden, der sie versteht und ihnen auch hilft. Auch du hast Prüfungen, Mühen und Müdigkeit erfahren. Aber auch inmitten der Sorgen des materiellen Lebens hat deine Seele, erfüllt mit tiefstem Frieden, in hoher Freude frohlockt über die Innigkeit des Verkehrs mit dem Sohn Gottes, der dir zusammen mit Seiner lieblichen Mutter Maria anvertraut war. Mögen die, die deinen Schutz erflehen und erhalten, verstehen, dass sie in ihrer Arbeit nicht allein sind. Möge es auch ihnen verliehen sein, neben sich Jesus Christus zu entdecken; mögen sie Ihn mit Seinen Gnaden empfangen und in Treue immer bei sich wohnen lassen, wie du es getan hast. Möge es durch deine Gebete gewährt werden, dass in jeder Familie, in jeder Fabrik, in jeder Werkstätte, überall dort, wo Christen tätig sind, alles geheiligt werde in der Liebe, der Geduld, der Gerechtigkeit, im guten Wollen und im Gutestun, damit die Gaben der himmlischen Liebe sich mehren um uns und in uns. Amen.

Gebet des hl. Franz von Sales zum hl. Josef

Glorreicher hl. Josef, Bräutigam Mariens, nimm uns unter deinen väterlichen Schutz; wir beschwören dich darum durch das Heiligste Herz Jesu.

O du, dessen Macht sich auf alle unsere Nöte erstreckt, der du möglich zu machen weißt, was unmöglich zu sein scheint, schaue mit deinen väterlichen Augen auf die Anliegen deiner Kinder und nimm dich ihrer an.

In Verwirrung und Schmerz, die uns bedrücken, eilen wir mit Vertrauen zu dir.

Würdige dich, diese wichtigen und schwierigen Angelegenheiten, die uns beunruhigen und bedrücken, unter deine liebevolle Führung zu nehmen und lasse sie einen glücklichen Ausgang erfahren zur Ehre Gottes und zum Besten für Seine demütigen Diener. Amen.

Gebet des hl. Johannes Paul II. zum Gedenktag des hl. Josef (19. März 1987)

Josef, Ehemann der Jungfrau, der Muttergottes, lehre uns unablässig die ganze göttliche Wahrheit und die menschliche Würde, die in der Berufung von Ehegatten und Eltern enthalten sind!

Heiliger Josef, erwirke von Gott, dass wir mit Festigkeit mit der Gnade des großen Sakraments zusammenarbeiten, in dem Mann und Frau sich einander die Liebe, die Treue und die eheliche Redlichkeit bis zum Tod geloben!

Heiliger Josef, gerechter Mann, lehre uns die verantwortliche Liebe gegenüber denen, die Gott uns in besonderer Weise anvertraut: die Liebe zwischen den Ehegatten, die Liebe zwischen den Eltern und denen, welchen die Eltern das Leben schenken! Lehre uns Verantwortung gegenüber jedem Leben vom ersten Augenblick der Empfängnis bis zum letzten Augenblick auf dieser Erde! Lehre uns eine große Achtung vor dem Geschenk des Lebens! Lehre uns eine tiefe Verehrung für den Schöpfer, Vater und Spender des Lebens!

Heiliger Josef, Schutzpatron der menschlichen Arbeit, hilf uns bei jeder Arbeit, die Berufung des Menschen auf Erden ist! Lehre uns, die schwierigsten Probleme im Zusammenhang mit der Arbeit im Leben der Generationen, angefangen von der Jugend, und im Leben der Gesellschaft zu lösen!

Heiliger Josef, Beschützer der Kirche, heute, an deinem Hochfest, beten wir zu Gott mit folgenden Worten: „Allmächtiger Gott, der du die Anfänge unserer Erlösung dem aufmerksamen Schutz des hl. Josef anvertraut hast, gewähre durch seine Fürsprache deiner Kirche die treue Mitarbeit an der Erfüllung des Heilswerkes." Amen.

Gebet des hl. Bernhardin von Siena

Gedenke unser, hl. Josef, und flehe für uns zu deinem Pflegekind. Bitte deine heiligste Braut, die Jungfrau Maria, liebevoll auf uns zu schauen, da sie Seine Mutter ist, der mit dem Vater und dem Heiligen Geist in Ewigkeit lebt und regiert. Amen.

Gebet des hl. Pierre Julian Eymard

O ruhmreicher hl. Josef, der du dem Gesetz Gottes treu gehorcht hast, dein Herz war durchbohrt beim Anblick des kostbaren Blutes, das der Erlöser während Seiner Beschneidung vergossen hatte, aber der Name Jesu gab dir neues Leben und erfüllte dich mit stiller Freude.

Erhalte durch diese Trauer und diese Freude für uns die Gnade, während des Lebens von allen Sünden frei zu werden und freudig mit dem Heiligen Namen Jesu in unseren Herzen und auf unseren Lippen zu sterben. Amen.

Gebet des sel. Bartolo Longo

Niedergeworfen zu deinen Füßen, o großer Heiliger, verehre ich dich als den Vater meines Herrn und Gottes. Du bist das Haupt der Heiligen Familie und ein Grund zur Freude und Wonne für die Heiligste Dreifaltigkeit. Was für eine Ehre für dich, der Vater eines Sohnes zu sein, der der einzig gezeugte Gott ist! Was für ein Segen zu wissen, dass du ein Vater für uns bist und dass wir deine Kinder sind. Ja, wir sind deine Kinder, weil wir Brüder und Schwestern Jesu Christi sind, der dein Sohn genannt werden wollte.

Als deine Kinder haben wir ein Recht auf die Zärtlichkeit und Güte deines väterlichen Herzens. Nimm uns daher an! Nimm uns unter deinen Schutz! Lehre uns, die Geduld, die Klugheit, die

Freundlichkeit, die Bescheidenheit und die Reinheit zu lieben. Sei unsere Zuflucht und unser Trost in all unseren Schmerzen, in all unseren Nöten, sowohl jetzt wie auch in der Stunde unseres Todes. Amen.

Gebet des sel. Bartolo Longo

Heiliger Josef, Stellvertreter des Heiligen Geistes, der du die Pflichten deiner wunderbaren Ehe mit Maria in vollkommener Weise erfüllst, führe den Heiligen Geist in meinen Willen ein, um ihn mit Gottes heiliger Liebe zu entzünden. Stelle meinen Willen der Allerheiligsten Dreifaltigkeit vor, damit meine Wünsche immer Gottes Anordnungen entsprechen. Bringe mein Herz Gott dar, damit Er darin wie auf einem Thron der Liebe und Barmherzigkeit wohnen kann. Bring die Bewegungen meiner Seele und alle Neigungen meines Herzens vor Gott, damit ich durch deine Fürsprache immer der Gnade und den Eingebungen des Heiligen Geistes treu bleibe. Amen.

Gebet des hl. Alfons von Liguori um einen glücklichen Tod

Heiliger Josef, durch den Beistand, den Jesus und Maria dir beim Tod erwiesen haben, bitte ich dich, mich in der Stunde meines Todes auf besondere Weise zu beschützen, damit ich in Begleitung von Jesus und Maria, durch deine Unterstützung, dir im Himmel danken kann und in deiner Gesellschaft Gottes Lobpreis singe für alle Ewigkeit. Amen.

Lob des hl. Josef vom hl. Jean Eudes

Sei gegrüßt, hl. Josef, du Abbild Gottes, des Himmlischen Vaters.
Sei gegrüßt, hl. Josef, der du Vater des Sohnes Gottes genannt wirst.
Sei gegrüßt, du Heiligtum des Heiligen Geistes.
Sei gegrüßt, du Geliebter der Allerheiligsten Dreifaltigkeit.
Sei gegrüßt, du treuester Mithelfer Gottes bei der Ausführung Seiner heiligsten Ratschläge.
Sei gegrüßt, du würdigster Bräutigam der jungfräulichen Mutter.
Sei gegrüßt, du geistlicher Vater der Gläubigen.
Sei gegrüßt, du besonderer Beschützer jungfräulicher Seelen.
Sei gegrüßt, du treuer Beobachter des heiligen Schweigens.
Sei gegrüßt, du innigster Freund der Armut.
Sei gegrüßt, du Vorbild der Sanftmut und Geduld.
Sei gegrüßt, du Beispiel der Demut und des Gehorsams.
Sei gegrüßt, du Beschützer der heiligen Kirche.
Gesegnet sind die Augen, die gesehen, was du gesehen.
Gesegnet sind die Ohren, die gehört, was du gehört.
Gesegnet sind die Hände, die das menschgewordene ewige Wort berührt haben.
Gesegnet sind die Arme, die denjenigen getragen, der alles trägt.
Gesegnet ist die Brust, an welcher der Sohn Gottes sanft ruhte.
Gesegnet ist dein Herz, das am Herzen Jesu zu innigster Liebe entzündet wurde.
Gepriesen sei der Himmlische Vater, der dich zu so hoher Würde auserwählt hat.
Gepriesen sei der Sohn Gottes, der dich wie Seinen Vater geliebt.
Gepriesen sei der Heilige Geist, der dich auf so ausgezeichnete Weise geheiligt hat.
Gepriesen sei auch Maria, deine Braut, die dich als ihren Bräutigam und Bruder geliebt hat.
Gepriesen sei jener Engel, der dich auf Erden beschützt hat.
Hilfe und Gnade sei auch all denen, die dich verehren und lieben.

Novenen-Gebet des hl. Mantels

O du glorreicher Patriarch, hl. Josef, Gott hat dich als Haupt und Beschützer der heiligsten aller Familien erwählt. Ich bitte dich inständig, behalte mich immer im Schutze deines heiligen Mantels, damit du der Führer und Verwalter meiner Seele wirst.

Von jetzt an erwähle ich dich als Vater, Fürbitter, Begleiter und Beschützer, und ich empfehle dir alles an: meinen Leib und meine Seele; alles, was ich bin und habe, mein ganzes Leben und mein Sterben.

Bewahre mich als dein Kind und verteidige mich gegen sichtbare und unsichtbare Feinde. Stehe mir bei in jeder Not. Tröste mich in bitteren Stunden und besonders im Todeskampfe. Sprich nur ein Wort für mich zum liebenswürdigen Erlöser, den du als Kind auf deinen Armen tragen durftest, und zur allerseligsten Jungfrau Maria, deren geliebter Bräutigam du sein durftest. Erwirke mir jene Gnaden, die mich zum ewigen Heil führen. Ich will deinem Rat und Beispiel folgen und dir immerfort dankbar sein. Amen.

Gebet zu Josef, dem Schrecken der bösen Geister

Heiliger Josef, Schrecken der bösen Geister, wirf deinen ernsten Blick auf den Teufel und alle seine Schergen und beschütze uns mit deinem mächtigen Stab. Du bist durch die Nacht geflohen, um die boshaften Pläne des Teufels zu verhindern. Schlage jetzt mit der Kraft Gottes die bösen Geister, während sie vor dir fliehen! Wir bitten dich: Gewähre besonderen Schutz den Kindern, Vätern, Familien und Sterbenden. Durch Gottes Gnade wagt es kein böser Geist, sich zu nähern, während du in der Nähe bist. Deshalb bitten wir dich, immer in unserer Nähe zu sein! Amen.

Gebet zum hl. Josef für die Errettung einer Seele

von P. Donald Calloway, MIC

O wunderbarer hl. Josef, ich empfehle dir aufrichtig die Errettung von __________________ an. Jesus vergoss Sein Blut für diese Person; lass das kostbare Blut unseres Erlösers nicht umsonst vergossen sein. Befreie __________________ aus den Schlingen des Teufels, heile __________________ vom Gift der Welt und, ich bitte Dich, höre nicht auf, für sie/ihn einzutreten, bis die Tore des Himmels für ihre/seine Seele geöffnet sind. Bitte deine Braut, __________________ unter ihren mütterlichen Mantel zu nehmen. Während diese Seele auf Erden lebt, erlange ihr Bekehrung, Liebe zu Jesus, Maria und der katholischen Kirche und die Rückkehr zur vollen Teilnahme an den Sakramenten. Wohin kann ich mich sonst wenden als an dich, meinen geistlichen Vater? Ich vertraue dir. Ich setze meine Hoffnung auf dich. Höre mein Gebet, mein geistlicher Vater, und nimm meine Ängste weg. Gott wird auf dich hören. Bitte Ihn für mich, um der Liebe willen, die du für uns alle hast. Amen.

Gebet zum hl. Josef für eine Seele im Fegefeuer

von P. Donald Calloway, MIC

Heiliger Josef, der mit Jesus und Maria im Himmel regiert, tritt für die Seelen im Fegefeuer ein. Heute bitte ich dich insbesondere, auf die Seele deinen Blick zu richten, die im Fegefeuer am meisten vergessen ist. Diese Seele sehnt sich danach, das Antlitz Gottes zu schauen, o guter Vater. Bitte die Heiligste Dreifaltigkeit, diese Seele heute zur Herrlichkeit des Himmels zu bringen. Erinnere dich an mich, hl. Josef, wenn ich sterbe. Ich bitte dich, mich schnell aus dem Fegefeuer zu befreien, damit ich dich, Jesus und Maria von Angesicht zu Angesicht sehen kann. Amen.

Gebet zum hl. Josef um Reinheit

von P. Donald Calloway, MIC

Heiliger Josef, starker geistlicher Vater, verteidige mich gegen die Sünden des Fleisches. Jesus sagte: „Selig sind, die ein reines Herz haben, denn sie werden Gott schauen." Heiliger Josef, Schrecken der bösen Geister, beschütze mich vor Lust, unmoralischen Wünschen in meinem Herzen und unreinen Handlungen an meinem Leib. Hilf mir, Gott nicht zu beleidigen. Hier und jetzt kette ich mich an dich und opfere alles für das Gute, das Wahre und das Schöne auf. Ich liebe dich, hl. Josef, und ich danke dir, dass du mein geistlicher Vater bist. Amen.

Gebet zum schlafenden hl. Josef

O hl. Josef, du bist ein Mann, der vom Höchsten sehr bevorzugt wurde. Der Engel des Herrn erschien dir im Traum, während du geschlafen hast, um dich zu warnen und dich zu führen, während du dich um die Heilige Familie kümmertest. Du warst beides, still und stark und ein treuer und mutiger Beschützer. Lieber hl. Josef, wenn du im Herrn ruhst und auf Seine absolute Kraft und Güte vertraust, schau mich an. Bitte nimm meine Not in dein Herz, träume davon und präsentiere es deinem Sohn (*erwähne deine Bitte*). Hilf mir dann, guter hl. Josef, die Stimme Gottes zu hören, aufzustehen und mit Liebe zu handeln. Ich preise Gott und danke Ihm mit Freude. Heiliger Josef, ich liebe dich. Amen.

Zum Schutzpatron der Kirche

Josef, dem die höchsten Güter
Gott der Vater anvertraut,
des Erlösers treuer Hüter,
Bräutigam der Gottesbraut.

Du Beschirmer frommer Seelen,
die ihr Heil dir anempfehlen,
du der Kirche Schutzpatron,
fleh' für uns an Gottes Thron.

Josef, sieh, von allen Seiten
wird die Kirch' des Herrn bedroht;
Satan und sein Anhang streiten
wider Gott und sein Gebot!

Blick, o Schutzpatron hernieder,
schirm der Kirche Haupt und Glieder:
Nimmst du sie in deine Hut,
tobt umsonst der Feinde Wut.

Josef, führe die Verirrten
wieder auf den rechten Pfad.
O beschütze Herd und Hirten,
wenn Gefahr und Drangsal naht.

Schirm der Unschuld zarte Blüten,
wenn ringsum die Stürme wüten,
reich uns deine Vaterhand,
wenn wir gehen ins Heimatland.

VENI, SANCTE SPIRITUS

(Komm, Heiliger Geist)

Komm herab, o Heil'ger Geist,
der die finstre Nacht zerreißt,
strahle Licht in diese Welt.

Komm, der alle Armen liebt,
komm, der gute Gaben gibt,
komm, der jedes Herz erhellt.

Höchster Tröster in der Zeit,
Gast, der Herz und Sinn erfreut,
köstlich Labsal in der Not.

In der Unrast schenkst du Ruh,
hauchst in Hitze Kühlung zu,
spendest Trost in Leid und Tod.

Komm, o du glückselig Licht,
fülle Herz und Angesicht,
dring bis auf der Seele Grund.

Ohne dein lebendig Wehn
kann im Menschen nichts bestehn,
kann nichts heil sein noch gesund.

Was befleckt ist, wasche rein,
Dürrem gieße Leben ein,
heile du, wo Krankheit quält.

Wärme du, was kalt und hart,
löse, was in sich erstarrt,
lenke, was den Weg verfehlt.

Gib dem Volk, das dir vertraut,
das auf deine Hilfe baut,
deine Gaben zum Geleit.

Lass es in der Zeit bestehn,
deines Heils Vollendung sehn
und der Freuden Ewigkeit.

Amen. Halleluja.

ANHÄNGE

ANHANG A

Wie man die 33-tägige Vorbereitung und Weihe an den hl. Josef als Gruppe macht

Um die 33-tägige Vorbereitung und Weihe als Gruppe durchzuführen, muss es einen Organisator/Leiter geben, der sechs Sitzungen über einen Zeitraum von fünf bis sechs Wochen organisiert.

Das Erste, was der Organisator/Leiter tun muss, ist, ein Weihedatum (Tag 33) auszuwählen. Es wird dringend empfohlen, dass das Weihedatum ein mit dem hl. Josef verbundener Gedenktag oder ein Mittwoch ist, der traditionell für die Andacht an den hl. Josef vorgesehen ist. Es ist sehr wichtig, sich daran zu erinnern, dass das Weihedatum Tag 33 ist. Sobald das Weihedatum ausgewählt ist, legt der Organisator/Leiter die fünf Termine fest, an denen sich die Gruppe vor dem Weihetag treffen wird (insgesamt sechs Sitzungen).

Hier ist ein Beispiel:

Weihetag: 19. März
(Gedenktag des hl. Josef)

1. Erstes Gruppentreffen: 15. Februar*

2. Zweites Gruppentreffen: 22. Februar**
3. Drittes Gruppentreffen: 1. März
4. Viertes Gruppentreffen: 8. März
5. Fünftes Gruppentreffen: 15. März
6. Sechstes Gruppentreffen und Weihetag: 19. März

---

* In einem Schaltjahr beginnt dieser spezielle Zeitplan am 16. Februar.

** In einem Schaltjahr wäre dieses besondere Treffen am 23. Februar.

Schaut in die Tabelle vorne, um einen 33-tägigen Vorbereitungsplan zu entwerfen. Ihr seid jedoch nicht auf die Tabelle beschränkt. Ihr könnt jederzeit ein Enddatum auswählen, das für eine Gruppe geeignet ist, und die Treffen und den Weihetag entsprechend planen.

Sobald die Daten festgelegt sind, sollte der Organisator/Leiter die Teilnehmer einladen, die an der Vorbereitung und Weihe an den hl. Josef teilnehmen wollen, z. B. durch Mundpropaganda, Pfarrnachrichten oder auf andere Weise. Den Teilnehmern sollte genügend Zeit gegeben werden, um ihre eigenen Bücher der *Weihe an den heiligen Josef* erwerben zu können.

Jeder Teilnehmer der Gruppe benötigt ein eigenes Buch der *Weihe an den heiligen Josef*. Alles, was für den Organisator/Leiter und die Teilnehmer benötigt wird, ist in einem Buch zusammengefasst.

Es wird empfohlen, dass jede Gruppensitzung zwischen 90 und 120 Minuten dauert. Ein weiterer wichtiger Vorschlag ist, ein Bild oder eine Statue des hl. Josef für die Treffen zu organisieren. Das Bild oder die Statue sollte eine besondere Ausstrahlung haben; es ist nicht empfehlenswert, eine Darstellung des hl. Josef als alten Mann zu verwenden.

Nachfolgend sind die Abschnitte des Buches angeführt, die in jeder Sitzung durchgegangen werden müssen:

1. Erstes Gruppentreffen: Einführung und Tag 1.
2. Zweites Gruppentreffen: Tage 2–8
3. Dritte Gruppensitzung: Tage 9–15
4. Viertes Gruppentreffen: Tage 16–22
5. Fünfte Gruppensitzung: Tage 23–29
6. Sechstes Gruppentreffen: Tage 30–33 und der Weihetag

Im Folgenden sind die Anleitungen für jedes wöchentliche Treffen sowie die Fragen für die Diskussion zu finden:

Erstes Gruppentreffen
(Einführung und Tag 1)

- Der Leiter begrüßt die Teilnehmer, dankt ihnen für die Teilnahme an der 33-tägigen Vorbereitung und Weihe an den hl. Josef und bittet alle, gemeinsam das Gebet ***Veni, Sancte Spiritus*** zu beten, gefolgt vom ***Memorare*** (Gedenke) an den hl. Josef.

- Der Leiter liest die ersten sechs Seiten aus der Einführung in *Die Weihe an den heiligen Josef* vor.

- Der Leiter stellt die folgende Anleitung vor, die für die Gruppentreffen eingehalten werden soll: ***Veni, Sancte Spiritus*** (Komm, Heiliger Geist); Lesungen; Fragen für die Diskussion; Litanei zum hl. Josef.

- Der Leiter liest Tag 1 vor.

- Der Leiter liest die folgenden Fragen für die Diskussion einzeln vor und ermöglicht der Gruppe, ihre Antworten nacheinander auszutauschen:

    1. Was hat dich dazu bewogen, an dieser 33-tägigen Vorbereitung teilzunehmen und die Weihe an den hl. Josef zu machen? Wie hast du davon erfahren?
    2. Wusstest du, bevor die *Einführung* vorgelesen wurde, dass Gott so viele Dinge getan hat, um unsere Aufmerksamkeit auf den hl. Josef zu lenken? Kennst du welche, die nicht erwähnt wurden?
    3. P. Calloway erwähnte einige Gründe, warum die Kirche und die Welt heute den hl. Josef brauchen, nämlich dass die Kirche und die Familien angegriffen werden und die Welt neu-evangelisiert werden muss. Kannst du dir andere Gründe vorstellen, warum wir heute den hl. Josef brauchen?

4. Welche Erfahrungen hast du mit dem hl. Josef gemacht? War er ein Teil auf deinem Glaubensweg? Glaubst auch du, dass jetzt die Zeit des hl. Josef angebrochen ist, wie P. Calloway es sagt?
5. Josefs Name bedeutet „Vermehrer (Gott fügt hinzu)“. Was erwartest du, was soll sich in deinem Leben vermehren, als Ergebnis der Weihe an den hl. Josef? Bittest du ihn um einen besonderen Gefallen oder um eine Gnade?
6. Der Gedanke, „ein anderer Josef“ für Jesus und Maria zu werden, ist faszinierend. Hast du Vorstellungen zu diesem Konzept?
7. Kennt jemand eine Geschichte, wie der hl. Josef ihm, einem Familienmitglied oder einem Freund geholfen hat?
8. Hat jemand Fragen zu der Anleitung oder zu etwas anderem, bevor wir gemeinsam die Litanei zum hl. Josef beten?

- Der Leiter führt die Gruppe beim Beten der Litanei zum hl. Josef an.

- Der Leiter schließt das Treffen und erinnert alle daran, die täglichen Lesungen und Gebete zur Vorbereitung auf die nächste Besprechung durchzuführen.

Zweites Gruppentreffen

(Tage 2–8)

- Der Leiter begrüßt die Teilnehmer und bittet alle, das Gebet ***Veni, Sancte Spiritus*** zu beten, gefolgt vom Gebet des hl. Bernhardin von Siena.

- Der Leiter erinnert die Teilnehmer an einige der Themen, die sie seit dem ersten Gruppentreffen gelesen haben (zum Beispiel: die Litanei zum hl. Josef; der hl. Josef in Bezug auf jede Person der Heiligsten Dreifaltigkeit; die geistliche Vaterschaft des hl. Josef; der hl. André Besette und das St.-Josephs-Oratorium in Montreal, Kanada; und wie der hl. Josef der erste Ritter U. L. F. ist).

– Der Leiter liest die folgenden Fragen für die Diskussion vor und ermöglicht der Gruppe, sie zu teilen:

1. Betest du gern die Litanei zum hl. Josef? Sticht eine der Bezeichnungen für den hl. Josef für dich heraus?
2. Hast du vor den Lesungen dieser Woche schon von Pater Josef Kentenich und die Schönstattbewegung gehört? Was hältst du von der Idee, eine „Erscheinung des hl. Josef" in der Welt zu werden?
3. Maria ist deine geistliche Mutter, Jesus ist dein Bruder und der hl. Josef ist dein geistlicher Vater. Hast du jemals an den hl. Josef als deinen geistlichen Vater gedacht? Was bewegt dich daran, Sohn / Tochter des hl. Josef zu sein?
4. Der hl. Josef ist für uns ein Vertreter des Himmlischen Vaters und ein Vorbild, das wir bei unserem Streben nach Heiligkeit nachahmen können. Wie denkst du, ist der hl. Josef ein Abbild von Gott Vater für uns? Inwiefern ist er ein Vorbild, das wir nachahmen können?
5. Als die zweite Person der Heiligsten Dreifaltigkeit die menschliche Natur annahm, musste sie von Seinem Vater, dem hl. Josef, lernen, gemäß dem normalen Prozess der menschlichen Entwicklung. Kannst du dir etwas vorstellen, was der hl. Josef Jesus gelehrt haben könnte? Warum ist es wichtig, dass alle Kinder einen Vater haben?
6. In welcher Weise werden wir geistlich vom hl. Josef ernährt, gekleidet, erzogen, beschützt und korrigiert?
7. Hast du eine Statue oder ein Gemälde vom hl. Josef in deinem Haus?

8. Hast du jemals ein Bild vom hl. Josef gesehen, das seinen Mantel als Schutzschild darstellt?
9. War schon jemand im St.-Josephs-Oratorium in Montreal? Wenn ja, bitte erzähl uns von deinen Eindrücken dort. Wenn nicht, hat jemand ein anderes Heiligtum oder eine andere Kirche besucht, die dem hl. Josef geweiht ist?
10. Der hl. Josef ist der erste Ritter U.L.F. Hast du jemals an den hl. Josef als einen Ritter oder Krieger gedacht? Wie würdest du den hl. Josef beschreiben?
11. Die Lesung der ehrw. Maria Ágreda über die Privilegien der Verehrung des hl. Josef ist kraftvoll. Erlebst du nach den Lesungen dieser Woche eine Vermehrung deiner Beziehung zu Jesus, Maria und Josef?
12. Gibt es andere Dinge aus den Lesungen, die du anführen oder weiter diskutieren möchtest?

– Der Leiter liest Tag 8 laut vor.

– Der Leiter (oder mehrere Personen) liest Freude der Heiligen laut vor.

– Der Leiter liest die folgenden Fragen für die Diskussion laut vor und lässt die Gruppe auf jede Frage antworten:

1. Viele Heilige haben den hl. Josef verehrt. Gibt es Namen, mit denen du in der heutigen Lesung nicht vertraut warst? Kennst du andere Heilige oder Selige, die den hl. Josef verehrt haben?
2. Wusstest du von den Kategorien *Latria, Hyperdulia, Protodulia und Dulia*? Warum ist es wichtig, solche theologischen Unterscheidungen zu treffen?
3. Die hl. Teresa von Ávila hatte großes Vertrauen auf die Fürsprache des hl. Josef. Sie forderte die Menschen auf, die Wirksamkeit der Fürsprache des hl. Josef selbst auszupro-

bieren. Heilige sind mutig! Bist du bereit, die „Herausforderung“ der hl. Teresa anzunehmen?

4. In den letzten Jahrhunderten haben viele Päpste eine enorme Liebe zum hl. Josef zum Ausdruck gebracht. Hast du einen Favoriten? Kennst du andere Päpste, die dem hl. Josef verehrt haben?
5. Hat jemand andere Fragen oder Kommentare?

– Der Leiter führt die Gruppe im Beten der Litanei zum hl. Josef an.

– Der Leiter schließt das Treffen und erinnert alle daran, die täglichen Lesungen und Gebete vorzunehmen, um sich auf das nächste Treffen vorzubereiten.

Drittes Gruppentreffen

(Tage 9–15)

– Der Leiter begrüßt die Teilnehmer und bittet alle, gemeinsam das ***Veni, Sancte Spiritus*** und das Gebet von Papst Leo XIII. zu beten.

– Der Leiter erinnert die Teilnehmer an einige der Themen, die seit dem letzten Treffen behandelt wurden (z. B. die Erhabenheit des hl. Josef; die Ähnlichkeiten zwischen dem Josef des Alten Testaments und unserem hl. Josef; die Liebe, die Josef und Maria füreinander in ihrer Ehe hatten; das Alter des hl. Josef; die einzigartige Würde, der Vater Jesu zu sein; die Jungfräulichkeit des hl. Josef und der Titel des hl. Josef als „Retter des Retters“).

– Der Leiter liest die folgenden Fragen für die Diskussion und ermöglicht der Gruppe, die Antworten auf jede Frage auszutauschen:

1. Als Nachkomme von König David ist der hl. Josef Mitglied einer königlichen Blutlinie. Der hl. Josef ist größer als alle alttestamentlichen Patriarchen. Gibt es eine Person in deinem Leben oder in deiner Familiengeschichte, die die Güte und die Tugenden des hl. Josef widerspiegelt?
2. Heilige und Päpste haben unsere Aufmerksamkeit auf die Parallelen zwischen dem Josef des Alten Testaments und dem des Neuen Testaments gelenkt. Welche Parallelen haben dich besonders beeindruckt? Kennst du noch andere?
3. Was denkst du über das Alter des hl. Josef? Glaubst du, dass der hl. Josef alt oder jung war? Hast du jemals ein Bild oder eine Statue des hl. Josef gesehen, die ihn jung, stark und voller Leben darstellt? Was denkst du über das Bild des hl. Josef auf der Deckseite des Buches?
4. Wusstest du von dem Gedenktag der „Vermählung Mariens mit dem hl. Josef"? Weißt du von der Tradition in der Kirche, die besagt, dass der hl. Josef jungfräulich war?
5. Es gibt viele Möglichkeiten, die Art der Vaterschaft zu beschreiben, die der hl. Josef gegenüber Jesus ausgeübt hat, z. B. Nährvater, Pflegevater, vermeintlicher Vater, rechtlicher, geistlicher und jungfräulicher Vater). Welches ist dein Favorit und warum?
6. Der sel. Guillaume-Joseph Chaminade beschrieb den hl. Josef als den „Retter des Retters". Es ist ein kühner Titel, der nur dem hl. Josef verliehen wird. Hast du eine Geschichte darüber, wie der hl. Josef dir in einem sehr kritischen Moment deines Lebens zu Hilfe kam? Wenn nicht, hat jemand, den du kennst, dir eine solche Geschichte erzählt?
7. Gab es andere Dinge in den Lesungen, die du erwähnen oder diskutieren möchtest?

- Der Leiter liest Tag 15 laut vor.

- Der Leiter (oder mehrere Personen) liest „das Heilige Haus von Loreto“ laut vor.

- Der Leiter liest die folgenden Fragen für die Diskussion vor und ermöglicht der Gruppe, Antworten auf jede Frage auszutauschen:

1. Was denkst du über einen Ehemann/Vater als das Haupt der Familie? Es ist heute ein heikles Thema. Wenn ein Mann jedoch das Beispiel des hl. Josef nachahmt, kann er als Vorsteher ein enormer Segen für seine Familie und die Gesellschaft sein. Was denkst du, auf welche Weise Männer heute in ihren Familien wieder wie der hl. Josef sein können?
2. Ein Ehemann und eine Ehefrau haben jeweils eine einzigartige Berufung in einer Familie. Kannst du dir etwas vorstellen, was ein Mann als Haupt der Familie tun sollte? Was sollte er nicht tun?
3. Das Dienen als Haupt der Familie ist eine Rolle des Dienens und der Selbstaufopferung zum Wohle anderer. Wie könnte ein Ehemann und Vater einen größeren Dienst in der Ehe, für seine Kinder und in seiner Rolle als Haupt des Haushaltes tun?
4. Das Heilige Haus von Loreto ist einer der meistbesuchten Wallfahrtsorte der Welt. Hast du jemals davon gehört? War jemand in der Gruppe jemals in Loreto oder kennt er jemanden, der diesen Ort besuchte?
5. Die Anzahl der Heiligen, die das Heilige Haus besucht haben, ist beeindruckend. Wenn du Loreto besuchen würdest, gibt es etwas Besonderes, das dir in den Sinn kommen würde, wenn du in dem Heiligen Haus wärest und betetest?
6. Die hl. Thérèse von Lisieux schrieb ihre Erfahrungen über den Besuch des Heiligen Hauses auf und erklärte, dass sie es

bezaubernd fand. Auf kindliche Weise berührte sie das Heilige Haus mit ihrem Rosenkranz als Zeichen der Ehrfurcht und Verehrung. Pilger berühren oft ihren Rosenkranz mit heiligen Dingen, die mit Jesus, Maria und den Heiligen verbunden sind. Hast du jemals etwas Ähnliches an einem anderen heiligen Ort getan?

7. Hat jemand andere Fragen oder Kommentare?

– Der Leiter führt die Gruppe im Gebet der Litanei zum hl. Josef an.

– Der Leiter schließt das Treffen und erinnert alle daran, die täglichen Lesungen und Gebete durchzuführen, um sich auf das nächste Treffen vorzubereiten.

Viertes Gruppentreffen
(Tage 16–22)

– Der Leiter begrüßt die Teilnehmer und bittet alle, gemeinsam das ***Veni, Sancte Spiritus*** zu beten, gefolgt vom Gebet des sel. Guillaume-Joseph Chaminade.

– Der Leiter erinnert die Teilnehmer an einige der Themen, die seit dem letzten Treffen behandelt wurden (z. B. die Gerechtigkeit und Ehrfurcht des hl. Josef; der Santo Anello; die sieben Schmerzen und die sieben Freuden des hl. Josef; die Aussage von Mutter Angelika, „Alte Männer gehen nicht nach Ägypten"; der Gehorsam des hl. Josef und die Anbetung des hl. Josef).

– Der Leiter liest die folgenden Fragen für die Diskussion vor und ermöglicht es, sie in der Gruppe zu teilen:

1. Das Neue Testament nennt den hl. Josef einen „gerechten Mann". Hattest du jemals von den drei Theorien über die Reaktion des hl. Josef auf Marias Schwangerschaft gehört? Favorisierst du eine?
2. Es ist erstaunlich, dass der hl. Ehering (Santo Anello) noch existiert! Hat ihn jemand in der Gruppe schon einmal gesehen? Wenn du nach Italien pilgertest und den Santo Anello sehen könntest, welche Gnade würdest du dir von den hll. Josef und Maria erbitten? Gibt es Paare, für die du beten würdest?
3. Die Andacht zu den Sieben Schmerzen und Sieben Freuden des hl. Josef ist wunderbar. Berührt eine der Sieben Schmerzen oder der Sieben Freuden dich mehr als die anderen? Kannst du dir andere Schmerzen oder Freuden vorstellen, die der hl. Josef während seines Lebens mit Jesus und Maria erlebt hat?
4. Mutter Angelika glaubte, dass der hl. Josef eher jung war als ein älterer Mann. Ihre markante Aussage „Alte Männer gehen nicht nach Ägypten" ist sehr sinnvoll. Was denkst du über Mutter Angelikas Aussage?
5. Gott sprach oft im Schlaf mit dem hl. Josef. Hast du schon einmal von der Andacht an den „schlafenden Josef" gehört? Würdest du gern eine Statue des „schlafenden hl. Josef" haben und deine Absichten den Träumen (dem Gebet) des hl. Josef anvertrauen? Hast du irgendwelche Gedanken zur Auswahl aus dem Gedicht von Charles Péguy?
6. Der hl. Josef hat niemals die hl. Kommunion empfangen oder Jesus im Allerheiligsten Altarsakrament verehrt. Mit Maria war er jedoch der Erste, der die physische Gegenwart des Sohnes Gottes verehrte. Was denkst du über diese erstaunliche Realität?
7. Glaubst du, der hl. Josef hat Maria zu Elisabets Haus begleitet? Wenn ja, hätte er vielleicht Elisabets Gruß an Maria und das *Magnificat* von Maria gehört? Glaubst du, dass er drei

Monate bei Maria geblieben oder sofort nach Nazaret zurückgekehrt ist?

8. Hast du jemals etwas von fetalem Mikrochimärismus gehört? Was denkst du über diese unglaubliche wissenschaftliche Entdeckung?
9. Gab es andere Dinge in den Lesungen, die du erwähnen oder diskutieren möchtest?

- Der Leiter liest Tag 22 laut vor.

- Der Leiter (oder mehrere Personen) liest den Römischen Kanon laut vor.

- Der Leiter liest die folgenden Fragen für die Diskussion laut vor und ermutigt die Gruppe, darauf zu antworten:

1. Der sel. Gabriele Allegra erklärte, dass der hl. Josef eine heldenhaftere Geduld hatte als Hiob (Ijob). Das ist schon eine Aussage. Unter welchen Umständen oder Ereignissen siehst du die Tugend der Geduld im Leben des hl. Josef?
2. Kämpfst du mit der Tugend der Geduld? Viele Leute tun es. Wenn es eine bestimmte Situation oder Personen gibt, die dich ständig dazu bringen, die Geduld zu verlieren, wie kann es dir helfen, den hl. Josef nachzuahmen und seine Fürsprache in Anspruch zu nehmen? Bist du bereit, dich an den hl. Josef zu wenden, um Hilfe zu erhalten?
3. Wusstest du, dass die Kirche vier Eucharistische Hochgebete hat? Kennst du sie gut genug, um eines zu bevorzugen? Erinnerst du dich daran, den Namen des hl. Josef in den letzten Tagen während der Messe gehört zu haben?
4. Hat deine Pfarrgemeinde eine Statue vom hl. Josef? Wie sieht sie aus? Wie stellt sie das Alter des hl. Josef dar?
5. Es war nicht vor 1962 so, dass der Name des hl. Josef in die Hochgebete der Messe (des Römischen Kanons) aufgenom-

men wurden. Im Jahr 2013 wurde der Name des hl. Josef auch in die anderen Eucharistischen Gebete aufgenommen. Kennst du neben der hl. Messe auch andere kulturelle Traditionen, in denen die Menschen den hl. Josef auf besondere Weise ehren?

6. Bischof Pierre Cule schrieb sein Überleben in einem jugoslawischen Konzentrationslager der Fürsprache des hl. Josef zu. Kennst du andere Fälle, in denen Menschen die Hilfe des hl. Josef in Anspruch genommen und Wunder erlebt haben?
7. Hat jemand andere Fragen oder Kommentare?

– Der Leiter führt die Gruppe im Gebet der Litanei zum hl. Josef an.

– Der Leiter schließt das Treffen und erinnert alle daran, die täglichen Lesungen und Gebete zur Vorbereitung auf das nächste Treffen durchzuführen.

Fünftes Gruppentreffen
(Tage 23–29)

– Der Leiter begrüßt die Teilnehmer und bittet alle, gemeinsam das ***Veni, Sancte Spiritus*** und das Gebet des hl. Papstes Johannes XXIII. zu beten.

– Der Leiter erinnert die Teilnehmer an einige der Themen, die in den Lesungen seit dem letzten Treffen behandelt wurden (z. B. die Armut des hl. Josef; die Ewige Anbetung des hl. Josef; den Gedenktag des hl. Josefs des Arbeiters; die wundersame Treppe in New Mexico; das Schweigen des hl. Josef; die Erscheinungen des hl. Josef; und die Bruderschaft vom Tod des heiligen Josef).

– Der Leiter liest die folgenden Fragen für die Diskussion laut vor und ermöglicht der Gruppe, die Antworten zu teilen:

1. Der hl. Josef war materiell arm, aber er hatte die Verwaltung über den größten Schatz, den der Mensch kennt: Jesus. Der hl. Pierre Julian Eymard bietet viele Einblicke, wie der hl. Josef in seiner Armut, in einem Zustand ewiger Anbetung lebte. Hast du jemals vom hl. Pierre Julian Eymard gehört? Was hältst du von seinen Aussagen zur Anbetung Jesu durch den hl. Josef?
2. Arbeit ist ein Weg, Gott zu verherrlichen und anderen zu helfen. Der ehrw. Papst Pius XII. führte den Gedenktag „des hl. Josefs des Arbeiters" als Reaktion auf die Bedrohung durch den Kommunismus ein. Kannst du dir moralische oder soziale Probleme vorstellen, wovor das Vorbild der Arbeiter, der hl. Josef, Arbeitnehmer und Familien heute schützen kann?
3. Wir haben erfahren, dass weder die hl. Teresa von Ávila noch der hl. André Bessette jemals eine Statue des hl. Josef begraben haben, um ein Haus zu verkaufen. Hast du das schon getan? Wenn ja, was ist passiert? Was denkt die Gruppe von einer solchen Praxis – ohne über andere zu urteilen oder unsensibel zu sein?
4. Wusstest du, dass die hl. Thérèse von Lisieux und die hl. Faustyna den hl. Josef besonders verehrt haben? Diese beiden heiligen Frauen stellten sich unter den Schutz des hl. Josef und wurden große Heilige. Hast du eine ihrer geistlichen Schriften gelesen? Welche dieser beiden großen Heiligen spricht dich besonders an? Oder gibt es einen anderen modernen Heiligen, den du besonders verehrst?
5. Der hl. Josef kam den Ordensschwestern in New Mexico zu Hilfe, als sie eine Treppe brauchten. Hast du von der wundersamen Treppe gehört? Hat sie jemals jemand in der Gruppe gesehen?

6. Die ehrw. Maria von Ágreda, die sel. Anna Katharina Emmerick und andere Mystiker erhielten Visionen vom Leben des hl. Josef. In der Neuzeit ist der hl. Josef selbst erschienen, beispielsweise in Cotignac, Frankreich; Knock, Irland; Zeitoun, Ägypten; und Fatima, Portugal. Was denkst du über diese Erscheinungen? Gibt es etwas von den angeblichen Erscheinungen U. L. F. von Amerika, insbesondere in Bezug auf die Worte des hl. Josef an Schw. Mary Ephrem, das dir auffällt?
7. Gab es andere Dinge in den Lesungen, die du erwähnen oder diskutieren möchtest?

- Der Leiter liest Tag 29 laut vor.

- Der Leiter (oder mehrere Personen) liest Votivmessen laut vor.

- Der Leiter liest die folgenden Fragen für die Diskussion vor und ermöglicht der Gruppe, die Antworten zu teilen:

1. Als sie mit der hl. Thérèse schwanger war, war sich die hl. Zélie sicher, dass das Kind in ihrem Mutterleib ein Junge war. Sie und ihr Mann wollten das Kind nach dem hl. Josef benennen. Der Name deines geistlichen Vaters ist einer der beliebtesten Namen für Jungen auf der Welt. Heißt einer von euch Josef oder die weibliche Form? Hast du Familienmitglieder mit diesem Namen?
2. Wusstest du, dass der hl. Josef der kleinen Thérèse als Kind das Leben gerettet hat? Das Zeugnis der hl. Zélie Martin ist unglaublich und zeigt, wie wichtig es ist, den hl. Josef um Hilfe zu bitten. Hast du oder jemand, den du kennst, den hl. Josef jemals gebeten, jemandem zu helfen, der sehr krank ist oder sterbend?
3. Viele Menschen sind sich darüber nicht bewusst, aber Mittwoch ist der Tag, den die Kirche dem hl. Josef gewidmet hat. Wusstest du das? Sind dir all die anderen Bestimmungen für

die Tage der Woche bewusst? Der hl. Josef hat nicht nur einen Wochentag, der ihm gewidmet ist, er hat auch seinen eigenen Monat: den März. Hat jemand in der Gruppe im März Geburtstag? Ein Jubiläum?

4. Angesichts des Wochentages des hl. Josef, des Mittwochs, würdest du es in Betracht ziehen, zur Feier einer hl. Messe zu gehen oder an einem Mittwoch zu seinen Ehren eine Votivmesse zu feiern? Wenn du während der Woche nicht an der Messe teilnehmen kannst, gibt es eine andere Form der Verehrung des hl. Josef, die du möglicherweise an einem Mittwoch zu Ehren des hl. Josef unternehmen möchtest (z. B. das Beten der Litanei zum hl. Josef, die Andacht zu den Sieben Schmerzen und Sieben Freuden des hl. Josef oder die Freudenreichen Geheimnisse des Rosenkranzes)?
5. Die Armen Seelen im Fegefeuer sind für den hl. Josef besonders wichtig. Hast du jemals hl. Messen für die Armen Seelen feiern lassen oder Rosenkränze gebetet, um Ablässe für sie zu gewinnen? Das Zeugnis der sel. Maria von der Vorsehung zeigt uns, dass der hl. Josef den Armen Seelen im Fegefeuer helfen will. Wusstest du, dass jede Stunde mindestens 6000 Menschen auf der ganzen Welt sterben? Jeden Tag sterben mindestens 150.000 Menschen. Jedes Jahr sterben mindestens 55 Millionen Menschen. Magst du die Fürsprache des hl. Josef öfters anrufen, um den Armen Seelen im Fegefeuer zu helfen?
6. Hat jemand andere Fragen oder Kommentare?

– Der Leiter führt die Gruppe im Gebet der Litanei zum hl. Josef an.

– Wenn die Gruppe einverstanden ist, wäre es schön, beim nächsten Treffen, nach dem Beten des Gruppen-Weihegebetes, miteinander zu feiern. Freiwillige, die Kuchen, Getränke und andere Leckereien mitbringen, können beauftragt werden.

- Der Leiter schließt das Treffen, kündigt an, dass das nächste Treffen früher als alle anderen stattfinden wird, und erinnert alle daran, die täglichen Lesungen und Gebete zur Vorbereitung auf das nächste Treffen durchzuführen. Das letzte Treffen findet nach vier Tagen statt und ist auch der Weihetag!

Sechstes Gruppentreffen
(Tage 30–33) und Weihetag

- Der Leiter begrüßt die Teilnehmer und bittet alle gemeinsam, das ***Veni, Sancte Spiritus*** zu beten, gefolgt von „der Novene vom heiligen Mantel".

- Der Leiter erinnert die Teilnehmer an einige der Themen, die seit dem letzten Treffen behandelt wurden (z. B. der hl. Josef als Schutzpatron der Sterbenden; die Wahrscheinlichkeit, dass der hl. Josef im Mutterleib geheiligt wurde; die Annahme seiner Aufnahme in den Himmel; seine einzigartigen Titel „Schrecken der bösen Geister" und „Schutzpatron der Kirche").

- Der Leiter liest die folgenden Fragen für die Diskussion und ermöglicht der Gruppe, sich darüber auszutauschen:

  1. Hast du jemals von dem Spruch „momento mori" gehört? Denkst du, ohne trübsinnig zu sein, an deinen eigenen Tod? Bist du bereit für den Tod?
  2. Der hl. Josef starb in den Armen Jesu und Mariens. Einige Heilige glauben, dass er nach der Auferstehung Jesu Christi in den Himmel aufgenommen wurde. Glaubst du, er wurde in den Himmel aufgenommen? Was ist mit der interessanten Passage von Mt 27, die besagt, dass nach der Kreuzigung Jesu viele Heilige aus ihren Gräbern herauskamen und in Jerusalem erschienen sind? Die sel. Anna Katharina Emmerick

schien zu denken, dass der Körper des hl. Josefs unverwest ist und dieser an einem unbekannten Ort im Heiligen Land liegt. Hast du irgendwelche Gedanken dazu?

3. Der hl. Josef litt viel für Jesus und Maria. Wie denkst du über die Todesursache, dass Liebe der Grund für seinen Tod war? Glaubst du, Gott hat den hl. Josef davor verschont, Zeuge der Kreuzigung zu werden, weil es zu viel für ihn gewesen wäre, all das zu ertragen?
4. Der Titel „Schrecken der bösen Geister“ ist einzigartig. Auf welche Art und Weise macht der hl. Josef deiner Meinung nach den bösen Geistern Angst? Welche anderen Möglichkeiten könnten Menschen haben, neben der Reinheit und dem demütigen Gebrauch von Autorität, um den hl. Josef nachzuahmen und um heute Schrecken der bösen Geister zu sein?
5. Hast du jemals von dem Dominikaner, dem sel. Jean-Joseph Lataste gehört? Der sel. Papst Pius IX. erklärte den hl. Josef, aufgrund der Aufopferungsgabe des sel. Jean-Joseph, zum Schutzpatron der katholischen Kirche. Siehst du den hl. Josef als deinen persönlichen Schutzpatron?
6. Heute herrschen in der Kirche große Verwirrungen, Skandale und Lauheit. Wie kann uns der hl. Josef helfen, diese Schwierigkeiten zu überwinden? Gibt es etwas Besonderes, um das du den hl. Josef bitten möchtest, was er für die Kirche tun könnte?
7. Gibt es andere Dinge in den Lesungen, die du erwähnen oder diskutieren möchtest?

- Der Leiter liest Tag 33 laut vor.

- Der Leiter liest die folgenden Fragen für die Diskussion vor und ermöglicht der Gruppe, die Antworten auf jede Frage auszutauschen:

1. Der hl. Josef ist der „Herr des Hauses Gottes und Verwalter über seinen ganzen Besitz". Da sich die Vorbereitung auf die Weihe ihrem Ende nähert, hast du ein neues Verständnis für die Größe des hl. Josef gewonnen? Hat dir die 33-tägige Vorbereitung geholfen, die Wichtigkeit des hl. Josef besser zu verstehen und warum du ihn in deinem Leben brauchst?
2. Gibt es etwas Spezielles, um das du den hl. Josef bitten möchtest, während du dich darauf vorbereitest, die Weihe an den hl. Josef zu vollziehen? Fühlst du dich dem hl. Josef jetzt näher als zu Beginn der 33-tägigen Vorbereitung? Hat sich in deinem geistlichen Leben etwas geändert, seit du mit der 33-tägigen Vorbereitung begonnen hast?
3. Bist du bereit, ein anderer hl. Josef für Jesus und Maria zu werden? Glaubst du, du kannst dein Bestes geben, um eine Erscheinung des hl. Josef für die Welt zu sein? Gibt es etwas in deinem Leben, das du überdenken musst, was dich davon abhalten kann, wie der hl. Josef zu sein?
4. Wie war diese Vorbereitung in der Kleingruppe für dich? Gibt es etwas, das du anders machen würdest?
5. Bist du bereit, dich dem hl. Josef zu weihen?
6. Hat jemand andere Fragen oder Kommentare?

– Der Leiter führt die Gruppe im Gebet der Litanei zum hl. Josef an.

– Der Leiter liest den Weihetag laut vor.

– Die Gruppe sollte sich die verschiedenen Weiheformeln ansehen und sich auf eine Formel einigen, die gemeinsam gebetet werden soll. Wenn eine gemeinsame Weihe in einer Kirche durchgeführt wird, sollte die Gruppe das Weihegebet vor dem Tabernakel oder vor der Statue/dem Bild des hl. Josef beten. Wenn die Weihe an einem anderen Ort durchgeführt wird, sollte sie ebenfalls vor einer Statue/einem Bild des hl. Josef gebetet werden.

- Alle zusammen beten den Weiheakt an den hl. Josef.

- Herzlichen Glückwunsch! Du bist jetzt dem hl. Josef geweiht! Es ist Zeit für dich, eine Erscheinung des hl. Josef für die Welt zu sein!

- Der Leiter empfiehlt, dass jeder zu einem späteren Zeitpunkt eigenständig „Nach der Weihe“ liest.

Ite ad Iosef!

ANHANG B

Nach der Weihe

Ich verspreche, dich [hl. Josef] jeden Tag durch einige besonderen Akte der Hingabe zu ehren und mich unter deinen täglichen Schutz zu stellen.[352]

– Hl. Alfons von Ligouri

Die Frucht der Weihe an den hl. Josef ist, dass ihr eurem geistlichen Vater ähnlich werdet und Josef gleicht in seinen Tugenden. Der Zweck der Weihe an den hl. Josef ist es, euch zu einer „Erscheinung des hl. Josef" in der Welt zu machen. Die Menschen müssen die Tugenden des hl. Josef in euch erkennen. Eure Worte und Handlungen sollten seine Heiligkeit, Reinheit, Liebe, Demut, seinen Gebetseifer und Opfergeist widerspiegeln.

Nebenbei, diejenigen, die sich dem hl. Josef geweiht haben, sind nicht verpflichtet, ein äußeres Zeichen der Weihe zu tragen. Ihr könnt ein Skapulier, eine Medaille oder andere geweihte Gegenstände zu Ehren des hl. Josef tragen, dies ist jedoch nicht erforderlich. Das Wichtigste, an das ihr euch erinnern solltet, ist, dass ihr das Zeichen seid.

Um zu verhindern, dass der anfängliche Eifer, sich dem hl. Josef geweiht zu haben, nachlässt, schlage ich vor, dass ihr einen oder alle der unten aufgeführten Punkte ausführt:

1. Betet täglich einen Weiheakt an den hl. Josef.
2. Betet jeden Tag zum hl. Josef. Die hl. Faustyna betete z. B. jeden Tag ein Vaterunser, das Ave-Maria, das Ehre sei dem Vater und das *Memorare* (Gedenke) an den hl. Josef.

3. Betet weiterhin regelmäßig die Litanei zum hl. Josef. Versucht sie auswendig zu lernen.
4. Verbringt mittwochs etwas mehr Zeit mit dem hl. Josef als an anderen Wochentagen.
5. Übt die Sieben-Sonntage-Andacht an den hl. Josef.
6. Betet häufig die Freudenreichen Geheimnisse des Rosenkranzes zu Ehren des hl. Josef.
7. Pilgert zu einer Kirche oder einem Heiligtum, die dem hl. Josef geweiht ist.
8. Erneuert jährlich euer langes Weihegebet an den hl. Josef. Ihr müsst die 33-Tage-Vorbereitung nicht unbedingt wiederholen (obwohl das keine schlechte Idee ist!).
9. Gründet eine Weihegruppe in eurer Pfarrei, Familie, Diözese, eurem Kloster, Seminar oder eurer Religionsgemeinschaft. Es erfordert wenig Aufwand und ist einfach durchzuführen. Jesus und Maria werden euch sehr segnen, wenn ihr die Weihe an den hl. Josef verbreitet. Mit dem Buch, die *Weihe an den hl. Josef,* startet die erste weltweite Bewegung, die diese Weihe an den hl. Josef in der 2000-jährigen Geschichte des Christentums verbreitet! Seid ein Teil der Bewegung!
10. Betet, dass der Papst ein Jahr des hl. Josef ausruft
    Aktualisierung: Papst Franziskus hat am 8. Dezember 2020 ein Jahr des hl. Josef für die Katholische Kirche ausgerufen!
11. Betet, dass die Kirche ein Gedenktag zu Ehren der Vaterschaft des hl. Josef einführt.

Tretet der Vereinigung Association of Marian Helpers bei. Dies ist ein Apostolat meiner Geistlichen Gemeinschaft, der Marianer der Unbefleckten Empfängnis. Die Marianer wurden 1670 in Polen vom hl. Stanislaus Papczyński gegründet. Unser Gründer war der Muttergottes und dem hl. Josef sehr ergeben. Ein Teil des Charismas einiger Marianer besteht darin, die Verehrung der Muttergottes zu verbreiten, für die Armen Seelen im Fegefeuer zu beten und Apostel der Göttlichen Barmherzigkeit zu sein. Nach der Unbefleckten

Empfängnis ist der hl. Josef unser Schutzpatron. Wenn ihr euch der Vereinigung der Marian Helpers anschließt, könnt ihr den Marianern helfen, diese Weihen zu verbreiten und Seelen zu retten. Ihr empfangt großen geistlichen Nutzen, wenn ihr der Vereinigung beitretet. Schreibt uns, ruft uns an oder meldet euch auf unserer Website an. Dort findet ihr die Informationen, die ihr benötigt, um Mitglied zu werden:

Telefon: 1–800-462–7426
Website: www.marian.org
Postanschrift:
Marian Helpers Center
2 Prospect Hill Rd.
Stockbridge, Ma 01263

Bete jeden Tag zum hl. Josef und suche seinen Schutz.[353]

– Sel. Marie-Léonie Paradis

NACHTRAG I

Eine Meditation zum Gedenktag des hl. Josef

Sel. Guillaume-Joseph Chaminade

Die Herrlichkeit des hl. Josef ist unvergleichlich; keiner ist ihm ebenbürtig in seinen Diensten und in seinen Tugenden, die er gelebt hat.

Bedenke, dass wir uns nicht damit zufriedengeben dürfen, die Gaben Gottes nur zu empfangen; wir müssen das Beste daraus machen. Für die Heiligen besteht Vollkommenheit nicht darin, große Gnade von Seiner Güte zu erhalten, sondern Ihm treu zu sein.

Wenn der Ruhm der Heiligen auf ihre Tugend zurückzuführen ist, dann ist der Ruhm des hl. Josef unvergleichlich, denn in seinem Leben wirst du keine Tugend finden, die nicht von außergewöhnlicher Qualität ist, wie sie bei anderen nicht zu finden ist, sondern nur bei ihm allein.

Stell dir die Heiligkeit aller Patriarchen der alten Zeit vor, diese lange Reihe aufeinanderfolgender Generationen, die die geheimnisvolle Leiter Jakobs darstellt und in der Person des Sohnes Gottes gipfelt. Siehe, wie groß der Glaube Abrahams war, der Gehorsam Isaaks, der Mut Davids, die Weisheit Salomos. Nachdem du dir die höchste Meinung über die Heiligen gebildet hast, denke daran, dass Josef an der Spitze der Leiter steht, an der Spitze der Heiligen, der Könige, der Propheten, der Patriarchen, dass er treuer als Abraham und gehorsamer als Isaak ist, großherziger als David, weiser als Salomo, mit einem Wort, so außergewöhnlich in der Gnade, wie er nahe an der Quelle ist, an Jesus, der in seinen Armen schläft. Unser Herr Jesus Christus, der als Waisenkind in diese Welt gekommen war, das heißt ohne einen leiblichen Vater, wollte, dass Josef in allen Dingen sein Nährvater war. In der genealogischen Leiter der Patriarchen, die von Matthäus aufgestellt wurde, soll seine heilige Menschheit, die keine menschlichen Wurzeln hatte, auf dem großen Heiligen rasten wie auf der obersten Sprosse.

Verlasse das Alte Testament, schau auf das Neue Testament und betrachte die glanzvollsten Tugenden der Heiligen; er übertrifft sie bei Weitem, sagt der hl. Bernhardin von Siena. Den Kirchenlehrern gab er die Vorlage und das Muster für ihre Predigt, sagt der hl. Hilarius. Er war der Erste, der wie die Märtyrer unter Verfolgung litt. Er wurde schon vor Johannes dem Täufer im Mutterleib geheiligt. Er wurde, vor allen Aposteln, in der Gnade bestärkt. Er übertraf die Jungfrauen an Reinheit. Für die Einsiedler öffnete er die Wüsten Ägyptens. Er trat in strahlender Unschuld wie die Morgendämmerung in die Welt ein und verließ sie wie die Sonne, stieg mit Leib und Seele in den Himmel auf, um den Triumph Jesu Christi zu begleiten und den Triumph Marias vorwegzunehmen.

Nun betrachte die himmlischen Hierarchien. Er steht über allen seligen Geistern. Durch seine Makellosigkeit ist er ein „Engel“, durch seine Sendung ein „Erzengel“, durch seine Taten eine „Macht“, durch seine Berufung eine „Herrschaft“, durch seinen Dienst ein „Thron“, durch sein Wissen ein „Cherubin“, durch seine Liebe ein „Seraphim“.

Sei nicht überrascht. Er, der die Autorität des Ewigen Vaters über Jesus Christus und die des Heiligen Geistes über die Heilige Jungfrau ausübte, musste so heilig sein. Sein war die Macht, dem Sohn zu befehlen und auch der Mutter, die dieses Wunder der Natur, Gnade und Herrlichkeit ist, die mit Gott die Regierung der Welt teilt, die alle Geschöpfe ihren Befehlen unterworfen sieht, die den Schrecken ihres Namens sogar bis in die Hölle wirft, die die Tochter des Vaters, die Mutter des Sohnes, die Braut des Heiligen Geistes, die Ehre des Himmels, die Hoffnung der Erde und der Schrecken der Hölle ist. Welcher Heilige, welcher Engel, welcher Seraphim hatte jemals eine so heilige Aufgabe, ein so herrliches Reich?

Betrachten wir die Tugenden, die er ausübte, genauer; du wirst von ihrer Vorzüglichkeit vollständig überzeugt sein.

Zunächst, hatte seine Reinheit nicht einen wunderbaren und besonderen Einfluss auf die Menschwerdung des Wortes? Ist Josefs Jungfräulichkeit nicht deshalb fruchtlos geblieben, damit die Mariens fruchtbar wird? Die Reinheit der Jungfrauen im Himmel ist so unübertroffen, dass sie das Recht haben, einen besonderen Lobgesang zu singen und dem Lamm zu folgen, wohin es auch geht. Doch diese Tugend betrachtet bloß die äußere Herrlichkeit Jesu Christi. Aber die Reinheit des hl. Josef hat das Geheimnis der Menschwerdung zum unmittelbaren Ziel. Das ist ihr Grund. Es war angemessen, dass die seligste Jungfrau heiratete, als sie Mutter wurde, um ihren Ruf zu schützen. Um die Muttergottes zu sein, musste sie Jungfrau sein. Um sowohl Mutter als auch Jungfrau zu sein, musste ihr Bräutigam auch jungfräulich sein. Ziehe die Schlussfolgerung: Das Leben Josefs hängt von der Mutterschaft der Jungfrau ab; die Mutterschaft der Jungfrau hängt von ihrer Jungfräulichkeit ab. Ihre Jungfräulichkeit hängt von der des Josef ab. Wenn wir also das Erste mit dem Letzten verbinden, sehen wir, dass Jungfräulichkeit eine besondere Beziehung zum Leben Jesu hat. Damit Jesus sagen kann: „Es gibt nur zwei jungfräuliche Menschen auf der Welt, denen ich mein Leben verdanke: meine Mutter, aus der ich rein und göttlich geboren wurde, und Josef, der jungfräulich blieb, um dieses Wunder der Gnade nicht zu verhindern." Die Heilige Jungfrau kann sagen: „Es gibt nur einen Gott und einen Mann, denen ich die Ehre meiner Mutterschaft schulde: meinem Sohn, der mich als seine Mutter erwählt hat; meinem Ehemann, den Hüter meiner Jungfräulichkeit, ohne den ich niemals die Muttergottes hätte werden können." Schließlich kann die Welt sagen: „Es gibt nur zwei Personen, denen ich die Geburt meines Erlösers verdanke: Maria, die das reinste Blut ihres Herzens gab, um Seinen Leib zu formen; Josef, der sein Fleisch und Blut zum Wohle dieses heiligen Vorhabens aufgab."

Wenn wir Rosen mit Lilien mischen, ist seine Nächstenliebe genauso ausgeprägt wie seine Jungfräulichkeit.

Die Liebe hat viele Gesichtspunkte, die abhängig sind von der Verschiedenartigkeit der Personen. Die Liebe eines Dieners ist der eines Freundes unterlegen; die eines Freundes der eines Kindes. Die Liebe eines Vaters und eines Ehemannes steht darüber. Was ist nun die Liebe der Heiligen zum Sohn Gottes? Nichts weiter als die Liebe von Dienern, Freunden, Kindern und von angenommenen Brüdern. Aber der hl. Josef erhielt das Herz eines Vaters gegenüber Jesus Christus, das Herz eines Ehemanns gegenüber der Mutter. Der Heilige Geist, der Maria und Josef führte, vertraute die Heilige Jungfrau der Treue Josefs an. Dann formte Er die heilige Menschheit des Sohnes Gottes aus Marias Fleisch und pflanzte in Josefs Herz eine väterliche Liebe zu dem Kind, das geboren werden sollte. Er tat dies, weil Josef Ihm gegenüber alle Pflichten eines Vaters erfüllen musste; er würde Ihn erziehen und sich während Seiner Kindheit um Ihn kümmern. Josefs Liebe musste die eines Vaters sein. Übernatürlich? Nein, denn die Liebe eines Vaters zu seinem Sohn ist natürlich. Am besten ist es, sie sowohl natürlich als auch übernatürlich zu nennen. Sie ist natürlich, im Blick auf die Person. Eine instinktive Liebe, denn Väter lieben instinktiv ihre Kinder. Ein Instinkt, der nicht von der Natur, sondern von der Gnade geleitet wird; eine ganz besondere Gnade, die der mütterlichen Liebe sehr ähnlich ist, die die heiligen Väter in der Heiligen Jungfrau so hochpreisen.

Wenn wir die Begeisterung seiner Liebe mit den Einsichten seiner Weisheit verbinden wollen, können wir einfach sagen, dass der hl, Josef nicht, wie der hl. Petrus, den mystischen Leib der Kirche regierte, sondern dessen Haupt; nicht die Himmel, wie es die weisen himmlischen Geister tun, sondern den Gott des Himmels und der Erde. Zusammen mit dem Heiligen Geist wurde er mit der Führung des menschgewordenen Wortes beauftragt; der Heilige Geist übernahm die innere Richtung und der hl. Josef die äußere. Die Führung des hl. Josef musste sich daher an die des Heiligen Geistes anpassen. Sie musste vollkommen sein und mit einer seltenen und außergewöhnlichen Weisheit harmonieren. Was für eine wundervolle Situation! Natürlich kümmerte sich Gott außerordentlich um Seinen Sohn und überwachte Ihn durch eine Verfügung Seiner Vorsehung, was sehr ungewöhnlich war. Doch dieser Vater, der Seinen Sohn so eifrig beschützte, ist überzeugt, dass Er für Seine Sicherheit ausreichend gesorgt hat, indem Er Ihn dem hl. Josef anvertraute und sich auf seine Fürsorge stützte. Er, der zehn Engel zu Beschützern der Menschen einsetzt, möchte, dass ein Mann der Schutzengel des Wortes ist. Muss dieses göttliche Kind nach Ägypten gebracht werden? Er wird auf den Armen Josefs getragen. Muss Er aus dem Exil zurückgebracht werden? Er wird von Josef zurückgeführt. Muss Er zum Tempel nach Jerusalem gehen? Er wird von Josef begleitet. Muss Er in Nazaret wohnen? Er wird in Josefs Haus und unter seiner Autorität leben. Muss Er gekleidet, genährt werden und muss Ihm alles Notwendige gegeben werden? All dies wird durch Josef bereitgestellt. Wir bewundern die Weisheit des Schöpfers, der die kleinsten Kreaturen mit Nahrung versorgt. Wenn wir die Felder sehen, die mit Getreide bedeckt und von den Quellen der Erde getränkt werden, können wir der Vorsehung dieses guten Hauptes der Familien nicht genug danken, das Seinen Kindern so köstliche Nahrung bereitet. Warum bewundern wir den hl. Josef nicht, der den Schöpfer der Menschen und Engel speist? Ist es weniger ehrenhaft, den Sohn Gottes zu ernähren als die Menschenkinder? Dem Schöpfer zu befehlen als Geschöpfen zu befehlen? O liebende Vorsehung, es ist offensichtlich, dass Du Freude daran hast, Deinen Freunden nachzugeben und mehr durch sie zu tun, als Du selbst tust.

Wenn die Weisheit des hl. Josef bei der Führung des menschgewordenen Wortes so gut eingesetzt wurde, ist die Geduld, die er in aufregenden Situationen zeigte, nicht weniger herrlich. Denn jeder Schritt, den er tat, jede Aufmerksamkeit, die er auf sich lenkte, jeder Tropfen Schweiß, den er vergoss, alle Leiden, die er ertrug, und alle Schmerzen, die er erduldete, richteten sich ausschließlich auf das Leben Jesu, von dem das Schicksal aller Menschen abhing. Wenn es Männer gibt, die mehr gelitten haben als er, hat dies keiner für einen so würdigen Zweck getan.

Die Einsiedler übten große Abstinenz, um das Leben ihrer Seelen zu schützen. Aber Josef nahm das Brot von seinem eigenen Mund, um es Jesus und Maria zu geben. Die Märtyrer litten vieles für den Namen Jesu; aber Josef riskierte sein Leben um Jesu willen. Jemandem das Leben zu geben, ist das größte aller Geschenke. Ein Leben zu retten, ist das nächste. Wer hat Jesus das Leben gegeben? Es war Maria. Wer hat sein Leben gerettet? Es war Josef. Wir können unendlich viele Mörder finden, die an seinem Tod schuld sind; es ist nicht nötig, in die Hölle hinabzusteigen, um sie zu finden. Frag den hl. Paulus, der ihn verfolgt hat. Oder den hl. Petrus, der ihn verleugnet hat. Frage alle Heiligen, die ihn getötet haben. Ich bin es; du bist es, der mir das erzählt, wir alle haben unsere Hände in das Blut dieses Lammes getaucht.

Aber wenn wir fragen, wer hat Ihm das Leben gerettet? Seid still, ihr Patriarchen, seid still, ihr Propheten, seid still, ihr Apostel, Bekenner und Märtyrer. Lasst den hl. Josef sprechen, denn diese Ehre ist seine allein; er allein ist der Retter seines Retters.

Wenn er so eifrig versuchte, Sein Leben zu bewahren, war er nicht weniger bestrebt, Seinen Ruhm zu fördern. Wenn wir für einen Moment alles vergessen, was er mit den anderen gemeinsam hat, hatte der hl. Josef die Ehre, den Namen Jesu bekannt zu machen und Ihn den Menschen zu offenbaren. Der Himmlische Vater hatte diesen Namen von Ewigkeit her gewählt, der Engel hatte Ihn der Jungfrau offenbart, aber der hl. Josef war der Erste, der Ihn offenbarte. In seiner Eigenschaft als Vater spricht er zuerst den entzückenden Namen Jesu aus, diesen Namen, den der Sohn Gottes mehr schätzte als Sein Leben, das Er zum Preis Seines Blutes kaufte, das Er den Teufeln zum Gegenstand der Angst machte, den Engeln zur Anbetung, der Liebe und des Heils für alle Sterblichen.

O großer Heiliger, welche Ehre wir auch immer diesem Heiligen Namen geben mögen, wir sind nur das Echo deiner eigenen Stimme. Wir haben es von dir gelernt. Wenn die Apostel Seinen Klang auf der ganzen Welt verbreiten, hast du ihnen das Beispiel gegeben. Josef trug Je-

> sus Christus zuerst nach Ägypten, dann nach Judäa und bereitete für uns den Weg der Apostel, die den Juden und den Heiden Seinen Namen predigten.[354]
>
> – Hl. Hilarius von Poitiers

Der hl. Paulinus von Nola hätte es für ein glückliches Privileg gehalten, den Staub unter den Füßen Jesu Christi küssen zu dürfen:

> Oh, wer gibt mir, einer geringen Kreatur, die Gnade, meine Lippen mit keuschem Feuer zu reinigen, meine Zunge mit der brennenden Kohle der Seraphen zu berühren und mich so würdig zu machen, nur die Ferse Jesu Christi zu küssen, respektvoll meinen Kopf zu beugen, bis er Seine Füße berührt.[355]

Aber wie viel glücklicher war der hl. Josef, der Ihn in seinen Armen trug und an sein Herz drückte? Können wir uns ein besseres Gebet vorstellen als das dieses großen Heiligen, der immer zu Füßen der Bundeslade und vor dem wesenhaften Bild des Ewigen Vaters stand? Was für eine erhabene Vision, den Sohn Gottes immer vor Augen zu haben! Seltenste Ekstase! Wunderbarste Entrückung! O intimste Vertrautheit, immer bei Gott zu sein, nur zu Gott zu sprechen, zu arbeiten, sich auszuruhen, sich in der Gesellschaft und Gegenwart Gottes zu unterhalten! Wie oft hat der glückliche Lehrer des Jesuskindes wie eine keusche Biene den Nektar der reinen Hingabe von dieser schönen Blume Jesse gesammelt? Wie oft hat er sich wie die Taube im Herzen dieses Felsens versteckt? Wie oft schmiegte er sich wie der einsame Spatz an das Dach dieses heiligen Tempels der Göttlichkeit, betrachtete dieses göttliche Kind, das in seinen Armen schlief und dachte an Seine ewige Ruhe am Herzen des himmlischen Vaters? „Ruhe Dich aus, o menschgewordenes Wort", sagte er, „Du, der Du allen Kreaturen Schlaf gibst, die Freude und die Süße des Friedens wie einen üppigen Strom in die Herzen der Menschen fließen lässt." Er blickte auf seinen entzückenden Schöpfer, der all die himmlischen Schätze umfasste. Er nahm Seine kleinen Hände und hob sie zum Himmel und sagte: „Sterne des Himmels, seht, die Hände, die euch erschaffen haben; o Sonne, siehe, der Arm, der dich aus dem Nichts gezogen hat." Als er über die göttliche Vollkommenheit nachdachte, rief er aus: „Wie liebenswert Du bist, o Sohn des lebendigen Gottes! Wenn die Menschen Dich nur kennen könnten! O, ihr Sterblichen! Öffnet eure Augen, seht euren Schatz, euer Heil, euer Lösegeld, euer Leben und euer Alles!"

Wie könnten wir das Glück dieses großen Heiligen nicht bewundern? Wie könnten wir nicht zugeben, dass er in seinen Tugenden unvergleichlich ist, dass er nicht seinesgleichen hat? Wenn er leidet, ist es, um das Leben Jesu zu retten. Wenn er arbeitet, ist es, das Leben Jesu zu erhalten. Wenn er spricht, tut er es mit Jesus. Als Mose mit dem Engel sprach, leuchtete seine Stirn so hell, dass er diejenigen blendete, die ihn ansahen. Eine einzige Vision machte den hl. Paulus zu einem Apostel. Ein einziges Wort des Evangeliums brachte die Hilarions und die Antoniusse zur höchsten Vollkommenheit. Was wäre, wenn Josef, der sein Leben mit Jesus verbracht hat, es verdient, in den Armen seines Erlösers zu sterben und von dem begraben zu werden, dessen Wiege er gemacht hat?

Du kannst dir jetzt eine Vorstellung davon machen, welchen Respekt du diesem bewundernswerten Heiligen schuldest und welches Vertrauen du in seinen Schutz haben solltest. Denn wenn er ungewöhnliche Verdienste hat, wird er auch ungewöhnliche Macht und Einfluss auf Gott haben. Einige Heilige, sagt der Doktor Angelicus [hl. Thomas von Aquin], haben von Gott die Kraft erhalten, uns in einem bestimmten Bedürfnis zu helfen. Aber der Einfluss des hl. Josef kennt keine Grenzen. Seine Macht ist universell und erstreckt sich auf alle Arten von Bedürfnissen und auf alle Arten von Umständen. Alle, die mit heiliger Absicht auf ihn zurückgreifen, können sich seiner Hilfe und seines väterlichen Schutzes sicher sein. Alle Menschen, wie auch immer ihr Lebensstatus sein mag, finden in ihm ein Motiv für persönliches Vertrauen: die Hochgeborenen, weil er der Enkel von Patriarchen und Königen ist; die Arbeiter und die Armen, weil er ihren Zustand nicht verachtete und sich auch nicht weigerte zu arbeiten; die Jungfrauen, weil er der Beschützer der Heiligen Jungfrau ist; verheiratete Paare, weil er das Haupt der heiligsten und glücklichsten Familie ist, die es je gab; Kinder, weil er die Kindheit Jesu leitete.

Bereite dich darauf vor, die Früchte dieser Fürsprache zu ernten. Nimm ihn als deinen besonderen Beschützer, falls du dies noch nicht getan hast. Bitte ihn, dich zu seinen Kindern zu zählen, da er der Nährvater Jesu ist. Lass ihn die Führung seines Haushalts erklären, der das Haupt der Heiligen Familie und des Sohnes Gottes ist. Mache ihn für deinen persönlichen Schutz verantwortlich, der das Leben seines Erlösers gerettet hat. Möge er die Anliegen deiner Erlösung übernehmen. So wie er den Sohn Gottes auf seinen Reisen geführt hat, möge er dein Führer auf der Reise dieses Lebens sein, bis du die Oase des ewigen Glücks erreichst.

Mit leichter Bearbeitung aus: William Joseph Chaminade, Marian Writings, vol. 1, ed. J. B. Armbruster, SM, trans. Henry Bradly, SM und Joseph H. Roy, SM (Dayton, OH: Marianist Resources Commission, 1980), 229. Mit Genehmigung verwendet.

Die Vorherbestimmung des hl. Josef und seine herausragende Heiligkeit

Fr. Reginald Garrigou-Lagrange, OP

„Denn wer unter euch allen der Kleinste ist, der ist groß."

– Lk 9,48

Das Herausragen des hl. Josef über jeden anderen Heiligen

Die Lehre, gemäß welcher der hl. Josef der größte Heilige nach Maria ist, wird immer mehr eine in der Kirche allgemein anerkannte Lehre. Man fürchtet nicht, den einfachen Zimmermann als höher an Gnade und Seligkeit zu bezeichnen als die Patriarchen, als Mose, als die Größten unter den Propheten, als Johannes den Täufer und auch als die Apostel: als den hl. Petrus, den hl. Johannes, den hl. Paulus – und höher an Heiligkeit als die größten Märtyrer und die größten Lehrer der Kirche. Weil alle Tugenden miteinander verbunden sind, ist der Niedrigste wegen der Erhabenheit seiner Liebe und der Tiefe seiner Demut der Größte: „Denn wer unter euch allen der Kleinste ist, der ist groß" (Lk 9,48).

Die Lehre vom Herausragen des hl. Josef wurde durch Jean Gerson[356] und vom hl. Bernhardin von Siena[357] vorgetragen. Sie nimmt seit dem 16. Jahrhundert mehr und mehr allgemeinen Charakter an. Sie wird vertreten von der hl. Theresia, von dem Dominikaner Isidor von Isolanis, der wohl die erste Abhandlung über den hl. Josef geschrieben hat,[358] vom hl. Franz von Sales, von Francisco Suarez, SJ,[359] später vom hl. Alfons von Liguori,[360] in jüngerer Zeit durch Ch. Sauvé,[361] von Kardinal Lépicier,[362] von Msgr. Sinibaldi[363] und sie ist sehr gut dargelegt im *Dictionnaire de Théologie catholique* unter dem Artikel *Joseph (saint)* von M.-A. Michel.

Darüber hinaus hat diese Lehre von dem Herausragen des hl. Josef die Gutheißung von Papst Leo XIII. in der Enzyklika *Quamquam Pluries* vom 15. August 1889 erhalten, in der er die Schützerrolle des hl. Josef über die ganze Kirche proklamiert. Dort heißt es:

> „Gewiss ist die Würde der Muttergottes so hoch, dass nichts Höheres geschaffen werden kann. Da aber der hl. Josef mit der allerseligsten Jungfrau durch das Eheband verbunden gewesen ist, so ist nicht zu zweifeln, dass mehr als irgendjemand anderer dieser alles überragenden Würde nahegekommen ist, durch die die Muttergottes alle natürlichen geschaffenen Wesen so hoch überragt. Die eheliche Verbindung ist in der Tat die größte von allen; aufgrund ihres Wesens ist sie begleitet von der gegenseitigen Mitteilung der Güter der beiden Eheleute. Wenn also Gott der Jungfrau den hl. Josef zum *Ehemann* gegeben hat, so hat Er ihn ihr gegeben nicht nur als Stütze im Leben, als Zeuge ihrer Jungfräulichkeit, als Beschützer ihrer Ehre, sondern Er hat ihn auch durch das eheliche Band teilhaben lassen an der überragenden Würde, die sie empfangen hat.[364]

Ihm ist in einem wirklichen, wenn auch verborgenen Sinn in besonderer Weise die Menge der Christen in allen Geschlechtern, die sich folgen, anvertraut. Das drückt die schöne Litanei, die die Kirche approbiert hat und die seine Vorzüge zusammenfasst, aus:

Hl. Josef, erhabener Spross Davids
Licht der Patriarchen
Bräutigam der Muttergottes
Keuscher Beschützer der Jungfrau
Nährvater des Sohnes Gottes
Sorgsamer Verteidiger Christi
Haupt der Heiligen Familie
Josef, ausgezeichnet durch Gerechtigkeit
Josef, leuchtend in heiliger Reinheit
Josef, Vorbild der Klugheit

Josef, Mann voll Starkmut
Josef, Beispiel des Gehorsams
Josef, Vorbild der Treue
Spiegel der Geduld
Freund der Armut
Vorbild der Arbeiter
Zierde des häuslichen Lebens
Beschützer der Jungfrauen
Stütze der Familien
Trost der Betrübten
Hoffnung der Kranken
Patron der Sterbenden
Schrecken der bösen Geister
Schutzpatron der heiligen Kirche

Er ist der Größte nach Maria!

Die Gründe für die Vorrangstellung des hl. Josef

Welches ist das Prinzip dieser seit 500 Jahren mehr und mehr angenommenen Lehre? – Das immer eindeutiger vom hl. Bernhard, vom hl. Bernardin von Siena, von Isidor von Isolanis, von Suarez und den anderen neueren Autoren angeführte Prinzip ist ebenso einfach, wie es erhaben ist: Es wurde durch den hl. Thomas in Worte gekleidet hinsichtlich der Gnadenfülle in Jesus und der Heiligkeit Mariens. Es lautet kurz so: Eine göttliche und außerordentliche Mission erfordert eine entsprechende Heiligkeit.

Dieses Prinzip erklärt, warum die heilige Seele Jesu, die mit der Person des göttlichen Wortes, der Quelle der Gnade verbunden ist, die absolute Fülle der Gnade empfangen hat. Hier liegt auch der Grund, warum Maria, die dazu berufen war, die Muttergottes zu sein, vom ersten Augenblick ihrer Empfängnis an eine ursprüngliche Gnadenfülle empfangen hat, die die Vollendungsgnade aller Heiligen zusammengenommen übersteigt. Da sie der Gnadenquelle näher steht als irgendein anderes Geschöpf, sollte sie auch mehr daraus schöpfen. Dies ist näherhin der Grund, warum die Apostel, die unserem Herrn näher standen als die Heiligen, die danach kamen, die Glaubensgeheimnisse vollkommener erkannt haben. Um das Evangelium der Welt unfehlbar zu predigen, haben sie an Pfingsten einen herausragenden Glauben empfangen, ein überaus erleuchtetes und unerschütterliches Prinzip ihres Apostolates.

Dieses Prinzip erklärt dazuhin die Vorrangstellung des hl. Josef über alle anderen Heiligen. Um dies richtig zu verstehen, muss man anführen, dass die Werke Gottes die unmittelbar von ihm ausgehen, vollkommen sind. So war es beim göttlichen Werk am Tag der Schöpfung. Das Schöpfungswerk zum Beispiel, das vollständig und direkt aus der Hand Gottes hervorging, war vollkommen. So ist es auch mit den größten Dienern Gottes, die Er sich selbst in außerordentlicher und direkter Weise erwählt – ohne das Zwischenglied irgendeiner menschlichen Wahl – und die von Ihm erweckt werden, um das durch die Sünde durcheinandergebrachte Werk Gottes wiederherzustellen. Gott wählt nicht so, wie Menschen es tun. Die Menschen wählen oft für die höchsten Ämter einer schwierigen Regierung Unfähige, Mittelmäßige und Kurzsichtige. Nichts dergleichen findet sich bei denjenigen, die unmittelbar von Gott selbst erwählt sind und von Ihm vorbereitet werden, um Seine außerordentlichen Diener im Werk der Erlösung zu sein. Der Herr gibt ihnen eine entsprechende Heiligkeit. So hat der hl. Josef, wobei das rechte Verhältnis zu wahren ist, eine relative Gnadenfülle empfangen, die im Verhältnis zu seiner Mission stand, denn er war in direkter und unmittelbarer Weise für diese einzigartige Mission in der Welt erwählt; nicht durch Menschen, durch kein Geschöpf, sondern von Gott selbst und durch Ihn allein. Man kann nicht genau sagen, in welchem Augenblick die Heiligung des hl. Josef stattgefunden hat. Was man aber mit gutem Recht behaupten kann, ist dies, dass er im Hinblick auf seine Mission in der Gnade befestigt war, und zwar von seiner Vermählung mit der Allerheiligsten Jungfrau an.[365]

Welcher Ordnung gehört die ganz außerordentliche Mission Josefs an?

Es ist offenkundig, dass die ganz außerordentliche Mission die Ordnung der Natur, und zwar nicht nur der menschlichen, sondern auch die der Natur der Engel übersteigt. Gehört sie allein der Ordnung der Gnade an wie jene des hl. Johannes des Täufers, der die Wege des Heils bereitet, wie die weltumspannende Mission der Apostel in der Kirche für die Heiligung der Seelen oder wie die besondere Mission der Ordensstifter? Wenn man genau hinsieht, stellt man fest, dass die Mission des hl. Josef selbst die Ordnung der Gnade übersteigt und dass sie in ihrem Endpunkt an die hypostatische Union grenzt, die durch das Geheimnis der Menschwerdung zustande kommt. Aber man muss sie genau verstehen und jede Übertreibung wie auch jede Minderung vermeiden.

Die einzigartige Mission Mariens, nämlich die Gottesmutterschaft, hat ihr Ziel in der hypostatischen Union – und so in einem gewissen Sinn auch die verborgene Mission Josefs. Das ist die Lehre vieler Heiliger und anderer Gelehrter. Der hl. Bernhard sagt zum hl. Josef: „Er ist der getreue und kluge Knecht, den der Herr bestellt hat als Stütze seiner Mutter, als Nährvater seines Fleisches und der einzige völlig treue Mitarbeiter auf der Erde im großen Plan der Menschwerdung."[366]

Der hl. Bernhardin von Siena schreibt: „Wenn Gott aus Gnade jemanden erwählt für eine sehr erhabene Mission, so gibt Er ihm all die notwendigen Gaben für diese Mission. Dies hat sich in herausragender Weise bewahrheitet beim hl. Josef, dem Nährvater unseres Herrn Jesus Christus und Bräutigam Mariens."[367] Isidor von Isolanis stellt in derselben Weise die Berufung des hl. Josef über jene der Apostel. Er vermerkt, dass Letztere zum Ziel hat, das Evangelium zu predigen, die Seelen zu erleuchten und sie zu versöhnen, dass aber die Berufung des hl. Josef sich mehr direkt auf Christus selbst bezieht, da er der Bräutigam der Muttergottes ist, der Nährvater und der Verteidiger des göttlichen Heilandes.[368] Suarez sagt ebenso: „Gewisse Ämter fließen aus der Ordnung der heiligmachenden Gnade selbst hervor und in dieser Art nehmen die Apostel den höchsten Grad ein; daher haben sie mehr als die anderen der Amtsgnade bedurft, ganz besonders, wenn es um die ungeschuldet verliehenen Gaben und die Weisheit geht. Aber es gibt andere Ämter, die an die hypostatische Union grenzen, die in sich vollkommener ist, wie man es deutlich sieht in der Gottesmutterschaft der allerseligsten Jungfrau Maria. Und dieser Ordnung des Amtes gehört auch das Amt des hl. Josef an.[369]

Vor einigen Jahren hat Mgr. Sinibaldi, Titularbischof von Tiberias und Sekretär der Hl. Kongregation für die Studien, diesen Punkt der Lehre genauer gefasst. Er bemerkt, dass das Amt Josefs aufgrund ihrer Bestimmung in einem gewissen Sinn der hypostatischen Union angehört; nicht als hätte Josef innerlich mitgearbeitet als physisches Instrument des Heiligen Geistes an der Verwirklichung des Geheimnisses der Menschwerdung – unter diesem Gesichtspunkt steht seine Rolle um vieles unter jener Mariens, der Muttergottes. Aber schließlich und endlich ist er in der Ordnung der moralischen Ursachen vorherbestimmt gewesen, der Beschützer der Jungfräulichkeit und der Ehre Mariens zu sein und gleichzeitig der Nährvater und Beschützer des fleischgewordenen Wortes. „Seine Mission gehört aufgrund ihrer Bestimmung der hypostatischen Ordnung an, zwar nicht durch eine innere, physische und unmittelbare Mitarbeit, wohl aber durch eine äußere, moralische und mittelbare Mitarbeit (nämlich durch Maria), die nichtsdestoweniger eine wahre Mitarbeit ist.[370]

Die Vorherbestimmung Josefs ist eins mit dem göttlichen Ratschluss der Menschwerdung selbst

Die Vorrangstellung des hl. Josef erscheint in noch hellerem Licht, wenn man bedenkt, dass der ewige Beschluss der Menschwerdung nicht nur die Menschwerdung im Allgemeinen beinhaltet – unter Absehung von den Umständen der Zeit und des Ortes –, sondern die *Menschwerdung hic et nunc*, d. h. die Menschwerdung des Sohnes Gottes, der Kraft des Wirkens des Heiligen Geistes in diesem bestimmten Augenblick durch die Jungfrau Maria empfangen werden soll, die verbunden ist mit einem Mann aus dem Hause Davids namens Josef: „Im sechsten Monat wurde der Engel Gabriel von Gott in eine Stadt in Galiläa namens Nazaret zu einer Jungfrau gesandt. Sie war mit einem Mann namens Josef verlobt, der aus dem Haus David stammte" (Lk 1,26–27).

Es scheint also, dass Josef vorherbestimmt war, der Nährvater des fleischgewordenen Wortes zu sein, bevor er zur Glorie vorherbestimmt war. Der Grund dafür ist, dass die Vorherbestimmung Christi als Mensch zur natürlichen Gottessohnschaft jener eines jeden auserwählten Menschen vorausgeht, denn Christus ist der Erste der Vorherbestimmten.[371] Nun ist aber die Vorherbestimmung Christi zur natürlichen Gottessohnschaft nichts anderes als der göttliche Ratschluss der Menschwerdung, der sich auf die *hic et nunc* zu verwirklichende Menschwerdung bezieht. Dieser göttliche Ratschluss schließt die Vorherbestimmung Mariens zur Gottesmutterschaft ein sowie jene Josefs, der Nährvater und Beschützer des menschgewordenen Sohnes Gottes zu sein.

Da die Vorherbestimmung Christi zur natürlichen Gottessohnschaft höher steht als die Vorherbestimmung zur Glorie und dieser vorausgeht, wie die Thomisten lehren und, wie die Vorherbestimmung Mariens zur Gottesmutterschaft ihrer Vorherbestimmung (*in signo priori*) zur Glorie vorausgeht, wie wir am Anfang dieses Werkes gesehen haben, so geht die Vorherbestimmung Josefs, der Nährvater des fleischgewordenen Wortes zu sein, jener zur Glorie und Gnade voraus. Mit anderen Worten: Er war nach Maria zum höchsten Grad der Glorie bestimmt und daher zum höchsten Grad der Gnade und der Liebe, weil er dazu berufen war, der würdige Nährvater und Beschützer des Gottmenschen zu sein.

Man sieht hierin die Erhabenheit seiner einzigartigen Mission in der Welt, denn seine erste Vorherbestimmung fällt zusammen mit dem Beschluss der Menschwerdung selbst. Das ist es, was man gemeinhin zum Ausdruck bringen will, wenn man sagt, dass Josef geschaffen und in die Welt gesandt wurde, um der Nährvater des fleischgewordenen Wortes zu sein; und damit er ein würdiger Vater sei, hat Gott für ihn einen sehr hohen Grad der Glorie und der Gnade gewollt.

Das eigentliche Wesen der Mission Josefs

Dieser Punkt wird in wunderbarer Weise von Bossuet in dessen erster Lobrede auf diesen großen Heiligen erhellt, wo er sagt:

> Unter allen Berufungen fallen mir zwei in den heiligen Schriften ins Auge, die in direktem Gegensatz zueinander zu stehen scheinen: Die erste ist jene der Apostel; die zweite jene Josefs. Jesus wird den Aposteln geoffenbart, damit sie Ihn in der ganzen Welt verkünden; Er wird Josef offenbart, um Ihn zu verschweigen und um Ihn zu verbergen; die Apostel sind Lichter, um der Welt Jesus Christus schauen zu lassen; Josef ist ein Schleier, um Ihn zu bedecken; und unter diesen geheimnisvollen Schleier wird uns die Jungfräulichkeit Mariens und die Größe des Retters der Seelen verborgen ... Jener, der die Apostel durch die Ehre der Predigt verherrlicht, verherrlicht Josef durch die Demut des Schweigens.[372]

Die Stunde der Offenbarung des Geheimnisses der Menschwerdung ist noch nicht gekommen; diese Stunde muss vorbereitet werden durch dreißig Jahre des verborgenen Lebens.

Die Vollkommenheit besteht darin, zu tun, was Gott will, jeder gemäß seiner Berufung; aber in der Stille und in der Dunkelheit übersteigt die Berufung Josefs jene der Apostel, weil sie näher an das Geheimnis der erlösenden Menschwerdung rührt. Josef stand nach Maria dem Urheber der Gnaden näher als sonst ein Mensch, darum empfing er in der Stille von Betlehem, während des Aufenthalts in Ägypten und im kleinen Haus von Nazaret mehr Gnaden, als jemals ein Heiliger empfangen sollte.

Seine Mission war eine doppelte:

In Bezug auf Maria bewahrte er ihre Jungfräulichkeit, indem er mit ihr eine wahre Ehe einging, aber in absoluter Heiligkeit. Der Engel des Herrn sagte zu ihm: „Josef, Sohn Davids, fürchte dich nicht, Maria als deine Frau zu dir zu nehmen; denn das Kind, das sie erwartet, ist vom Heiligen Geist" (Mt 1,20; vgl. Lk 2,5). Maria ist seine Frau, es handelt sich um eine wahre Ehe, wie der hl. Thomas erklärt, indem er die Angemessenheit dafür aufzeigt: Es sollte kein Verdacht aufkommen, wie unbedeutend er auch sein mochte, hinsichtlich der Ehre des Sohnes und jener der Mutter. Würde diese Ehre jemals angezweifelt, so wäre der hl. Josef der maßgeblichste und am wenigsten verdächtige Zeuge; er würde die Unbescholtenheit Mariens bestätigen. Darüber hinaus fand Maria in Josef Hilfe und Schutz. Er hat sie mit der reinsten und hingebungsvollsten Liebe geliebt, mit einer göttlichen Liebe, denn er liebte sie in Gott und für Gott. Diese makellose Einheit mit dem vollkommensten Geschöpf, das jemals gelebt hat, war überaus ehrenvoll – in einfachster Umgebung, nämlich jenem eines armen Dorfhandwerkers. Josef stand so jener, die die Muttergottes, die geistliche Mutter aller Menschen – selbst Josefs – und die Ausspenderin aller Gnaden sein sollte, in großer Vertrautheit näher als irgendein anderer Heiliger. Die Schönheit des ganzen Universums war nichts im Vergleich mit der erhabenen Einheit dieser beiden Seelen, eine Einheit, die der Höchste selbst geschaffen hat, die die Engel mit Freude erfüllte und den Herrn selbst erfreute.

Und dann das fleischgewordene Wort – Josef hat darüber gewacht, Es beschützt und zu Seiner menschlichen Erziehung beigetragen. Man nennt ihn den *Nährvater* oder auch den *Adoptivvater*; aber diese Namen können nicht vollständig diese geheimnisvolle Beziehung, die voll der Gnade ist, ausdrücken. Es ist gewöhnlich die Folge äußerer Umstände, wenn ein Mensch der Adoptivvater oder Nährvater eines Kindes wird, beim hl. Josef hingegen war es kein Zweifel, dass er der Nährvater des fleischgewordenen Wortes geworden ist; er wurde dafür geschaffen und in die Welt gesandt. Dies ist der erste Gegenstand seiner Vorherbestimmung und der Grund aller Gnaden, die er empfangen hat. Bossuet drückt es wunderbar aus:

> Wenn nicht die Natur ein väterliches Herz gibt, wo soll man dieses dann herholen? Mit einem Wort: Da der hl. Josef nicht Vater war, wie konnte er dann für Jesus ein Vaterherz haben? Hier muss man verstehen, wie die göttliche Macht in diesem Werk wirkt. Durch eine Wirkung dieser Macht hat Josef das Herz eines Vaters, und wenn die Natur es nicht gibt, dann gibt Gott ihm ein solches mit eigener Hand. Denn von Ihm ist geschrieben, dass Er die Hinneigungen des Herzens dorthin lenkt, wohin es Ihm gefällt ... Er macht ein Herz aus Fleisch in den einen, wenn Er sie weich macht durch die Liebe ... Macht Er nicht in allen Gläubigen ein kindliches Herz und nicht jenes eines Sklaven, wenn Er in sie den Geist Seines Sohnes sendet? Die Apostel zitterten bei der kleinsten Gefahr; aber Gott schuf in ihnen ein vollkommen neues Herz und ihr Mut wurde unüberwindlich ... Diese selbe Hand schafft in Josef das Herz eines Vaters – und das Herz eines Sohnes in Jesus. Deshalb gehorcht Jesus und Josef fürchtet nicht, Ihm zu befehlen. Woher hat er diesen Wagemut, seinem Schöpfer zu befehlen? Dies rührt daher, dass der wahre Vater Jesu Christi, dieser Gott, der Ihn seit aller Ewigkeit zeugt und der den hl. Josef dazu auserwählt hat, als Vater Seinem eingeborenen Sohn gegenüber in der Zeit zu dienen, in gewisser Weise einige Strahlen oder einige Funken dieser unendlichen Liebe, die Er

für Seinen Sohn hat, in das Herz des hl. Josef gesenkt hat; dies hat sein Herz verwandelt, dies verleiht ihm die Liebe eines Vaters, und zwar in einem solchen Maße, dass der gerechte Josef ein väterliches Herz in sich spürt, das plötzlich durch die Hand Gottes geschaffen worden ist, und gleichzeitig wahrnimmt, dass Gott ihm aufträgt, diese väterliche Autorität auszuüben. So wagt er es, jenem zu befehlen, den er als seinen Meister anerkennt.[373]

Das bedeutet zugleich, dass Josef zunächst vorherbestimmt gewesen ist, „dem Heiland als Vater zu dienen, der hienieden keinen Vater haben konnte",[374] und dann auch alle Gaben zu haben, die ihm verliehen worden sind, damit er ein würdiger Beschützer des fleischgewordenen Wortes sei.

Muss man nach dem, was gesagt worden ist, noch eigens feststellen, mit welcher Treue Josef das dreifache Gut gehütet hat, das ihm anvertraut worden ist: die Jungfräulichkeit Mariens, die Person Jesu Christi und das Geheimnis des ewigen Vaters, nämlich die Menschwerdung Seines Sohnes, ein Geheimnis, das zu bewahren war, bis zur Stunde, da dieses Geheimnis offenbart werden sollte?

Seine Heiligkeit Papst Pius XI. sagte in einer Rede im Konsistorialsaal am Fest des hl. Josef am 19. März 1928, nachdem er über die Mission Johannes des Täufers und jene des hl. Petrus gesprochen hatte:

Unter diesen beiden Missionen erscheint jene des hl. Josef eine Mission der Sammlung zu sein, schweigend, fast unbemerkt, unbekannt, die erst einige Jahrhunderte später ans Licht treten sollte; ein Schweigen, dem ohne Zweifel lange Zeit danach ein lauter Jubelgesang folgen sollte. Tatsächlich: Dort, wo das tiefste Geheimnis ist, wo die Nacht, die es bedeckt, am dichtesten und das Schweigen am größten ist, dort genau findet sich die höchste Mission, das glänzendste Gefolge der erforderlichen Tugenden und der Verdienste, die durch eine glückliche Notwendigkeit als Echo zu diesen Tugenden gehören. Es ist eine einzigartige, eine sehr hohe Mission, den Sohn Gottes zu behüten, den König

> der Welt; die Mission, die Jungfräulichkeit und Heiligkeit Mariens zu behüten, eine einzigartige Mission, teilzuhaben am großen Geheimnis, das den Augen der Welt verborgen ist, und auf diese Weise an der Menschwerdung und an der Erlösung mitzuwirken!

Dies bedeutet ebenfalls, dass die Vorsehung Josef alle Gnaden, die er empfangen hat, im Hinblick auf diese einzigartige Mission zuteilwerden ließ. Mit anderen Worten: Josef war zunächst dafür vorherbestimmt, dem Heiland als Vater zu dienen, und sodann für die Glorie und die Gnade, die einer so außerordentlichen Berufung entsprachen.

Die Tugenden und Gaben des hl. Josef

Die Tugenden des hl. Josef waren vor allem solche des verborgenen Lebens, und zwar in einem Grad, der dem der heiligmachenden Gnade entsprach: Jungfräulichkeit, Demut, Armut, Geduld, Klugheit, Treue, die durch keine Gefahr erschüttert werden kann, Einfachheit, ein durch die Gaben des Heiligen Geistes erleuchteter Glaube, Vertrauen in Gott und vollkommene Liebe. Er hat den ihm anvertrauten Schatz mit einer Treue gehütet, die dem Wert dieses unschätzbaren Schatzes entsprach.

Über diese Tugenden des verborgenen Lebens macht Bossuet folgende allgemeine Bemerkung:

> Es ist ein unter den Menschen sehr verbreitetes Laster, sich vollkommen dem Äußeren zu verschreiben und das Innere zu vernachlässigen; für etwas Vorzeigbares und den äußeren Anschein zu arbeiten und das Wirkliche und Dauerhafte zu verachten; oft darüber nachzusinnen, wie die eigenen Werke wohl nach außen hin erscheinen, und nicht daran zu denken, welcher Art sie sein sollten. Darum sind die Tugenden, die geschätzt werden, jene, die sich mit äußeren Angelegenheiten abgeben und mit dem Umgang der Menschen untereinander zu tun ha-

> ben; im Gegensatz dazu werden die verborgenen und inneren Tugenden, an denen die Öffentlichkeit keinen Anteil hat, bei denen sich alles zwischen Gott und dem Menschen abspielt, nicht nur nicht angestrebt, sondern nicht einmal verstanden. Und doch besteht in dieser Verborgenheit das ganze Geheimnis der wahren Tugend ... Man muss sich von einem Menschen zunächst ein Bild machen, bevor man darüber nachdenkt, welchen Rang man ihm unter den anderen einräumt; und wenn man dieses Innerste nicht zu ergründen sucht, so sind alle anderen Tugenden, so blendend sie erscheinen mögen, Tugenden der Großtuerei ..., sie prägen den Menschen nicht gemäß dem Herzen Gottes. – Im Gegensatz dazu hat Josef, dieser einfache Mann, Gott gesucht; Josef, der losgeschälte Mann, hat Gott gefunden; Josef der zurückgezogene Mann, hat sich in Gott erfreut.[375]

Die Demut Josefs wurde ohne Zweifel bestärkt durch den Gedanken an die Ungeschuldetheit seiner außerordentlichen Berufung. Er musste sich sagen: Warum hat der Allerhöchste Seinen einzigen Sohn mir zu behüten anvertraut, mir, Josef, anstatt diesem oder jenem Mann von Judäa, Galiläa oder einer anderen Gegend oder eines anderen Jahrhunderts? Es liegt allein am Wohlgefallen Gottes, an Seinem Wohlgefallen, das Seinen Grund in sich selbst trägt und durch das Josef in freier Wahl von aller Ewigkeit her vorgezogen, erwählt und vorherbestimmt wurde anstatt eines anderen Mannes, dem der Herr dieselben Gaben und dieselbe Treue hätte schenken können, um ihn für diese außerordentliche Mission vorzubereiten. Wir sehen in dieser Vorherbestimmung einen Widerschein der Ungeschuldetheit der Vorbestimmung Christi und Mariens. Die Erkenntnis des Wertes dieser Gnade und ihrer absoluten Ungeschuldetheit hat die Demut des hl. Josef bestärkt und ihr in keiner Weise geschadet. Er hat sich in seinem Herzen gesagt: „Was hast du, das du nicht empfangen hättest?"

Josef erscheint als der Demütigste aller Heiligen nach Maria, demütiger als jeder Engel; und wenn er der Demütigste ist, ist er damit auch der Größte von allen. Denn die Tugenden sind miteinander verbunden und so steht die Tiefe der Demut im Verhältnis zur Erhabenheit der Liebe, wie die Wurzel des Baumes umso tiefer reicht, je höher dieser ist. „Wer unter euch allen der Kleinste ist", sagt Jesus, „der ist groß" (Lk 9,48).

Bossuet merkt noch dies an:

> Da er den größten Schatz durch eine außerordentliche Gnade des ewigen Vaters besitzt, verbirgt sich Josef, soviel er nur kann, vor den Augen der Sterblichen und ist weit davon entfernt, sich seiner Gaben zu rühmen oder seine Vorzüge bekannt zu machen. Vielmehr erfreut er sich friedvoll mit Gott an dem großen Geheimnis, das ihm geoffenbart worden ist, und an den unendlichen Reichtümern, die seiner Obhut anvertraut wurden. – Josef hat etwas in seinem Haus, das eigentlich die Augen der ganzen Welt auf sich ziehen sollte, und die Welt erkennt es nicht; er hat einen Gottmenschen in seiner Obhut und sagt kein Wort darüber; er ist der Zeuge eines so großen Geheimnisses und er genießt es im Stillen, ohne es zu verbreiten.[376]

Sein Glaube ist unerschütterlich trotz der Dunkelheit des unerwarteten Geheimnisses. Das Wort Gottes, das der Engel mitteilt, bringt das Licht über die jungfräuliche Empfängnis des Erlösers: Josef hätte zögern können, an eine so außergewöhnliche Sache zu glauben; er glaubt fest daran in der Einfachheit seines Herzens. Durch die Einfachheit und die Demut steigt er zu den Höhen Gottes empor.

Die Dunkelheit breitet sich bald wieder aus: Josef war arm, bevor er das Geheimnis des Allerhöchsten empfangen hat; er wird noch ärmer, bemerkte Bossuet, als Jesus in die Welt eintritt, denn Er, Jesus, kommt völlig entkleidet und losgelöst von allem, um uns mit Gott zu verbinden. Es gibt keinen Platz für den Heiland in der allerletzten Herberge von Betlehem. Josef muss leiden, da er Maria und ihrem Sohn nichts anzubieten hat.

Sein Vertrauen in Gott offenbart sich in der Prüfung, denn die Verfolgung beginnt bald nach der Geburt Jesu. Herodes trachtet danach, Ihn töten zu lassen. Das Haupt der Heiligen Familie muss unseren Herrn verbergen, in ein fernes Land ziehen, wo ihn niemand kennt und wo er nicht weiß, wie er seinen Lebensunterhalt verdienen kann. Er reist ab und setzt sein ganzes Vertrauen in die göttliche Vorsehung.

Seine Liebe zu Gott und zu den Seelen hört nicht auf, im verborgenen Leben zu Nazaret zu wachsen unter dem beständigen Einfluss des fleischgewordenen Wortes – dieses Feuerherdes für immer neue und immer höhere Gnaden für die willigen Seelen, die kein Hindernis dem entgegenstellen, was Er ihnen geben will. Wir haben weiter oben bezüglich des geistlichen Fortschritts Mariens gesagt, dass sich der Aufstieg der Seelen konstant beschleunigt. Das heißt, dass sie sich umso schneller auf Gott hin bewegen, je mehr sie sich Ihm nähern und von Ihm angezogen werden. Dieses Gesetz der geistlichen Schwerkraft der gerechten Seelen verwirklichte sich in Josef; die Liebe hörte nicht auf, in ihm zu wachsen, immer schneller bis zu seinem Tode. Der Fortschritt in den letzten Jahren war viel schneller als der in den ersten Jahren. Denn da er sich näher bei Gott fand, wurde er umso stärker von Ihm angezogen.

Mit den göttlichen Tugenden wuchsen unausgesetzt in ihm die sieben Gaben des Heiligen Geistes, die mit der Liebe verbunden sind. Jene des Verstandes und der Weisheit machten seinen lebendigen Glauben immer durchdringender und köstlicher. Seine Kontemplation richtete sich in außerordentlich einfachen, aber sehr erhabenen Formen auf die unendliche Güte des Allerhöchsten. Es war dies in ihrer Erhabenheit die höchste übernatürliche Beschauung nach jener Mariens.

Dieses liebende Beschauen war ihm sehr angenehm, aber es verlangte von ihm die vollkommene Selbstverleugnung und das schmerzlichste Opfer, da er sich der Worte des greisen Simeon erinnerte: „Dieses Kind ist gesetzt zum Zeichen des Widerspruchs." Und jener, an Maria gerichtet: „Und deine Seele wird ein Schwert durchdringen." Die Annahme des Geheimnises der Erlösung durch das Leiden erschien Josef wie die schmerzliche Vollendung des Geheimnisses der Menschwerdung und er brauchte die ganze Großherzigkeit seiner Liebe, um Gott das Jesuskind und Seine heilige Mutter im höchsten Opfer darzubringen, diese beiden, die er unvergleichlich mehr liebte als sein eigenes Leben.

Der Tod des hl. Josef war ein bevorzugter Tod; wie jener der allerseligsten Jungfrau war er, so sagt der hl. Franz von Sales, ein Tod aus Liebe.[377] Wie Suarez behauptet dieser, dass Josef wohl unter jenen Heiligen war, die gemäß dem hl. Matthäus (27,52ff.) nach der Auferstehung Christi auferstanden sind und sich in der Stadt Jerusalem zeigten. Er hält daran fest, dass diese Auferstehungen endgültig waren und dass Josef mit Leib und Seele in den Himmel eingegangen ist. Der hl. Thomas ist in diesem Punkt viel zurückhaltender.

Die gegenwärtige Rolle Josefs bei der Heiligung der Seelen

So sehr der demütige Zimmermann auf Erden ein verborgenes Leben geführt hat, so sehr ist er im Himmel verherrlicht. Derjenige, dem das fleischgewordene Wort hienieden „untertan" war, hat im Himmel eine unvergleichliche Macht der Fürsprache inne. Papst Leo der XIII. findet in der Enzyklika Quamquam pluries in der Mission des hl. Josef bezüglich der Heiligen Familie „die Gründe, derentwegen er Patron und Beschützer der ganzen Kirche ist.

> Wie Maria, die Mutter des Heilandes, geistliche Mutter aller Christen ist …, so betrachtet Josef die Menge der Christen als sich anvertraut … Er ist Verteidiger der heiligen Kirche, die wahrhaftig das Haus des Herrn und das Reich Gottes auf Erden ist.[378]

Was in dieser gegenwärtigen Rolle des hl. Josef bis zum Ende der Zeiten hervorsticht, ist, dass er in wunderbarer Weise in sich Vorzüge vereint, die ganz gegensätzlich zu sein scheinen. Sein Einfluss ist ein umfassender über die ganze Kirche, die er schützt, und doch erstreckt sich dieser nach dem Beispiel der göttlichen Vorsehung auch auf die geringsten Einzelheiten; als „Vorbild der Arbeiter“ kümmert er sich um jeden, der ihn anruft. Er ist der Heilige mit dem universellsten Einfluss, lässt aber auch einen Armen das Paar Schuhe finden, dass er gerade braucht. Sein Wirken gehört selbstverständlich vor allem der geistlichen Ordnung an, erstreckt sich aber auch auf die zeitlichen Dinge; er ist „die Stütze der Familien, der Gemeinschaften, der Trost der Elenden, die Hoffnung der Kranken“. Er wacht über die Christen aller Lebensbereiche, aller Länder, über die Familienväter und Ehegatten wie über die gottgeweihten Jungfrauen; über die Reichen, um sie zu einer liebevollen Austeilung ihrer Güter zu inspirieren, wie über die Armen, um ihnen zu Hilfe zu eilen. Er ist aufmerksam hinsichtlich der größten Sünder und der fortgeschrittensten Seelen. Er ist der Patron des guten Todes und der hoffnungslosen Fälle, er ist schrecklich für den Teufel, der zu triumphieren scheint, und er ist auch, wie die hl. Theresia sagt, der Führer der innerlichen Seelen auf den Wegen des inneren Gebets. In seinem Einfluss findet sich ein wunderbarer Widerschein der „göttlichen Weisheit, die mit Kraft von einem Ende der Welt bis zum anderen waltet und alles mit Güte ordnet“ (Weisheit 8,1).

Der Glanz Gottes war und bleibt immerwährend über ihm, die Gnade hat nie aufgehört, in ihm Frucht zu tragen, und er will alle jene daran teilhaben lassen, die wahrhaft nach „einem mit Christus in Gott verborgenem Leben“ trachten (Kol 3,3).

Entnommen von Pater Reginald Garrigou-Lagrange, OP, Die Mutter des Erlösers und unser inneres Leben (Sarto Verlag, Bobingen), 362–381.

NACHTRAG II

Kirchen und Heiligtümer des hl. Josef

Es gibt viele Orte auf der Welt, die dem hl. Josef gewidmet sind. Ganze Länder haben ihn als ihren Schutzpatron und es gibt viele Kathedralen und Pfarreien, die nach ihm benannt sind. Nachfolgend sind einige der bekannteren Andachtsstätten des hl. Josef aufgeführt.

NAZARET, ISRAEL
Kirche des hl. Joseph. Auch bekannt als Kirche der Ernährung und / oder Werkstatt des hl. Joseph. Einige Traditionen besagen, dass dies das Geburtshaus des hl. Josef und der Ort seiner Werkstatt war, als er sich mit der Jungfrau Maria vermählte.

LORETO, ITALIEN
Das Heilige Haus von Loreto. Dies ist das Haus, in dem die Heilige Familie in Nazaret lebte. Es wurde im 13. Jahrhundert auf wundersame Weise von Engeln nach Italien gebracht.

VATIKANSTADT
Altar des hl. Josef (befindet sich im Petersdom). In dieser Seitenkapelle werden im Petersdom täglich hl. Messen gefeiert. 1963 ließ Papst Johannes XXIII. ein Bild des hl. Josef und des Jesuskindes über dem Altar platzieren.

ROM, ITALIEN
Basilika San Giuseppe al Trionfale. Diese kleine Basilika wurde vom hl. Luigi Guanella auf Ermutigung Papst Pius' X. gebaut. Sie wurde

1912 geweiht. Sie ist das internationale Hauptquartier der Bruderschaft vom Tod des heiligen Josef.

San Giuseppe a Capo le Case („Hl. Josef am Ende der Häuser"). Diese kleine Klostergemeinde wurde im 17. Jahrhundert gegründet.

San Giuseppe alla Lungara. Eine kleine Klosterkirche am nördlichen Ende der Region Trastevere in Rom. Sie wurde im 18. Jahrhundert gegründet und ist ein verstecktes Juwel.

San Giuseppe dei Falegnami (Hl. Josef der Zimmerleute). Diese Titelkirche befindet sich im Bereich des Forum Romanum und wurde im 16. Jahrhundert erbaut. Sie befindet sich über dem Mamertinischen Gefängnis, wo die hll. Petrus und Paulus, eingekerkert waren.

Kapelle des hl. Josef. In der Basilikakirche Sant'Andréa delle Fratte befindet sich eine Seitenkapelle mit einem exquisit schönen Gemälde des hl. Josef. Es wurde 1732 von Francesco Cozza gemalt. Neben der Kapelle des hl. Josef befindet sich die berühmte Kapelle der „Madonna del Miracolo", in der 1842 die Jungfrau Maria dem jüdischen Bankier Alfons Ratisbonne erschien. Er konvertierte später zum Katholizismus und wurde Priester. Der hl. Maximilian Kolbe feierte seine erste hl. Messe am Altar der „Madonna del Miracolo".

Asti, Italien

Heiligtum des hl. Josef. Diese Kirche im romanischen Stil wurde 1931 eingeweiht und ist das Mutterhaus der Oblaten des hl. Josef. Die Oblaten wurden vom hl. Giuseppe Marello gegründet, dessen Grab sich in dieser Kirche befindet.

Montreal, Kanada

St.-Josephs-Oratorium. Das 1904 von hl. André Bessette initiierte Oratorium wurde 1967 als Basilika eingeweiht. Es ist das größte Heiligtum der Welt, das dem hl. Josef geweiht ist, und wird von vielen als das herausragende internationale Zentrum der Verehrung des hl. Josef angesehen.

Knock, Irland

Nationaler Marienschrein. Das Heiligtum ist in erster Linie der Muttergottes gewidmet und ehrt auch den hl. Josef und sein Auftreten in den Knock-Erscheinungen, die hier 1879 stattfanden.

Rabat, Malta

Nationales Heiligtum des hl. Josef. In der Kirche der hl. Maria von Jesus befindet sich die berühmteste Statue des hl. Josef in Malta. Das Heiligtum ist auch der Hauptsitz der Erzbruderschaft vom hl. Josef. Die Kirche und das Heiligtum werden von den Franziskanern betrieben. Dem Stab, der an der Statue des hl. Josef befestigt ist, sagt man Wundertätigkeit nach und wird oft an das Bett der Kranken gebracht, wenn sie um die Fürsprache des hl. Josef bitten.

Cotignac, Frankreich

Kloster des hl. Josef. Das Kloster befindet sich im Südosten Frankreichs an der Stelle, an der im 17. Jahrhundert der hl. Josef einem Hirten erschienen ist, an der man eine wundersame Quelle fand.

Le Puy-en-Velay, Frankreich

Heiligtum des hl. Josef von Bon Espoir (Hl. Josef der Guten Hoffnung). Dieses Heiligtum mit einer 48 Fuß [14,6 m] hohen Statue des hl. Josef und einer Grotte, die dem hl. Josef gewidmet ist, ist ein herrlicher Ort für einen Besuch.

Smakt, Niederlande

Hl. Josef-Kapelle. Ungefähr zwei Autostunden von Amsterdam entfernt steht die hl. Josef-Kapelle aus dem Jahr 1699 und ist ein häufiger Wallfahrtsort für Pilger aus den Niederlanden. An jedem ersten Mittwoch im Monat gibt es besondere Andachten zum hl. Josef und in der Kapelle befindet sich eine wunderschöne und einzigartige Statue des hl. Josef.

Barcelona, Spanien

Santuario Real Santa Maria de San José de la Montaña. (Königliches Heiligtum des „Hl. Josef vom Berg“). Das Heiligtum, ein unglaublicher Ort der Verehrung des hl. Josef, wurde Ende des 19. Jahrhunderts von der sel. Petra vom heiligen Josef gegründet.

Kalisz, Polen

Heiligtum des hl. Josef. Das Heiligtum ist eine Basilika minor und existiert seit Jahrhunderten. Die erste bestätigte wundersame Heilung durch das hier untergebrachte Bild des hl. Josef wurde 1673 verzeichnet. Das Heiligtum ist Polens bekanntester Ort der Verehrung des hl. Josef.

Krakow, Polen

Kirche des hl. Josef und Kloster der St. Bernhardin-Schwestern. In der Klosterkapelle befindet sich ein wunderschönes Bild des hl. Josef, das als wundertätig gilt.

Farnborough, England

Nationalheiligtum des hl. Josef. Mit einer faszinierenden Geschichte, die bis ins 19. Jahrhundert zurückreicht. Der gegenwärtige Ort für Englands Verehrung des hl. Josef befindet sich in der Abtei des hl. Michael. Die Abtei wurde 2008 zum Nationalheiligtum des hl. Josef erklärt. Die Statue des hl. Josef im Heiligtum ist eine Sehenswürdigkeit.

San Luis Potosí, Mexiko

Santuario de San José. Der Schrein ist dem „Hl. Josef dem Arbeiter“ geweiht und sehr beliebt. Er ist ein wichtiger Ort der Verehrung des hl. Josef in Mexiko. Er wurde 1985 zum Heiligtum erklärt.

Mexiko-Stadt, Mexiko

Basilika San José und Nuestra Señora del Sagrado Corazón. Die Basilika ist ein Weltkulturerbe und ein verstecktes Juwel inmitten der geschäftigen Mexiko-Stadt. In ihr befindet sich eine schöne Statue des hl. Josef, die in Prozessionen getragen wird.

San José, Uruguay
Santuario Nacional de San José. Dieser wunderschöne Schrein fungiert auch als Kathedrale der Diözese San José de Mayo. Er wurde 1957 von den Bischöfen von Uruguay als nationales Heiligtum des hl. Josef ausgewiesen.

Cebu, Philippinen
Nationalheiligtum des hl. Josef. Auf den Philippinen gibt es viele Heiligtümer, die dem hl. Josef geweiht sind. Der in Cebu ist als offizielles nationales Heiligtum des hl. Josef anerkannt und wurde 2001 als solches deklariert.

Santa Fe, New Mexico (USA)
Wunderbare Treppe der Loreto-Kapelle. Im späten 19. Jahrhundert erschien der hl. Josef einer Gruppe von Nonnen auf mysteriöse Weise und baute für sie eine Treppe, die Architekten und Tischler weiterhin verblüfft.

De Pere, Wisconsin (USA)
Nationalheiligtum des hl. Josef. Das Zentrum der Andacht am Heiligtum befindet sich im hl. Norbert College in der „Alten hl. Josefs Kirche" mit einer wunderschönen Statue des hl. Josef. Dort wird seit 1888 eine ewige Novene zum hl. Josef gebetet. Das Nationalheiligtum des hl. Josef wurde 1892 von Papst Leo XIII. anerkannt.

St. Louis, Missouri (USA)
Heiligtum des hl. Josef. Die Pfarrei wurde Ende des 19. Jahrhunderts von den Jesuiten als Pfarrkirche gegründet und entwickelte sich schnell zu einem Zentrum der Andacht, nachdem 1866 die Einheimischen durch die Gebete zum hl. Josef vor einem Choleraausbruch bewahrt wurden.

Santa Cruz, Kalifornien (USA)
Heiligtum des hl. Josef – Beschützer des Erlösers. Der Schrein wird von den „Oblaten des hl. Josef" betrieben und befindet sich direkt gegenüber der Steamer Lane, einer der bekanntesten Surfpausen in Zentralkalifornien! Am Schrein befindet sich auch eine entzückende Kunstausstellung vom hl. Josef.

Grass Lake, Michigan (USA)
Heiligtum des hl. Josef. Der Schrein befindet sich 20 Meilen westlich von Ann Arbor und ist der Standort des US-amerikanischen Zweigs der „Bruderschaft vom Tod des heiligen Josef," dem Schutzpatron des Leidens und Sterbens.

Detroit, Michigan (USA)
St.-Joseph-Oratorium. Das St.-Joseph-Oratorium ist ein prächtiges Gebäude der viktorianischen Gotik und wird von den „Kanonikern des Instituts von Christus dem König Souveräner Priester" betrieben. Die Priester bieten die tridentinische lateinische Messe an. Die Gemeinde hat eine Bruderschaft des hl. Josef und jeden Mittwoch werden Novenen an den hl. Josef gerichtet.

Stirling, New Jersey (USA)
Heiligtum des hl. Josef. Gegründet 1924 von Pater Dr. Thomas A. Judge, CM. Das Heiligtum wird weiterhin von der von ihm gegründeten Ordensgemeinschaft, den Missionarischen Dienern der Heiligsten Dreifaltigkeit, betrieben. Der Schrein bietet viele verschiedene kulturelle Veranstaltungen.

Yarnell, Arizona (USA)
Heiligtum des hl. Josef der Berge. Ein Außenheiligtum, das 1939 gegründet wurde. Es hat wunderschöne Kreuzwegstationen und Statuen des hl. Josef. Es ist 24 Stunden durchgehend geöffnet.

Lowell, Massachusetts (USA)
Heiligtum des hl. Josef des Arbeiters. Der Schrein wurde 1956 von den Missions-Oblaten von Maria Immaculata der Verehrung des hl. Josef geweiht und zieht nach wie vor viele Menschen in Neuengland an.

Stockbridge, Massachusetts (USA)
Hl. Josef-Kapelle im Nationalheiligtum der Göttlichen Barmherzigkeit. Im Inneren des Nationalheiligtums, auf der linken Seite des Hauptaltars, befindet sich eine schöne Kapelle, die dem hl. Josef geweiht ist.

VERWEISE

1 Pierre Julien Eymard, *Month of St. Joseph* (Cleveland, OH: Emmanuel Publications, 1948), 41.

2 Johannes vom Kreuz, zit. nach: Stratford Caldecott, *The Chivalry of St. Joseph* (Ansprache vor den Knights of Our Lady am 19. Oktober 2002).

3 José Manyanet, zit. nach: Sergio Cimignoli, SF, in „José de Nazaret y Josep Manyanet", online verfügbar unter http://profetadelafamilia.blogspot.com/2017/03/jose-de-nazaret-y-josep-manyanet-por.html

4 Papst Johannes XIII., LETTERA APOSTOLICA, LE VOCI, DEL SOMMO PONTEFICE GIOVANNI XXIII (For the Protection of St. Joseph on the Second Vatican Council), March 19, 1961.

5 Schw. Lucia dos Santos, „Letter to Cardinal Carlo Caffarra", *Voce di Padre Pio Magazine* (2008).

6 Johannes Paul II., Apostolische Schreiben *Redemptoris Custos* (*Über die Person und Sendung des hl. Josef im Leben Christi und der Kirche*), Nr. 29, verfügbar unter www.vatican.va

7 Josemaría Escrivá de Balaguer, „In Josefs Werkstatt", https://de.escrivaworks.org/book/christus_begegnen-nummern-55.htm

TEIL I:
33-Tage Vorbereitung

Tag 1

8 Pierre Julien Eymard, *Month of St. Joseph* (Cleveland, OH: Emmanuel Publications, 1948), 41.

9 Bernhard von Clairvaux, zit. nach: Rosalie Marie Levy, *Joseph the Just Man* (Derby, NY: Daughters of St. Paul, 1955), 27–28.

10 Guillaume-Joseph Chaminade, *Marian Writings*, vol. 1, ed. J. B. Armbrust, SM (Dayton, OH: Marianist Press, 1980), 121.

11 Pierre Julien Eymard, *Month of St. Joseph*, 60.

Tag 2

[12] Teresa of Ávila, zit. nach: Rosalie Marie Levy, *Joseph the Just Man* (Derby, NY: Daughters of St. Paul, 1955), 146.

[13] Clemens Maria Hofbauer, zit. nach: Rosalie Marie Levy, *Joseph the Just Man* (Derby, NY: Daughters of St. Paul, 1955), 250.

[14] Guillaume-Joseph Chaminade, *Marian Writings*, vol. 1, ed. J. B. Armbrust, SM (Dayton, OH: Marianist Press, 1980), 116.

[15] Peter Julian Eymard, *Month of St. Joseph* (Cleveland, OH: Emmanuel Publications, 1948), 94.

[16] Madeleine Sophie Barat, zit. nach: Rosalie Marie Levy, *Joseph the Just Man*, 147–148.

Tag 3

[17] Pierre Julien Eymard, *Month of St. Joseph* (Cleveland, OH: Emmanuel Publications, 1948), 12.

[18] Guillaume-Joseph Chaminade, *Marian Writings*, vol. 1, ed. J. B. Armbrust, SM (Dayton, OH: Marianist Press, 1980), 223–224.

[19] Bernhardin von Siena, zit. nach: Francis L. Filas, SJ, *Joseph and Jesus: A Theological Study of Their Relationship* (Milwaukee, WI: Bruce Publishing Co., 1952), 79.

Tag 4

[20] Alfons von Ligouri, zit. nach: Rosalie Marie Levy, *Joseph the Just Man* (Derby, NY: Daughters of St. Paul, 1955), 143.

[21] Francis Xavier Nguyễn Văn Thuận, zit. nach: *Magnificat* (December 2019). Vol. 21, No. 10: 436.

[22] Januarius Maria Sarnelli, zit. nach: *Favorite Prayers to St. Joseph* (Charlotte, NC: TAN Books, 1997), 20.

[23] Hilarius von Poitiers, zit. nach: Guillaume-Joseph Chaminade, *Marian Writings*, vol. 1, ed. J. B. Armbrust, SM (Dayton, OH: Marianist Press, 1980), 234.

[24] Jean-Joseph Lataste, OP, zit. nach: Jean-Marie Gueullette, OP, *My Dear Sisters: Life of Bl. Jean-Joseph Lataste*, OP, Apostle to Prisoners, trans. George G. Christian, OP. (New Hope, Kentucky: New Hope Publications, 2018), 219.

Tag 5

[25] Guillaume-Joseph Chaminade, *Marian Writings*, vol. 1, ed. J. B. Armbrust, SM (Dayton, OH: Marianist Press, 1980), 112.

[26] Joseph Sebastian Pelczar, zit. nach: *Unveröffentliches Manuskript „Meditation 48: The Imitation of Saint Joseph in the Interior Life"*, trans. Mother Agnieszka Kijowska, SSCJ. Mit freundlicher Genehmigung von Sr. Mary Joseph Calore SSCJ und Mother Klara Slonina SSCJ.

[27] Johannes Paul II, Apostolisches Schreiben *Redemptoris Custos (Über die Gestalt und Sendung des hl. Josef im Leben Christi und der Kirche)*, Nr. 27, online verfügbar unter http://www.vatican.va/content/john-paul-ii/de/apost_exhortations/documents/hf_jp-ii_exh_15081989_redemptoris-custos.html.

Tag 6

[28] Pierre Julien Eymard, *Month of St. Joseph* (Cleveland, OH: Emmanuel Publications, 1948), 5.

[29] Franz von Sales, zit. nach: Rosalie Marie Levy, *Joseph the Just Man* (Derby, NY: Daughters of St. Paul, 1955), 130–131.

[30] Guillaume-Joseph Chaminade, *Marian Writings*, vol. 1, ed. J. B. Armbrust, SM (Dayton, OH: Marianist Press, 1980), 112.

Tag 7

[31] Leonhard von Porto Maurizio, zit. nach: Andréw Doze, *Saint Joseph: Shadow oft the Father*, transl. Florestine Audett, RJM (Staten Island, NY: Alba House, 1992), 18.

[32] Guillaume-Joseph Chaminade, zit. nach: *From a Full Heart: Thoughts from Father Chaminade* (North America Center for Marianist Studies, NACMS), compiled by Francis J. Greiner, SM (St. Meinard: The Grail Press, 1949), Eintrag 12. März.

[33] Bartolo Longo, Il Mese di Marzo: *In Onore di San Giuseppe*, 15th ed., (Pomei, Italy: Pontificio Santuario di Pompei, 2001), 123 English translation courtesy of Miss Ileana E. Salazar, MA.

Tag 8

[34] Paul VI., Ansprache an die Bewegung „Equipes Notre-Dame" (4. Mai 1970), Nr. 7: AAS 62 1970, S. 431, zitiert, zit. nach: Johannes Paul II., Apostolisches Schreiben *Redemptoris Custos (Über die Gestalt und Sendung des hl. Josef im Leben Christi und der Kirche),* Nr. 7, online verfügbar unter http://www.vatican.va/content/john-paul-ii/de/apost_exhortations/documents/hf_jp-ii_exh_15081989_redemptoris-custos.html.

Tag 9

[35] Pierre Julien Eymard, *Month of St. Joseph* (Cleveland, OH: Emmanuel Publications, 1948), 16.

[36] Benedikt XVI., Ansprache vom 5. Juli 2010 (Einweihung des neuen Brunnens in den Vatikanischen Gärten, der nach dem hl. Josef benannt ist), online verfügbar unter http://www.vatican.va/content/benedict-xvi/de/speeches/2010/july/documents/hf_ben-xvi_spe_20100705_fontana.html

[37] Alfons von Ligouri, zit. nach: Andréw Doze, *Saint Joseph: Shadow oft the Father,* transl. Florestine Audett, RJM (Staten Island, NY: Alba House, 1992), 19–20.

[38] Josemaría Escrivá de Balaguer, *Christus begegnen*, https://de.escrivaworks.org/book/christus_begegnen-kapitel-5.htm

[39] Alfons von Ligouri, zit. nach: Andréw Doze, Saint Joseph: Shadow oft the Father, 19–20.

Tag 10

[40] Guillaume-Joseph Chaminade, *The Chaminade Legacy*, vol. 2, Notes for Conferences and Sermons, trans. Joseph Stefanelli, SM (Dayton, OH: North American Center for Marianist Studies, 2008), 416.

[41] Guillaume-Joseph Chaminade, *Marian Writings*, vol. 1, ed. J. B. Armbrust, SM (Dayton, OH: Marianist Press, 1980), 230.

[42] Papst Benedikt XVI., *Ansprache in Yaoundé, Kamerun* (19. März 2009).

Tag 11

[43] Gabriele Allegra, *Mary's Immaculate Heart*: A Way to God (Chicago, IL: Franciscan Herald Press, 1983), 55.

[44] Papst Benedikt XVI, *Ansprache in Yaoundé, Kamerun* (19. März 2009), http://www.vatican.va/content/benedict-xvi/de/homilies/2009/documents/hf_ben-xvi_hom_20090319_instrlabor-africa.html.

[45] Papst Leo XIII., zit. nach: Larry Toschi, OSJ, *Husband, Father, Worker: Questions and Answers about St. Joseph* (Ligouri, MO: Ligouri, 2012), 107.

Tag 12

[46] Franz von Sales, zit. nach: Francis L. Filas, SJ, *Joseph and Jesus: A Theological Study of Their Relationship* (Milwaukee, WI: Bruce Publishing Co., 1952), 99.

[47] Pope Benedict XVI (Joseph Cardinal Ratzinger) and Hans Urs von Balthasar, *Mary: The Church at the Source*, trans. Adrian Walker (San Francisco, CA: Ignatius Press, 2005), 88.

Tag 13

[48] Joseph Mindszenty, *The Moth*er, transl. Rev. Benedict P. Lenz, CSsR (St. Paul, MN: Radio Replies Press, 1949), 49.

[49] Albert der Große, zit. nach: Francis L. Filas, SJ, *Joseph and Jesus: A Theological Study of Their Relationship* (Milwaukee, WI: Bruce Publishing Co., 1952), 63.

[50] Peter Julian Eymard, *Month of St. Joseph* (Cleveland, OH: Emmanuel Publications, 1948), 8.

[51] Ephrem der Syrer, zit. nach: Rosalie Marie Levy, *Joseph the Just Man* (Derby, NY: Daughters of St. Paul, 1955), 152.

Tag 14

[52] Josemaría Escrivá de Balaguer, *Christ is Passing By* (New York, NY: Scepter, 1973), 93.

[53] Guillaume-Joseph Chaminade, *Marian Writings*, vol. 1, ed. J. B. Armbrust, SM (Dayton, OH: Marianist Press, 1980), 52.

[54] Guillaume-Joseph Chaminade, *The Chaminade Legacy*, vol. 2, Notes for Conferences and Sermons, trans. Joseph Stefanelli, SM (Dayton, OH: North American Center for Marianist Studies, 2008), 416.

[55] Nelson Baker, „Our Duties Toward St. Joseph", zit. nach: The Annals of Our Blessed Lady of Victory, Volume 24, Number 92 (October, 1911), 12.

[56] Guillaume-Joseph Chaminade, *Marian Writings*, vol. 1, ed. J. B. Armbrust, SM (Dayton, OH: Marianist Press, 1980), 229.

Tag 15

[57] Pierre Julien Eymard, Month of St. Joseph (Cleveland, OH: Emmanuel Publications, 1948), 6–7.

[58] Papst Leo XIII., Apostolischer Brief *Neminem Fugit* (*Über die Institution der Vereinigung der Hl. Familie*), http://www.kathpedia.com/index.php?title=Neminem_fugit_(Wortlaut),.

[59] Johannes Paul II., Predigt bei der hl. Messe in der Wallfahrtskirche St. Josef (Kalisz, Kilinskiego-Platz, Mittwoch, 4. Juni 1997), Der Apostolische Stuhl 1997, Ansprachen, Predigten und Botschaften des Papstes, Liberia Editrice Vaticana, Verlag J. P Bachem, S. 312.

Tag 16

[60] Pius XI. Enzyklika *Divini Redemptoris* (*Über den atheistischen Kommunismus*), 19. März 1937, Nr. 81. Online http://kathpedia.com/index.php/Divini_redemptoris_(Wortlaut)

[61] Josemaría Escrivá de Balaguer, *Christus begegnen, In Josefs Werkstatt,* https://de.escrivaworks.org/book/christus_begegnen-kapitel-5.htm

[62] Maximus von Turin, zit. nach: *The Glories of Saint Joseph* (Flavigny-sur-Ozerain, France: Traditions Monastiques Press, 2009), 57.

[63] Paul VI., Homilie am Hochfest des hl. Josef, 19. März 1969, online (lat. und ital.): http://www.vatican.va/content/paul-vi/de/homilies/1969.index.2html

Tag 17

[64] Franz von Sales, zit. nach: Rev. Nicholas O'Rafferty, *Discourses on St. Joseph.* (Milwaukee, WI: Bruce Publishing Co., 1951), 38.

[65] Leo XIII., *Enzylika Quamquam Pluries* (Über die Verehrung des hl. Josef), 15. August 1889, Nr. 2 https://www.stjosef.at/dokumente/quamquam_pluries_leo_xiii.htm

Tag 18

66 Guillaume-Joseph Chaminade, *Marian Writings*, vol. 1, ed. J. B. Armbrust, SM (Dayton, OH: Marianist Press, 1980), 112.

67 *Katechismus der Katholischen Kirche, München 1993, Nr. 1806.*

68 Guillaume-Joseph Chaminade, *Marian Writings*, vol. 1, ed. J. B. Armbrust, SM (Dayton, OH: Marianist Press, 1980), 112.

69 John A. Hardon, St. Joseph: *Foster Father of Jesus*, online: www.therealresense.org

70 Guillaume-Joseph Chaminade, *The Chaminade Legacy*, vol. 2, Notes for Conferences and Sermons, trans. Joseph Stefanelli, SM (Dayton, OH: North American Center for Marianist Studies, 2008), 412.

Tag 19

71 Birgitta von Schweden, zit. nach: Antony J. Patrignani, SJ, *A Manual of Practical Devotion to St. Joseph* (Rockford, IL: TAN Books, 1982), 206.

72 Bernhardin von Siena, zit. nach: Rosalie Marie Levy, *Joseph the Just Man* (Derby, NY: Daughters of St. Paul, 1955), 245.

Tag 20

73 Joseph Sebastian Pelczar, zit. nach: *Unveröffentlichtes Manuskript, „Meditation 48: The Imitation of Saint Joseph in the Interior Life"*, trans Mother Agnieszka Kijowska, SSCJ. Mit freundlicher Genehmigung von Sr. Mary Joseph Calore SSCJ und Mother Klara Slonina SSCJ.

74 Papst Benedikt XVI., zit. nach: Richard W. Gilsdorf, *Go to Joseph* (Green Bay, WI: Star of the Bay Press, 2009), 122.

75 Johannes Paul II., Apostolisches Schreiben Redemptoris Custos (Über die Gestalt und Sendung des heiligen Josef im Leben Christi und der Kirche), Nr. 19, online verfügbar unter http://www.vatican.va/content/john-paul-ii/de/apost_exhortations/documents/hf_jp-ii_exh_15081989_redemptoris-custos.html

Tag 21

76 Johannes Paul II., *Homilie zum Fest des hl. Josef*, 19. März 1987.

[77] Anna Katharina Emmerick, zit. nach: Rosalie A. Turton, ed., *St. Joseph as Seen by Mystics and Historians* (Asbury, NJ: 101 Foundation, Inc., 2000), 12.

[78] Johannes Paul II., Schreiben an Kard. Angelo Sodano zum VI. Internationalen Symposium über den hl. Josef (21. August 1993).

Tag 22

[79] Gabriele Allegra, *Mary's Immaculate Heart: A Way to God* (Chicago, IL: Franciscan Herald Press, 1983), 55.

[80] Joseph Marello, zit. nach: Larry Toschi, OSJ, *St. Joseph in the Lives of Two Blesseds of the Church: Blessed Junipero Serra and Blessed Joseph Marello* (Santa Cruz, CA: Guardian of the Redeemer Books, 1994), 75.

Tag 23

[81] Franz von Sales, zit. nach: Rosalie Marie Levy, *Joseph the Just Man* (Derby, NY: Daughters of St. Paul, 1955), 129–130.

[82] Bonaventura, zit. nach: Anthony-Joseph Patrignani, SJ, *A Manual of Devotion to St. Joseph* (Charlotte, NC: TAN Books, 2012), 206.

[83] Pope John XXIII., Journal of a Soul, trans. Dorothy White (New York: Image Books, 1980), 55.

Tag 24

[84] Johannes Paul II., *Apostolisches Schreiben Redemptoris Custos* (Über die Gestalt und Sendung des heiligen Josef im Leben Christi und der Kirche), Nr. 22, online verfügbar unter http://www.vatican.va/content/john-paul-ii/de/apost_exhortations/documents/hf_jp-ii_exh_15081989_redemptoris-custos.html.

[85] Pius XI., *Enzyklika Divini Redemptoris über den atheistischen Kommunismus* (19. März 1937), Nr. 81. http://kathpedia.com/index.php/Divini_redemptoris_(Wortlaut)

[86] Pierre Julien Eymard, *Month of St. Joseph* (Cleveland, OH: Emmanuel Publications, 1948), 2.

Tag 25

[87] Josemaría Escrivá de Balaguer, *Christus begegnen.*

88 Papst Pius XI., zit. nach: Francis L. Filas, SJ, *St. Joseph & Daily Christian Living* (New York, NY: Macmillan Co., 1959), 195.

Tag 26

89 Thérèse von Lisieux, *Geschichte einer Seele*, Hrsg. von Dieter Hattrup.

90 Faustyna Kowalska, *Tagebuch der Schwester Maria Faustyna Kowalska,* Misericordia-Verlag, Kraków.

91 Teresa von Ávila, Autobiografie *(Das Buch meines Lebens) der hl. Teresa v. Jesus* (v. Ávila) aus dem 6. Kapitel.

92 Elizabeth of the Trinity, Elizabeth of the Trinity: *A Thought a Day*, trans. Donald Kinney, OCD (Trivandrum, India: St. Joseph's Press, 2018), 37.

Tag 27

93 Teresa von Ávila, Autobiografie (*Das Buch meines Lebens) der hl. Teresa v. Jesus* (v. Ávila) aus dem 6. Kapitel.

94 Johannes Paul II., Brief an die Familien (2. Februar 1994), online verfügbar: http://www.vatican.va/content/john-paul-ii/de/letters/1994/documents/hf_jp-ii_let_02021994_families.html

95 Anne Catherine Emmerick, The Complete Vissions of Anne Catherine Emmerick (San Bernardino, CA: Catholic Book Club, 2013), 127.
NB: Die private Offenbarung an die selige Anna Katharina Emmerick, in der sie behauptet, bestimmte Ereignisse im Leben Jesu gesehen zu haben oder dort anwesend gewesen zu sein, sowie Maria und die Heiligen wurden von der katholischen Kirche nicht als authentisch anerkannt. Die meisten ihrer mystischen Erfahrungen wurden durch ihren Freund, den Dichter Clemens Brentano, niedergeschrieben und gefiltert. Historiker haben oft die Richtigkeit seiner Berichte infrage gestellt und argumentiert, dass sie manchmal von seinen eigenen Ideen oder poetischen Übertreibungen geprägt zu sein scheinen. Dennoch ist es wahrscheinlich, dass diese Berichte uns im Wesentlichen zumindest den Kern dessen wiedergeben, was sie erlebt hat, wenn auch nicht jedes Detail. Dies bedeutet, dass sie, obwohl man sich nicht auf ihre doktrinären oder historischen Details verlassen kann, zumindest im Großen und Ganzen die fromme Meditation der sel. Anna widerspiegeln.

Tag 28

[96] Franz von Sales, zit. nach: Andréw Doze, *Saint Joseph: Shadow oft the Father*, transl. Florestine Audett, RJM (Staten Island, NY: Alba House, 1992), 56.

[97] Joseph Marello, zitiert auf der Website des Shrine of St. Joseph: https://www.shrinestjoseph.com/seven-sorrows-joys-old-2

[98] Papst Benedikt XVI., Ansprache in Yaoundé, Kamerun (19. März 2009), http://www.vatican.va/content/benedict-xvi/de/homilies/2009/documents/hf_ben-xvi_hom_20090319_instrlabor-africa.html

Tag 29

[99] Johannes Paul II., *Apostolisches Schreiben Redemptoris Custos (Über die Gestalt und Sendung des heiligen Josef im Leben Christi und der Kirche)*, Nr. 8, online verfügbar unter http://www.vatican.va/content/john-paul-ii/de/apost_exhortations/documents/hf_jp-ii_exh_15081989_redemptoris-custos.html

[100] Zélie Marin, zit. nach: Helen Mongin, *The Extraordinary Parents of St. Thérèse of Lisieux* (Huntington, zit. nach: Our Sunday Visitor, 2015), 105–106.

[101] Joseph Marello, zit. nach: John Baptist Cortona, OSJ, *Brief Memories oft he Life of Joseph Marello*, Bishop of Acqui (Santa Cruz, CA: Guardian of the Redeemer Books, 1993), 26.

Tag 30

[102] Guillaume-Joseph Chaminade, zit. nach: Maria Cecilia Baji, OSB, *The Life of St. Joseph* (Asbury, NJ: 101 Foundation, Inc., 1996), 421.

[103] Alfons von Ligouri, zit. nach: Maria Cecilia Baji, OSB, *The Life of St. Joseph* (Asbury, NJ: 101 Foundation, Inc., 1996), 416.

[104] *Katechismus der Katholischen Kirche*, Nr. 1014.

[105] Guillaume-Joseph Chaminade, as quoted in From a Full Heart: *Thoughts from Father Chaminade* (North American Center for Marianist Studies, NACMS), compiled by Francis J. Greiner, SM (St. Meinard, in: The Grail Press, 1949), entry for March 12.

[106] Nelson Baker, as quoted in Richard Gribble, CSC, *Father of the Fatherless: The Authorized Biography of Father Nelson Baker* (Mahwah, NJ: Paulist Press, 2011), 282.

Tag 31

[107] Mary of Ágreda, *The Mystical City of God*, vol. 2, The Incarnation (Charlotte, NC: TAN Books, 2013), 552.

[108] Johann Nepomuk Neumann CSsR, zit. nach: Joseph f. Chorpenning, OSFS, *„St. Joseph's Presence in the Life and Ministry of John N. Neumann, CSsR"*, in: St. Joseph Symposia: Malta 1997 and El Salvador 2001, ed. Larry Toschi, OSJ (Santa Cruz, CA: Guardian of the Redeemer Books, 2002), 135.

Tag 32

[109] Papst Paul VI., *Homilie am Hochfest des hl. Josef*, 19. März 1969.

[110] Papst Johannes XXIII., zit. nach: Tarcisio Stramare, OSJ, *Saint Joseph, Guardian of the Redeemer: Text and Reflections*, trans. Paul J. Pavese, OSJ (Santa Cruz, CA: Guardian of the Redeemer Books, 1997), 145.

[111] Joseph Marello, zit. nach: John Baptist Cortona, OSJ, *Brief Memories of the Life of Joseph Marello, Bishop of Acqui* (Santa Cruz, CA: Guardian of the Redeemer Books, 1993), 79.

[112] Miguel Agustín Pro Juárez SJ, zit. nach: Gerald Muller, CSC, *Father Miguel Pro: A Modern Mexican Martyr* (San Francisco, CA: Ignatius Press, 2018), 127.

Tag 33

[113] Papst Pius IX., Dekret *Quemadmodum Deus* (hl. Joseph als Schutzpatron der universalen Kirche), 8. Dezember 1870. https://www.fsspx.at/de/news-events/news/sankt-josef-%E2%80%93-SchutzSchutzpatron-der-universalen-kirche-55916

[114] Guillaume-Joseph Chaminade, *Marian Writings*, vol. 1, ed. J. B. Armbrust, SM (Dayton, OH: Marianist Press, 1980), 227.

[115] Pierre Julien Eymard, *Month of St. Joseph* (Cleveland, OH: Emmanuel Publications, 1948), 41.

[116] Pierre Julien Eymard, *Month of St. Joseph* (Cleveland, OH: Emmanuel Publications, 1948), 105.

[117] Nelson Baker, „Our Duties Toward St. Joseph", zit. nach: The Annals of Our Blessed Lady of Victory, Volume 24, Number 92 (October, 1911), 12.

Tag der Weihe

118 Joseph Sebastian Pelczar, zit. nach: Unveröffentlichtes Manuskript „Meditation 48: *The Imitation of Saint Joseph in the Interior Life*“, trans. Mother Agnieszka Kijowska, SSCJ. Mit freundlicher Genehmigung von Sr. Mary Joseph Calore SSCJ und Mother Klara Slonina SSCJ.

119 Pierre Julien Eymard, zit. nach: Rosalie Marie Levy, *Joseph the Just Man* (Derby, NY: Daughters of St. Paul, 1955), 150.f.

TEIL II:
Die Wunder unseres geistlichen Vaters

Wunder 1

120 Gertrud die Große, zit. nach: *Favorite Prayers to St. Joseph* (Charlotte, NC: TAN Books, 1997), 52.

121 André Bessette, zit. nach: Henri-Paul Bergeron, CSC, Brother André: *The Wonder Man of Mount Royal.* Trans. Rev. Real Bourdreau, CSC (Montreal, QC: Saint Joseph Oratory, 1997), 72.

122 André Bessette, zit. nach: Jose A. Rodrigues, *The Book of Joseph*: God's Chosen Father (Toronto, ON: Ave Maria Centre of Peace, 2017), 125.

123 John Paul II., *Preghiera del Santo Padre Giovanni Paolo II presso la toma di Fratel André Bessette*, September 11, 1984. Online: www.vatican.va.

124 Maximilian Kolbe, *The Writings of St. Maximilian Kolbe*, vol. 2 (Lugano, CH: Nerbini International, 2016), 1624.

125 Gregor von Nazianz, zit. nach: Antony J. Patrignani, SJ, A Manual of Practicl Devotion to St. Joseph (Rockford, IL: TAN Books, 1982), 72.

126 Lawrence of Brindisi, Opera Omnia: *Feastday Sermons*, trans. Vernon Wagner, OFMCap (Delhi, India: Media House, 2007), 538.

127 Laurentius Brindisi, *Opera Omnia*, 535.

128 Laurentius Brindisi, *Opera Omnia*, 539.

129 Leonhard von Porto Maurizio, zit. nach: Andréw Doze, *Saint Joseph: Shadow of the Father,* trans. Florestine Audett, RJM (Staten Island, NY: Alba House, 1992), 18–19.

130 Alfons von Liguori, *The Glories of Mary* (Charlotte, NC: TAN Books, 2012), 589.

[131] Teresa von Ávila, *Autobiographie, 6.*

[132] Thomas von Aquin, zit. nach: Rev. Nicholas O'Rafferty, *Discourses on St. Joseph* (Milwaukee, WI: Bruce Publishing Co., 1951), 208.

[133] Papst Leo XIII., *Enzyklika Quamquam Pluries* (Über die Verehrung des hl. Josef), 15. August, 1889. https://www.stjosef.at/dokumente/quamquam_pluries_leo_xiii.htm

[134] Bartolo Longo, Il Mese di Marzo: *In Onore di San Giuseppe*, 15th ed., (Pompei, Italy: Pontificio Santuario di Pompei, 2001), 136.

[135] George Preca, *San Guzepp* (Societas Doctrinae Christianae: Zabbar, Malte, 1997), 40.

[136] Pius XI, *Allocution to Married Couples*, March 19, 1938.

[137] Papst Johannes XXIII., *Allocution* (March 19, 1959): Jose A. Rodrigues, *The Book of Joseph: God's Chosen Father* (Toronto, ON: Ave Maria Centre of Peace, 2017), 121.

[138] Bartolo Longo, *Il Mese di Marzo: In Onore di San Giuseppe*, 15th ed., (Pompei, Italy: Pontificio Santuario di Pompei, 2001).

[139] Papst Johannes Paul II, Apostolisches Schreiben Redemptoris Custos (Über die Gestalt und Sendung des heiligen Josef im Leben Christi und der Kirche), Nr. 6, online verfügbar unter http://www.vatican.va/content/john-paul-ii/de/apost_exhortations/documents/hf_jp-ii_exh_15081989_redemptoris-custos.html.

[140] Josemaría Escrivá de Balaguer, Christ is Passing By (New York, NY: Scepter, 1973), 103–104.

Wunder 2

[141] Joseph Marello, zit. nach: Larry Toschi, OSJ, *St. Joseph in the Lives of Two Blesseds of the Church: Blessed Junipero Serra and Blessed Joseph Marello* (Santa Cruz, CA: Guardian of the Redeemer Books, 1994), 173.

[142] Papst Leo XIII., zit. nach: Francis L. Filas, SJ, *Joseph and Jesus: A Theological Study of Their Relationship* (Milwaukee, WI: Bruce Publishing Co., 1952), 117.

[143] Papst Pius IX., zit. nach: Jean-Marie Gueullette, OP, *My Dear Sisters: Lie of Bl. Jean-Joseph Lataste, OP, Apostle to Prisoners,* trans. George G. Christian, OP. (New Hope, Kentucky: New Hope Publications, 2018), 194.

[144] Papst Johannes XXIII., *Le Voci* (For the Protection of St. Joseph on the Second Vatican Council), March 19, 1961.

[145] Papst Pius IX., *Dekret Quemadmodum Deus* (hl. Joseph als Patron der universalen Kirche), 8. Dezember 1870.

[146] Johannes Paul II., *Apostolisches Schreiben Redemptoris Custos* (Über die Gestalt und Sendung des heiligen Josef im Leben Christi und der Kirche), Nr. 1, online verfügbar unter http://www.vatican.va/content/john-paul-ii/de/apost_exhortations/documents/hf_jp-ii_exh_15081989_redemptoris-custos.html

[147] Sr. Mary Martha Chambon, zit. nach: *Visitation Sisters of Chambery*, France, Mystic of the Holy Wounds: The Life and Revelations of Sister Mary Martha Chambon, trans. Ryan P. Plummer (St. Louis, MO: Lambfount, 2019), 98.

[148] Josémaría Escrivá, *„Eine Predigt: In Josephs Werkstatt"*.

[149] Papst Benedikt XVI., *Ansprache in Yaoundé, Kamerun* (19. März 2009), zit. nach: Jose A. Rodrigues, The Book of Joseph: God's Chosen Father (Toronto, ON: Ave-Maria Centre of Peace, 2017), 77.

[150] Johannes Paul II., *Redemptoris Custos*, Nr. 16.

[151] Fulton J. Sheen, *The World's First Love: Mary, Mother of God* (San Francisco, CA: Ignatius Press, 1996), 103.

[152] Papst Benedikt XVI., *Generalaudienz, 28. Dezember 2011.*

[153] Guillaume-Joseph Chaminade, *Letters of Father Chaminade*, 674 (March 19, 1833).

[154] Guillaume-Joseph Chaminade, *Marian Writings*, vol. 1, ed. J. B. Armbruster, SM (Dayton, OH: Marianist Press, 1980), 114.

[155] Papst Pius XII., zit. nach: Francis L. Filas, SJ, *St. Joseph & Daily Christian Living* (New York, NY: Macmillan Co., 1959), 202.

[156] Papst Leo XIII., *Enzylika Quamquam Pluries* (Über die Verehrung des heiligen Josef), 15. August 1889, Nr. 3. (Englische Version online: http://www.vatican.va/content/leo-xiii/en/encyclicals/documents/hf_l-xiii_enc_15081889_quamquam-pluries.html

[157] Teresa of Ávila, The Collected Works of St. Teresa of Ávila: Volume One, trans., Kieran Kavanaugh, OCD and Otilio Rodriguez, OCD (Washington, DC: ICS Publications, 1987), 80–81.

[158] Papst Leo XIII., *Quamquam Pluries, Nr. 3.*

[159] Franz von Sales, zit. nach: Fr. Marie-Dominique Philippe, OP, *The Mystery of Joseph* (Bethesda, Maryland: Zaccheus Press, 2009), 153.

[160] Papst Pius XII., zit. nach: Francis L. Filas, SJ, *St. Joseph & Daily Christian Living* (New York, NY: Macmillan Co., 1959), 196.

[161] Lawrence of Brindisi, *Opera Omnia: Feastday Sermons*, trans. Vernon Wagner, OFM Cap (Delhi, India: Media House, 2007), 535.

[162] Lawrence of Brindisi, *Opera Omnia: Feastday Sermons*, trans. Vernon Wagner, OFM Cap (Delhi, India: Media House, 2007), 539.

[163] Papst Pius IX., *Quemadmodum Deus* (8. Dezember 1870).

[164] Bernhard von Clairvaux, zit. nach: Pierre Julien Eymard, *Month of St. Joseph* (Cleveland, OH: Emmanuel Publications, 1948), 7.

[165] Fulton J. Sheen, *The World's First Love: Mary, Mother of God* (San Francisco, CA: Ignatius Press, 1996), 245.

Wunder 3

[166] Josémaría Escrivá, *„Eine Predigt: In Josefs Werkstatt"*.

[167] Guillaume-Joseph Chaminade, *Marian Writings*, vol. 1, ed. J. B. Armbruster, SM, trans. Henry Bradly, SM, und Joseph H. Roy, SM (Dayton, OH: Marianist Resources Commission, 1980), 112.

[168] Sr. Mary Martha Chambon, zit. nach: Visitation Sisters of Chambery, France, Mystic of the Holy Wounds: The Life and Revelations of Sister Mary Martha Chambon, trans. Ryan P. Plummer (St. Louis, MO: Lambfount, 2019), 99.

[169] Josémaría Escrivá, *„Eine Predigt: In Josephs Werkstatt"*, https://de.escrivaworks.org/book/christus_begegnen-nummern-40.htm.

[170] Fulton J. Sheen, *The World's First Love: Mary, Mother of God* (San Francisco, CA: Ignatius Press, 1996), 91–95.

[171] Franz von Sales, zit. nach: Rosalie Marie Levy, *Joseph the Just Man* (Derby, NY: Daughters of St. Paul, 1955), 130.

[172] Guillaume-Joseph Chaminade, *Marian Writings*, vol. 1, ed. J. B. Armbruster, SM (Dayton, OH: Marianist Press, 1980), 228.

[173] John Henry Newman, zit. nach: Maria Cecilia Baji, OSB, *The Life of St. Joseph* (Asbury, NJ: 101 Foundation, Inc., 1996), 422.

[174] Guillaume-Joseph Chaminade, The Chaminade Legacy, Monograph Sere, Document no. 53, vol. 2, trans. Joseph Steanelli, SM (Dayton, OH: North American Center for Marianist Studies, 2008), 411.

[175] Josémaría Escrivá, *„Eine Predigt: In Josephs Werkstatt"*, https://de.escrivaworks.org/book/christus_begegnen-nummern-40.htm

[176] Lawrence of Brindisi, Opera Omnia: *Feastday Sermons*, trans. Vernon Wagner, OFMCap (Delhi, India: Media House, 2007), 539.

[177] Gabriele Allegra, *Mary's Immaculate Heart: A Way to God* (Chicago, IL: Franciscan Herald Press, 1983), 56.

[178] Gabriele Allegra, *Mary's Immaculate Heart: A Way to God* (Chicago, IL: Franciscan Herald Press, 1983), 55.

[179] Papst Benedikt XVI., zit. nach: Fr. Richard W. Gilsdorf, *Go to Joseph* (Green Bay, WI: Star oft he Bay Press, 2009), 127–128.

[180] Francis Xavier Nguyễn Văn Thuận, zit. nach: *Magnificat* (December 2019). Vol. 21, No. 10: 436–437.

[181] Maria Magdalena von Pazzi, zit. nach Antony J. Patrignani, SJ, *A Manual of Practical Devotion to St. Joseph* (Rockford, IL: TAN Books, 1982), 206.

[182] André Bessette, zit. nach: *Une pense par jour: Saints et Bienheureux de la Nouvelle-France* (Montreal, Quebec: Mediaspaul, 2009), 20.

[183] Papst Pius XII., zit. nach: Francis L. Filas, SJ, *St. Joseph & Daily Christian Living* (New York, NY: Macmillan Co., 1959), 200.

Wunder 4

[184] Hieronymus, zit. nach: Rev. Nicholas O'Rafferty, Discourses on St. Joseph. (Milwauke, WI: Bruce Publishin Co., 1951), 37.

[185] Fulton J. Sheen, *The World's First Love: Mary, Mother of God* (San Francisco, CA: Ignatius Press, 1996), 93.

[186] Anna Katharina Emmerick, zit. nach: Rosalie A. Turton, ed., *St. Joseph as Seen by Mystics and Historians* (Asbury, NJ: 101 Foundation, Inc., 2000), 12.

[187] Mary of Ágreda, *The Mystical City of God*, vol. 1., The Conception (Charlotte, NC: TAN Books, 2013), 581.

[188] Bonaventura, zit. nach: Tarcisio Stramare, OSJ, *Saint Joseph, Guardian of the Redeemer: Text and Reflections*, trans. Paul J. Pavese, OSJ (Santa Cruz, CA: Guardian of the Redeemer Books, 1997), 95.

[189] Petrus Damianus, zit. nach: Antony J. Patrignani, SJ, *A Manual of Practical Devotion to St. Joseph* (Rockford, IL: TAN Books, 1982), 193.

[190] Papst Siricius, *Letter to Bishop Anysius of Thessalonica*, in: The Church Teaches: Docuents of the Church in English Translation (Charlotte, NC: TAN Books, 2009).

[191] *Katechismus der Katholischen Kirche*, Nr. 500.

[192] Hieronymus, zit. nach: Francis L. Filas, SJ, *Joseph and Jesus: A Theological Study of Their Relationship* (Milwaukee, WI: Bruce Publishing Co., 1952), 71.

[193] Beda Venerabilis, zit. nach: Florent Raymond Bilodeau, „*The Virginity of Saint Joseph in the Latin Fathers and Medieval Ecclesiastical Writers*", STL Dissertation (Baltimore, Maryland: St. Mary's University, 1957), online verfügbar unter www.osjusa.org (Englisch).

[194] Hieronymus, zit. nach: Mark Viravalle, *Meet your Spiritual Father:* A Brief Introduction to St. Joseph (Stockbridge, MA: Marian Press, 2015), 39.

[195] Thomas von Aquin, zit. nach: Fr. Marie-Dominique Philippe, OP, *The Mystery of Joseph* (Bethesda, Maryland: Zaccheus Press, 2009), 166.

[196] Franz von Sales, zit. nach: Rev. Nicholas O'Rafferty, Discourses on St. Joseph (Milwaukee, WI: Bruce Publishing Co., 1951), 38.

[197] Pierre Julien Eymard, zit. nach: Rosalie A. Turton (ed.), St. Joseph As Seen by Mystics and Historians (Asbury, NJ: 101 Foundation, Inc., 2000), 107.

[198] John A. Hardon, St. Joseph: Foster Father of Jesus, zit. nach: www.therealpresence.org

[199] Papst Pius X., zit. nach: O'Rafferty, Discourses on St. Joseph, 49.

[200] Papst Paul VI., „Discourse to the Equipes Notre Dame Movement (May 4, 1970)", zit. nach: Johannes Paul II., Apostolisches Schreiben Redemptoris Custos (Über die Gestalt und Sendung des heiligen Josef im Leben Christi und der Kirche), Nr. 7, online verfügbar unter http://www.vatican.va/content/john-paul-ii/de/apost_exhortations/documents/hf_jp-ii_exh_15081989_redemptoris-custos.html

[201] Stanislaus Papczyński, St. Stanislaus Papczyński: The Life and Writings of the Marians' Founder (Stockbridge, MA: Marian Press, 2016), 85–86.

[202] Augustinus, zit. nach Miravalle, Meet Your Spiritual Father, 55–56.

[203] Hieronymus, zit. nach: Francis L. Filas, SJ, Joseph and Jesus: A Theological Study of Their Relationship (Milwaukee, WI: Bruce Publishing Co., 1952), 34–35.

[204] Bernhardin von Siena, zit. nach: Francis L. Filas, SJ, Joseph and Jesus: A Theological Study of Their Relationship (Milwaukee, WI: Bruce Publishing Co., 1952), 39.

[205] Franz von Sales, zit. nach: Maria Cecilia Baji, OSB, *The Life of St. Joseph* (Asbury, NJ: 101 Foundation, Inc., 1996), 388.

[206] John Henry Newman, zit. nach: Maria Cecilia Baji, OSB, *The Life of St. Joseph* (Asbury, NJ: 101 Foundaion, Inc., 1996), 422.

[207] Thomas von Aquin, zit. nach: Francis L. Filas, Joseph: *The Man Closest to Jesus* (Boston, MA: Daughters of St. Paul, 1962), 101.

[208] Albert der Große, zit. nach: Francis L. Filas, SJ, *Joseph and Jesus: A Theological Study of Their Relationship* (Milwaukee, WI: Bruce Publishing Co., 1952), 62.

[209] Mary of Ágreda, *The Mystical City of God*, vol. 1, The Conception, trans. Fiscar Marison (Charlotte, NC: TAN Books, 2013), 581.

[210] Franz von Sales, zit. nach: Joseph F. Chorpenning, OSFS, ed., *Schutzpatron Saint of the New World: Spanish American Colonial Images of St. Joseph* (Philadelphia, PA: St. Joseph's University Press, 1992), 22.

[211] Anna Katharina Emmerick, *The Life of the Blessed Virgin Mary*, trans. Michael Palairet (Charlotte, NC: TAN Books, 2013), 137–138.

[212] Bartolo Longo, *Il Mese di Marzo: In Onore di San Giuseppe*, 15th ed., (Pomei, Italy: Pontificio Santuario di Pompei, 2001), 27–28.

Wunder 5

[213] Johannes Paulus II., zitiert in: Domenic de Domenico, OP, *Wahre Hingabe an hl. Josef und die Kirche* (New Hope, KY: New Hope Publications, 2003), 167.

[214] Gabriele Allegra, *Mary's Immaculate Heart: A Way to God* (Chicago, IL: Franciscan Herald Press, 1983), 55.

[215] Bernardine of Siena, *St. Bernardine's Sermon on St. Joseph*, trans. Eric May, OFM Cap (Paterson, NJ: St. Anthony Guild, 1947), 9.

[216] Petrus Chrysologus, *Selected Sermons and St. Valerian Homilies*, trans. George E. Ganss, SJ (New York, NY: Fathers of the Church, Inc., 1953), 235.

217 Franz von Sales, zit. nach: Rosalie Marie Levy, *Joseph the Just Man* (Derby, NY: Daughters of St. Paul, 1955), 140.

218 Jean Joseph Lataste, OP, zit. nach: Jean-Marie Gueullette, OP, *My Dear Sisters: Lie of Bl. Jean-Joseph Lataste*, OP, Apostle to Prisoners, trans. George G. Christian, OP. (New Hope, Kentucky: New Hope Publications, 2018), 219.

219 Ignace de la Potterie, SJ, *Mary in the Mystery of the Covnant,* trans. Bertrand Buby, SM (Staten Island, NY: Alba House, 1992), 37.

220 Origines, zit. nach: Francis Filas, SJ, *Joseph: The Man Closet zu Jesus*, (Boston, MA: Daughters of St. Paul, 1962), 145–146.

221 Basilius der Große, zit. nach Francis Filas, SJ, *Joseph: The Man Closet zu Jesus,* 145.

222 Ephrem der Syrer, zit. nach: Michael O'Carroll, CSSp, Theotokos: *A Theological Encyclopedia of the Blessed Virgin Mary* (Collegeville, MN: Liturgical Press, 1990), 123–124.

223 Johannes Chrysostomos, zit. nach: Fr. Richard W. Gilsdorf, *Go to Joseph* (Green Bay, WI: Star of the Bay Press, 2009), 21–22.

224 Romanos der Melode, zit. nach: John Saward, *Redeemer in the Womb: Jesus living in Mary* (San Francisco, CA: Ignatius Press, 1993), 41.

225 Bernard of Clairvaux, In Laud. Virg. Matr., Hom. 2, ed., J. Leclercq, OSB (Rome, 1966), 31–32.

226 Thomas Aquinas, *Commentary on Matthew*, I, no. 117, zit. nach: Fr. Marie-Dominique Philippe, OP, *The Mystery of Joseph* (Bethesda, MD: Zaccheus Press, 2010), 169.

227 Thomas von Aquin, zit. nach: Devin Schadt, Joseph's Way: *The Call to Fatherly Greatness* (San Francisco, CA: Ignatius Press, 2013), 267.

228 Birgitta von Schweden, zit. nach: Joseph Chorpennin, OSFS, *Just Man, Husband of Mary, Guardian of Christ: An Anthology of Readings from Jeronimo Gracian's Summar oft he Excellencies of St. Joseph* (1597), (Philadelphia, PA: St. Joseph's University Press, 1993), 86.

229 Johannes Paus II., *Apostolisches Schreiben Redemptoris Custos* (Über die Gestalt und Sendung des heiligen Josef im Leben Christi und der Kirche), Nr. 20, online verfügbar unter http://www.vatican.va/content/john-paul-ii/de/apost_exhortations/documents/hf_jp-ii_exh_15081989_redemptoris-custos.html

[230] Franz von Sales, zitiert in: Levy, *Joseph the Just Man*, 137.

[231] Stanislaus Papczyński, St. Stanislaus Papczyński: *The Life and Writings of the Marians' Founder* (Stockbridge, MA: Marian Press, 2016), 87.

[232] Bernhardin von Siena, *Sermo 2*, zit. nach: *The Liturgy of the Hours*, vol. 2, Lenten and Easter Season (New York, NY: Catholic Book Publishing Co., 1976), 1722.

[233] Guillaume-Joseph Chaminade, *Marian Writings*, vol. 1, ed. J. B. Armbruster, SM (Dayton, OH: Marianist Press, 1980), 226.

Wunder 6

[234] Papst Leo XIII., *Enzyklika Quamquam Pluries (Über die Hingabe an den heiligen Josef)*, 15. August 1889, Nr. 3.

[235] Pierre Julien Eymard, *Month of St. Joseph* (Cleveland, OH: Emmanuel Publications, 1948), 77.

[236] Joseph Sebastian Pelczar, zit. nach: Unveröffentliches Manuskript „Meditation 48: *The Imitation of Saint Joseph in the Interior Life*", trans. Mother Agnieszka Kijowska, SSCJ. Mit freundlicher Genehmigung von Sr. Mary Joseph Calore SSCJ und Mother Klara Slonina SSCJ.

[237] Januarius Maria Sarnelli, zit. nach: *Favorite Prayers to St. Joseph* (Charlotte, NC: TAN Books, 1997), 19.

[238] Guillaume-Joseph Chaminade, *Marian Writings*, vol. 1, ed. J. B. Armbruster, SM (Dayton, OH: Marianist Press, 1980), 236.

[239] Guillaume-Joseph Chaminade, *Marian Writings*, vol. 1, ed. J. B. Armbruster, SM (Dayton, OH: Marianist Press, 1980), 234.

[240] Guillaume-Joseph Chaminade, *Marian Writings*, vol. 1, 236.

[241] Papst Pius XI., *Enzyklika Divini Redemptoris über den atheistischen Kommunismus* (19. März 1937), Nr. 81.

[242] Madeleine Sophie Barat, zit. nach: Rosalie Marie Levy, *Joseph the Just Man* (Derby, NY: Daughters of St. Paul, 1955), 147–148.

[243] Alfons von Liguori, *The Glories of Mary* (Charlotte, NC: TAN Books, 2002), 596–597.

[244] Maria Magdalena von Pazzi, zit. nach: Fr. Antony-Joseph Patrignani, SJ, A *Manual of Practical Devotion to St. Joseph* (Charlotte, NC: TAN Books, 2012), 179.

[245] Bartolo Longo, *Il Mese di Marzo: In Onore di San Giuseppe*, 15th ed., (Pompei, Italy: Pontificio Santuario di Pompei, 2001), 42.

[246] Concepción Cabrera de Armida, *Roses and Thorns*, ed. Ron Leonardo (Staten Island, NY: Society of St. Paul, 2007), 53.

[247] Bartolo Longo, *Il Mese di Marzo: In Onore di San Giuseppe*, 15th ed., (Pompei, Italy: Pontificio Santuario di Pompei, 2001), 50.

[248] Franz von Sales, zit. nach: Joseph Chorpenning, OSFS, ed., *The Holy Family as Prototype of the Civilization of Love: Images from the Vicegeneral Americas* (Philadelphia, PA: St. Joseph's University Press, 1996), 53.

[249] Papst Johannes Paul II., *Predigt im Heiligtum des hl. Josef in Kalisz*, Polen, 4. Juni 1997. Der Apostolische Stuhl, 1997.

[250] Pater Pio von Pietrelcina, zit. nach: Jose A. Rodrigues, *The Book of Joseph: God's Chosen Father* (Toronto, ON: Ave Maria Centre of Peace, 2017), 126.

[251] Pierre Julien Eymard, *Month of St. Joseph* (Cleveland, OH: Emmanuel Publications, 1948), 105.

[252] Joseph Marello, zit. nach: Fr. Mario Pascolo, OSJ, *Memories of St. Joseph Marello,* trans. Fr. John Warburton, OSJ, Custos (Summer 2017), 10f.

[253] Josémaría Escrivá de Balaguer, *Christus begegnen, In Josefs Werkstatt,* https://de.escrivaworks.org/book/christus_begegnen-nummern-55.htm

Wunder 7

[254] Guillaume-Joseph Chaminade, *Marian Writings*, vol. 1, ed. J. B. Armbruster, SM, trans. Henry Bradly, SM, und Joseph H. Roy, SM (Dayton, OH: Marianist Resources Commission, 1980)

[255] Pierre Julien Eymard, *Month of St. Joseph* (Cleveland, OH: Emmanuel Publications, 1948), 32.

[256] Pierre Julien Eymard, *Month of St. Joseph*, 23–25, 32–33.

[257] Joseph Marello, zit. nach: Larry Toschi, OSJ, *St. Joseph in the Lives of Two Blesseds of the Church: Blessed Junipero Serra and Blessed Joseph Marello* (Santa Cruz, CA: Guardian of the Redeemer Books, 1994), 78.

[258] Guillaume-Joseph Chaminade, *Marian Writings*, vol. 1, ed. J. B. Armbruster, SM (Dayton, OH: Marianist Press, 1980), 235.

[259] Pierre Julien Eymard, *Month of St. Joseph*, 51.

[260] Maria von Ágreda, zit. nach: Sandro Barbagallo, *St. Joseph in Art: Iconology and Iconography oft he Redeemer's Silent Guardian* (Città del Vaticano: Edizioni Muesei Vaticani, 2014), 33.

[261] Joseph Mindszenty, *The Mother*, trans. Rev. Benedict P. Lenz, CSsR (St. Paul, MN: Radio Replies Press, 1949), 42.

[262] Guillaume-Joseph Chaminade, *Marian Writings*, vol. 1, ed. J. B. Armbruster, SM (Dayton, OH: Marianist Press, 1980), 235.

[263] Alfons von Liguori, *The Glories of Mary* (Charlotte, NC: TAN Books, 2012), 596.

[264] Franz von Sales, zit. nach: Rev. Nicholas O'Rafferty, *Discourses on St. Joseph* (Milwaukee, WI: Bruce Publishing Co., 1951), 203.

[265] Concepción Cabrera de Armida, *Roses and Thorns*, ed. Ron Leonardo (Staten Island, NY: Society of St. Paul, 2007), 53.

[266] Fulton J. Sheen, *The World's First Love: Mary, Mother of God* (San Francisco, CA: Ignatius Press, 1996), 211.

[267] Pierre Julien Eymard, *Month of St. Joseph* (Cleveland, OH: Emmanuel Publications, 1948), 2.

[268] Johannes Paulus II., *Predigt im Heiligtum des heiligen Josef in Kalisz*, Polen, 4. Juni 1997, Der Apostolische Stuhl.

[269] Joseph Sebastian Pelczar, „*Thoughts of St. Joseph Sebastian Pelczar for Every Day of the Year*", zit. nach: www.sacredheartsisters.org

[270] Bartolo Longo, *Il Mese di Marzo: In Onore di San Giuseppe*, 15th ed., (Pompei, Italy: Pontificio Santuario di Pompei, 2001), 63.

[271] Petrus Canisius, zit. nach: Grodfrey E. Phillips, *The Hose of the Virgin Mary* (Manchester, NH: Sophia Institute Press, 2017), 155.

[272] Anna Katharina Emmerick, *The Complete Visions of Anna Catharine Emmerick* (San Bernardino, CA: Catholic Book Club, 2018), 76.

[273] John Henry Newman, zit. nach: Phillips, *House of the Virgin Mary*, 3–4.

[274] Alfons von Liguori, *The Glories of Mary* (Brooklyn, NY: Redemptorist Fathers, 1931), 696.

[275] Hieronymus, zit. nach: Phillips, *House of the Virgin Mary*, 26.

[276] Papst Pius IX. zit. nach: Phillips, *House of the Virgin Mary*, 142.

[277] Thérèse von Lisieux, *Die Geschichte einer Seele*.

[278] Baptist Spagnoli von Mantua, zit. nach: Phillips, *House of the Virgin Mary*, 108.

[279] Papst Leo XIII., zit. nach: Phillips, *House of the Virgin Mary*, 142.

[280] Papst Pius IX., zit. nach: Phillips, *House of the Virgin Mary*, 141.

[281] Papst Benedikt XIV., zit. nach: Alfons von Liguori, *The Glories of Mary*, 696.

Wunder 8

[282] Gabriele Allegra, *Immaculate Heart of Mary, A Way to God*, (Chicago, IL: Franciscan Herald Press, 1983), 55.

[283] Guillaume-Joseph Chaminade, *Marian Writings*, vol. 1, ed. J. B. Armbruster, SM (Dayton, OH: Marianist Press, 1980), 235.

[284] Papst Paul VI., *Homilie am Hochfest des hl. Josef*, 19. März 1969.

[285] Pierre Julien Eymard, *Month of St. Joseph* (Cleveland, OH: Emmanuel Publications, 1948), 20.

[286] Guillaume-Joseph Chaminade, *Marian Writings*, vol. 1, ed. J. B. Armbruster, SM (Dayton, OH: Marianist Press, 1980), 224.

[287] Jacques-Bénigne Bousset, zit. nach: Fr. Regninals Garrigour-Larange, OP, *The Mother of the Savior and Our Interior Life* (Charlotte, NC: TAN Books, 1993), 283.

[288] Jacques-Bénigne Bousset, *Oeuvres de Bossuet*, ed. Lebarq (Paris, 1890), 3: 429.

[289] Worte Unserer Lieben Frau an die hl. Birgitta von Schweden, zit. nach: *Favorite Prayers to St. Joseph* (Charlotte, NC: TAN Books, 2009), 50.

[290] Gabriele Allegra, *Mary's Immaculate Heart: A Way to God* (Chicago, IL: Franciscan Herald Press, 1983), 55.

[291] Sr. Mary Ephrem, zit. nach: Mark Miravalle, *Meet Your Spiritual Father: A Brief Introduction to St. Joseph* (Stockbridge, MA: Marian Press, 2014), 94–98. Obwohl die Kirche in den Vereinigten Staaten die übernatürliche Echtheit dieser Offenbarungen im Allgemeinen positiv bewertet hat und beurteilt wurde, dass sie dem katholischen Glauben nicht widersprechen, *können sie allein* keine Grundlage für neue Lehren oder Dogmen bilden. Sie sind nur ein wichtiger Zeuge in einem fortlaufenden Prozess der gesamten Kirche, um die Geheimnisse des hl. Josef zu enthüllen.

[292] Papst Benedict XVI., *Ansprache zum Angelus*, 18. Dezember 2005.

[293] Charles Péguy, *Das Tor zum Geheimnis der Hoffnung*, Johannes Verlag, Einsiedeln, 154–156.

Wunder 9

[294] Pierre Julien Eymard, *Month of Joseph* (Cleveland, OH: Emmanuel Publications 1948), 101.

[295] Pope John XXIII., *Journal of a Soul*, trans. Dorothy White (New York: Image Books, 1980), 425.

[296] Monks of St. Joseph Abbey, *The Glories of St. Joseph* (France: Tradition Monastiques, 2009), 205.

[297] Worte des hl. Josef an die Dienerin Gottes, Sr. Mary Martha Chambon, zit. nach: *Visitation Sisters of Chambery, France, Mystic oft he Holy Wounds: The Life and Revelations of Sister Mary Martha Chambon*, trans. Ryan P. Plummer (St. Louis, MO: Lambfount, 2019), 98.

[298] Bernhardin von Siena, Sermo 2, zit. nach: *The Liturgy of the Hours*, vol. 2, Lenten and Easter Season (New York, NY: Catholic Book Publishing Co., 1976), 1722.

[299] Alfons von Liguori, zit. nach: Rosalie Marie Levy, *Joseph the Just Man* (Derby, NY: Daughters of St. Paul, 1955), 144

[300] Bernardine of Siena, *St. Bernardine's Sermon on St. Joseph*, trans. Eric May, OFM Cap (Paterson, NJ: St. Anthony Guild, 1947), 37.

[301] Bernhardin von Siena, zit. nach: *Guillaume-Joseph Chaminade, The Chaminade Legacy*, Monograph Series, Document no. 53, vol. 2, trans. Joseph Stefanelli, SM (Dayton, OH: North American Center for Marianist Studies, 2008), 414–415.

[302] Pierre Julien Eymard, Month of St. Joseph (Cleveland, OH: Emmanuel Publications, 1948), 101.

[303] Anna Katharina Emmerick, zit. nach: Rosalie A. Turton, ed., *St. Joseph as Seen by Mystics and Historians* (Asbury, NJ: 101 Foundation, Inc., 2000), 344.

[304] Anne Catharine Emmerick, *The Complete Visions of Anne Catharine Emmerick* (San Bernardino, CA: Catholic Book Club, 2013), 130.

[305] Bernardine of Siena, *St. Bernardine's Sermon on St. Joseph*, 40.

[306] Franz von Sales, zit. nach: Joseph F. Chorpenning, OSFS, ed., *Schutzpatron Saint of the New World: Spanish American Colonial Images of St. Joseph* (Philadelphia, PA: St. Joseph's University Press, 1992), 26.

[307] Franz von Sales, zit. nach: Levy, *Joseph the Just Man*, 142.

[308] Papst Johannes XXIII., *Homilie zur Kanonisation von Gregorio Barbarigo* (26. Mai 1960).

[309] George Preca, *San Guzepp* (Societas Doctrinae Christianae: Zabbar, Malte, 1997), 26.

[310] Lawrence of Brindisi, Opera Omnia: *Feastday Sermons*, trans. Vernon Wagner, OFM Cap (Delhi, India: Media House, 2007), 538.

[311] Bartolo Longo, *Il Mese di Marzo: In Onore di San Giuseppe*, 15th ed., (Pompei, Italy: Pontificio Santuario di Pompei, 2001), 269.

[312] Mary of Ágreda, *The Mystical City of God*, vol. 3., The Transfixion, trans. Fiscar Marison (Charlotte, NC: TAN Books, 2013), 154.

[313] Pierre Julien Eymard, *Month of St. Joseph* (Cleveland, OH: Emmanuel Publications, 1948), 90–91.

[314] Ebenda, 84.

[315] Bernhardin von Siena, zit. nach: Antony J. Patrignani, SJ, *A Manual of Practicl Devotion to St. Joseph* (Rockford, IL: TAN Books, 1982), 226.

[316] Anna Katharina Emmerick, zit. nach: Rosalie A. Turton, ed., *St. Joseph as Seen by Mystics and Historians* (Asbury, NJ: 101 Foundation, Inc., 2000), 344.

[317] Pierre Julien Eymard, *Month of St. Joseph*, 84.

[318] Maria von Ágreda, zit. nach: Jose A. Rodrigues, *The Book of Joseph: God's Chosen Father* (Toronto, ON: Ave Maria Centre of Peace, 2017), 91f.

[319] Luigi Guanella, zit. nach: *L'Osservatore Romano* (16. März 2011), 9.

[320] Papst Leo XIII., zit. nach: Rev. Nicholas O'Rafferty, *Discourses on St. Joseph* (Milwaukee, WI: Bruce Publishing Co., 1951), 169.

[321] Bartolo Longo, *Il Mese di Marzo: In Onore di San Giuseppe*, 15th ed., (Pompei, Italy: Pontificio Santuario di Pompei, 2001), 175.

Wunder 10

[322] Alfons Liguori, zitiert in: Maria Cecilia Baij, OSB, *Das Leben des heiligen Joseph* (Asbury, JJ: 101 Foundation, Inc., 19976), 416.

[323] Josémaría Escrivá de Balaguer, *Christus begegnen* https://de.escrivaworks.org/book/christus_begegnen-kapitel-5.htm

[324] Papst Pius XI., *Enzyklika Divini Redemptoris über den atheistischen Kommunismus* (19. März 1937).

[325] Papst Pius XII, *Allocution to the Christian Association of Italian Workers*, (May 1, 1955).

[326] Antonius Maria Claret, *The Golden Key to Heaven* (Buffalo, NY: Immaculate Heart Publications, 1955), 132.

[327] Guillaume-Joseph Chaminade, *Marian Writings, vol. 1,* ed. J. B. Armbruster, SM (Dayton, OH: Marianist Press, 1980), 118.

[328] Bartolo Longo, Il Mese di Marzo: *In Onore di San Giuseppe,* 15th ed., (Pompei, Italy: Pontificio Santuario di Pompei, 2001), 156.

[329] Bartolo Longo, Il Mese di Marzo: *In Onore di San Giuseppe,* 15th ed., (Pompei, Italy: Pontificio Santuario di Pompei, 2001), 87–88.

[330] Guillaume-Joseph Chaminade, *Marian Writings*, vol. 1, ed. J. B. Armbruster, SM (Dayton, OH: Marianist Press, 1980), 117.

[331] James Alberione, Mary, *Queen of Apostles* (Boston, MA: Daughters of St. Paul 1976), 142.

[332] Madeleine Sophie Barat, zit. nach: Rosalie Marie Levy, *Joseph the Just Man* (Derby, NY: Daughters of St. Paul, 1955), 147–148.

[333] Johannes Paul II., *Apostol. Schreiben Redemptoris Custos (Über die Gestalt und Sendung des heiligen Josef im Leben Christi und der Kirche),* Nr. 8.

[334] Alfons von Liguori, *The Glories of Mary* (Charlotte, NC: TAN Books, 2012), 592.

[335] Franz von Sales, zit. nach: Levy, *Joseph the Just Man,* 138.

[336] Papst Leo XIII., *Enzyklika Quamquam Pluries* (Über die Verehrung des hl. Josef), 15. August, 1889.

[337] Thomas von Aquin, zit. nach: Rev. Nicholas O'Rafferty, *Discourses on St. Joseph* (Milwaukee, WI: Bruce Publishing Co., 1951), 208.

[338] Augustinus, zit. nach: Rev. Nicholas O'Rafferty, *Discourses on St. Joseph* (Milwaukee, WI: Bruce Publishing Co., 1951), 208.

[339] Teresa von Ávila, zit. nach: Joseph Chorpennin, OSFS, *Just Man, Husband of Mary, Guardian of Christ: An Anthology of Readings from Jeronimo Gracian's*

Summar oft he Excellencies of St. Joseph (1597), (Philadelphia, PA: St. Joseph's University Press, 1993), 166.

340 Ambrosius, zit. nach: Rev. Nicholas O'Rafferty, *Discourses on St. Joseph* (Milwaukee, WI: Bruce Publishing Co., 1951), 206.

341 Alfons von Liguori, zit. nach: Rev. Nicholas O'Rafferty, *Discourses on St. Joseph* (Milwaukee, WI: Bruce Publishing Co., 1951), 207.

342 Bernhardin von Siena, zit. nach: Mark Miravalle, *Meet Your Spiritual Father: A Brief Introduction to St. Joseph* (Stockbridge, MA: Marian Press, 2015), 62–63.

343 Pio von Pietrelcina, zit. nach: Jose A. Rodrigues, *The Book of Joseph: God's Chosen Father* (Toronto, ON: Ave Maria Centre of Peace, 2017), 126.

344 Bartolo Longo, *Il Mese di Marzo: In Onore di San Giuseppe*, 15. Aufl. (Pomei, Italien: Pontificio Santuario di Pompei, 2001), 13.

345 Josémaría Escrivá de Balaguer, *The Forge* (London, UK: Scepter, 1987), par. 554.

346 George Preca, *San Guzepp* (Societas Doctrinae Christianae: Zabbar, Malte, 1997), 6.

347 Maria Teresa von St. Joseph, *Mother Mary Teresa of St. Joseph: An Autobiography* (Wauwatosa, WI: Carmelite Convent, 1953), 25–26.

348 ebenda, 34.

349 Mary of Ágreda, *The Mystical City of God*, vol. 3., The Transfixion, trans. Fiscar Marison (Charlotte, NC: TAN Books, 2013), 166–168.

350 ebenda.

351 Concepción Cabrera de Armida, *Roses and Thorns*, ed. Ron Leonardo (Staten Island, NY: Society of St. Paul, 2007), 52.

ANHANG

352 Alfons von Liguori, zit. nach: Rev. Nicholas O'Rafferty, *Discourses on St. Joseph* (Milwaukee, WI: Bruce Publishing Co., 1951), 236.

353 Marie-Léonie Paradis, zit. nach: *Une pensee par jour: Saints et Bienheureux de la Nouvelle-France* (Montreal, QC: Mediaspaul, 2009), 25.

354 St. Hilary of Poitiers, Comentarius in Matthaeum, Chapter 2. Patrologia Latina 9, 924.

355 St. Paulinus of Nola, Epistula 23, No. 38. Patrologia Latina 61, 282a.

356 Gerson, Sermo in Nativitatem Virginis Mariae, IVa consideration.

357 Berhardin von Siena, Sermo I de S. Joseph, c.iii., Opera (Lyon, France: 1960), t. IV, 254.

358 Isidor Isolani, Summa de donis St. Joseph, ann. 1522. Es gibt eine neue Ausgabe von Berthier (Rom, 1897).

359 Francisco Suarez, In Summam S. Thomae, IIIa, q. 29, disp. 8, sect. 1.

360 Alfonso di Liguori, Sermone di S. Giuseppe, Discorsi Morali (Naples, 1841).

361 Sauve, Saint Joseph Intime (Paris, 1920).

362 Cardinal Lepicier, Tractatus de Sancto Joseph (Paris, 1908).

363 Sinibaldi, La Grandezza di San Giuseppe (Rome, 1927), 36ff.

364 Papst Leo XIII., Quamquam Pluries (15. August 1889).

365 Cf. Dict. Theol. Cath., art. Joseph, col. 1518.

366 Bernhard von Clairvaux, Homil. II super Missus est.

367 Bernhardin von Siena, Sermo I de S. Joseph.

368 Isidor Isolani, Summa de donis sancti Joseph, Pars IIIa, c. XVIII. Dieses Werk wurde von Papst Benedikt XIV. sehr geschätzt.

369 Suarez, In Summa S. Thomae, IIIa, q. 29, disp. 8, sect. I.

370 Sinibaldi, La Grandezza di San Giuseppe (Roma, 1927), besonders die Seiten 36ff.

371 Thomas von Aquin, Summa Theologica, IIIa, q. 24, a. I, 2–4.

372 Jacques-Bénigne Bossuet, First Panegyric of St. Joseph, ed. Lebarcq, t. II, pp. 135.

373 Bousset, First Panegyric of St. Joseph, ed. Lebarcq, t. II, pp. 135ff.

374 Wir lesen, dass Jesus Maria und Josef gehorsam war. In seiner Demut musste es den hl. Josef verwirrt haben, dass er, der Geringste der drei, das Haupt der Heiligen Familie sein sollte.

375 Bossuet, Second Panegyric on St. Joseph.

376 Bossuet, Second Panegyric on St. Joseph.

377 Franz von Sales, Treatise on the Love of God, Bk, VII, Ch. 13.

378 Papst Leo XIII., Quamquam pluries.

ÜBER DEN AUTOR

Pater Donald Calloway, MIC, ein Konvertit zum Katholizismus, ist Mitglied der Kongregation der Marianer der Unbefleckten Empfängnis. Vor seiner Bekehrung war er ein Schulabbrecher, der aus einem fremden Land vertrieben, zweimal institutionalisiert und mehrmals ins Gefängnis geworfen worden war. Nach seiner radikalen Bekehrung erwarb er einen BA in Philosophie und Theologie an der Franziskanischen Universität von Steubenville und weitere theologische Abschlüsse. Pater Calloway ist der Provinzvikar und Berufungsdirektor der Provinz Mutter der Barmherzigkeit.

Um mehr über marianische
Berufungen zu erfahren, besuchen Sie
marian.org/vocations
oder besuchen Sie
Fr. Calloways Website,
fathercalloway.com.